Elizabeth von Arnim publizierte im September 1898 ihren ersten Roman »Elizabeth und ihr Garten«, der bis Mai des nachfolgenden Jahres einundzwanzig Nachauflagen erlebte. Er erschien anonym in einem Londoner Verlag und führte zu zahlreichen Spekulationen über die Identität der Autorin.
Elizabeth von Arnim, geboren 1866 als Mary Annette Beauchamp, lebte zu dieser Zeit mit ihrem Mann Henning von Arnim und drei Töchtern auf dem pommerschen Gut Nassenheide. Ermutigt durch den enormen Erfolg ihres ersten Buches, veröffentlichte sie über zwanzig weitere, meist autobiographisch geprägte Romane. Hugh Walpole schrieb nach ihrem Tod über sie: »Dreiundsiebzigjährig starb vor kurzer Zeit in Amerika eine der ganz wenigen witzigen Romanautorinnen Englands. Ich sage witzig – nicht komisch oder grotesk.« Die Biographie von Karen Usborne beschreibt das abwechslungsreiche Leben Elizabeth von Arnims, die nach dem Tod ihres ersten Mannes das unabhängige Leben einer Schriftstellerin führte, nur kurz unterbrochen von ihrer zweiten, sich als Desaster erweisenden Ehe mit Francis Earl Russell, dem Bruder von Bertrand Russell. Ihre Romane trafen den Geschmack eines großen Publikums, wurden aber auch von Kritikern aufgrund ihrer scharfzüngigen oder humorvollen Portraits geschätzt.

Karen Usborne, geboren 1941 in den USA, wuchs in England auf und studierte Kunst und Geschichte in Oxford und London. Sie ist Malerin und Illustratorin. Ihre Begeisterung für die Romane von Elizabeth von Arnim veranlaßte sie, dem spannenden Leben dieser Autorin nachzuspüren.

Unsere Adresse im Internet: www.fischer-tb.de

Karen Usborne

Elizabeth von Arnim

Eine Biographie

Aus dem Englischen
von Klaus Modick

Fischer Taschenbuch Verlag

Veröffentlicht im Fischer Taschenbuch Verlag,
einem Unternehmen der S. Fischer Verlag GmbH,
Frankfurt am Main, Mai 2003

Lizenzausgabe mit freundlicher Genehmigung
der Schöffling & Co. Verlagsbuchhandlung GmbH, Frankfurt am Main
Die englische Originalausgabe erschien 1986
unter dem Titel ›Elizabeth –
The Author of Elizabeth of the German Garden‹,
bei The Bodley Head Ltd., London

Druck und Bindung: Clausen & Bosse, Leck
Printed in Germany
ISBN 3-596-15874-5

Inhalt

Für Ashley und Susanna

Einleitung

»Elizabeth« veröffentlichte im September 1898 anonym ihren ersten Roman *Elizabeth und ihr Garten.* Als er zum Jahresende in die elfte Auflage ging, hatte sie mit dem Buch 10.000 Pfund verdient – mehr als 300.000 Pfund zum heutigen Wert. Der Roman war Ursache des größten literarischen Rätsels jener Zeit; in der englischen Presse erschienen ganzseitige Artikel mit der Forderung, die Identität der Verfasserin offenzulegen. Sie war zu dem Zeitpunkt eine zweiunddreißigjährige Gräfin, verheiratet mit einem preußischen Junker, der als ehemaliger Armee-Offizier, Bankier und Reformlandwirt vor dem Ruin stand.

Als Tochter eines wohlhabenden Schiffskaufmanns war Elizabeth in Neuseeland geboren worden, mit ihrer Familie aber nach England gekommen, als sie drei Jahre alt war. Sie wurde auf dem europäischen Festland und in England erzogen und war mit fünfundzwanzig eine ausgebildete Konzertpianistin, Violinistin, Organistin und eine bemerkenswert originelle, feministische Denkerin. Sie heiratete damals Graf Henning von Arnim-Schlagenthin, dessen Rang innerhalb der Adelsgesellschaft dem eines englischen Earls entsprach; er war der Sohn des Grafen Harry von Arnim, Bismarcks ehemaliger Rivale um die Kanzlerschaft des neuen Deutschen Reichs.

Nachdem ihr erster Roman veröffentlicht worden war, schwankte ihr Leben zwischen harter Arbeit in völliger Zurückgezogenheit und Phasen lebhafter gesellschaftlicher Anteilnahme, wenn sie England besuchte, wo sich die literarischen Salons um sie rissen und das Publikum sie bewunderte. Später sorgten ihre skandalträchtige Affäre mit H.G. Wells, ihre zerrüttete zweite Ehe mit Francis Earl Russell, dem sogenannten »verrückten Earl«, älterer Bruder von Bertrand Russell, aber auch die gnadenlos komischen Beschreibungen von Freunden und Familie in ihren Romanen, dafür, daß sie von der Gesellschaft geächtet wurde, die sie zuvor so hemmungslos hofiert hatte.

Als urbane und geistreiche Frau – manche hielten sie für eine der geistreichsten der Zeit – stand sie mit vielen der kreativsten Personen einer faszinierenden Epoche auf vertrautem Fuß. H.G. Wells, der ihr Liebhaber und lebenslanger Freund war, schätzte sie als die amüsanteste, engagierteste und originellste Briefschreiberin ihrer Generation. Ihre Korrespondenz mit ihrer Tochter Liebet kann sich mit der der Madame de Sévigné messen. Das lange und gut dokumentierte Leben der kleinen, dynamischen und überaus aktiven Frau war voller dramatischer Episoden. Hugh Walpole und E. M. Forster waren Hauslehrer ihrer zahlreichen Kinder; beide porträtierten sie in ihren Werken, ebenso wie einige ihrer Freunde, zu denen George Bernard Shaw, George Moore, Michael Arlen, Max Beerbohm, George Santayana und Katherine Mansfield zählten, die übrigens auch ihre Cousine war. Katherines letzter Brief war an Elizabeth gerichtet. Sie schrieb dort: »Lebwohl, meine Liebste ... Ich kenne niemanden, der Dir gleicht. Ich werde mich noch an das kleinste, Dich betreffende Detail immer erinnern.«

Elizabeth wollte in ihrem Leben und in ihrem Werk gegen die Selbstgefälligkeit ankämpfen, die sie überall umgab, insbesondere die der Engländer im Hinblick auf die preußischen Militärambitionen, die sie aus ihrer einzigartigen Stellung heraus besonders gut durchschaute. Viele ihrer Bücher enthielten Warnungen, und es war ein schwacher Trost, daß sich ihre Voraussagen bewahrheiteten. Sie brachte ihre Kinder, die deutsche Staatsbürger waren, vor dem Ersten Weltkrieg nach England; gegen Ende ihres Lebens verkörperte Hitler für Elizabeth den Inbegriff des Bösen. Vor Ausbruch des Zweiten Weltkriegs lebte sie an der französisch-italienischen Grenze und floh nur widerstrebend nach Amerika, wo sie krank und einsam in dem Bewußtsein starb, daß Hitler, soweit sie betroffen war, gewonnen hatte, daß »seine langen schwarzen Klauen« sie sogar noch im fernen South Carolina erreicht hätten. Ihren letzten Roman, ihr zweiundzwanzigstes Buch, vollendete sie wenige Monate vor ihrem Tod 1941; *Mr. Skeffington* (dt.: *Die sieben Spiegel der Lady Frances*) wurde als Hollywood-Produktion mit Bette Davis und Claude Rains verfilmt.

Künstlerischer Wert wird Bestsellerautoren kaum zugestanden, aber Elizabeth war eine seltene und glückliche Ausnahme von der Regel, eine Autorin, deren Bücher sowohl von den besten Köpfen ihrer Zeit als auch vom Massenpublikum geliebt und geschätzt wurden. Sie ließ sich nie vom Erfolg der einzelnen Titel dazu verführen, ein Schema zu wiederholen, und jedes ihrer Bücher war ein formales Experiment.

Das einzige bislang über sie publizierte Buch stammt von ihrer Tochter Liebet. Elizabeth hatte sie zu ihrer Nachlaßverwalterin bestimmt, und so erschien 1958, verlegt bei William Heinemann, geschrieben unter dem Pseudonym Leslie de Charms, eine Biographie unter dem Titel *Elizabeth of the German Garden*. Ich beziehe mich auf dies Buch durchgängig als auf Liebets Memoiren.

Mein eigenes Interesse an Elizabeth entstand zufällig an einem Nachmittag vor vielen Jahren, als ich ein Exemplar von *Verzauberter April* in die Hand bekam und hier und da ein paar Sätze las. Sofort ergriff mich ein ganz ungewöhnliches Bedürfnis, mehr über diese Autorin zu erfahren und alle ihre Bücher zu besitzen. Die Recherchen zu dieser Biographie nahmen fünf Jahre in Anspruch und führten mich zweimal nach Kalifornien in die Archive der Huntington Bibliothek in San Marino, wo Elizabeths Manuskripte und Tagebücher aufbewahrt werden. Wenige Tage nach meiner Ankunft merkte ich, daß ich auf eine Goldader gestoßen war. Neues Material, nicht nur über Elizabeth, sondern auch über Francis und Bertrand Russell, George Moore, Katherine Mansfield, H. G. Wells und viele andere, wartete auf seine Auswertung.

Der Zauber der amerikanischen Westküste scheint der zu sein, daß alles eintritt, was man sich erhoffte. Erst als ich wie Aladin meine Taschen mit Schätzen gefüllt hatte und nach Hause zurückgekehrt war, um das Buch zu schreiben, wurde mir klar, was ich alles entdeckt hatte. So hatte ich beispielsweise Teppis *Remembrances of the Authoress of Elizabeth and her German Garden* ausgegraben, der Gouvernante der Arnim-Kinder und lebenslangen Freundin Elizabeths, die Tagebücher und unveröffentlichten Memoiren Evis, einer anderen Tochter Elizabeths, die Tagebücher von Elizabeths Vater, Henry Herron

Beauchamp, aber auch die Sammlungen von Elizabeths Familienmitgliedern, die jetzt in Kalifornien leben.

Nach Erscheinen ihres ersten Buchs hieß sie für ihre Leser, schließlich auch für ihre Freunde und endlich sogar für ihre Familie, nur noch Elizabeth. In diesem Buch wird sie Elizabeth genannt werden, sobald *Elizabeth und ihr Garten* ihr den Namen gegeben haben wird, aber bei ihrer Geburt 1866 wurde sie Mary Annette Beauchamp getauft, und ihre Familie nannte sie May. Für die ersten zweiunddreißig Lebensjahre wird sie auch hier May bleiben.

K. U.
April 1986

Mary, Mary

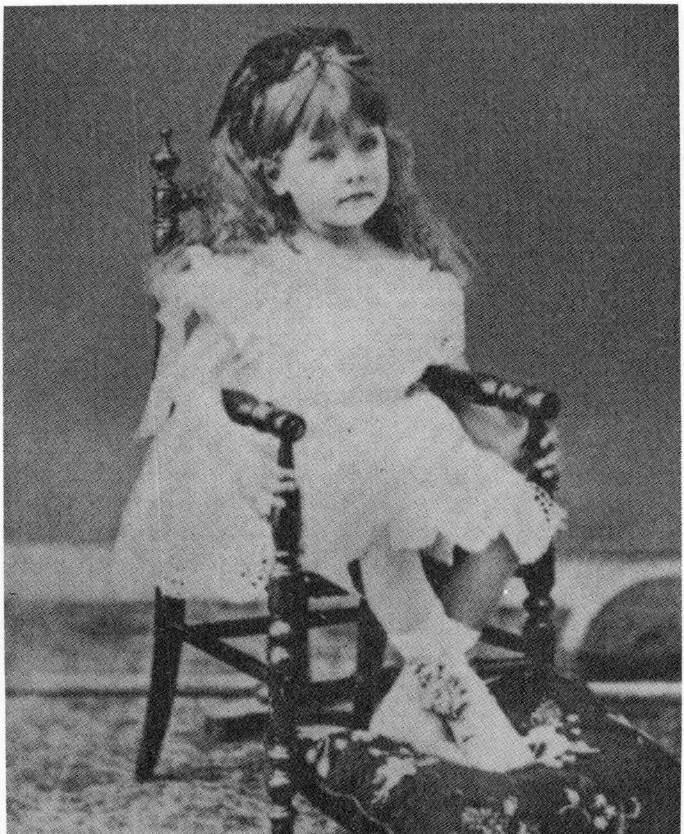

Mary Annette Beauchamp

Mary Annette Beauchamp, von ihrer Familie »May« genannt, wurde am 31. August 1866 kurz vor Einbruch der dunklen und kalten Winterdämmerung in Neuseeland geboren. Falls natürliche und übernatürliche Ereignisse des Tages, an dem ein Kind geboren wird, vorbedeutend sein können, dann spiegelte Marys Leben gewiß die Zeichen wider, die ihre Geburt begleiteten. In Rom gab es eine totale Sonnenfinsternis; Erdbeben erschütterten die Küsten des Mittelmeers, und Mays Vater, ein bislang wohlhabender Schiffskaufmann, verlor fast sein gesamtes Vermögen. Er hatte mit Aktien spekuliert, deren Kurs in der Panik jenes Jahres einbrach; die Nachricht davon fiel mit der Information zusammen, daß zwei seiner Frachtschiffe im Indischen Ozean gesunken waren, und sie erreichte ihn, als seine Tochter erst einige Stunden alt war. Die Freude über ihre wohlbehaltene Ankunft wurde von diesen Ereignissen überschattet.

1866 war auch das Jahr, in dem Bismarck die preußische Vorherrschaft im neuen deutschen Staatenbund sicherte. In der Schlacht von Sadowa, die nur zwei Monate vor Mays Geburt geschlagen worden war, besiegten die mit den neuen Zündnadelgewehren ausgerüsteten preußischen Garden die tapferen, aber mit veralteten Waffen kämpfenden österreichischen Husaren vollständig. Nach Unterzeichnung des Prager Vertrags am 23. August war die europäische Bühne für das große Drama der beiden Weltkriege vorbereitet, das Mays Leben bestimmen sollte. In England war Lord John Russell, der Vater ihres zukünftigen Manns, Premierminister.

Eine große Familie hieß May auf der Welt willkommen. Sie teilte sich ein Kinderzimmer mit dem zweijährigen Henry, der sich ihrer Ankunft deutlich widersetzt hatte. Der fünfjährige Sydney und der ein Jahr jüngere Walter hielten laut ihres Vaters Tagebuch »wie Pech und Schwefel« zusammen und sollten die beiden jüngeren Geschwister bald zu allerlei Possen verführen. Die schöne achtjährige Charlotte, die bereits den um ein Jahr älteren und etwas einfältigen Ralph streng unter ihrer Kontrolle hielt, half bei der Pflege der Neugeborenen, während ihre Mutter sich lange im Wochenbett erholte.

1850 war ihr Vater, der gutaussehende Henry Herron Beauchamp, als junger Mann aus England über Mauritius nach Australien ausgewandert. Seine Vorfahren waren mit Wilhelm dem Eroberer nach England gekommen, und sein Vater John Beauchamp hatte die Familienfirma geerbt, eine Silberschmiede, die in Samuel Pepys' Tagebüchern erwähnt wird. Er erfand eine neue Schmiedetechnik, die ihn zum reichen Mann hätte machen können, wenn er sie ausgebeutet hätte, doch zog er den Verpflichtungen eines Geschäftsmanns das romantische Leben seines Künstlerfreundes Constable und dessen Biographen, des Malers Charles Robert Leslie, vor. Er lebte in Highgate, ging in den Wäldern dort auf Fuchsjagd und heiratete die elegante, umschwärmte Ann Stone. Während der Arbeit verfaßte er Knittelverse, wurde von seinen Freunden liebevoll als »Dichter von Hornsey Lane« und von späteren Generationen als das Urbild des »Pa-Mannes« bezeichnet. Aber durch seine Nachlässigkeit ging die Familienfirma verloren, und seine Söhne mußten mit nichts als einer soliden Volksschulbildung im Gepäck ihr Auskommen in Australien suchen. Henry, der vierte Sohn, war ein drahtiger, energischer, kaum mittelgroßer junger Mann. Er vertraute auf sein »tapferes Herz und ein Paar Reithosen« und machte in den Boom-Jahren des imperialen Wachstums sein Glück. Bei seiner Arbeit machte er die Bekanntschaft eines jungen Mannes und dessen Schwester, Annie Powell, deren ruhiger Charme ihn entzückte. Sie heirateten jedoch nicht, da ein anderer Geschäftsfreund, Frederick Lassetter, ebenfalls eine Schwester hatte, Elizabeth, die in Tasmanien, wo die Familie lebte, das umschwärmteste Mädchen war – und Henry wurde rasch einer der glühendsten Verehrer. Man behauptete, sie sei so schön gewesen, daß sie, wenn sie ausging, einen dichten Schleier hätte tragen müssen, um die jungen Männer der Stadt nicht in Aufruhr zu versetzen.

Bereits wenige Tage nachdem er sie kennengelernt hatte, machte Henry der jungen Frau einen Heiratsantrag, was freilich die Familie Lassetter alarmierte, denn ihr Vater war Baptisten-Prediger, während Henry offenbar nur ein lauwarmer Christ war. Im Haushalt der Lassetters kamen Familie und Bedienstete viermal täglich zu gemeinsamen Andachten zusammen – viermal zu oft für Henry. Frederick beantwortete eine Anfrage seines Vaters, durch die die Glaubensstärke dieses potentiellen Schwiegersohns geklärt werden sollte, mit den Worten: »Er scheint zu denken, daß alles in Ordnung ist, solange sein Verhalten im Einklang mit den Zehn Geboten steht ... Mehr ist über seine Religiosität nicht zu sagen.« Dieser beklagenswerte Mangel an christlicher Gesinnung stieß die Lassetters ab. Henry nährte schließlich eine vage Hoffnung auf seine Erlösung, indem er versicherte, daß sein Glaube Fortschritte mache, daß er aber davon überzeugt sei, noch Zeit zu brauchen, bis er vollständig bekehrt sei. Jedenfalls hatte seine Hartnäckigkeit Erfolg, denn die Familie stimmte schließlich der Heirat zu.

Elizabeth Lassetter wurde von ihrer Familie und ihren Freunden Louey genannt. Sie war es gewohnt, im Mittelpunkt der Aufmerksamkeit zu stehen und ihren Kopf durchzusetzen. Ihr mißfiel die von ihr während der Verlobungszeit geforderte Zurückhaltung, und sie gestand am Tag vor der Hochzeit ihrem Bräutigam in einem Brief, daß sie sich von jeder Kleinigkeit belästigt gefühlt habe und hoffe, daß die Ehe ihre Ungeduld mäßigen werde.

Im Lauf der Jahre sollte Henry sich zu einem tief religiösen Mann entwickeln, während Elizabeth, sobald sie dem direkten Einfluß ihrer Familie entzogen war, zu einer weltlich orientierten Frau wurde, die sich kaum Zeit für persönliche Religiosität nahm. Ihre Abneigung richtete sich eher gegen den Klerus als gegen die Kirche, und sie führte ihn auf die gleiche ironische Weise in ihrem Haus ein, wie ihre Tochter ihn später in ihren Romanen einführte, so daß »das Aufblitzen von Gamaschen« zum Markenzeichen der Romanautorin wurde.

Während die Familie Beauchamp wuchs, zog sie innerhalb und außerhalb Sydneys von Adresse zu Adresse. Schließlich ließ sie sich in einem geräumigen Anwesen namens »Beulah« in Rose Bay nieder, einem der feinsten Vororte. Es war ein langes, niedriges, weißes Haus mit Veranden, die von schlanken Säulen getragen wurden, umgeben von weichen Rasenflächen und gepflegten Blumenbeeten, und durch die hohen Eukalyptusbäume hatte man einen schönen Blick auf den Hafen. Es war das Traumhaus eines jeden erfolgreichen Australiers. Die Familie besaß auch ein Ferienhaus in Kiribilly Point an der Westküste Neuseelands in Richtung Paremata, wo May geboren wurde. Die Lilien wuchsen hier so hoch, daß ihr Vater sie mit einer Sense mähen mußte.

Frederick Lassetter und seine Frau Charlotte, Mays Onkel und Tante, hatten ungefähr ebenso viele Kinder wie die Beauchamps, und die Kinder der Lassetters und Beauchamps waren Spielkameraden. Die Verbindung war so eng, daß bei den diversen Umzügen eine Familie der anderen rasch folgte, und Charlotte, die mehr Mädchen als Jungen hatte, schickte ihre älteste Tochter Emma zu den Beauchamps, damit sie Louey bei der Kindererziehung zur Hand ging. Trotz oder vielleicht gerade wegen der engen Familienbande herrschte zwischen den beiden Frauen eine wütende Konkurrenz, die sich am Reichtum der Männer und an der Anzahl und am Geschlecht ihrer Kinder entzündete. Die finanziellen Einbußen, die Henry zur Zeit von Mays Geburt hinnehmen mußte, setzten die Beauchamps in Nachteil, und als ob die Lassetters dies unterstreichen wollten, distanzierten sie sich von den Freunden und zogen noch im selben Jahr nach England. Erst drei Jahre später konnten es sich die Beauchamps leisten, ihnen zu folgen.

Während dieser Zeit waren sie alles andere als glücklich. Louey war wegen der ständigen Schwangerschaften verbittert. Sie war keine starke Frau, und ihre Fruchtbarkeit war ihr sowohl emotional als auch physisch zur Last geworden. Durch sechs Schwangerschaften hatte sie ihre Figur halten können (was Charlotte Lassetter nicht gelang), aber Louey wußte, daß die Strapazierfähigkeit von Willenskraft und jugendlicher Elastizität begrenzt waren. Sie beschloß, daß die kleine May ihr letztes Kind sein sollte. Da es damals keine gesellschaftlich akzeptierte Form der Verhütung gab, bestand die natürliche Konsequenz dieser Entscheidung in einer sexuellen Entfremdung zwischen Louey und ihrem Mann. Henry war wenig erfreut.

Zu spät hatte er entdeckt, daß »Babygeschrei ihn verrückt machte«, wie seine jüngste Tochter später notieren sollte: »Er war ein Mann, der niemals Kinder hätte haben sollen, außer bereits erwachsenen.« Hinzu kam, daß die Familie häufig erkrankte, so daß das Haus oft mehr einer Kinderklinik als einem Zuhause glich. Es überrascht daher nicht, daß Henry immer länger in seinem Büro blieb, seine Freundschaft zu Miss Annie Powell auffrischte und gelegentlich, besonders nach Mays Geburt, in Gesellschaft eher robusterer Damen der Stadt gesehen wurde.

Sobald sich die Lassetters in England niedergelassen hatten, drängte Frederick seinen Schwager brieflich, daß er mit seiner Familie ebenfalls herüberkäme, und sei es nur für einen Urlaub: »Du kannst nicht die Augen vor der Tatsache verschließen, daß sowohl Dein als auch Loueys Gesundheitszustand unbefriedigend ist und daß Eure Kinder überdurchschnittlich oft krank gewesen sind ... Du und ich könnten die Zeit auf Reisen verbringen. Louey und Chad (Charlotte) würden es ungeheuer genießen, sich gegenseitig Gesellschaft zu leisten. Du wärst ein neuer Mensch.«

Nach Mays drittem Geburtstag entschied Henry, daß ein Umzug nach England möglich sei. Wenn sich alles gut entwickelte, könnte er in London ein Büro eröffnen und seine Geschäfte von dort ebenso gut führen, wenn nicht sogar effektiver. Louey freute sich darauf, mehr von der Welt zu sehen. Sie vermißte ihren Bruder und ihre Schwägerin, und nebenbei hatte sie, die einmal der dickste Fisch in Sydney gewesen war, ihren Glanz verloren. Sie sehnte sich nach dem größeren Teich Englands, in den sie und ihr Mann eintauchen könnten.

Henry Beauchamp, seine »geliebte Frau«, seine Kinder, die Nichte Emma Lassetter, Miss Miles, die Gouvernante, das Kindermädchen Hoolohan und sein Schwiegervater, der Pfarrer Lassetter, gingen im Januar 1870 an Bord der *Hogue*, ein kleines, gelbes, englisches Segelschiff von 1.331 Bruttoregistertonnen. Noch am gleichen Tag begann Henry damit, ein Schiffstagebuch über die Ereignisse zu führen. Auf Fredericks Anraten hatte er vorsorglich mehrere Drei-Liter-Flaschen Champagner mitgenommen, für den Fall, daß jemand während der Reise schlechte Laune bekommen sollte.

May befand sich in der Obhut des Kindermädchens Hoolohan, während Miss Miles versuchte, mit den anderen fünf Kindern fertigzuwerden. May wurde nach einem strengen, viktorianischen Rhythmus gefüttert, gewickelt und spazierengeführt, während ihre Brüder »wie eine Affenbande über das Schiff tobten«, jedenfalls so lange, bis schlechtes Wetter aufkam und alle außer May, »das ehrliche Herzchen, das niemals Ärger machte«, schwer unter der Seekrankheit litten.

Nach einigen Tagen erholte sich die Familie und sprach wagemutig über ihre »wachsenden Widerstandskräfte«. Ihr Appetit wuchs so kräftig, daß alle meinten, sie könnten leicht die üppigen Portionen vertilgen, die den Passagieren der Ersten Klasse auf der langen Reise gereicht wurden, ohne völlig das Hungergefühl zu verlieren. Henry fand es skandalös, als er entdeckte, daß Schinkensandwiches als letztes Angebot des Büffets ausschließlich für Damen gereicht wurden. Kurz darauf wurde der weibliche Teil der Gesellschaft mit leeren Toilettenbeuteln ausgerüstet und beauftragt, so viele Sandwiches wie möglich zu Henry und den unersättlichen Jungen hinauszuschmuggeln, die an Deck warteten.

Das Wetter wurde extrem kalt, als man durch den Pazifik östlichen Kurs auf Kap Horn nahm. Der Suezkanal war gerade erst fertiggestellt worden und konnte allgemein noch nicht benutzt werden. Das älteste Kind, Ralph, oder Rally, wie er genannt wurde, war gerade dreizehn. Henry fiel auf, daß er teilnahmslos war, unter der Kälte litt und traurig herumschlich, »ein Bild passiven Leidens«. Der neunjährige Sydney sah mit seinem blassen Gesicht und glasigen Augen noch elender als Rally aus, aber seine angeborene gute Laune hielt ihn aufrecht. »Mit Rally stimmt irgend etwas nicht«, notierte sein Vater in seinem Tagebuch. Henry selbst litt stärker als unter allem anderen an Heimweh und sehnte sich heftig nach »einer Stunde auf der Sonnenseite der George Street an einem heißen Tag«.

Nachdem Louey nicht mehr seekrank war, gewann sie ihre übliche Vitalität zurück, so daß der Kapitän Henry gegenüber bemerkte, er hoffe, daß ihre »Gesundheit sich nicht noch weiter verbessere, andernfalls wisse man nicht, wie mit ihr umzugehen sei«. Am Tag zuvor hatte sie beim Abendessen voller Temperament quer über den Kapitänstisch Miss Miles ihre Serviette ins Gesicht gefeuert. Doch Louey erholte sich sogar noch mehr und begann demonstrativ mit der Besatzung zu flirten, bis eine empörte, ältere Matrone, eine Mrs. Plomers, sie offen bezichtigte, unschickliche Beziehungen zum Kapitän zu unterhalten. Zur Rede gestellt, protestierte die Matrone: »Nun, gewiß, Mrs. Beauchamp, in Anbetracht Ihres verspielten Wesens ist es nicht unschicklich.« Mrs. Beauchamps verspieltes Wesen hatte sie am Tag zuvor am Eßtisch dazu verführt, dem Kapitän, der mit vom Tisch verdeckter Fußarbeit beschäftigt war, offen ins hochrote Gesicht zu sagen: »Wenn Sie mich lieben, sprechen Sie es aus, aber machen Sie meine Strümpfe nicht dreckig.«

Henrys Aufmerksamkeit wurde durch die Verfolgung von Miss Annie Powell gefesselt, die, wie es schien, rein zufällig, mit zwei Freundinnen auf demselben Schiff reiste. Er wurde beharrlich dabei beobachtet, wie er Umgang mit ihr pflegte, und Louey, die so tat, als sei sie im Hinblick auf die Freundschaften ihres Mannes vergeßlich, genoß es, gegen die Schiffsreeling gedrückt, vom Kapitän in Beschlag genommen zu werden. Henry kommentierte Loueys Benehmen in seinem Tagebuch: »Je weniger man darüber sagt, desto besser.« Über Henry und Annie liegen der Biographin keine Kommentare vor, doch begann während der Reise zwischen den beiden eine außereheliche Beziehung, die in den kommenden Jahren noch einige Rückwirkungen haben sollte.

Als das Schiff Kap Horn umrundete, passierte man einen Gegenstand, der aus einiger Entfernung wie eine kleine, schneebedeckte Insel aussah. Bei näherer Betrachtung erwies er sich als ein toter Wal, der mit Seemöven bedeckt war. Zu diesem Zeitpunkt nahmen die Beauchamps gerade an der Bestattungszeremonie für einen jungen Mann namens Mr. Butler teil. Seine Familie hatte ihn nach Australien geschickt, und auf der Hinreise hatte er sich eine Erkältung geholt, die immer heftiger wurde und sich schließlich, als er in Sydney ankam, zu einer Lungenentzündung entwickelt hatte. Man fand, daß es das beste für ihn wäre, wieder nach Haus zurückzukehren, um dort, wie es unausweichlich war, in den Armen seiner Mutter zu sterben. Unglücklicherweise war er der Rückreise nicht mehr gewachsen, und unter den Augen der Mannschaft und der Passagiere der Ersten Klasse wurde er immer schwächer und starb. Champagner erleichterte ihm das Ende. »Ich habe eben zwei schöne, kleine Becherchen voll gehabt, meine letzten auf dieser Erde«, erklärte er und starb, zu niemandes Überraschung, eine viertel Stunde später. Als der Zweite Maat den Körper der Tiefe anvertraut hatte, wandte sich der sechsjährige Henry an seinen Vater und schrie freudig: »Er ist weg«, und die kleine May flötete durch die stillen Gebete für das Seelenheil des jungen Mannes ihre ersten, verbürgten Worte: »Papa, ist der aufgepumpt?« Mehr als sechzig Jahre später sollte sie schreiben: »Mein Lebensweg war mit Grabsteinen gepflastert.« Dies war ihre erste Erfahrung mit dem Tod.

Drei Tage später bekam Harry Scharlach. Von den anderen Kindern konnte er nur isoliert werden, indem er in seiner Kabine blieb. Mrs. Plomers war überzeugt, daß ihr Enkel Shakto sich angesteckt hatte, und ihre Bemerkung, sie wäre dankbar, wenn er »die Krankheit von einem anständigen Kind bekommen hätte«, wurde überhört. Ob sie Harry für anständig hielt oder nicht, schmälerte nicht ihren Respekt für den charismatischen Henry Beauchamp, während sie das Benehmen seiner Frau eindeutig verachtete. Wie intensiv ihre Gefühle für ihn waren, erfuhr er in einer stürmischen Nacht, als sie sich an der Klinke seiner Kabinentür festband und erklärte, daß sie sich nur in seiner Nähe sicher fühle. Henry verharrte unterdessen angstvoll in seiner Koje und hoffte, daß sie nicht darauf bestehen würde, ihm dort für die Dauer des Sturms Gesellschaft zu leisten. Schließlich geleiteten sie der Kapitän und der Erste Maat in ihre Kabine zurück.

In all diesen Dramen auf Schiffsplanken spielte May kaum eine Rolle, sondern verbrachte ihre Zeit, indem sie mit einem gleichaltrigen Mädchen namens Toady spielte. Toady kam den Beauchamps so nahe, daß sie bald damit anfing, Henry »Papa« zu nennen. Sie kam aus einer streng römisch-katholischen Familie und war »bemerkenswert hell«. Nach der Bestattung war Henry unvorsichtig genug, sie zu fragen, ob sie glaube, daß Butlers Seele sofort gerichtet werde oder ob sie bis zum Jüngsten Gericht warten müsse, und wenn Letzteres der Fall sei, ob sie sich dann der Wartezeit bewußt wäre? (Henry hielt das für eine angenehmere Art, ein Gespräch anzuknüpfen, als Bemerkungen übers Wetter zu machen.) Toady war der Ansicht, daß Butlers Seele »eine ganze Zeit« im Fegefeuer bleiben müßte, bis sie zum Gericht bereit sei. Sie ließ sich dann über den römisch-katholischen Glauben im allgemeinen aus, brachte auch ein paar protestantische Einwände vor, auf die Henry selbst noch gar nicht gekommen war, und widerlegte sie. Sie redete »wie ein Buch« über die Unfehlbarkeit des Papstes, die unbefleckte Empfängnis, Wandlung, Zölibat der Priesterschaft und Fegefeuer. Henry war wie betäubt. Nach ungefähr einer Stunde beendeten sie das Gespräch, indem sie sich gegenseitig Komplimente machten. Henry sagte, er hoffe, daß er und Toady sich in der nächsten Welt wiedersehen würden, da er das Gefühl habe, daß sie sich bereits »in irgendeiner anderen Welt« begegnet seien.

May beobachtete erstaunt diesen Austausch. Obwohl sie in der Familie das mit Abstand intelligenteste Kind war, sollte sie ihr ganzes Leben an einem unerklärlichen Gefühl intellektueller Unterlegenheit leiden, und es ist möglich, daß dies seinen Ursprung auf der Reise nach England hatte. Die Erfahrung, mehr als drei Monate mit einem so erstaunlich frühreifen Kind gleichen Alters zusammenzusein, hat auf ihrer sich entwickelnden Persönlichkeit vielleicht eine untilgbare Spur hinterlassen.

Ende März, als das Schiff noch vier Wochen bis zum Anlegen in London vor sich hatte, gebar eine Frau aus dem Zwischendeck ein Mädchen. May war tief verstört darüber, daß so etwas auf See passieren konnte, denn an Bord gab es doch keine Petersilienbeete, was bei den Beauchamps die Entsprechung zum Klapperstorch bedeutete. Ihre Verwirrung wurde gelindert, als man ihr erklärte, daß das Baby nachts auf dem Rücken eines riesigen, fliegenden Fisches gebracht worden wäre. Das sei, sagte man ihr, auf See so Brauch.

»Manchmal kommen Schiffe zu Hause an, und unseres vielleicht auch«, sagte sie, als man noch eine Woche vom Dock entfernt war. Sie waren so lange auf See gewesen, daß sie die Hoffnung aufgegeben hatte, jemals wieder Land zu sehen.

Aschenputtel

Charlotte Beauchamp

Als die *Hogue* endlich an einem bitterkalten Apriltag in der Themse andockte, waren die Beauchamps dreieinhalb Monate auf See gewesen. Die Familie ging von Bord und war erleichtert, nach einer so langen Seereise wieder festen Boden unter den Füßen zu spüren. Sie fuhren durch London zum Belsize Park, um vorerst bei den Lassetters zu wohnen, die sie eingeladen hatten, bis sie eine eigene Wohnung gefunden hatten. Als sie aus dem Innenstadtbereich herauskamen, zog die Kutschenprozession durch kilometerlange, »erstaunliche Straßen«, die von frühlingsgrünen Bäumen und Sträuchern flankiert waren. Außer Henry hatte noch niemand so etwas gesehen.

Nach ein paar Tagen bekam dann auch Rally Scharlach, und Chad Lassetter evakuierte ihre Kinder in Unterkünfte in Blackheath. Henry sehnte sich nach Sydney zurück: »Wir kommen uns vor wie Kuckucks, die die Nester anderer Vögel in Besitz genommen haben«, schrieb er in sein Tagebuch. Louey fühlte sich durch die modische Theorie etwas getröstet, daß die Krankheiten, mit denen man sich infizierte, von der Reiseklasse abhingen: Die Erste Klasse bot das Scharlach-Risiko, weshalb Scharlach als ehrenwerte Krankheit galt, und die Zweite Klasse das von Masern. Reisende der Dritten Klasse bekamen Windpocken.

In der zweiten Maiwoche bezog die Familie offiziell ein möbliertes Haus am New West End 1 in der Finchley Road in Hampstead, das sie für 250 Pfund im Jahr (5.600 Pfund in heutigem Wert) mieteten. Da sich keins der anderen Kinder mit Scharlach ansteckte, richtete man sich schnell ein, um den wunderbaren englischen Frühling zu genießen. Henry machte sich auf, das Land wiederzuentdecken, das er als Junge so gut gekannt hatte, und May durfte ihn manchmal bei diesen romantischen Touren begleiten. Von den Jungen zeigte keiner an Körperertüchtigung mehr Interesse als unbedingt erforderlich, und so wurde sie schnell die einzige und liebste Begleiterin ihres Vaters, wobei sich jene Entdeckerlust entwickelte, die sie nie verlassen sollte. Manchmal führten ihre Wege in Richtung des nahe gelegenen Hauses von Miss Annie Powell, und May genoß diese Besuche.

Im Juni nahm Henry die Familie in die Kirche von Child's Hill mit, wo der Prediger mit einer Kappe auf dem Kopf erschien, was May veranlaßte, ihn unentwegt anzustarren. Auf die Frage ihres Vaters, wie ihr der Mann gefallen habe, antwortete sie seelenruhig: »Das is'n Suffkopf, Papa.« Das war nach Ansicht ihres Vaters gewiß die bestmögliche Beschreibung des »kuriosen, kläglichen alten Froschs«, dessen Predigt fast ausschließlich aus Beteuerungen bestanden hatte, daß die Gemeinde die siebzig Jahre ihres Erdenlebens seufzend zu überstehen habe.

Bei solchen Familienausflügen begleitete Louey ihren Mann nur selten, denn sie schlug sich mit einer ganzen Reihe geheimnisvoller Gebrechen herum. Die Tatsache, daß Henry seine Geliebte, Miss Powell, in einem Haus in Hampstead offen präsentierte, verbesserte den Gesundheitszustand seiner Frau durchaus nicht. Sie wurde ständig von Ärzten untersucht, aber ihre Beschwerden wurden nie befriedigend diagnostiziert. Im Gegenteil, die Ärzte fanden nichts an ihrem Zustand auszusetzen und erklärten einmütig, sie könne gut als zehn Jahre jünger durchgehen und sei gesünder als die meisten Menschen. Henry notierte in seinem Tagebuch: »Unsere Ankunft ist ein Segen für die Ärzteschaft ... Dr. Brown kam heute morgen vorbei, und es gelang mir durch brillante, strategische Manöver, ihn von Louey fernzuhalten, wodurch ich mehrere Guineen sparte.« Sein Verdacht, daß ihre Beschwerden eingebildeter, wenn nicht gar taktischer Natur waren, vertiefte sich, als man eines Abends »die arme Louey« zu Hause ließ, da sie zu leidend war, um die Familie zur St. Paul's Kathedrale und anschließend zum Essen zu begleiten. Als sie unerwartet früh nach Hause zurückkehrten, ertappten sie sie »in voller Montur« in Erwartung einer Droschke, die sie bestellt hatte, um auf eigene Faust auszugehen. »Sehr erfreut über diese Besserung«, lautete der ironische Kommentar ihres Mannes. Doch Louey konnte noch so kapriziös sein, es gelang ihr stets, Henry zu beschwichtigen. May erinnerte sich, daß ihr

Vater »ihren süßen Umgarnungen nicht lange widerstehen konnte und die Aussicht unerträglich fand, daß sie auch nur vorübergehend damit aufhören könnte«.

Wenn Louey hypochondrisch war, so war May bemerkenswert frei von diesem Zustand, wie sie überhaupt frei von Unpäßlichkeiten aller Art war. Fühlte sie, oder später ihre Kinder, sich dennoch nicht wohl, empfahl sie ausgiebige Freiübungen. In hartnäckigen Fällen griff sie zu reichlichen Gaben Rizinusöl. Den Rückzug aufs Sofa als eine Methode, mit Lebensproblemen umzugehen, war eine Unart, die sie energisch bekämpfte, und in ihrem 1914 erschienenen Roman *Die preußische Ehe* sollte May dann die Beziehung zwischen einer verheirateten Frau und ihrem Sofa beschreiben, wobei sie sehr wohl ihre Mutter im Visier hatte: »Es war wohlanständig; es war unangreifbar; es kam in den Geboten nicht vor. Sie mußte sich nur daran klammern, und dann konnte niemand sie mehr dazu bringen, etwas zu sein oder etwas zu tun.«

Eines Morgens kuschelte May sich zu ihrer Mutter ins Bett und bat sie ganz ruhig, eine neue Seite aufzuschlagen, damit es ihr bessergehe. Ihre verblüffte Mutter fragte, wer ihr diesen Ausdruck beigebracht hätte. »Na ja, Mama«, antwortete May, »Pierce (ein ehemaliges Kindermädchen) hat gesagt, ihr müßt eine neue Seite aufschlagen und artigere Kinder werden, und also hab ich eine neue Seite aufgeschlagen, Mama, und umgeblättert und umgeblättert, aber artiger bin ich überhaupt nicht geworden.« Beharrlich forderte sie ihre Mutter auf, aufzustehen und mit ihnen zur Kirche zu gehen. Louey sagte, sie würde im Bett bleiben und sich selbst pflegen. »Aber Mama, wie kannst du das tun? Wie kannst du dich selbst gesund pflegen?« sagte May, die sich unter Pflege nur vorstellen konnte, als Baby in fremden Armen gewiegt zu werden. Als Kind erschien May ihre Mutter geheimnisvoll fragil, ein Objekt der Sorge, deren Hilflosigkeit auch alle anderen hilflos machte.

Mit ihren nicht diagnostizierbaren Unpäßlichkeiten ängstigte Louey ihre jüngste Tochter, aber es gab auch Zeiten, in denen sie sich mit erstaunlicher Schnelligkeit erholte, da ihre natürliche Fröhlichkeit sich nicht lange unterdrücken ließ. In der selektiven Erinnerung der Erwachsenen gedachte May ihrer Mutter als »eines fröhlichen, liebenswerten kleinen Geschöpfs« und beschrieb sie liebevoll als eine, »die sich durch ihre Jahre hindurchsang und immer von Freunden und Bewunderern umgeben war«. Es gab Gesellschaften und Ausflüge, und sowohl Henry als auch Louey verschwanden oft aufs Land, um Freunde zu besuchen oder einfach auf Entdeckungsreise zu gehen, während die Kinder in der eisernen Obhut von Miss Miles blieben. Wenn die Eltern zurückkamen, rief Henry feierlich »einen allgemeinen Urlaubstag« aus, und dann besuchten die Kinder, begleitet von Miss Miles und manchmal auch von ihrem Vater, ein Museum oder das Parlamentsgebäude oder den Zoo. Einmal besuchten sie eine Vieh-Ausstellung und freuten sich begeistert über die »riesigen, gemütlichen, warmen, fetten Dinger«, besonders die Schweine, die »an beiden Enden gleich aussahen«.

Oft versammelte Henry seine Kinder um sich, schloß die Augen und tat, als sei er tot. Sie mußten dann zeigen, daß sie genau wußten, was zu tun wäre, wenn er wirklich stürbe, indem sie sein Testament und die wichtigen Papiere fanden. Da er ein überaus ordentlicher Mann war, war das nicht sehr schwer. In seinem aufgeräumten Schreibtisch konnte er sogar im Dunkeln finden, was er suchte.

Der Winter dieses Jahres war hart, und Henry sehnte sich nach den blühenden Orangenhainen in Australien. Die Kinder waren enttäuscht, daß die Themse nicht vollständig zufror, aber es gab gefährlichen Eisgang, den sie sich gern von der Tower Bridge aus ansahen. Die ganze Familie ging zum Schlittschuhlaufen auf den Hampstead Pond und beobachtete erfreut, wie die ungewöhnlichen Wetterverhältnisse die phlegmatische britische Seele in Entzücken versetzten. Seit Henrys Kindheit, als er und sein Bruder gelegentlich auf dem gleichen Teich herumgeschliddert waren, war Henry nicht mehr Schlittschuh gelaufen. Nun mußte er diverse Stürze überstehen, bei denen er sich Hüfte, Ellbogen und Schläfe prellte. Seine Angst, daß er sich die Rippen gebrochen haben könnte, brachte ihm das ungeteilte Mitgefühl aller ein. Einen so normalen, sehr aufrechten Mann wie Henry Beauchamp in hilfloser Schande auf dem Eis liegen zu sehen, war ein furchtbarer Anblick. »Louey, Chad und die Kinder waren von der Szene auf dem Teich höchst amüsiert«, berichtete er an jenem Abend schmerzlich seinem Tagebuch.

Im folgenden August halfen die Kinder, das Heu auf den Feldern, die ihr Haus umgaben, zusammenzuharken, und May arbeitete neben den anderen und versuchte, mitzuhalten. Nach einem langen, heißen Tag in glühender Sonne kam sie manchmal fiebernd nach Hause, ein Zustand, den ihr Vater Heuschnupfen nannte. Damals bekam sie zum ersten Mal Alpträume und irrationale Ängste, die ihr kindliches Gemüt drei Jahre lang quälen sollten. Sie wachte jede Nacht auf »und zitterte drei oder vier Stunden lang, krank vor Angst«. Sie fürchtete sich vor dem Donner des Jüngsten Gerichtes, von dem ihr das Kindermädchen erzählt hatte. May zitterte in elender Verworfenheit, wartete auf den Donner, der sicherlich ein fürchterlicher Knall sein würde, hatte sich Strümpfe um die Finger gewickelt und diese dann, so weit es ging, in die Ohren gestopft. Ihr ganzes Leben lang blieben Gewitter das einzige, was sie tief erschrecken ließ.

Die anderen Kinder hänselten May, als sie merkten, daß sie alles glaubte, was man ihr erzählte. Sie entdeckte schnell, daß ihre einzige Verteidigung darin bestand, noch fabelhaftere Geschichten zu erfinden, mit denen sie die anderen erschrecken konnte. Miss Miles' strenge Wacht über die Wahrheit verhinderte, daß dieses Spiel die Schwelle des Unterrichtszimmers übertrat und ihr tägliches Leben beeinflußte; doch auch in späteren Jahren neigte May dazu, sich in etwas zu verlieren, was E. M. Forster als »gewaltigen Blödsinn dieser oder jener Art« bezeichnen sollte. Sie bestand leichtsinnig darauf, daß etwas richtig war, selbst wenn es sich als völlig absurd herausstellte, und oft ritt sie auf dem Scherz tagelang herum.

Henry und May setzten ihre Ausflüge fort, bei denen sie oft Stone-Tanten, Schwestern von Henrys Mutter, in Highgate besuchten. Beide waren sehr alt, aber so munter wie Fünfundzwanzigjährige. Henrys Eltern lebten schon lange nicht mehr. Diese Tanten behaupteten, May sei »ein merkwürdiges ... seltsames kleines Geschöpf ... ein eigensinniges ... vorlautes, unliebenswürdiges Kind«. Als May und ihr Vater eines Tages, von einem plötzlichen Regenschauer durchnäßt, von den Tanten nach Haus zurückkamen, wachten sie am nächsten Morgen mit Husten auf. Den größten Teil der Woche »husteten sie und waren unglücklich«. Da entschied Henry, daß die Gesundheit der Familie nach klarer Bergluft verlange. Der Mietvertrag für das Haus in der Finchley Road würde im kommenden Frühjahr auslaufen, und es wurde geplant, das nächste Jahr in der Schweiz zu verbringen, und wenn ihre Gesundheit sich bessern sollte, das Jahr darauf in Frankreich und das nächste in Deutschland. Louey war überglücklich, weil Miss Powell in Hampstead zurückbleiben würde.

Henry war der Meinung, daß Reisen seine Kinder bilden würde; es hatte seinen eigenen Horizont erweitert, und er war entschlossen, seinen Söhnen gleiches angedeihen zu lassen. Seine Schulbildung hatte ihm nichts vermittelt, was für seine Geschäfte je nützlich gewesen wäre, sondern hatte ihm seiner Meinung nach sogar im Gegenteil viel unnötigen Ärger eingebracht. Er war entschlossen, seine Söhne nicht auf die gleiche Weise leiden zu lassen. Seiner Meinung nach produzierten die bekannten exklusiven Internatsschulen nur Männer, »die für Geschäftszwecke zu viel gelernt haben«. In den kaufmännischen Karrieren, die er für sie ausersehen hatte, sollten seine Söhne nicht durch solch lästiges Gepäck beschwert werden. Die Erziehung von Charlotte und May interessierte ihn natürlich nicht. Sie würden zweifellos heiraten, und dafür hatte man nichts zu lernen; Bildung war eher hinderlich bei der Suche nach einem passenden Ehemann. Es war reines Glück für May, daß Henry seine Söhne zu Hause unterrichten ließ, da sie auf diese Weise mehr Bildung genoß als andere durchschnittliche Mittelklassen-Töchter des Britischen Empire.

Es herrschte Frieden, und Europa war eine Schatzkammer der Kultur, von der, so Henrys Meinung, seine Kinder etwas aufnehmen sollten. Erst kürzlich waren neue Eisenbahnen gebaut worden, die eine Familienreise durch Europa wesentlich erleichterten. Das Geld war knapp, aber Henry hatte den finanziellen Optimismus des Self-mademans: Er ging davon aus, daß er leicht ein zweites Vermögen verdienen könne, nachdem er bereits eins verdient hatte. Louey, obwohl von Natur aus extravagant, dachte praktischer. Sie hatte zahlreiche Zukunftsängste und zögerte nicht, diese auch auszusprechen.

Im Mai 1872 brach die Familie mit der Nichte Emma, Miss Miles, drei Dienstmädchen und einem Freund von Sydney in die Schweiz auf. Die vierzehn gepäckbeladenen und frohgestimmten Reisenden fuhren in einem Konvoi zweirädriger Pferdedroschken zum Bahnhof in der Cannon Street. In seinem Tagebuch beschreibt Henry eine »aufregende Szene«, als der Zug beinah ohne Louey abfuhr und sie von der ganzen Gesellschaft angefeuert wurde, auf den fahrenden Zug zu springen. Obwohl sie fast alle seekrank wurden, gelangten sie sicher nach Ostende und kamen abends »in recht guter Ordnung« in Brüssel an. Am nächsten Tag in Heidelberg hetzten sie den deutschen Stationsvorsteher, der kein Wort Englisch sprach, auf der Suche nach einem Abteil den langen Bahnsteig auf und ab. Der Zug war voller Leute, die »sich sehr zu amüsieren schienen«. Henry wich dem bedrängten Beamten nicht von den Fersen und lag ihm ununterbrochen mit »Basel – direkt – Familie« in den Ohren, während der Rest des Stammes ihnen in Schlangenlinien folgte. Alle paar Minuten schrie er über die Schulter: »Familie, unterstützt mich.« Der unglückliche Stationsvorsteher war die Sache schließlich leid und komplimentierte eine alte Dame aus einem Erste-Klasse-Abteil heraus, in dem die Reisegesellschaft bequem bis Basel reiste, obwohl sie nur Fahrkarten für die Zweite Klasse hatte.

Als sie endlich in Lausanne ankamen, fanden sie schnell ein altes Chalet mit hölzernen Balkonen in einem Außenbezirk der Stadt und zogen dort ein. Das Haus hieß Mont Rhynchite und wurde voll möbliert für 5.500 Schweizer Franken (etwa 400 Pfund heutigen Werts) im Jahr vermietet. Gutgelaunt und von der kräftigen Bergluft gestärkt, verabschiedete Louey sich von ihrer Gewohnheit des Sofaliegens, blieb während des Einzugs stehen und überwachte die Verteilung der Zimmer und das Auspacken des Gepäcks. Vier Tage später kamen die Lassetters mit ihren vier Kindern an. Als sich die Unruhe des Einzugs gelegt hatte, kam Henry in seinem Tagebuch zu dem Schluß, daß man

»durchaus an keinem üblen Ort« gelandet sei. Die Wetterverhältnisse waren erfreulich, tagsüber war es heiß, aber abends wunderbar kühl, und sie fanden sich umgeben von hübschen Feldern, Bäumen, Hecken und wilden Blumen.

Die Kinder unternahmen fast jeden Tag fröhliche Besichtigungstouren, und nur an verregneten Tagen zwang man sie zum Lernen im Schulzimmer. Miss Miles, die ganz allein für die aufgeregte Kinderschar verantwortlich war, focht einen aussichtslosen Kampf um ihre Aufmerksamkeit. Die Lassetters zogen schließlich in ein nahe gelegenes Chalet um, aber die Kinder waren trotzdem außer Rand und Band, und es war fast unmöglich, sie zu unterrichten. Miss Miles beschwerte sich offen bei Henry und wies darauf hin, daß Ralph und Sydney die größten Störenfriede seien. Die normalerweise geduldige und ergebene Frau war im Begriff, ihre Stellung aufzugeben, falls die Jungen nicht anderswo unterrichtet würden. Angesichts einer dermaßen überforderten Gouvernante sah sich Henry gezwungen, seine Theorien zu ändern, und stimmte zu, daß die Jungen auf eine Schule geschickt wurden. Unverzüglich wurden sie an der École Industrielle Nationale, einer Schweizer Tagesschule in Lausanne, angemeldet.

Das Unglück der Brüder, die nun jeden Tag zur Schule mußten, in einer Sprache erzogen wurden, die sie kaum verstanden, und einem System ausgesetzt waren, das sie überhaupt nicht begriffen, nahmen die anderen als Warnung auf. Die Familie Lassetter zog weiter weg ins Chateau de Coppet, ein Haus, das viel größer war, als die Beauchamps es sich hätten leisten können, und Charlotte, Walter und Harry waren im Schulzimmer allein. Man war sich einig, daß May sich ihnen anschließen sollte. Obwohl sie fast sechs war, hatte sie bis jetzt noch überhaupt keinen formellen Unterricht gehabt. Als sie schreiben lernte, sah man sie »zum ersten Mal auf ihre Fähigkeit konzentriert, Striche zu machen«. Den Rest der Unterrichtszeit war sie äußerst ungezogen und ließ, was Unfug anging, die ehemaligen Störenfriede weit hinter sich.

Wie zur Bestätigung von Henrys Theorien, vielleicht sogar deswegen, erwies sich die École Industrielle Nationale für die beiden älteren Jungen beinah als tödlich. Rally weigerte sich zu essen und wurde immer schwächer, während Sydney, der sensibelste der Jungen, zusammenbrach. Der Arzt diagnostizierte Gehirnfieber und bezweifelte, daß der Junge überleben würde. Henry, der sich zu diesem Zeitpunkt in London aufhielt, um geschäftliche Dinge zu regeln, bekam ein rheumatisches Fieber und wurde mit größter Sorgfalt und Hingabe von Miss Annie Powell in ihrem Haus in Hampstead gepflegt. Als Loueys aufgeregtes Telegramm mit den schlechten Nachrichten ankam, fuhr Henry mit Annie zu seinem Arzt, der es Henry streng verbot zu reisen. Louey, die Wind von Annies hingebungsvollem Einsatz bekommen hatte, ließ eine ganze Flotte Briefe und Telegramme vom Stapel, voller Anschuldigungen und ernsten Warnungen, was mit der ganzen Familie geschehen würde, wenn Henry nicht bald in die Schweiz zurückkehrte. Als ihm der Arzt schließlich die Reise erlaubte, fand er bei seiner Ankunft seine Frau keineswegs ausgemergelt und mager vor, wie er es befürchtet hatte, und Sydney befand sich bereits auf dem Weg der Besserung. Tatsächlich gab es überhaupt keinen Grund, daß er seinen Londoner Aufenthalt vorzeitig abgebrochen hatte, den er zu allererst unternommen hatte, um Loueys finanzielle Ängste zu beruhigen. Doch Louey »wurde nicht müde, von den Qualen, Rasereien und Zusammenbrüchen des lieben armen kleinen Sydney zu erzählen, und wie sie alle für seinen Tod (sic!) gebetet hätten, der so unausweichlich schien«, schrieb Henry in sein Tagebuch.

Als Sydney außer Lebensgefahr war, brachen Henry und Louey in Begleitung von Fred und Chad Lassetter zu einer ausgedehnten Reise durch Europa auf. Das Quartett durchstreifte ganz Italien und erreichte Neapel im richtigen Moment, um den Ausbruch des Vesuvs zu erleben.

Bei ihrer Rückkehr fand die Reisegesellschaft die Familie in besorgniserregendem Zustand vor. Charlotte hatte eine folgenschwere Mitteilung zu machen. Hysterisch und unter Tränen gestand sie, daß sie ein Baby erwartete. In der zweiten Hälfte des zwanzigsten Jahrhunderts ist es für ein fünfzehnjähriges, unverheiratetes Mädchen unangenehm, wenn es schwanger wird, aber um 1870 war das ein schweres Unglück. Als Louey sich von dem Schock erholt hatte, schloß sie sich der tiefen Verstörung an, die bereits Henry und Miss Miles gefangen hielt, und war lediglich dankbar, daß man nicht in England war und die Familienschande vor den Lästerzungen ihrer Freunde verbergen konnte. Die Identität des Vaters war offenbar sofort beim Geständnis der erstaunlichen Neuigkeit vom tiefen Fall ihrer schönen Tochter enthüllt worden, denn in den Familienpapieren herrscht über diesen Punkt keine Verwunderung, aber der Name wird auch nicht erwähnt. Es ist sehr wahrscheinlich, daß einer der Lasseter-Jungen oder einer ihrer Freunde der Bösewicht war. Die scharfsinnige, kleine May war sich der Krise bewußt, die ihre Familie schüttelte, aber es verwirrte sie sehr, daß ein so natürliches Ereignis bei ihren geliebten Eltern eine so unnatürliche Reaktion auslösen konnte. Ein in der Familie kursierendes, recht grimmiges Rätsel lautete: »Warum gleichen moderne junge Frauen Pharisäern? Antwort: Weil sie sich zu früh unter Menschen begeben.«*

Henry, der nicht Zeuge der Schande seiner Tochter zu werden wünschte, plante sogleich eine Weltreise, ein seit langem gehegter und jetzt passender Wunsch. Das folgende Jahr blieb die Familie völlig »unüberwacht und herrschaftslos«. Gut sechzig Jahre später, als sie ihre Autobiographie *Alle meine Hunde* schrieb, erinnerte May sich an diese Zeit; vom Augenblick seiner Abreise an sei alles und jeder entspannt gewesen: »Sonderbar, wie heiter das Leben wurde, wieviel Spielraum es bot und wie unbeengt man sich fühlte.« Anstatt auf ihre Manieren zu achten und auf der Hut zu sein, hörte sie auf, sich »um irgend etwas zu bekümmern«. Da Annie Powell in der Sicherheit Hampsteads geblieben war, blühte Louey in ihrer Strohwitwenschaft auf. Worum auch immer May bat, ihre Mutter lachte nur, küßte sie und gab es ihr, da sie wußte, daß ihr Mann weit weg war und sich nicht vor Ablauf eines halben Jahres wieder nach Hause wenden würde. Ihre Briefe an ihn verrieten

* Der ins Deutsche nicht übertragbare Witz ergibt sich aus dem Doppelsinn Menschen/Männer des englischen Wortes men. (A.d.Ü.)

allerdings mit keiner Silbe die plötzliche Erleichterung, die seit seiner Abreise jeder im Haushalt spürte. Sie wollte ihn glauben machen, daß sie, während er sich amüsierte, schwach, einsam und wehrlos alleingelassen war und tapfer die schwere Last der gesamten häuslichen Verantwortung trug. Aber Mays aufbrausende und unausgeglichene Mutter war doch auch sehr praktisch veranlagt, eine Begabung, die ihre jüngste Tochter glücklicherweise geerbt hatte. Loueys Ängste über die finanzielle Zukunft der Familie steigerten sich, und sie zögerte nicht, ihrem Mann diese Ängste brieflich mitzuteilen. Sein Optimismus, der stärker zu werden schien, je weniger Geld da war, ging ihr völlig ab. Sie war als behütete Tochter eines Geistlichen erzogen worden, während Henry in heiterer Armut aufgewachsen war. Schon sein Vater hatte Sorglosigkeit im Hinblick auf materielle Güter an den Tag gelegt und, verstärkt durch seine Freundschaften zu Malern und Schriftstellern, das romantische Vagabundenleben glorifiziert. Paradoxerweise sah Henry darin einen der Gründe für seine eigenen Erfolge im Leben, was für einen respektablen, viktorianischen Kaufmann der Mittelklasse eine ungewöhnliche Weltsicht war. Er beantwortete die bekümmerten Briefe seiner Frau dahingehend, daß sie sich vom Gedanken an die ungewisse Zukunft nicht beherrschen lassen solle: »Ich sage, die Zukunft ist strahlend, glorreich und erfreulich ungewiß.« Er tadelte sie dafür, noch keine »völlig bekehrte Frau« zu sein, und versprach ihr großzügig, daß er zur Ruhe kommen und seinen Weg machen werde, sobald »er sich ausgetobt« habe. »Glaube ja nicht«, erklärte er ihr überflüssigerweise, »daß Reichtum glücklich macht.«

May befand sich inzwischen in einem seligen Glückszustand. Wenn sie um elf Uhr morgens hinaus durfte, um mit einem zuckerbestreuten Stück Brot in der Hand zwischen Butterblumen und Gänseblümchen herumzutollen, erlebte sie die außergewöhnlichsten, ungeheuer glücklichen Momente ihrer Kindheit, ja ihres ganzen Lebens. Diese beiden schlichten Blumen wurden ihre Symbole der Freiheit und des Glücks. Sie machte so gut wie keine Schularbeiten und perfektionierte die Kunst, den Eindruck zu vermitteln, sie habe den ganzen Vormittag französische Vokabeln gelernt oder in ihrem Schreibheft geübt, wo sie doch nur herumgetollt war, sich Geschichten ausgedacht oder Tagträumen nachgehangen hatte. Ihre Tonleitern übte sie während der letzten zwanzig Minuten des Nachmittags, so daß Mademoiselle, wenn sie nach der Mittagsruhe im Unterrichtszimmer erschien, ihre Schülerin »mit vor Eifer wippenden Zöpfen« am Klavier sitzen sah.

Im März brachte Charlotte einen Jungen zur Welt. Sobald Henry in einem klagenden Brief seiner Frau davon erfuhr, machte er sich auf die Heimreise. Ob das Kind starb oder überlebte und aufgezogen wurde, ist nicht überliefert. Es wurde jedenfalls nie wieder erwähnt. Wahrscheinlich ist es, wie damals üblich, zu einer Bauernfamilie in Pflege gegeben worden, die über einen kleinen Nebenverdienst froh war. Erst nach diesem Ereignis merkte May, daß etwas nicht stimmte. Charlotte war eine lebhafte, furchtlose junge Frau gewesen. Mit ihrem rotgoldenen Haar, das ihr bis zu den Füßen reichte, war sie auch sehr schön, schöner als May je sein würde. »(Charlotte) war wie eine großgewachsene (May), eine zu Elfenbein und Gold gewandelte (May) mit perfekter Figur«, sollte sie in *Die preußische Ehe* über ihre Schwester schreiben. »Kein Mann hätte sich in (May) verlieben können, solange es vor seinen Augen das gleiche, aber in Lieblichkeit verwandelte Mädchen gab.« Aus diesem Grund, aber auch wegen ihres sanften Charakters, fühlten sich viele Menschen zu Charlotte hingezogen. Von einem sehr frühen Zeitpunkt an wußte May, daß sie nur mit Witz und einer ungewöhnlichen Haltung dem Leben gegenüber eine Chance hatte, zur Kenntnis genommen zu werden. Nachdem Charlotte nun das schwere Schicksal durchgemacht hatte, ein uneheliches Kind auszutragen, um sich dann von ihm trennen zu müssen, hatte sie sich verändert. Sie wurde unsicher, nervös und war nicht mehr dazu in der Lage, sich für etwas zu interessieren. Ihr Glaube an sich selbst war erschüttert, und sie kam ihrer jüngeren Schwester damals wie ein ruderlos treibendes Schiff ohne Anker und Segel vor. Ihr Verhalten wurde prätentiös und zuckersüß, um die Bitterkeit in ihrem Inneren zu verdecken.

Im September 1873 kam Henry zurück. Er freute sich, wieder zu Haus zu sein, und meinte: »Lausanne ist trotz allem das wahre Paradies auf Erden.« In der Nacht des Wiedersehens wurden Loueys Ängste wegen des Babys, des Geldes und der Familie offenbar begraben. Um drei Uhr morgens klingelten sie die arme Emma aus dem Bett, damit sie ihnen kaltes Hähnchen und Rotwein im Bett serviere, und anschließend packten sie bis zum Morgengrauen Koffer aus.

Die Familie richtete sich wieder in den patriarchalisch dominierten Verhältnissen ein, in der sich jeder zusammennahm und auf der Hut war. Es gab weiterhin Gesellschaften und Ausflüge, und alle genossen den Wintersport, für den die Schweiz damals noch nicht berühmt war. Gleichwohl konnte die Idylle nicht dauern; im Februar bekamen die Kinder der Beauchamps und drei der Lassetters die Masern. Henrys Abneigung gegen Krankheiten, die sich im Lauf der Jahre ständig verstärkt hatte, trieb ihn auf eine Reise durch Frankreich; Louey spielte wieder einmal mit Inbrunst die Rolle der verlassenen Frau und guten Mutter, während sich ihre Freunde um sie versammelten wie Motten ums Licht.

Als Henry wiederkam, brachte er die Familie nach London zurück. Er hatte sich, wie er es ausdrückte, ausgetobt, und eine gereifte Einstellung gegenüber dem Schicksal der Familie veranlaßte ihn zumindest zu größeren Skrupeln. Daß ihr Mann Anstalten machte, das Leben oder jedenfalls das Geld wieder ernster zu nehmen, erleichterte Louey so sehr, daß jeder Widerspruch oder Vorbehalt, den sie wegen der Nähe Miss Powells hätte haben können, beiseite gelegt wurde. Der August 1874 war der letzte Monat ihres Aufenthalts in der Schweiz. Er verging im Trubel von Besichtigungen im allerletzten Moment, Gesellschaften und Einladungen. Am Monatsende brach Louey mit den weiblichen Familienmitgliedern Charlotte, May, Emma und einem französischen Kindermädchen nach England auf, und Henry folgte ein paar Tage später mit den Jungen. Vom dauernden Spaß waren alle erschöpft und endlich willens, sich ernsteren Geschäften hinzugeben.

Die Familie ließ sich im Mayfield Lodge in Southgate in

einem nordwestlichen Außenbezirk Londons nieder. Die Lassetters mieteten wie stets ein Haus in der Nähe. Sydney, der jetzt Sinner genannt wurde, Harry und Walter wurden auf die University College School in Frognal geschickt, wo auch schon ihr Vater studiert hatte. Die sechzehnjährige Charlotte und die achtjährige May gingen nach Blythwood House. Hier lernten sie Latein, Französisch, Deutsch und Italienisch und bekamen Unterricht in Naturphilosophie, Geologie und Botanik. Auf dem Lehrplan standen außerdem Klavier, Harfe, Gesang, Rhetorik, Zeichnen, Tanzen und Gymnastik. May, die das absolute Gehör hatte, nahm außerdem noch privaten Geigenunterricht dazu.

Im Oktober war May mit Scharlach an der Reihe. Es war nur eine schwache Infektion, aber sie mußte isoliert werden, und Emma Lassetter stand ihr als Pflegerin bei. Henry mietete am Mount Vernon 6 vier möblierte Zimmer für 35 Shillinge die Woche und notierte in seinem Tagebuch: »Wir sind überrascht und amüsiert über die Angst, die die Leute vor Ansteckung haben. Wir werden tabut (sic) und von unseren Freunden ausgeschlossen. Wir können niemanden besuchen, und niemand besucht uns. Wir schämen uns langsam für uns selbst.« May war anfangs mit ihrer neuen Situation zufrieden. Ihre Mutter brachte sie in ihr Krankendomizil, küßte sie »wild«, ging nach Hause und küßte alle anderen Kinder. May und Emma blieben drei volle Monate isoliert, währenddessen May ihren Vater nur ein einziges Mal sah, als sie traurig aus dem Fenster schaute, an dem er gerade vorbeiging. Als sie wieder nach Hause kam, wurde May von den Jungen gnadenlos gehänselt, weil sie äußerst fett geworden war. Sie war so gekränkt, daß sie ihre ganze Energie darauf verwandte, ihre ehemalige Schlankheit wiederzuerlangen, und in Zukunft sollte sie Dicksein, ob bei sich oder anderen, für ebenso schlimm, wenn nicht noch schlimmer als Wahnsinn halten. Zu diesem Weihnachtsfest verschickte die Familie Grußkarten mit dem Aufdruck: »Fröhliche Bronchitis für Dich und, wenn er kommt, glücklichen Scharlach.« Henry berichtete in seinem Tagebuch: »Fröhliche Weihnachten mit Freunden und Verwandten ist hier der reine

Humbug. Es ist die Jahreszeit par excellence, in der sich fast alle älteren, lange gepflegten Bekanntschaften und viele neue entschließen, zu sterben oder zumindest sterbenskrank zu werden.«

Während Mays Abwesenheit war Charlotte bei Hofe vorgestellt und in »die Saison« aufgenommen worden. Sie vergnügte sich mit einem Gentleman namens George Waterlow, dem Sohn von Sir Sydney Waterlow von Waterlow & Sons, städtische Briefpapierhersteller.* Er war ein exzentrischer junger Mann und von Charlotte außerordentlich bezaubert. Eines Tages würde er sehr reich sein, und man ging davon aus, daß er und Charlotte ein gutes Paar abgeben würden, wobei man ihm natürlich ihr früheres amouröses Abenteuer vorenthielt.

Als Ralph achtzehn war und in die Geschäftswelt eingeführt wurde, trat er eine Stelle in den Kontoren der Teemakler Shepard & Co. in der Great Tower Street an – »für Gottes Lohn und um zu sich selbst zu kommen«. Mit anderen Worten, ihm wurde kein Gehalt gezahlt, und für Essen- und Reisekosten mußte er selbst aufkommen.

Henry schmiedete Pläne, in der Stadt ein neues Schiffsgeschäft zu eröffnen, ein Grund, nach Australien zurückzukehren, um seine alten Geschäftsverbindungen aufzufrischen. Da er es nicht eilig hatte, entschloß er sich, daß er den Hin- und Rückweg genausogut zu einer weiteren Odyssee um die Welt nutzen könnte, diesmal von Nord nach Süd, da ihn seine erste Weltreise von West nach Ost geführt hatte. Er blieb neun Monate unterwegs. May erinnerte sich lebhaft an seine Rückkehr, wobei sie möglicherweise etwas übertrieb.

Unglücklicherweise war der erste Brief, den Henry bei seiner Rückkehr öffnete, eine Rechnung über hundert Pfund von Marshall & Snelgrove – für Bänder. Das Haus erbebte unter seiner »wütenden Fassungslosigkeit«, und selbst Louey, »die abenteuerliche, kleine Haarbandkäuferin«, fand es angebracht, auf

* Waterlow & Sons druckten später Banknoten für die Bank von England. Sowohl Sir Sydney als auch sein Sohn George wurden für ihre Verdienste in diesem Bereich zum Ritter geschlagen.

Zehenspitzen zu gehen. Doch gelang es ihr schneller als den meisten Ehefrauen, die Atmosphäre, »dick wie Schwefel«, zu klären.

Nach einer Woche, als Henry sich vom Inhalt seiner Post erholt hatte, verkündete er seine Absicht, sich in London geschäftlich niederzulassen. Die Freude war groß und allgemein. Das Leben bewegte sich nun in einem gemäßigteren, vorstädtischen Tempo; Henry ging in sein Kontor in der Stadt, Louey verbrachte die Zeit mit weiblichen Bekanntschaften und regelmäßigen musikalischen Familienabenden. George Waterlow schenkte May in einem untypischen Anfall von Großzügigkeit einen Hund. In ihrem autobiographischen Buch *Alle meine Hunde* erinnerte sie sich, daß sie den Hund nur während der kurzen Zeitspanne von der Werbung bis zur Eheschließung von George und Charlotte behalten durfte. Warum der Hund kurzfristig im Familienkreis geduldet wurde, wußte sie nicht; allerdings herrschte eine allgemeine Atmosphäre »aus extrem gutem Willen und Duldsamkeit«. Ihr Vater mochte keine Hunde, und ihre Mutter war »viel zu hübsch, viel zu sehr mit ihren Verehrern beschäftigt«, als daß sie noch Zeit gehabt hätte, unter ihren »Erdenbürgern« solche zur Kenntnis zu nehmen, die mehr als zwei Beine hatten.

Im Alter sollte sich Charlotte mit Schrecken daran erinnern, wie sehr May von ihren Eltern vernachlässigt worden war, wie man auf ihr herumtrampelte, wie sie von den anderen Familienmitgliedern ignoriert und gehänselt wurde. May war das Aschenputtel: Immer zu spät, immer vergessen und immer mußte sie die abgelegten Kleider ihrer Schwestern und der Lassetter-Mädchen auftragen. Als die Zeit kam, da May »gesellschaftsfähig« wurde, für die Mutter ein teures und aufreibendes Geschäft, das den Einsatz als Anstandsdame beinhaltete, entschied Louey, daß sie für so etwas keine Zeit habe. Man nahm an, daß »die arme, einsame, kleine May« mit den verrückten Ideen nie eine gute Partie machen würde, und unternahm deshalb nur wenig, um für sie einen Mann zu beschaffen. May blieb zu Hause und saß hinterm Ofen.

May sollte später ihre »schmale, kleine Begabung«, wie sie

ihr Schreibtalent immer nannte, darauf zurückführen, daß sie das jüngste Mitglied einer großen und lauten Familie war. Sie bezeichnete es als »Getrenntsein von der Familie«, und weil sie ein Mädchen nach drei Jungen war, die wie Pech und Schwefel zusammenhielten, hatte sie allen Grund, sich isoliert vorzukommen. Sie merkte, daß ihr niemand zuhören wollte, wie überzeugend sie ihre Kommentare und Witze auch immer vorbringen mochte, und bereits in diesem frühen Alter bildete sich ihre blendende Schlagfertigkeit aus. Außer von Sydney, den sie bewunderte, wurde sie von ihren Brüdern so sehr gehänselt, daß sie sich von allen zurückzog.

Charlotte und George heirateten im August 1878 und bezogen ein Haus namens Beaufort in Edmonton. Einen Monat später zogen die Beauchamps in ein nahe gelegenes Haus namens Tanner's Hall um. Im gleichen Jahr wurde Sydney in die Waterlow-Firma aufgenommen, um »Kunst und Geheimnis eines Briefpapierherstellers zu erlernen«. Zuvor hatte man ihn zu einem Arzt in der Harley Street gebracht, wo er auf Gehirnschwäche untersucht wurde. Es fiel ihm schwer, sich an bestimmte Dinge zu erinnern, und seine Eltern fürchteten, daß es die Folgen seiner Hirnhautentzündung waren. Der Spezialist bezeichnete ihn als »gesund und munter«, aber er schied bereits nach einem Jahr wieder aus dem Papiergeschäft aus. Er hatte sich in den Kopf gesetzt, Arzt zu werden und begann, von May ermutigt, in Cambridge mit dem Medizinstudium. Wegen seiner Konzentrationsschwäche und des unregelmäßigen Schulunterrichts während seiner Kindheit waren die ersten Jahre des Medizinstudiums schmerzlich, und es war herzerweichend, wie oft er durch die Vorprüfungen fiel. Mays Glaube an ihn gab ihm die Kraft, durchzuhalten. Er wurde schließlich einer der begehrtesten Ärzte Londons und sogar der Gynäkologe von Queen Victoria.

Harry, der jüngste Sohn der Familie, war in der Firma seines Vaters angestellt, was aber keine glückliche Regelung war. Er dachte daran, nach Australien zurückzukehren, da er aber von labiler Gesundheit war, beschlossen seine Eltern, daß er aufs Land gehen und auf einem Bauernhof arbeiten sollte, um zu

Kräften zu kommen. Um sich zu zerstreuen, nahm er ein Cello mit und übte so viel, daß er sich an den musikalischen Familienabenden zu Hause beteiligen konnte. May, die damals elf Jahre alt war, begleitete ihn auf dem Klavier und entdeckte dabei seine schöne Gesangsstimme. Sie nahm ihn zum Vorsingen zu Sir Walter Parratt mit, der ihr zu der Zeit Orgelunterricht gab, und Sir Walter schickte ihn zum Vorsingen zu Sir George Grove weiter, dem Musiker und Autor des *Dictionary of Music and Musicians*. Sir George empfahl ihn bei Signor Visetti am Royal College of Music. Und so »gibt Harry seine Absicht auf, nach Australien auszuwandern, wird zu Hause bleiben und seine Stimme ausbilden. Große, allgemeine Freude, daß er uns nicht verläßt«, schrieb Henry in sein Tagebuch. Harry wurde später Professor an der London Academy of Music, wo er unterrichtete, als seine Cousine, Katherine Mansfield, dort »während ihrer Schulzeit am Queen's College in der Harley Street Cellounterricht erhielt«. Schließlich wurde Harry Leiter der London School of Music.*

Inzwischen machte Charlotte Henry und Louey zu legitimen Großeltern, indem sie im Mai 1877 ein Mädchen zur Welt brachte; zuvor war ein Kind, das einige Wochen nach der Hochzeit geboren wurde, bei der Geburt gestorben. Im Juni starb auch das zweite Baby, das auf den Namen Zoe getauft worden war, nachdem es unter einer Krankheit gelitten hatte, die kein Arzt zu diagnostizieren wußte. »Verschleppter Scharlach« und »irgend etwas anderes« war noch die genaueste Diagnose.

Walter absolvierte eine Lehre im Kontor eines Wollmaklers in London und ging schließlich wieder nach Australien. Zu dieser Zeit entwickelte sich May zum ruhenden Pol in der Familie. 1880 war sie das einzige Kind, das noch zur Schule ging. 1881 zogen die Beauchamps in eine geräumige georgianische Residenz namens East Lodge in Acton um. Sie lag gegenüber der Twyford Avenue an der Uxbridge Road, die damals kaum mehr als eine Landstraße war. Es war ein viereckiges Ziegelhaus mit

* Harry war Katherines offizieller Vormund in England, solange sie minderjährig war.

einem zwei Stockwerke hohen Eingangsportal. Auf der Rückseite des Gebäudes führten Schiebetüren auf eine große Steinterrasse, die im Schatten von schmiedeeisernen Regency-Balustraden lag. Als man einzog, war der weitläufige Garten voll von verfallenen Gewächshäusern, Nebengebäuden und verrotteten Zäunen. Auf drei Seiten erstreckte sich ein neu angepflanzter Park mit jungen Bäumen.

Das Leben der fünfzehnjährigen May verlief hier relativ ruhig und gedämpft. Ihr Vater wurde fast vollständig von seinen Geschäften in Anspruch genommen, und ihre Mutter umgab sich mit einem Freundeskreis, der jetzt ausschließlich weiblich war. Henry nannte ihn »die Weiblichkeit« und entfloh bei jeder sich bietenden Gelegenheit in sein Arbeitszimmer. May wurde zu Besuchen älterer Verwandter mitgenommen, auf Blumenausstellungen und in Galerien. Im Tagebuch ihres Vaters gibt es einen geheimnisvollen Eintrag: »Wettfahrt mit May. Sie hielt äußerst tüchtig mit, aber während der zehnten Runde hielt uns die Polizei an (Louey).« Das Elternteil, vor dem man sich in acht nehmen mußte, scheint nun ihre Mutter gewesen zu sein. Miss Annie Powell findet keine weitere Erwähnung.

Louey löste sich vom weiblichen Freundeskreis zugunsten eines wiedererwachten Interesses an der Kirche, und zur selben Zeit machten May und Sydney eine intensive religiöse Phase durch. Henry fand das Haus überfüllt von geistlichen »Begleitschlampen«, Meßdienern, Missionaren und Konfirmanden, denen May Religionsunterricht gab. Während dieser Phase wurde May zur Spezialistin in Sachen Klerus, der dann in ihren Romanen so viele komische Auftritte haben sollte. Ihre religiösen Gefühle vertieften sich, aber gleichzeitig kamen ihr die weltlichen Ambitionen des örtlichen Klerus lächerlich vor: »Wenn sie sich schreibend über jemanden lustig machen wollte, verwandelte sie die Person in einen Pastor oder Bischof,« meinte später einer ihrer Freunde. Doch ihr religiöser Eifer jener Zeit konnte selbst vom Klerus nicht gedämpft werden.

Als ältere Frau besuchte May noch einmal die Kirche All Saints in Acton, wo die Familie dem Gottesdienst beigewohnt hatte: »Wirklich ein kleines Juwel von Kirche und der ekstatischen Freude sehr wohl wert, die ich zwischen vierzehn und siebzehn hineinlegte. Mit den Erinnerungen an Jugend und bebende Frömmigkeit erschien sie mir schön«, schrieb sie in ihr Tagebuch. Sie kniete nieder und versuchte an den Plätzen zu beten, an denen sie früher gesessen hatte, aber die Erregung und freudige Frömmigkeit, die sie als junges Mädchen empfunden hatte, kamen nicht zurück.

Hand in Hand mit solch subtilen und geistlichen Sehnsüchten machten sich eher weltliche Leidenschaften bemerkbar. Ihre erste Verliebtheit beschreibt sie folgendermaßen: »An dem Tag, da ich die Reinheit meiner Seele verlor, indem ich mich mit fünfzehn in den Gemeindeorganisten verliebte, war ich nur entsetzt über die Schwärze meiner Fingernägel ... « Das, was sie von ihrem Platz in der Kirche aus erkennen konnte, bestand nur aus Chorhemd, Adlernase und feuerrotem Schnurrbart, doch reichte es, wie sie sagte, für Liebe auf den ersten Blick allemal aus. Sie liebte ihn mindestens sechs Monate »wie rasend«. Sie behauptete, ihr Snobismus habe dann die Faszination gebrochen; als sie ihm in Begleitung ihrer Gouvernante eines Tages auf der Straße begegnete, da sei sie von seinem legeren Aufzug – ein Gehrock, kombiniert mit einem Umlegekragen und einem Bowler – so schockiert gewesen, daß sie ihn nicht mehr liebte. Wahrscheinlicher ist jedoch, daß ihre Eltern Wind von der Affäre bekamen und sie verboten. Mays Horoskop besagt, daß der Mann, für den sie sich zu jener Zeit ihres Lebens interessieren würde, derjenige sei, den sie hätte heiraten sollen; und mehrere ihrer Romane behandeln auf nostalgische Weise das Schicksal einer jungen Frau, die mit einem Mitglied des niederen Klerus verheiratet ist.

1882, als May sechzehn war, wurde sie in die Queen's College School in Horn Lane, Acton, geschickt, die von einer Miss Summerhayes geleitet wurde. Bis dahin galt sie als eine eher indifferente, leicht ablenkbare Schülerin, aber Miss Summerhayes war eine inspirierende Lehrerin, und schon bald zeigte May echtes Interesse an ihren Studien. Eine zwei Jahre jüngere Schulfreundin, Miss Celena Joscelyne, schwärmte noch im hohen Alter von May. Sie erinnerte sich an sie als »eine sehr kleine

Person mit schönem, langen Haar, das im Nacken von einer Schleife zusammengehalten wurde. Sie hatte blaue Augen und einen strahlenden Teint.« Sie erinnerte sich auch, daß ein bestimmter Aufsatz über Blumen, den May 1883 für die Abschlußprüfung des Senior Certificate schrieb, ihre Lehrerin in helle Begeisterung versetzte. Im Juli notierte Henry im Tagebuch: »May glänzte in einer Geschichtsprüfung als Beste unter allen Ealing-Schülerinnen.« Er fügte hinzu, daß May, verglichen mit ihren Brüdern, von denen nur ein einziger eine gründliche Schulausbildung genossen hatte, kaum jemals krank war. Ein zu der Zeit in der Familie beliebter Witz lautete: »Warum ist weiblicher Witz wie ein Telegramm? Antwort: Weil er der Post an Intelligenz voraus ist.« Henry hatte nie darauf gedrungen, daß seine Kinder zur Schule gingen, solange sie eine plausible Entschuldigung vorweisen konnten. Mays robuste Gesundheit war gleichwohl eine Tatsache. Auch als Erwachsene war sie kaum jemals krank und suchte nur selten Ärzte auf. Sie führte ihre Gesundheit und ihre Intelligenz auf einen robusten Magen und ein klares Bewußtsein zurück.

1883 wurde der Mietvertrag für East Lodge um weitere fünf Jahre verlängert, da sich die Beauchamps dort sehr wohl fühlten. Die »Weiblichkeit« ging »ziemlich massiv zur Kirche«, und May gab immer noch Konfirmandenunterricht.

Zur allgemeinen Verblüffung litt May im November gleich unter mehreren Krankheiten und mußte beinah drei Wochen das Bett hüten. Sie hätte eigentlich die Aufnahmeprüfung für die Universität ablegen sollen und war furchtbar enttäuscht, daß die Krankheit ihr jede Möglichkeit nahm, das Examen zu bestehen. Das war ein harter Schlag, denn sie hatte es sich in den Kopf gesetzt, nach Cambridge zu gehen, und Miss Summerhayes hatte sie darin bestärkt, daß sie sehr gute Chancen hätte. Sie kam auf diese Episode niemals wieder zu sprechen, obwohl sie kaum ein gutes Wort für Blaustrümpfe übrig hatte und verzweifelt war, weil die Ausbildung, die zwei ihrer Töchter in Cambridge bekommen hatten, in deren Alltag völlig nutzlos war. Sie hegte jedoch stets besondere Sympathie für diejenigen, die dort studiert hatten oder studierten.

Im folgenden Jahr 1884 verließ May zu Weihnachten das Queen's College. Sie war achtzehn und rechnete damit, zu Hause zu bleiben und ihre Eltern zu verwöhnen, bis sie zu gegebener Zeit einen Mann verwöhnen würde. Sie setzte ihre Ausbildung am Royal College of Music fort, gelegentlich auch mit »Old Poll« Parratt, der damals Organist auf Schloß Windsor war. Sie blieb ihm immer dankbar, daß er ihr auf der Orgel der St. George Kapelle Bach-Fugen beigebracht hatte. Zu dieser Zeit war sie völlig ausgewachsen, kaum größer als ein Meter sechzig, und A. S. Frere, einer ihrer späteren Liebhaber, erinnerte sich daran, wie sie Orgel spielte: »Um alle Pedale erreichen zu können, mußte sie Verrenkungen machen, wie eine Person durchschnittlicher Größe sie bei Übungen in einer Turnhalle machen würde.«

In den Erinnerungen der Familie wird Mays kleine Statur nicht erwähnt. Weder die Beauchamps noch die Lassetters waren großgewachsen: Und da sie das jüngste Kind war, hielt man es vermutlich für selbstverständlich, daß sie klein war. So, wie sie aufwuchs, mit einem Mindestmaß an elterlichen Zwängen und dem Höchstmaß an Anstrengung, Aufmerksamkeit zu erregen, entwickelte sie ihren originellen und durchsetzungsfähigen Charakter.

Ihre schnelle Auffassungsgabe und die süßen Umgarnungsmethoden, die sie von ihrer Mutter geerbt hatte, ergaben eine unbesiegbare Kombination: Selbst die stärksten Männer in ihrem Leben hatten gegen sie keine Chance. Bereits damals, wie auch in Zukunft, genoß sie die Verblüffung, wenn man dahinterkam, daß in diesem kleinen Körper eine derart willensstarke und durchaus aufregende Persönlichkeit steckte. Als Wahlspruch wählte sie *Parva sed Apta* (klein aber effektiv). Ihren Witz und ihre verbalen Widerborstigkeiten brachte sie mit einer weichen, hohen, leicht meckernden Stimme vor, über die ihr Freund Frank Swinnerton später sagte, sie klinge wie »ein heiserer Chorknabe«.

Am 31. August 1887 feierte die Familie Mays Volljährigkeit. Ihr Vater notierte das Ereignis: »Geburtstag Mays, unseres klugen, fleißigen Babys«. Sie erhielt viele Glückwünsche, Karten und Telegramme, und der ganze Tag war fröhlich und festlich –

»ganz anders als der ihrer Geburt«, schrieb Henry, der sich noch mit leichtem Schaudern an die Tage der »großen Panik« erinnerte, die ihn, zusammen mit den Schiffsverlusten, beinahe ruiniert hätten. Man gab ein Fest, zu dem auch Laura (Laura war viele Jahre lang Mays beste Freundin und Vertraute, dennoch ist ihr Nachname nicht überliefert; möglicherweise war sie eine Cousine der Beauchamps) und die beiden Kelly-Schwestern Annie und Posy eingeladen wurden. Im Gegensatz zu den Schwestern war Laura eine zurückhaltende Person, die gerne las. Ihr Spitzname lautete bezeichnenderweise »Maus«. Sie war es, die May Lektüre nahebrachte, da im Haushalt der Beauchamps Bücher keine große Rolle spielten. Sydney kam aus Cambridge, wo er sogar während der Ferien geblieben war, um zu studieren, und brachte ein paar junge Ärzte und Studenten mit. East Lodge war wieder fröhlich und ausgelassen, wie es in der Vergangenheit schon so oft gewesen war.

Einladung zum Ball

Henning von Arnim

May blieb noch fast drei Jahre unverheiratet. An aufmerksamen Verehrern herrschte zwar kein Mangel, aber sie bedachte ihre Bewunderer oft mit zynischen Bemerkungen, worauf ihre Anzahl deutlich abnahm – wie es auch der Heldin aus *Anna Estcourt* geschieht, ihrem ersten, umfangreichen Roman. Am meisten litt Louey unter dem, was sie für Mays vorsätzliche Weigerung hielt, sich einen passenden Ehemann zu angeln. Man befürchtete allgemein, daß sie auf dem besten Weg war, eine vertrocknete Jungfer zu werden. Chad Lassetters Töchter hatten alle frühzeitig und standesgemäß geheiratet, ein Umstand, der Louey deutlich vor Augen stand. Als die in seinem Haus lebende Kinderzahl abnahm, wurde Henry milder. Er fing an, sich für den Garten zu interessieren, und May teilte seine Begeisterung. »Rechnungen gab es nur mehr statt für Schuhe und dergleichen für Blumenzwiebeln«, schrieb sie damals über ihn, und wer seinen Garten so sehr liebte wie Henry, dem machte es nichts aus, Blumenzwiebeln zu bezahlen, und es war schon eine seltene Freude, sich nicht mehr um die Bezahlung der Schuhe anderer kümmern zu müssen. Nachdem die Kinder eins nach dem anderen das Haus verließen und seine Vaterrolle ausgespielt war, sah man ihn »friedlich und ungestört inmitten seiner Rosen« sitzen, schrieb May in *Alle meine Hunde*. Er liebte Mays Gesellschaft und ihre neue Leidenschaft für den Gartenbau. Wann immer es sich einrichten ließ, blieb sie zufrieden zu Hause und entspannte sich in der Harmonie und Stille, die nun in East Lodge herrschten. Ihre Brüder waren meistens unterwegs, aber ihre geliebte Schwester wohnte mit ihrem neugeborenen Sohn Timothy in der Nähe. Später wurde er Sydney genannt, zum Ritter geschlagen, und in der Zeit kurz vor dem Zweiten Weltkrieg war er englischer Gesandter in Athen.

Als sie vierundzwanzig wurde, waren fast alle Mädchen, die May kannte, verheiratet. Sie kam sich vor wie »ein Gespenst, das die Ballsäle der jüngeren Generation heimsuchte«. Das Gefühl war ihr zuwider; sie verkrampfte und wurde unnahbar. Sie dachte sich zu den meisten Anlässen, zu denen sie geladen wurde, Entschuldigungen aus und legte sich »eine Schlichtheit der Kleidung und Frisur zu, die streng war«. Es war unangenehm genug für Louey, eine alte Jungfer als Tochter im Haus zu haben, aber überdies entpuppte sich die alte Jungfer auch noch als Feministin, und Feministinnen waren, wie jeder wußte, gefährliche und unberechenbare Wesen, die Romane schrieben und oft der Sappho huldigten. May erschreckte die Familie, als sie davon sprach, eine Arbeit als Straßenkehrer anzunehmen. Oder sie wollte fortgehen, ganz allein in einem kleinen Haus auf dem Land leben, sich eine Kuh halten, Gemüse anbauen und überhaupt völlig auf eigenen Füßen stehen.

Henry und Louey kamen zu dem Entschluß, daß einschneidende Maßnahmen ergriffen werden müßten; und, wie schon früher, schien eine Auslandsreise die Lösung zu sein. Henry verlängerte den Mietvertrag für East Lodge nicht, sondern stürzte die Familie ein weiteres Mal in den nomadisierenden Lebensstil, der seit 1850 für die Familie Beauchamp ganz normal gewesen war, als die Brüder England verlassen hatten, um in Australien als Tramps zu leben. In der Familie gab es den Scherz, daß sich die Hühner, sowie in einem Haushalt der Beauchamps Geräusche des Einpackens laut wurden, mit ausgestreckten Beinen auf den Rücken legten, um zusammengebunden zu werden. Im Verlauf ihres Lebens sollte May mehr als fünfunddreißigmal umziehen, die langen Phasen nicht eingerechnet, während deren sie in Europa und Amerika auf Reisen war.

Im Januar 1889 entboten May und ihr Vater »vielen trauernden Verwandten auf der Victoria Station ihr Adieu« und brachen zum europäischen Festland auf. Louey würde nachkommen, sobald sie die Einlagerung der Möbel überwacht und Sydney, Harry und Ralph in Wandsworth untergebracht hatte. Sie blieb einstweilen bei den Lassetters und verzögerte ihre Abreise so lange wie möglich.

Die Überfahrt von Dover nach Calais ging glatt, aber die Zugreise nach Mailand wurde Henry durch die aufdringliche Aufmerksamkeit eines deutschen Offiziers verleidet, der ein Auge auf May geworfen hatte und ihrem Vater schnell zum Ärgernis wurde. Sobald die Beauchamps in Italien angekommen waren, gelang es ihnen, ihn abzuschütteln. In Mailand besuchten sie die Messe im Dom und sahen eine Opernaufführung in der Scala, bevor sie nach Genua weiterfuhren. Dort machten sie einen Ausflug nach Pegli, um sich die Gärten der Villa Pallavicini anzusehen. Henry, der sich nach seinem Garten in Acton sehnte, notierte in seinem Tagebuch: »Wurden von einem störrischen kleinen Gärtner herumgeführt – siebenundachtzig Jahre alt und so aktiv wie ich. Eine beneidenswertere Existenz gibt es nicht!« Sie gingen mit ihm unter dem blauen Himmel und der warmen Sonne umher, blickten zwischen artenreicher, blühender Vegetation und farbenprächtigen Vögeln und Schmetterlingen aufs ruhige Mittelmeer und verbrachten »zwei wohl zu erinnernde Stunden«.

Anfang Februar kamen sie in Rom an. Demonstrationen gegen die Arbeitslosigkeit, die zu Unruhen und Plünderungen ausarteten, waren lautstark im Gange, als Vater und Tochter eintrafen. Henry würdigte sie keines Blicks, sondern hetzte May von Parks durch Ruinen zu Kirchen. Sie erhielt die Genehmigung, im Petersdom Orgel zu spielen. Unter den Besuchern befand sich ein Kavallerieoffizier, der im Deutsch-Französischen Krieg gekämpft hatte, Graf Henning von Arnim, der die kleine Organistin ausfindig machte, sich bei ihr bedankte und darum bat, ihrem Vater vorgestellt zu werden.

Henry stellte einen italienischen Hauslehrer ein, der May täglich zur Teezeit besuchte und mit ihr auf italienisch über allgemeine Themen sprach. Abends besuchten sie Leute, für die sie Empfehlungsschreiben hatten. Sir George Grove hatte May einem gefeierten italienischen Musiker empfohlen, Signor Sgambacti. Als sie und ihr Vater dort zum Dinner geladen waren und soeben gehen wollten, schaute Graf Henning von Arnim, »vom Scheitel bis zur Sohle picobello«, auf dem Weg zu einem Ball im Quirinalspalast vorbei. Er war entzückt, May so schnell wiederzusehen, und blieb eine Stunde.

Am nächsten Tag schnappte Henry sich May, und sie reisten überstürzt ab, da er die Absicht hatte, einen preußenlosen März in Neapel zu verbringen. Sein Verhalten gegenüber Männern, die Interesse an seiner Tochter zeigten, war dem seiner Frau völlig entgegengesetzt und stand im Widerspruch zu ihren Anweisungen. Er vergaß einfach, daß der entscheidende Grund ihres Auslandsaufenthalts darin bestand, May potentiellen Freiern vorzuführen, und solange Louey nicht in der Nähe war, um ihm Einhalt zu gebieten, tat Henry sein Bestes, um May für sich zu behalten. Als sie im April nach Rom zurückkehrten, gaben die Sgambactis einen Empfang. Graf von Arnim machte May den ganzen Abend lang den Hof und verdrehte der jungen Frau mit seinen Aufmerksamkeiten völlig den Kopf.

Graf Henning August von Arnim-Schlagenthin war fünfzehn Jahre älter als May und erst seit kurzem verwitwet. Er war überdurchschnittlich groß (und überragte May deshalb beträchtlich), breitschultrig und kahlköpfig. Er behauptete, dieser Zustand rühre daher, daß ihm der Feind im Deutsch-Französischen Krieg die Haare weggeschossen habe. Er war der einzige Sohn des Grafen Harry Kurt Eduard von Arnim-Suckow, der als junger Mann Jura studiert hatte, was für einen Junker seiner sozialen Stellung ein ungewöhnlicher Schritt war, und unter Bismarcks Patronage im diplomatischen Dienst Karriere gemacht hatte, um schließlich deutscher Botschafter in Paris zu werden. Seine Freunde beschrieben Harry von Arnim widersprüchlich als brillanten und begabten Staatsmann, aber auch als inkompetenten und verantwortungslosen Intriganten. Als Diplomat wurde er Zeuge der Einigung und des Aufstiegs Deutschlands, und seine Freundschaft zur kaiserlichen Familie gab ihm, wie er glaubte, die Macht, Bismarck herauszufordern. Von der Alt-Konservativen-Partei, die Bismarck zu entmachten versuchte, wurde er als Nachfolger des Kanzlers gesehen, und es war kein Geheimnis, daß sich Arnim Hoffnungen auf dieses Amt machte.

Sie bekämpften sich in der politischen Arena, doch Graf Arnim erwies sich, mit den Worten G. O. Kents, des Chronisten der Auseinandersetzung, als »ein mickriger David gegen einen überragenden Goliath«. Er versuchte, Bismarcks Politik gegenüber Frankreich zu diskreditieren, indem er Zeitungsartikel publizierte, die auf Informationen basierten, die aus der deutschen Botschaft in Paris herausgeschmuggelt worden waren. Er wurde aufgefordert, sie zurückzugeben, weigerte sich jedoch und behauptete, es handele sich um seine privaten Papiere, mit denen er machen könne, was er wolle. Daraus entbrannte eine lange Auseinandersetzung vor Gericht, das Arnim zu neun Monaten Gefängnis verurteilte. Die Junker waren empört, daß Bismarck jemanden in der sozialen Stellung eines Grafen Harry strafrechtlich verfolgen ließ, und der Fall wurde später zu einer Art *cause célèbre*. Der Graf entzog sich der Strafe durch Flucht ins Ausland. Er und sein Sohn Henning veröffentlichten das Pamphlet *Pro Nihilo*, das ihren Fall darstellte, Bismarck aber dazu reizte, einen neuen Prozeß anzustrengen; Arnim wurde schließlich in Abwesenheit zu fünf Jahren Zuchthaus verurteilt, so daß er niemals wieder deutschen Boden betreten sollte. Die kurze Lebensfrist, die Harry blieb, verbrachten die Arnims im Exil in Nizza.

Bismarck hatte die von Arnimschen Besitztümer in Pommern beschlagnahmen lassen, und als Harry 1881 starb, hinterließ er seinem Sohn Henning hohe Schulden. Als Henning 1889 die Beauchamps traf, hatte er gerade ein Gnadengesuch mit der Bitte, seine Besitztümer zurückzuerhalten, an den Kaiser gerichtet, wobei er alle Schulden seines Vaters gegenüber Familie und Freunden anerkannt hatte – ein etwas überstürztes Eingeständnis, wie Henry Beauchamp fand.

Während ihres zweiten Besuchs in Rom blieb Mays musikalisches Talent nicht unbemerkt. Einige Tage nach dem Empfang arrangierte Signor Sgambacti für May ein Orgelkonzert vor ausgesuchtem Publikum in der Amerikanischen Kirche – und falls Henry sich weigern sollte, seine Tochter zu begleiten, war Signor Sgambacti dazu herzlich gern bereit. May sollte Bach-Fugen vortragen, und der Graf, der natürlich eingeladen war, liebte Musik; er war ein enger Freund der Familie Wagner, hatte von Liszt persönlich Klavierunterricht erhalten und war deutscher Musik besonders zugetan.

Nach dem Konzert, das das Publikum sehr beeindruckte, stellte Henning May stolz seinen Freunden vor, als ob er sie erfunden hätte. Henry war über diese, in seinen Augen abstoßende, Schmeichelei wenig erbaut; seiner Ansicht nach mußte die Sache in Tränen enden, und es wäre das beste für May, so schnell wie möglich zu verschwinden. Es erschien ihm unnatürlich, daß eine so bedeutende Persönlichkeit wie Graf von Arnim sich wegen einer so unbedeutenden Person wie seiner Tochter zum Narren machte (denn das tat er in Henrys Augen). Gewiß, sie spielte gut und war kaum je um eine Antwort verlegen, aber ihr Vater konnte sich nicht vorstellen, daß sie als ernsthafte Beziehung für einen Junker und Grafen in Betracht kam. Sein Tagebuch zeugt von seiner Verwirrung, wenn der Graf vorsprach, ebenso über Mays Neigung, nachzugeben, mit ihm Konditoreien zu besuchen und überhaupt ganz allgemein die Besichtigungstouren ihres Vaters zu stören.

In *Alle meine Hunde* erinnerte sich May an die Zeit: »›Das Kind muß etwas zu essen haben‹, pflegte mein Verlobter, der beträchtlich älter war als ich, zu sagen, wenn ich angesichts einer Konditorei verlangend mit der Nase schnupperte.«

Sie lernte schnell, die Nase zu der Seite zu drehen, aus der sie etwas roch, was sie zu essen wünschte. Ihr Vater, der es ablehnte, zwischen den Mahlzeiten zu essen, sah mißmutig zu, wie seine Tochter gierig die Kuchen verschlang, die ihr der aufmerksame Henning kredenzte. Ohne Henrys Wissen, der sich regelmäßig früh zur Ruhe legte, entwischte May abends, und dann traf sich das Paar in den schummrigen Salons alter römischer Paläste mit den verblichenen Deckengemälden und fadenscheinigen Wandteppichen, wo sich ausländische Diplomaten und italienische Schönheiten zu Tee, intelligenter Konversation und kleinen Skandalen zusammenfanden. May wirkte wie ein lebhaftes Kind; mit ihrer schönen Haarflut und dem hübschen, kleinen englischen Gesicht sah sie, verglichen mit den anderen Frauen aus Hennings Kreisen, frisch und kindlich aus.

May und der Graf waren noch nicht verlobt, aber Henry, den die Affäre nervös machte, ließ es unabsichtlich dazu kommen. Er machte in Florenz zwei alte englische Jungfern ausfindig, die zahlende Gäste in Pension nahmen, und quartierte May dort erleichtert ein, damit sie die Ankunft ihrer Mutter erwartete, während er nach Lucca weitereilte. Henning folgte May wie ein Schatten, und so verbrachten sie zusammen unbeaufsichtigt eine

Woche, bis Louey mit ihrer Halbschwester Jessie eintraf und das schwierige Geschäft auf sich nahm, für ihre Tochter die Anstandsdame zu spielen. Henning wußte genau, was er wollte, und hatte schon beim ersten Blick das kleine englische Mädchen als zukünftige Ehefrau und Herrin seiner Güter eingeschätzt. Den Heiratsantrag machte er ihr, schwer atmend, das Gesicht von der Anstrengung des Aufstiegs erhitzt, auf dem Turm des Doms von Florenz. »Alle Mädchen mögen die Liebe. Sie ist etwas sehr Angenehmes. Sie werden sie auch mögen. Sie werden mich heiraten, und dann werden Sie schon sehen«, sagte er und umarmte die überraschte junge Frau »mit Macht«. Sie wehrte sich. Es war für sie eine völlig neue Erfahrung – und sie gefiel ihr nicht. Als er endlich von ihr abließ, erklärte er, dies sei lediglich der Anfang gewesen, was sie eher erschreckte als, wie beabsichtigt, beruhigte. Dann zog er einen Ring mit Diamanten und Saphiren aus der Tasche, der seiner ersten Frau gehört hatte, und schob ihn auf Mays Finger, »um die Angelegenheit dergestalt zu besiegeln«. Daß der eindrucksvolle Graf ihr solch einen Ring schenkte, freute May durchaus, aber noch erfreuter war sie über ihre plötzliche Wichtigkeit. »Bis dahin war ich nur eine Null gewesen, und plötzlich jemand zu sein, während einiger Zeit sogar die Hauptperson«, war eine äußerst angenehme Erfahrung.

Der Graf hatte sich leidenschaftlich in May verliebt. Sie waren heimlich verlobt, allerdings nur deshalb, weil Henning noch keine Gelegenheit gefunden hatte, bei Henry offiziell um die Hand seiner Tochter anzuhalten. Louey war verblüfft, als sie feststellte, daß ihre »einsame kleine May« höchstwahrscheinlich eine Gräfin werden würde. Sie entschloß sich erst einmal, die Nachteile dieser Verbindung zu ignorieren: Hennings Alter, er war fast vierzig, und seine Nationalität; von den Beauchamps sprach niemand Deutsch. »Zu jener Zeit hatten wir noch nichts gegen die Deutschen«, schrieb May in den dreißiger Jahren in *Alle meine Hunde*, »und meine Eltern sahen mich eine Deutsche werden, ohne mit der Wimper zu zucken.« Statt dessen sonnte sich Louey im Gedanken an den Neid ihrer Freundinnen, besonders ihrer Schwägerin Chad Lassetter, die seit kurzem hoheitsvoll auf die Beauchamps hinabsah, weil ihr Mann sehr reich geworden war.

Im Juni reservierte Henning Zimmer für die ganze Familie im besten Hotel Bayreuths für die Wagner-Festspiele Ende Juli. Er konnte es gar nicht abwarten, May den Wagners vorzustellen, da diese ihn nach dem Tod seines Vaters als Familienmitglied adoptiert hatten; und es war wichtig, daß Cosima Wagner seine Wahl billigte. Während Henry seine Besichtigungstour fortsetzte, fuhr Louey mit May an den Comer See, wo man sich auf die Ausstattung von Mays Garderobe konzentrierte. Von Henning bekam sie täglich lange, leidenschaftliche Briefe. Sie waren in Französisch abgefaßt, einer Sprache, die sich selbst liebt, und Mays Mutter berichtete nach Hause an Jessie, die bereits wieder abgereist war: »Mary wächst und gedeiht« – seit langem ging in der Familie der gutmütige Spott eines Couplets um, das auf May gemünzt war: »Mary, Mary mußt noch warten, aber wie wächst dein Garten?«

Nach einigen Wochen reisten sie nach Baden-Baden, wo sich ihnen für mehrere Tage der Graf anschloß. Louey schrieb an Jessie, May habe bei seiner Abreise »schön geweint«. Am letzten Morgen im Hotel war Louey sehr geschmeichelt, daß der Hotelbesitzer ihnen Blumensträuße überreichte. Er verbeugte sich vor Louey und sagte: »Für Madam«, und zu May sagte er: »Für die Gräfin.« May errötete, aber der Mann war Loueys Ansicht nach lediglich höflich. »Nun muß ich von meiner kleinen May scheiden«, sinnierte sie, »dem Sonnenschein meines Lebens.«

Als sie in Bayreuth eintrafen, erwartete Henning sie am Bahnhof und brachte sie ins Hotel in der Alexandrastraße 4. Bayreuth war voller Bekannten des Grafen, und Louey war etwas verärgert, daß man von ihr erwartete, das glückliche Paar überall zu begleiten, da es für unschicklich gehalten würde, wenn man die beiden allein sähe. Sie hatte den Eindruck, an der Nase herumgeführt zu werden. An dem Abend, als May den Wagners vorgestellt wurde, staunte Louey über die Pracht des Hauses und der Anwesenden. Sie hatte keine Mühe gescheut, sich zurecht zu machen, und sah, wie manche sagten, sehr nett aus. May trug ein cremefarbenes Abendkleid aus Seide, das Charlotte Lassetter ihr überlassen hatte, und einen Strauß rosafarbener Rosen, den Henning ihr geschenkt hatte: Sie sah wie eine Dreizehnjährige aus. Der Graf blieb während des ganzen Abends in ihrer Nähe und stellte sie den anderen Gästen vor. Louey bemerkte, daß er überall beliebt war, dennoch plagten sie in jener Nacht Ängste vor dem ganzen Kreis, in den May hineingeraten würde, wenn es tatsächlich mit der Hochzeit klappen sollte. Sie hatte das Gefühl, daß alle viel zu geschwollen waren. Als sie die hübschen, klugen, hochgebildeten Frauen sah, mit denen Henning Umgang pflegte, wunderte sie sich, warum er dennoch ganz offensichtlich May vorzog.

Das Zusammentreffen mit den Wagners und seinen anderen Freunden hatte Henning arrangiert, um den Eltern seiner Geliebten zu versichern, daß er ernsthaft daran dachte, May zu seiner Frau zu machen. Er konnte nicht damit rechnen, daß der gegenteilige Effekt eintrat, sie sich fragten, ob er für ihre unbedeutende kleine Tochter nicht einige Nummern zu groß sei. In Loueys Berichten nach Hause herrschte nun eine sehr viel nachdenklichere Stimmmung; sie wiederholte immer wieder, daß sie es von Anfang an für richtiger gehalten hätte, wenn May jemanden aus ihren eigenen Kreisen heiraten würde. Sie konnte nicht glauben, daß ihre Tochter unter solchen Leuten glücklich werden würde, obwohl Henning ganz Hingabe war und sich keinen Augenblick lang vorstellen konnte, daß es Momente geben könnte, in denen May sich nicht recht sicher war. Andererseits fühlte May sich einsam und verlassen, wenn er länger als ein paar Stunden von ihr getrennt war.

Diese wenigen Wochen waren die bislang größte Herausforderung in Mays jungem Leben. Seit ihrer Kindheit war sie es gewohnt, in der hintersten Reihe eines großen Familienchors die Rolle der »armen, kleinen, einsamen May« zu singen. Jetzt fand sie sich plötzlich in der tragenden Rolle wieder, ohne Zeit gehabt zu haben, ihren Part zu üben. Die Empfänge und Gesellschaften empfand sie oft als tödlich, und es spricht sehr für ihre Tapferkeit, wenn ihre Mutter bemerkte, daß sie sich nur einige Male unsicher gefühlt habe. Louey und May dämmerte langsam, was eine Ehe mit dem Grafen bedeutete. Sie würde weit entfernt von der Sicherheit der Familie und allen Bekannten leben müssen. Sie würde sich in eine große Dame der deutschen Gesellschaft zu verwandeln haben, deren Etikette ihr rätselhaft war; hätte sowohl das »Man darf« und »man darf nicht« ihrer unbekannten und komplizierten Rituale als auch die Sprache zu erlernen, die sie als häßlich und schwer auszusprechen empfand. Schlimmer noch war, daß Deutschland eine Phase der Anglophobie durchmachte, von der sie hofften, daß sie vorübergehend sei. Queen Victorias Herablassung gegenüber ihrem Neffen Kaiser Wilhelm, dem sie zwei nutzlose Gebiete in Afrika »schenkte«, damit »Willy auch ein Empire bekommt«, hatte im Gemüt des Durchschnittsdeutschen nur Wut entfacht.

Louey machte sich auch Sorgen, was es an Geld und Energie kosten würde, das fortzuführen, was ihr jetzt als dubiose Hofhaltung vorkam. »Dieser Luftsprung in Bayreuth hat uns fast ruiniert«, schrieb sie nach Hause. Aber sie sollten noch zwei weitere Wochen bleiben. May wurde mit Musik überhäuft; jeden Tag mußten Henry und Louey sie in die Oper bringen, sie während der Vorstellung mit dem Grafen allein lassen, dann um sieben Uhr dreißig zurückkommen, Abendessen bestellen und ihnen beim Essen Gesellschaft leisten, »damit alles schicklich bleibt«. Anschließend ging das Paar in die Oper zurück und gab sich dem Rest der Aufführung hin, während Mays Eltern aufblieben und darauf warteten, daß sie nach Hause kamen, was normalerweise nicht vor elf Uhr der Fall war. »Du siehst also, worauf man uns hier reduziert«, klagte Louey wenig enthusiastisch in einem Brief an ihre Halbschwester.

Henning arrangierte für May ein Konzert mit der Musik Liszts vor einem geladenen Publikum. Das sei, erklärte er, der sichere Weg zu Cosima Wagners Herz. Von ihr akzeptiert zu werden bedeutete zugleich, von ihrer Welt akzeptiert zu werden; denn sie war nicht nur Richard Wagners Witwe, sondern auch Liszts Tochter und war früher mit Hans von Bülow verheiratet gewesen, einem der größten Dirigenten seiner Zeit. Cosima war der Dreh- und Angelpunkt deutscher Kultur, und die musikalische Clique um Liszt und Wagner, die auch enge Verbindungen zum kaiserlichen Hof unterhielt, war nicht nur der

»geschwollene Kreis« in einem rein gesellschaftlichen Sinn, wie Louey es sah. May war verständlicherweise eingeschüchtert, als sie die Bühne betrat und die dramatischen, technisch anspruchsvollen Stücke spielte. Cosima, eine bedrohlich wirkende Erscheinung, saß schwarz gekleidet und tief verschleiert in der ersten Reihe. Wenn sie an der Pianistin nichts auszusetzen haben würde, würde May als Mitglied in die weltweit exklusivste und künstlerisch einflußreichste Gruppe aufgenommen werden. Glücklicherweise wurde das Konzert ein Erfolg; Madame Wagner war beeindruckt.

Während dieser Wochen in Bayreuth bekam May einen ersten Vorgeschmack auf die totale Wagnererfahrung. In ihrem späteren Leben wurde sie mit den üppigen, chromatischen Harmonien und extravaganten Aufführungen so vertraut, daß sie jede Note und jedes Wort auswendig kannte – und jede Note und jedes Wort ging ihr auf die Nerven. Als ihr Freund Hugh Walpole sie 1925 nach Bayreuth einlud, um mit ihm *Parsifal* zu sehen, lehnte sie die Einladung ab und schrieb ihm, sie sei »*Parsifal* herzlich leid« und mit George Moore einer Meinung, es handele sich um das Werk »eines Sadisten, der Chorknaben Keuschheit predigt«. Sie bat ihn, den Wagners nichts davon zu sagen und während der Vorführung an sie zu denken, da ihr erster Mann ihr in Bayreuth den Hof gemacht hätte und es im Umkreis von zehn Kilometern keinen Baum gäbe, unter dem sie nicht geküßt worden wäre. Bei dieser Gelegenheit sollte Walpole das Fehlen einer Begleiterin sehr bedauern, mußte er seine Loge doch mit einem »kuriosen, zehntklassigen Burschen« teilen, einer von Winifred Wagners lahmen Enten namens Adolf Hitler. Der Mann stieß ihn ab, weil er dauernd in Tränen ausbrach. Walpole meinte, daß ein paar Jahre auf einer öffentlichen Schule Englands die merkwürdige Kreatur von solch unwürdigem Verhalten kuriert hätten.

Im Juni 1889 begann Louey, sich aus der Verkrampfung zu lösen, die Gesellschaftsfähigkeit ihrer Tochter beweisen zu müssen. Henry hatte sowieso von der ganzen Sache genug, brach zu einer Reise durch Süddeutschland auf und überließ Louey den weiteren Wachdienst. Es gelang ihr immerhin, ein Fünkchen Befriedigung aus der Pflichterfüllung zu schlagen. Denn Chad Lassetter, die grün vor Neid war, schrieb ihr regelmäßig und wiederholte wenig überzeugend, darüber froh zu sein, daß May nicht ihre Tochter sei, da sie die langen Abende und die Sorgen nicht aushalten könne.

Louey stellte fest, daß eine Verlobung dieser Art Zeit brauchte, um zur Ehe zu gedeihen, und sobald Henry abgereist war, mußte Henning sie nicht lange überreden, daß ihre Tochter zwischen den einzelnen Akten keiner Anstandsbegleitung bedürfe. Es sei ihm ein Leichtes, erklärte er ihr, sich selbst darum zu kümmern, daß May ein Abendessen bekäme. Das Paar nahm die Gelegenheit wahr, durch die Stadt zu bummeln, sie küßten sich und schworen einander jene unsterbliche Liebe, von der Siegfried und Brünnhilde in der Oper sangen, der sie nicht beiwohnten.

Henning erzählte May aus seinem traurigen und romantischen Leben. Sein Vater, der Botschafter, hatte zuerst Elise von Prillwitz geheiratet, die Tochter von Prinz August von Preußen aus einer morganatischen Ehe mit einer polnischen Ballett-Tänzerin namens Marie Arndt. Elise war Hennings Mutter; sie starb, als er erst drei Jahre alt war. Harry hatte dann eine entfernte Cousine geheiratet, Sophie Adelheid Gräfin von Arnim-Boitzenburg, die Henning und seinen vier älteren Schwestern eine wenig liebevolle Stiefmutter war. Er erzählte May vom Leben im Exil, als Bismarcks Rache sie nach Südfrankreich verschlagen hatte. Und dann war da noch seine erste Ehe und sein großer Kummer, als seine Frau bald nach der Geburt des ersten Kindes gestorben war, eines Mädchens, das seiner Mutter bald ins Grab folgte. Er erzählte May freilich nicht, daß Harry sich gleich nach dem Tod seiner ersten Frau mit einem englischen Mädchen verlobt hatte, die er dann wegen Sophie Adelheid sitzenließ. Daß die Geschichte sich wiederholte, war gewiß. Wie weit sie sich wiederholen würde, war zum gegenwärtigen Zeitpunkt noch nicht absehbar.

Im Juli erhielten die Beauchamps die erfreuliche Nachricht, daß Sydney endlich sein Examen in London abgelegt hatte und hinter seinen Namen »Magister (cantab.)« schreiben durfte.

»Gott sei gepriesen und gedankt für die wohlverdiente Belohnung der fleißigen Beharrlichkeit unseres lieben Jungen«, schrieb Henry in sein Tagebuch.

Im August war die Wagner-Saison vorbei, und die Beauchamps fuhren nach Berlin, um für May einen Deutschlehrer zu finden. Louey gewann ihren Optimismus zurück und schrieb nach Haus: »Henry besuchte das Stadthaus des Grafen. Er sagt, es ist wunderbar möbliert, wirklich wertvolle Sachen. Und er brachte gestern Abend den Grafen mit zu uns. Wir hatten nicht mit ihm gerechnet, und ich wünschte, Du hättest unser Treffen sehen können. May fiel ihm in die Arme. Er ist so süß zu ihr. Ich glaube, sie werden in wenigen Monaten heiraten, und ich werde mich glücklich schätzen, May einem solchen Mann zu überlassen. May ist im Hinblick auf die Hochzeit ziemlich komisch. Sie sagt, sie würde sich weigern, auf ihrer eigenen Hochzeit anwesend zu sein, da sie die damit einhergehende Pein nicht ertragen könne.«

Henry fuhr nach England zurück, während sich Louey und May einige Zeit in Dresden aufhielten. May, die ihre ganze Energie auf ihre Sprachstudien konzentrierte, bot ihrer Mutter kaum Gesellschaft, so daß sie sich bald isoliert fühlte. Henning war damit beschäftigt, die von seinem Vater hinterlassenen Schulden zu begleichen, indem er Teile der Ländereien in Norddeutschland, die er von seiner Mutter geerbt hatte, belieh und die Petitionen zur Rückgabe der Güter seines Vaters in Pommern an den Kaiser fortsetzte. Der Zeitpunkt der Hochzeit hing vom Ergebnis dieser Bemühungen ab. Als Ehrenmann war ihm bewußt, daß er May erst heiraten konnte, sobald er wieder solvent war.

Aus Loueys Briefen an Henry sprach inzwischen Bitterkeit. Sie war »verletzt, krank und elend«, und Henry machte sich schließlich auf, sie zu erlösen. Die Familie verließ Dresden Ende Oktober und legte einen kurzen Besuch bei Henning in Berlin ein. Als sie nach England aufbrachen, war der Hochzeitstag immer noch nicht festgelegt. Henry empfand den Stand der Dinge als äußerst unbefriedigend, und die Frauen waren beide tief deprimiert.

Die nächsten Monate vergingen ebenso rastlos wie die auf dem europäischen Kontinent. Da sie kein eigenes Haus hatten, blieben sie eine Zeit lang in Sydneys neuer Wohnung in der Cromwell Road, und als die unter ihren Fenster vorbeifahrenden Züge ihnen den Schlaf raubten, zogen sie in ein Hotel. Schließlich mietete Henry in der Addison Road 91 am Holland Park ein häßliches, mit neuem Stuck verziertes Haus mit drei Etagen und Keller, dessen Rückseite auf einen schmalen, ummauerten Hof wies, der keine Möglichkeit des Gartenbaus bot, alle Nachteile vorstädtischen Lebens in sich vereinte, aber nicht die Vorteile aufwies, die Acton damals geboten hatte. Sydney verlobte sich mit einer jungen Dame namens Sharp; die ganze Familie billigte seine Wahl. Louey erklärte sich Hennings Zögern, die in Rom begonnene Werbung erfolgreich abzuschließen, damit, daß May noch nicht bei Hofe vorgestellt worden war, weshalb May sich am 14. März 1890 »beehrte, von Lady George Hamilton im Empfangsraum der Königin im Buckingham-Palast ihrer allergnädigsten Majestät vorgestellt zu werden.«

Die Familie faßte sich in hoffnungsvolle Geduld und wartete auf das Ergebnis von Hennings Petitionen. Man war überrascht, als Henning plötzlich selbst in London erschien, entschlossen, die Freundschaft zu May fortzusetzen, aber immer noch nicht willens, ihren Vater mit einem Hochzeitstermin zu beglücken. Er führte Armut und Ehre ins Feld, verbrachte jedoch die ganze Zeit mit May, während ihr Vater es für angebrachter hielt, diese Zeit mit der Ordnung seiner Finanzen zu verbringen. Im November hatte Henry genug. Nach einem Familienrat sandten sowohl Henry als auch May Briefe an den Grafen, daß man den Bruch des Verlöbnisses beschlossen habe – ein Schritt, der dem unschlüssigen Romeo auf die Sprünge helfen sollte. Sie waren über den Antwortbrief schockiert, in dem Henning kühl konstatierte, daß es noch Monate dauern würde, bis seine finanziellen Angelegenheiten geklärt seien, und in der Zwischenzeit bitte er, darüber informiert zu werden, falls May einen anderen heiraten sollte.

An diesem Punkt nahm May die Sache selbst in die Hand und

besuchte Henning. Sie sagte ihm, daß sie sich einige Wochen in einem Landhaus in Goring an der Themse aufhalten werde, wo sie kaum durch Anstandspersonen beaufsichtigt werden konnte. Ob er nicht kommen und sich in der Nähe einquartieren wolle? Henning warf seine Skrupel schnell über Bord, und May verlor ihre Unschuld, während das Wasser des Flusses unter dem Fenster vorbeirauschte. Als das Paar törichterweise nach London zurückkam, bestand Henry darauf, daß Henning May zu seiner rechtmäßigen Frau machte. Der Hochzeitstermin wurde festgesetzt, und eine Taube verirrte sich in den Schornstein von Henrys Ankleidezimmer, was er als gutes Omen interpretierte. Mit Sicherheit hatte sich ein freier Geist freiwillig in die Gefangenschaft der Häuslichkeit begeben und dabei nicht gerade den unkompliziertesten Weg gewählt.

Mußt noch warten

Francis Earl Russell

Das Paar wurde am 21. Februar 1891 in der Kirche St. Stephen an der Gloucester Road getraut. Nach der Trauung fuhr es mit seinen Gästen zum Empfang in Lauras neues Haus. Trotz Mays Befürchtungen ging alles glatt; sie und Henning nahmen den Nachmittagszug nach Paris, »reisten sehr glücklich ab, wie überhaupt alles glücklich verlief«, notierte der Vater der Braut. May trug ein mit schwarzen Samtbändern besetztes heliotropfarbenes Kleid im Stil der Renaissance. Auf dem Kopf trug sie einen kleinen Seidenhut in der gleichen Farbe, um die Schultern hatte sie eine Bärenfellstola gelegt, und ihre Hände bedeckte ein dazu passender Muff. Sie sah aus wie ein Kind in Begleitung eines freundlichen Onkels.

Graf und Gräfin von Arnim verbrachten die ersten beiden Nächte ihres Ehelebens in Paris, das damals das Weltzentrum sybaritischen Luxus war. Der *fin de siècle*-Freizügigkeit der Stadt gelang es nicht, entsprechenden Zauber über das Paar zu werfen, und die Hochzeitsreise war alles andere als erfolgreich. Sobald sie verheiratet waren, veränderte sich Hennings Verhalten May gegenüber. Sie war sein Eigentum geworden – und eine Deutsche. Deutsche Frauen hatten nicht selbständig zu denken oder zu handeln, wie May während der folgenden Wochen schmerzlich erfahren sollte. Sie war plötzlich nicht mehr sein »kleines Lamm«, sondern war im Handumdrehen zum Schaf geworden. Ein kleines Schaf zwar, aber dennoch kein Lamm, wie sie es später in *Die preußische Ehe* beschreiben sollte. In diesem Roman ist die Heldin der Ansicht, daß »sie wahrscheinlich kein Talent für Flitterwochen hat«. Aus einem Eintrag in Henrys Tagebuch geht hervor, daß May von Flitterwochen rein gar nichts hielt. Viele Jahre später, nach Hennings Tod, gestand May ihrem Geliebten H. G. Wells, daß ihr Gatte nicht sehr angenehm gerochen habe.

Als sie in Berlin ankamen, war May darüber hinaus schokkiert, das geräumige, mit »wirklich wertvollen« Sachen so volle

Haus, das sie und ihre Eltern besucht hatten, verkauft zu finden; statt dessen logierte das Paar in einer lauten Mietwohnung. Über die Stadt schrieb sie: »Sie lärmt über einen hinweg ... sie ist etwa so angenehm und liebenswert wie der letzte Dreck in einem Zuchthaus ...« Das deutsche Volk machte im neugegründeten Deutschen Reich eine Phase intensiver Politisierung durch. Fremdenfeindlichkeit hatte sich ausgebreitet, und die Berliner sprachen ausschließlich über Politik: »Sie toben vor lauter Interesse«, schrieb May später in ihrem Roman *Christine*, »sie explodieren, sie glühen und zischen.« An den Leuten, denen sie begegnete, nahm sie »eine Art Fieber« wahr. Da sie Engländerin war, stieß sie auch auf Ablehnung. Über die Deutschen schrieb sie: »Dort herrscht die merkwürdigste Mischung aus brutaler Härte, jene Härte, die wirklich fundamentalen Unterschieden zwischen ihrer und unserer Lebensweise entspringt, und einer Verweichlichung, über die man mit offenem Mund staunt ... Ich glaube, in Berlin fühlt man sich einsamer als irgendwo sonst auf der Welt.«

Henning verstärkte Mays Einsamkeit noch, indem er täglich unaufmerksamer wurde und den ganzen Tag, vom Frühstück bis zum Dunkelwerden, mit seinen geschäftlichen Angelegenheiten verbrachte. Als Ausgleich schenkte er ihr eine kleine Dackelhündin, die seiner ersten Frau gehört hatte, und May und die Hündin mochten sich vom ersten Augenblick an. Ihre Meinung über die verstorbene Gräfin, der sie wegen des Verlobungsrings mit dem Saphir bereits sehr gewogen war, »wuchs ins Grenzenlose«, als sie »die kleine, schlicht gekleidete Hundedame ...« sah, »deren ganzer Körper vor lauter Begrüßungsfreude in Bewegung war«. Der Dackel wurde Cornelia genannt, May hob ihn hoch und küßte das seidige, braune Fell im Nakken. »Küsse den Hund nicht«, gebot ihr ihr Gatte Einhalt, »Hunde soll man niemals küssen. Zum Küssen bin ich da.«

Der Umgang mit dem Personal war eine weitere Schwierigkeit für May. Befehle mußten auf Deutsch erteilt werden, aber sie beherrschte die Sprache immer noch nicht und war auch darin ungeübt, Leuten Anweisungen zu geben. Sie schrieb: »Von mir, die ich bisher in meinem ganzen Leben nur Befehle erhalten hatte, konnte man wirklich nicht erwarten, daß ich mich plötzlich umstellen und welche geben sollte.« Noch vor sechs Monaten hatte ihre Mademoiselle sie *petite sotte* genannt und sie nach oben geschickt, damit sie sich das Gesicht wüsche. »Wie konnte ein Mensch, der nicht daran gewöhnt war, plötzlich eine hoheitsvolle Miene aufsetzen und Leuten, die fraglos doppelt so alt waren wie er, Aufträge erteilen?« Sie bemerkte, daß der Charakter deutschen Personals sich von dem ihrer englischen Kollegen völlig unterschied: Deutsches Personal funktionierte nur als Befehlsempfänger. Nie faul, aber ohne jede Eigeninitiative, suchten sie die Gräfin auf, um weitere Instruktionen entgegenzunehmen, sobald eine Arbeit erledigt war. Um sie zu beschäftigen, mußte May sich Aufgaben ausdenken, und wenn sie ihre Ruhe haben wollte, mußte sie aus der Wohnung fliehen. Sie fing an, Fahrrad zu fahren, und wenn morgens die meisten Hausfrauen in der Küche den Haushalt organisierten, strampelte May ihren Pflichten davon. Damals und später war es ihr innigster Wunsch, daß es im Himmel keine Hausangestellten geben möge.

Einige Wochen, nachdem sich die Arnims in Berlin niedergelassen hatten, bestätigten die Ärzte, daß May ein Baby erwartete. Wenn sie sich in *Die preußische Ehe* auf diese Erfahrung bezieht, übertrifft sie die jämmerliche und empfindsame Sentimentalität der meisten zeitgenössischen Schriftstellerinnen und vermittelt den physischen und psychischen Streß mit ebenso einfacher wie schrecklicher Genauigkeit: »Im Verlauf der Monate wurde ihr Körper immer empfindlicher, sogar gegenüber unausweichlichen Alltagsgerüchen wie dem des Kaffeeröstens oder von Bratkartoffeln ... Sie war unmotiviert. Jeden Tag wurde sie müder. Allein die Schwierigkeit, mit Kleidern, die täglich zu schrumpfen schienen, ansprechend auszusehen, verlangte all ihre Kraft. Sie war völlig verbraucht ... Durch ihren furchtbar unproportionierten Körper fühlte sie sich gedemütigt und beschämt. ... Es war, als wäre sie plötzlich alt geworden. ... Wenn überhaupt irgend etwas sie aufheitern konnte, wären es ihre leuchtenden Gedanken gewesen. Doch ihre Gedanken, wie klar sie auch immer sein mochten, konnten ihren traurigen Körper nicht durchbohren. Ihre Figur entsprach keinen heldenhaften Vorstellungen. Sie hatte nicht nur ein Doppelkinn, sie schien sich sogar überall verdoppelt zu haben.«

Die Kombination aus morgendlichem Unwohlsein und Heimweh verstärkten Mays Ekel vor der fremden Stadt, und als ihr Mann ihre Bitte, für die Geburt nach England fahren zu dürfen, kategorisch ablehnte, wurde sie von Panik erfaßt. Die »süßen Umgarnungsmethoden«, mit denen ihre Mutter ihren Kopf durchgesetzt hatte, hatte sie noch nicht perfektioniert, und Henning war nicht Henry. Es galt als unpatriotisch für eine junge Gräfin, ein Kind nicht auf deutschem Boden gebären zu wollen. Zudem glaubte man allgemein, daß der Tod von Kaiser Friedrich, der 1888 gestorben war, durch die kriminelle Nachlässigkeit seines englischen Arztes, des Leibarztes der Queen Victoria, beschleunigt worden sei, weshalb jedem patriotischen Deutschen englische Ärzte schlechthin verdächtig waren.

May konnte weder protestieren noch sich beklagen. Unzufriedenheit zum Ausdruck zu bringen wäre für eine Frau in Deutschland nicht nur geschmacklos, sondern geradezu unerhört gewesen. Von ihrer weiblichen Verwandtschaft wurde ihr eingeschärft, sich gefälligst glücklich zu schätzen, die Ehre zu haben, ein deutsches Kind auszutragen: Sie solle sich des Privilegs bewußt sein, dem Vaterland Söhne zu schenken. Es verwundert nicht weiter, daß sie sich zurückzog und zu dieser wie auch späteren Zeiten der Einsamkeit und Verlassenheit Trost in Goethes Werken suchte. Durch ihn entdeckte sie die Werke und Briefe ihrer berühmten Vorfahrin Bettina, der Schwester des Dichters Clemens Brentano, einer Freundin Heines, Beethovens und der Brüder Grimm. Bettina hatte einen anderen Dichter geheiratet, Ludwig Achim von Arnim, dessen Vetter Ernst Hennings Großvater war. Bettinas Umgang mit der Schwangerschaft erschien May erfrischend undeutsch und spiegelte ihre eigenen Gefühle wider. So notierte May sinngemäß: »Eine schwangere Frau trägt zuerst den Tod im Herzen, und alles, worauf ihr Auge fällt, löst in ihr Übelkeit und Erschöpfung aus, und was auch immer sie berührt, schickt Schauder des Todes durch ihr Gebein und ihre Nerven ... Eine Frau, die den Mann, der sie in diesen Zustand versetzt hat, nicht haßt, ist sehr gut und sehr verständig.«

Anfang Dezember 1891 ging Mays Schwangerschaft zu Ende. Die schwere und langwierige Geburt dauerte zwei Tage, weil der Kopf des Kindes außergewöhnlich groß war. Wegen der Risiken wurden in jenen Tagen Kaiserschnitte nur *in extremis* durchgeführt: Eine Geburt war ein Kampf auf Leben und Tod. Deutsche Ärzte hielten die Schmerzen der Mutter für einen integralen und sogar notwendigen Bestandteil des Gebärvorgangs, und der Arzt, der May behandelte, legte gegenüber ihren Gefühlen die größtmögliche Gleichgültigkeit an den Tag, indem er erklärte, daß ein so natürlicher Vorgang wie die Geburt keine besonderen Maßnahmen erforderlich mache und daß deutsche Frauen dadurch glänzten, ihren Nachwuchs in durch nichts beeinträchtigter Aufmerksamkeit zur Welt zu bringen. »Die kleine Narkose, um die sie bat, schien ihr aus moralischen und patriotischen Gründen verweigert zu werden«, schrieb Mays Tochter Liebet in den Erinnerungen an ihre Mutter. Die Erfahrung war niederschmetternd; ihr folgte eine schmerzhafte Brustentzündung und hohes Fieber. Sie nahm eine »dünne, sich aber beschleunigende Verwirrung ganz oben im Diskant wahr, oben auf der höchsten Höhe, wo alle Geigen wieder und wieder auf einem dünnen, zitternden, ängstlichen Ton verharrten«. Mit diesen Worten beschrieb May ihren Zustand in *Die preußische Ehe*.

Sie erholte sich rasch von dem Fieber, blieb aber monatelang depressiv. Rückblickend kam es ihr so vor, daß außer ihrem Geisteszustand alles normal gewesen sei: »Dort, im schwarzen Winkel, kroch die Angst.« Sie wurde dem Leben gegenüber mißtrauisch, weil sie in diesen furchtbaren sechsunddreißig Stunden das Vertrauen ins Leben verloren hatte: »Jetzt kannte sie es. Es war der Tod. Tod und Grausamkeit.«

Das Kind war zu Hennings Enttäuschung, der sich natürlich einen Erben gewünscht hatte, ein Mädchen; gleichwohl war er erleichtert, daß die zähe kleine May die Prozedur überlebt hatte, an der seine erste Frau gestorben war. In der evangelischen Kirche wurde das Kind auf den Namen Eva Sophie Louise Anna

Felicitas von Arnim-Schlagenthin getauft. Tante Lotte, eine Schwester Hennings, war Taufpatin. Eine Weile nannte man das Kind Ottolina, aber schließlich einigte sich die Familie auf Evi als passenden Namen.

Cornelia, die Dackelhündin, kam in echter hündischer Solidarität am gleichen Tag mit einem Wurf nieder. Eine Woche später lief sie wieder so munter wie eh und je herum. May wußte, daß sie selbst nie wieder so munter sein würde wie früher.

Der stolze Großvater schrieb:

»Mein lieber Arnim,
Ihr netter Brief vom 11. des Monats liegt vor mir; wir sind alle hocherfreut, so vorteilhafte Nachricht über die liebste May und die junge Dame zu erhalten. Zur Zeit sind wir mit Babies eingedeckt. Babies, die zur Enttäuschung der armen, kleinen Mutter tot geboren werden, verursachen im allgemeinen in der Welt kaum oder gar keinen Ärger. Babies, die sich etwa eine Woche lang zurückhaltend geben, sich dann aber schädlich verhalten, indem sie familiäre Angelegenheiten rechts und links stören, brauchen viele Ärzte, Schwestern und Hebammen, Esel usw. Babies, die noch nicht sichtbar sind, aber bereits ihren Schatten und ihr Wesen vorauswerfen, verursachen Ablenkung, Nervosität und Unruhe. Schließlich wäre da noch das natürlich wohlgesinnte Baby, mit dem Sie gesegnet zu sein scheinen und für das Sie dem Himmel danken sollten!

Aber, geneigte Eltern! Ihr müßt ihm nicht alles geben, wonach es schreit und Unmögliches verlangt. Bringt ihm lieber beizeiten bei, seine Wünsche zu zügeln, wenn Ihr ihm in diesem vorübergehenden Leben Frieden und Glück wünscht.«

Die von Henning auf Mays Drängen ausgesprochene Einladung, zur Taufe nach Berlin zu kommen, lehnte er ab.

Wäre er gekommen, hätte ihm die Neigung seiner Tochter mißfallen, völlig vernarrt über der Wiege zu wachen. Für ihr Leiden hatte May von ihrem Mann kaum Mitgefühl erfahren, und ihre Krankheit wurde von ihrem Vater in seinem Tagebuch fälschlicherweise als »schrecklich« aufgefaßt; sie war lediglich nicht dazu in der Lage, das Kind zu stillen, so daß eine Amme herangezogen werden mußte. Aber sobald May wieder etwas zu Kräften gekommen war, wurde Evi zum Zentrum ihres Universums. Das Baby wurde überall mit hingenommen und vorgezeigt, als ob es, wie sein Name implizierte, das erste seiner Gattung sei. Mays Entzücken machte Hennings Desinteresse an einer Tochter wett. Evi war hübsch und hell und lernte schnell, wie man Leute zum Lachen bringt. Als sie erst zwei Jahre alt war, stand sie im Zirkus einmal auf und verbeugte sich in der Annahme, daß der Beifall ihr gelte, vor dem Publikum.

Fünf Monate nach der Geburt absolvierten May und Henning einen kurzen Besuch in England, um das Kind den Beauchamps und Mays Freunden zu zeigen. Mays Freude über das Wiedersehen wurde jedoch getrübt, als sie feststellte, daß sie erneut schwanger war. Henry und Charlotte reisten mit ihnen nach Berlin zurück, da man sich um ihr Wohlbefinden sorgte und Henning nicht dazu überreden konnte, May ihr zweites Kind in England bekommen zu lassen. Ihr schmallippiges Schweigen im Hinblick auf Evis Geburt entsprach so gar nicht Mays normalerweise offener, direkter Art, und Hennings Darstellung war nicht sehr überzeugend gewesen. Im Februar 1893 wurde ein zweites Mädchen unter genau den gleichen Umständen geboren wie das erste. Die Geburt war langwierig, Chloroform wurde nicht gestattet, und weder Arzt noch Hebamme zeigten irgendwelche Reaktionen auf Mays Gefühle. Doch es gab hinterher keine Entzündung, und von allen Kindern war dies Baby das einzige, das von ihrer Mutter gestillt werden konnte. Sie wurde nach ihrer Großmutter mütterlicherseits auf den Namen Elizabeth Irene getauft, wurde aber immer Liebet genannt.

Noch bevor May sich von der zweiten Geburt vollständig erholt hatte, mußte sie feststellen, daß sie ein drittes Kind erwartete, worauf sie mit bitterer Rebellion reagierte. Diesmal bestand sie darauf, nach England zu reisen, und Henning kapitulierte nörgelnd vor ihrer Forderung. Sie nahm Evi, Liebet und ein Kindermädchen mit und traf Anfang November bei ihren Eltern am Holland Park ein. Sydney sollte ihr Geburtshelfer sein. Während sie auf ihre Niederkunft wartete, sah sie Sarah Bernhardt, die im Anschluß an ihre höchst erfolgreiche Tournee durch Amerika eine Saison lang in London auf der Bühne stand. May war von der Vorstellung der großen Schauspielerin begeistert, die in der *Kameliendame* von Alexandre Dumas die verschwenderische Kurtisane Marguerite Gautier spielte. May ging jeden Abend ins Theater, manchmal in Begleitung einer neuen Freundin, die sie durch die Waterlows kennengelernt hatte, Maud Ritchie, Tochter des künftigen Schatzkanzlers, Lord Ritchie of Dundee. Einmal trafen sie Miss Maude Stanley, eine Freundin Mauds, die mit ihrem Neffen, John Francis Stanley Earl Russell, da war, dem Enkel des früheren Premierministers Lord John Russell. Er war ein Jahr älter als May, groß, hübsch, mit blondem, gelocktem Haar, das er unmodisch lang trug. In seiner Art war er, wie Evi es später beschrieb, »ganz wundervoll lordhaft«, und er sprach mit der Sicherheit eines natürlichen Redners. Er hatte einen abgetragenen, aber teuren Tweed-Anzug an, trug einen zerbeulten Tweed-Hut und rauchte eine würzig riechende Bruyère-Pfeife. May kam er vor wie der perfekte romantische Romanheld – und jeder Zoll ein Earl. Seine Freunde nannten ihn Frank, und so nannte auch May ihn sehr bald.

In seinen Memoiren schrieb Francis über ihre Freundschaft: »1894 machte ich die engere Bekanntschaft einer sehr charmanten und attraktiven Dame mit künstlerischem Geschmack, durch die meine Bewunderung für Sarah Bernhardt vertieft wurde. Wir besuchten dauernd zusammen ihre großartigen Vorstellungen, und in jener emotionalen Atmosphäre glaubten wir sehr bald, ineinander verliebt zu sein. Auf jeden Fall schrieb sie die charmantesten Liebesbriefe, und ich genoß in jeder Hinsicht ihre Gesellschaft, die ich höchst amüsant fand.«

Obwohl über Mays Beziehung zu Francis zu diesem frühen Zeitpunkt wenig bekannt ist, sollte er später eine wichtige Rolle in ihrem Leben spielen, und es ist sicher, daß sie ihn regelmäßig traf, wenn sie nach London kam. Deshalb ist es angemessen, an dieser Stelle einige Details seines ungewöhnlichen Hintergrunds darzustellen.

Francis Russell war in der freien und lockeren Atmosphäre eines Landhauses aufgewachsen, das Ravenscroft hieß und drei Meilen entfernt von Tintern Abbey lag. Sein Vater war Viscount Amberley, der Sohn von Lord John Russell, der sich während seiner zwei Amtszeiten durch die Verabschiedung der Zweiten Reformbill verdient gemacht hatte und als Anerkennung für seine Verdienste einen vererbbaren Grafentitel verliehen bekam. Amberley heiratete Kate Stanley, und die beiden folgten einem idealistischen Lebensstil. Ihr bester Freund war John Stuart Mill. Amberley hatte für das Parlament kandidiert, wobei er als Parteiprogramm das Tabuthema der Geburtenregelung gewählt hatte. Als Reaktion auf die rigide Religiosität seiner Eltern wurde er Atheist, und da Kates Familie aus glühenden Freigeistern bestand, konnte sich Francis, ihr Erstgeborener, nicht einmal daran erinnern, je mit dem Namen Gottes konfrontiert worden zu sein, und er mußte nie eine Kirche besuchen. Er durfte barfuß herumlaufen und ohne Sattel auf seinem Pony reiten. Ein Gehirnfieber während seiner Kindheit hatte einen Arzt die Empfehlung aussprechen lassen, ihn nie zu schlagen; als er seine Mutter einmal »Teufelin« und »Biest« nannte, bestand die milde Strafe darin, daß er zum Abendessen trockenes Brot bekam – eine Situation, die er durch Schmeicheleien gegenüber der Köchin sogleich zu verbessern wußte. Wenn ihm Gäste oder der Unterricht mißfielen, kletterte er aufs Dach und blieb dort, bis die Krise vorüber war.

Er hatte zu seinen Eltern, wenn sie zu Hause waren, mehr Kontakt als in jener Zeit üblich, und seine Mutter brachte ihm in ihrem Schlafzimmer Lesen und Schreiben bei. Als sie an Diphterie starb und ihre fünfjährige Tochter Rachel mit ins Grab nahm, war er neun. Da er die Krankheit übertragen hatte, war er von dieser Doppeltragödie mehr als erschüttert. Achtzehn Monate später starb sein Vater an gebrochenem Herzen, und Francis beweinte ihn bitterlich. Amberleys letzte Worte an ihn lauteten: »Mein armer Junge, nun bist du wirklich eine Waise.« Bertrand Russell war sechs Jahre jünger als Francis und von der

Tragödie des Todes seiner Eltern deshalb verständlicherweise weniger mitgenommen.

Offenbar hatte Kate sich seelenruhig einem Hauslehrer namens Spalding »zur Verfügung gestellt«, dem sein Arzt untersagt hatte zu heiraten, weil er schwindsüchtig war und außerdem Schwachsinn in der Familie lag. Amberley glaubte anscheinend, eine gute Tat zu tun, wenn er ihm seine Frau zur Verfügung stellte. Spalding, der ein Buch über Verhaltensforschung schrieb, zu welchem Zweck er im Erdgeschoß des Hauses Hühner hielt und in seinem Schlafzimmer einen Bienenstock, womit er das allgemeine Chaos noch verstärkte, hatte offensichtlich starken emotionalen Einfluß auf die Amberleys, denn er schien im Haus mehr oder weniger machen zu dürfen, was er wollte. Als der Viscount starb, ließ er die beiden Jungen in der Obhut des Darwinisten Spalding und eines klientenlosen Rechtsanwalts namens Thomas Sanderson zurück. Amberley hatte ihn in Oxford kennengelernt, wo er in Kate verliebt gewesen war, und die Jungen mochten ihn sehr gern. Er wurde später Buchbinder und Mitbegründer des Doves Press Cobden-Sanderson Verlages und durch Zufall ein guter Freund von May.

Die Familie Russell, die in einem Haus in Richmond Park lebte, das Pembroke Lodge hieß, war entsetzt, kämpfte um die Jungen und bekam die Vormundschaft zugesprochen. Damals wurden von der Familie viele Privatpapiere der Amberleys sorgfältig vernichtet, und über die Lebensumstände des unkonventionellen Paares wurde, so gut es ging, der Mantel des Schweigens gebreitet. Der Einfluß der streitlustigen Stanleys wurde dafür verantwortlich gemacht, daß ihr Sohn in den Sumpf gezogen wurde, hätte doch der Unterschied zwischen den Stanleys und der Familie Russell, deren Lautstärke selten über die Flüsterschwelle ging, kaum größer sein können. Lady Georgiana Peel, die Tante der Jungen, hat beschrieben, wie man sich ein Abendessen mit Kates Familie bei Amberley vorstellen mußte: »Ein Feuerwerk durchweg ironischer Fragen zu jedem Thema, schnelle Antworten, die durchweg ein Argument enthielten, über das alle unterschiedlicher Meinung sein und mit verblüffender Schlagfertigkeit durchhalten konnten. Ein derartiges

Stimmengewirr, wie dort am Tisch bei jeder Mahlzeit, und ein derartiges Zusammenprallen brillanten Witzes ...«

Großmutter Stanley und ihre Tochter Maude waren den Jungen sehr zugetan. Sie hielten sich gern bei ihr auf, was jedoch den Großeltern Russell mißfiel, so daß die Besuche ein seltenes Geschenk waren. Tante Maude Stanley erzählte Francis, er sei ein »sehr unartiger kleiner Junge« gewesen, und seine geliebte Großmutter sagte, er sei »ein ungewaschenes, schlecht erzogenes, in Lumpen gekleidetes, unverschämtes kleines Kind« gewesen, als man ihn endlich vor seinen unpassenden Beschützern gerettet habe.

Die Bekehrung der Heiden übernahmen die Bewohner von Pembroke Lodge persönlich. Francis begann bald, den verhuschten, entschuldigenden Ton zu hassen, in dem im Haus alles besprochen wurde; er empfand dort eine »Atmosphäre aus Unwahrheiten, Konventionen, Ängsten und angehaltenem Atem«, die er verachtete. Rollo, dem Bruder seines Vaters, drohte er Tritte an, wenn er nicht wie ein Mann spräche. Vor allem bekannten sich die Russells zu einem traurigen und todessüchtigen Christentum, das die beiden Brüder nicht akzeptieren konnten. Francis zog sich völlig zurück und verbrachte viel Zeit auf dem Dach. Er versuchte nicht, seine Gefühle vor der Familie zu verheimlichen, und der einzige, wiederkehrende Kommentar seines Großvaters lautete, wann immer er den Jungen sah: »Frank heißt er, frei ist er.«

Als Kind hatte der junge Viscount großes Interesse am Ingenieurswesen gezeigt, und er erinnerte sich lebhaft daran, wie er seinem Vater geholfen hatte, Blumenbeete und Gewächshäuser für den Garten zu entwerfen und zu bauen. Er war von allem Elektrischen fasziniert, damals eine Energiequelle, die in den meisten Bereichen erst noch erschlossen werden mußte. Unter der darwinistischen Anleitung Spaldings hatte er Interesse am Verhalten der Tiere entwickelt und beobachtete fasziniert lebende Lachsherzen, die einige Stunden lang pochend auf einer Untertasse lagen; auf ihrer Suche nach Aufklärung rissen er und Spalding Fliegen die Flügel aus und schnitten Hühnern den Kopf ab. Privatexperimente, die Francis an den Katzen des Haushalts durchführte, hatten manchmal deren vorzeitiges Hinscheiden zum Ergebnis. Diese Interessen wurden in Pembroke Lodge nicht gefördert. Einmal versuchte er auszureißen, verbrachte die Nacht im Bahnhof, wo er auf den Milchzug wartete, wurde aber gefaßt und in die Besenkammer des Butlers gesperrt. Anstatt dort seine Bestrafung zu erwarten, entwich er durchs Fenster, und als man ihn wieder eingefangen hatte, forderte sein Großvater ihn auf, er solle sein Wort geben, so etwas nicht noch einmal zu tun; als Antwort versprach er lediglich, die Familie beim nächsten Mal vorher zu informieren.

Man beschloß also bald, daß Francis auf ein Internat gehen sollte. Er wurde in die Cheam Preparatory School geschickt, und er beharrte darauf, als Viscount Amberley eingeschrieben zu werden, da das der Name seines Vaters war. Wenn er während der Ferien nach Pembroke Lodge kam, hielt man ihn so gut es ging von Bertrand fern, »dem Engelskind«, um seinen schlechten Einfluß auf ihn auszuschließen. Er versuchte, seinem Bruder Euklid beizubringen, und war von Bertrands Begabung für Geometrie beeindruckt. Als der Jüngere sich bei Francis beschwerte, die Axiome seien seiner Meinung nach überhaupt nicht bewiesen, erklärte Francis ihm, daß sie als gesetzt verstanden werden müßten und nicht als »richtig« entworfen seien, was für das Verständnis Euklids elementar sei. »Bei diesen Worten zerbrach meine Hoffnung«, erinnerte Bertrand sich. Seine Zweifel sollten gleichwohl seinen bedeutendsten Beitrag zur modernen Mathematik beeinflussen, *Principia Mathematica*, den er später in Zusammenarbeit mit A. N. Whitehead schrieb.

Francis ging weiter in Winchester zur Schule, wo er äußerst glücklich war. Seine Leidenschaft für Gerechtigkeit und Genauigkeit kam ihm hier sehr zugute, und er erwarb die Fähigkeit, seine Aufmerksamkeit gänzlich auf die Arbeit zu konzentrieren, selbst wenn in seiner Umgebung ein Höllenlärm herrschte. Mit den Lehrern und Jungen kam er gut zurecht, mochte jedoch die Mädchen nicht, die er zu Hause traf. Eine langjährige Nachbarin in Richmond, Annabel Huth Jackson, erinnerte sich: »Bertie und ich waren Verbündete, und für seinen schönen und begabten älteren Bruder empfand ich eine große, heimliche Bewunderung,

Frank aber, leider muß ich das sagen, ... fesselte mich mit meinen Haaren an Bäume.« Francis, der zweite Earl, hatte Frauen gegenüber eine Moral entwickelt, die fast so streng war wie die König Arthurs.

Stark hingezogen fühlte er sich zu einem jüngeren Knaben in Winchester namens Lionel Johnson. Er war ein »kleiner, dünner, blasser Junge mit dunklem Haar, der wie ein junger Heiliger auf einem Kirchenfenster aussah«, schrieb Francis in seinen Memoiren: »Obwohl zwei oder drei Jahre jünger als ich, war Lionel an Gelehrsamkeit und Intelligenz doch ungefähr fünfzehn Jahre weiter als ich. Mit siebzehn hatte er praktisch alles gelesen, was es an englischer Literatur zu lesen gab, und darüber kritisch geurteilt. Wie zu Füßen Gamaliels saß ich zu den seinen. Er zerstörte meine gewaltige Spießigkeit und verschaffte mir freiere Ansichten über Menschen und Dinge. Vor allem brachte er mir bei, Browning zu lesen und zu schätzen, doch brachte er mir noch weit mehr bei – eine Lektion, die ich niemals vergessen habe: Daß Launen, Ereignisse, Abneigungen, Erfolge, Irrtümer in sich reinste Phantome und Illusionen sind und daß die einzigen Realitäten in unserem Denken und Geist liegen.«

Lionel Johnson wurde Kritiker, konvertierte zum Katholizismus und erfüllte nie die beachtlichen Versprechungen seiner Jugend. Er war einer der ersten Mitglieder der später so genannten Bloomsbury Group und verfaßte Gedichte, die zweifellos originell waren. Die Freundschaft der beiden jungen Männer sollte weitreichende, verheerende Wirkungen zeitigen. Das erste Unglück bestand darin, daß Francis von seinen Großeltern vor dem letzten Schuljahr von Winchester abgemeldet und gezwungen wurde, mit einem Hauslehrer in Limpsfield für die Aufnahmeprüfung in Oxford zu pauken; Francis war jedoch davon überzeugt, daß dieser Schritt unternommen wurde, weil er die in den Augen seiner Großeltern unverzeihliche Sünde begangen hatte, glücklich zu sein.

In Oxford wurde Francis unter den klugen und aufmerksamen Augen des großartigen Doktor Jowett aus Balliol jedoch wieder glücklich. Er arbeitete fleißig und sammelte einen Freundeskreis um sich, zu dem Edgar Jepson gehörte, der Großvater der Romanautorin Fay Weldon, der Schriftsteller, Redakteur und lebenslanger Freund von Francis wurde. Francis verbrachte viel Zeit mit dem Studium alternativer Religionen und wurde schließlich überzeugter Buddhist und Vegetarier. Bertrand erinnerte sich: »Als mein Bruder in Balliol wohnte, wurde er zum Buddhisten, und er erklärte mir, die Seele könne noch im kleinsten Umschlag enthalten sein, den ich je gesehen hätte, und ich stellte mir vor, wie die Seele wie ein Herz in einem Umschlag pochte.«

Gegen Ende seines zweiten Jahres wurde Francis zu Jowett zitiert, der ihn beschuldigte, einen Brief »ungebührlichen Inhalts« geschrieben zu haben. Francis bekam den Brief nie zu Gesicht, und es wurde ihm auch nicht mitgeteilt, was er angeblich darin geschrieben habe. Ihm war klar, daß Jowett es ebenfalls nicht wußte. Als er aufgefordert wurde, Oxford für einen Monat zu verlassen, protestierte Francis gegen die autokratische Behandlung und warf Jowett vor, kein Gentleman zu sein. Er verlangte eine Untersuchung und weigerte sich, als diese nicht stattfand, auf die Universität zurückzukehren. Anscheinend war Pembroke Lodge (wie Francis die Familie Russell nannte) erpreßt worden, aber niemand weiß, von wem. Der Brief war an Lionel Johnson gerichtet, der in seinen eigenen Briefen Francis mit »Liebling« anredete. Ein Artikel, der nach Francis' erstem Ehebruchsprozeß 1891 in *Vanity Fair* erschien, bezog sich auf den »heiklen Vorfall in Oxford«: »Eins sollte jedoch völlig klar sein. In allen Dingen des Lebens und Verhaltens war Lord Russell in Oxford so moralisch, daß es schon an Eitelkeit grenzte; nur daß er zu schlicht war, um je wirklich eitel zu sein.«

Während seines ganzen Lebens wurde offen darüber spekuliert, ob Francis und Lionel Johnson eine homosexuelle Beziehung hatten, aber es ist unklar, ob Francis sich dessen überhaupt bewußt war. Er hatte die Gabe, Offensichtliches so lange zu ignorieren, bis es für ihn nicht mehr existierte, und er unternahm keinerlei Anstrengungen, das Geheimnis auf die eine oder andere Weise aufzuklären. Einer der letzten Briefe kurz vor seinem Tod war an seinen Vertrauten George Santayana gerichtet, der ihn gefragt hatte, wie es denn nun genau um die Beziehung zu Johnson bestellt gewesen sei. Francis' Antwortbrief war bis zur Unverständlichkeit ausweichend.

Francis' Naivität schränkte sein Urteilsvermögen im Hinblick auf seine eigenen Angelegenheiten ein, besonders was die Frauen in seinem Leben anbelangte; er machte sich zum Narren jeder Abenteurerin, die seines Weges kam, und fiel auf jeden Betrüger herein. Nach Oxford lebte er in einem Landhaus an der Themse und verweigerte jeden Kontakt mit Pembroke Lodge. Als er zweiundzwanzig war, verleitete ihn eine Lady Scott mit unlauteren Methoden dazu, ihre Tochter Edith zu heiraten. Die Ehe war drei Monate alt, als Edith zu ihrer Mutter nach Haus lief und klagte, ihr Mann habe sie beschimpft und mit einem Revolver herumgefuchtelt. Die Frau klagte mit der Begründung die Scheidung ein, daß ein »Mr. X« (Lionel Johnson) zu diversen Anlässen das Haus der Russells besucht habe, das damals am Eaton Square war, und daß Francis dann in den frühen Morgenstunden das Ehebett auf eine Weise verlassen habe, die Ediths Verdacht bestärkt habe, zwischen den beiden Männern sei nicht alles ganz gesund. Sie bezichtigte ihn der Sodomie, was damals als schwerstes Verbrechen angesehen wurde, das ein Gentleman begehen konnte. Man brachte auch Francis' Beziehung zu dem Kammerdiener auf seiner Yacht zur Sprache und führte als Beweis seiner sadistischen Persönlichkeit zwei Vorfälle an, die seine Katzen betrafen. Der erste war ein Experiment, was die Schiffskatze tun würde, als er sie am Anleger zurückließ, während seine Yacht *Royal* ablegte. Die verzweifelte Katze sprang ins Wasser und schwamm dem Boot nach. Der zweite war eine obskure Geschichte, er habe in seinem Haus an der Themse ein Ausgehverbot nach acht Uhr abends verhängt, das die Katze mißachtet habe. Sie blieb die ganze Nacht draußen und wurde zur Strafe drei Tage und Nächte ohne Futter und Wasser in einem Schrank eingesperrt. Francis wurde vom Magistratsgericht in der Bow Street vom Vorwurf der Sodomie freigesprochen. Als er nach seinem Freispruch auf der Straße erschien, wurde er mit großem Beifall begrüßt. Aber Edith kehrte nicht zu ihm zurück, was er zu diesem Zeitpunkt auch gar nicht wollte, obwohl er sie sehr geliebt hatte. Später verklagte sie ihn auf Wiederherstellung der ehelichen Rechte, aber er gewann auch diesen Prozeß. In diesem ungeklärten Ehestand befand er sich, als er in London May kennenlernte.

Nach Weihnachten bezogen »die Teutonen«, wie Henry May und ihre Familie nannte, eine Wohnung in Abingdon Mansions in der Nähe ihrer Eltern. Mit Sydney als einfühlsamem Geburtshelfer kam das Baby zur Welt, war zu jedermanns großer Enttäuschung noch ein Mädchen und wurde auf den Namen Beatrix Edith getauft. Francis und May trafen sich wieder, sobald sie sich erholt hatte, und sie blieb bis Juli in England. Es war ein schmerzlicher Abschied, doch dann trug Francis sein wundes Herz nach Kalifornien in die Arme einer jungen Dame namens Veronica, während May sich entschloß, mehr Zeit aufs Schreiben von Geschichten zu verwenden als auf die Produktion weiterer Nachkommen. Später schockierte sie gern mit der Bemerkung, sie sei schon schwanger geworden, wenn Henning sich im gleichen Zimmer die Nase geputzt hätte, weshalb sie ihn auf Abstand hielt – was ihm gar nicht gefiel. Es war unpatriotisch, es war völlig undeutsch, ihm und seiner adeligen Familie keinen Erben schenken zu wollen, aber May blieb standhaft. In ihren Erinnerungen an ihre Mutter faßte Liebet es in den fünfziger Jahren so zusammen: »Da sie in dieser Sache ihre Schlüsse gezogen hatte, entwickelte sie eine Stärke, eine begründete Abwehr, und triumphierte auch vorerst über die sehr unterschiedlichen Ansichten ihres Mannes, ihrer Generation und des Landes, das sie adoptiert hatte.«

Henning nahm sich eine Geliebte, was May verärgerte. Obwohl ihr gemeinsames Leben häufig mit stürmischen Szenen einherging, stand dennoch außer Zweifel, daß May ihre gesellschaftlichen Pflichten erfüllen würde, wie gespannt die Schlafzimmeratmosphäre auch sein mochte. Henning war der Enkel von Prinz August, einem Neffen Friedrichs des Großen, der Madame Récamier hatte heiraten wollen, eine enge Freundin Madame de Stäels. Obwohl Henning von der Linie Marie Arndts abstammte, gehörten die Arnims zum engsten Kreis der kaiserlichen Familie, und man erwartete von Henning und seiner Frau,

Besuche zu machen und zu empfangen, auf Gesellschaften zu gehen und selbst welche zu geben und auf Botschaftsempfängen zu erscheinen. May liebte diesen Lebensstil nicht, und an die Deutschen konnte sie sich nie gewöhnen. Gleichwohl hielt sie durch. Da sie jetzt von den physischen und psychischen Belastungen der Schwangerschaften befreit war, konzentrierte sie sich darauf, was zu tun, zu sagen und anzuziehen sei, wobei sie die gleiche eigensinnige Entschlossenheit an den Tag legte, die sie auch allem anderen entgegenbrachte. Sie suchte tagelang nach den passenden Handschuhen, Federn und Bändern. Von Hofdamen ließ sie sich in die Etikette einweihen, im Berlin des *fin de siècle* eine hochkomplexe, verwickelte und ritualisierte Verhaltensform, auf der die Macht der Tradition lastete. Nachdem sie schließlich ihre Lektionen so gut auswendig gelernt hatte, daß die »honigsüße Liebenswürdigkeit« ihrer Umgangsformen glaubwürdig erschien, fand sie sich auch in den kompliziertesten Höflichkeitsfloskeln zurecht und hatte gelernt, die Verben im Deutschen an die richtige Stelle zu setzen. Viel später, als sie verwitwet war und wieder in England lebte, verblüffte sie ihre Freunde durch die außerordentliche Höflichkeit, mit der sie sie aufforderte, Platz zu nehmen, wenn sie schon längst saßen.

Am ersten Januar 1896 begann May ein Tagebuch mit dem Eintrag: »Schrieb vorm. F. W.«. Es ist der erste, dokumentierte Nachweis ihrer literarischen Ambitionen. Sie arbeitete an einem Roman. Es ist kein Romanmanuskript überliefert, in dessen Titel die Initialen F. W. vorkommen, doch handelte es sich offensichtlich um den ersten Entwurf von *Die preußische Ehe*, der einen durchaus neidischen Blick auf ihr Familienleben mit den Beauchamps erkennen läßt, auf ihre Verlobung, die Heirat und das sich anschließende Leben in Deutschland. Sie traute sich nicht, den Roman einer der dargestellten Personen zu zeigen, und wartete mit der Veröffentlichung, überarbeitet und mit einem anderen Schluß versehen, bis nach dem Tod ihres Mannes 1914.

1896 war es für eine Frau durchaus nicht ungewöhnlich, ihre freie Zeit mit dem Schreiben eines Romans auszufüllen. Gegen Ende des 19. Jahrhunderts nahm das Schreiben von Romanen unter Frauen epidemische Dimensionen an. G. H. Lewes, der spätere Ehemann George Eliots, der heftig gegen weibliche Romanautorinnen polemisierte, hatte bereits 1847 geklagt, daß »die literarische Berufung, die einer macedonischen Phalanx gleichen sollte ..., auserwählt, kompakt, unwiderstehlich, von Kindern, Frauen und schlecht ausgebildeten Truppen unterwandert wird«. 1859 erklärte ein Kritiker, daß »die sich im Moment ausbreitende Zahl weiblicher Romanciers nicht mehr erfaßbar ist und keinerlei Parallele zu früheren Epochen aufweist. Tatsächlich ist das Angebot des literarischen Marktes fast völlig in ihre Hände gefallen.«

Die Dame als Romancier war eine bekannte Witzfigur im *Punch*, wo sie als Blaustrumpf oder als Wesen stereotypisiert wurde, dem die Tinte von den Fingern troff, mit dreckigen Schals und wirrem Haar. Man ging davon aus, daß sie kinderlos war, von Natur aus neurotisch und die Ausstrahlung eines Geistlichen hatte. Damals stimmte man darin überein, daß glückliche Frauen, deren Leben erfüllt und ausgeglichen war, es kaum nötig hatten, sich auszudrücken. G. H. Lewes schrieb: »... wenn etwa verwirrte Leidenschaften sie von der süßen häuslichen und mütterlichen Sphäre trennen, auf das ihr gesamtes Sein sich natürlicherweise zubewegt, wendet sie sich als nächster Sphäre der Literatur zu.« Frauen kombinierten die beiden Bereiche so selten, daß Nancy Mitford noch 1950 fragte: »Hat es je Frauen gegeben, die in ihrer Jugend heirateten, Kinder bekamen und dennoch weiterschrieben?« May hatte fünf Kinder und schrieb mehr als zwanzig Bücher. Obwohl es stimmt, daß sie unter den aufreibenden Pflichten stark litt, hatte sie ein sonniges Wesen und die Gabe der Fröhlichkeit. »Kaum kommst du heim, wird es funning hier«, sagte Liebet als Kind zu ihr, und diese Empfindung wurde von allen, die ihre Mutter kannten, bestätigt. Der Literatur wandte sie sich gewiß nicht zu, weil sie in der »süßen häuslichen und mütterlichen Sphäre« unerfüllt gewesen wäre, sondern eher als einer Möglichkeit, diejenigen zu erreichen, die sie liebte und die weit von ihr entfernt waren; angesichts ihrer eigenen Einsamkeit ein vergebliches Unterfangen.

Und wie wächst dein Garten?

Elizabeth mit den April-, Mai- und Juni-Kindern

Wegen des unerwartet starken Anwachsens der Familie von Arnim bezog May Anfang 1896 eine größere Wohnung in der Brückenallee. Sie und Henning gingen inzwischen fast völlig getrennte Wege; sie lebte mit den Kindern, und er kümmerte sich um die Güter, die der junge Kaiser ihm zurückgegeben hatte. May führte den Haushalt, spielte mit den Kindern und arbeitete an ihrem Roman. Jeden Abend ging sie in die Oper, wo ihr neuester Schwarm, Rosa Sucher, die Brünnhilde und andere Sopranpartien Wagners mit einer Intensität sang, die May bezauberte. Sie belagerte die »göttliche Rosa« mit Billets und Blumen, ging oft hinter die Bühne, um sich in der Garderobe mit ihr zu unterhalten, fand sie bei näherer Bekanntschaft jedoch, wie sie in ihrem Tagebuch notierte, »eher irdisch«.

Henning verbrachte die meiste Zeit in Pommern, wo das Gut Nassenheide, das sein Vater erworben hatte, unlängst durch Kanäle in den Marschen entwässert worden war. Henning hatte damit begonnen, sich persönlich für die landwirtschaftlichen Möglichkeiten des Besitztums zu interessieren, und May fragte sich, ob sich das leere Schloß nicht in einen Landsitz verwandeln ließ, um dort die Sommer zu verbringen. Am 18. März fuhren sie mit der Bahn von Berlin nach Stettin und von dort mit der Kutsche nach Nassenheide. Es war ein kalter, grauer Tag, und seit Graf Harry es vor fünfundzwanzig Jahren gekauft hatte, stand das Gebäude leer. Sie streiften durch das Haus und betraten dann den Garten, wie sie es in ihrem ersten Roman *Elizabeth und ihr Garten* beschrieb: »... und streifte anschließend im noch öden und trostlosen Garten herum –, weiß Gott welcher Geruch von nasser Erde oder verfaulendem Laub schlagartig meine Kindheit in Erinerung rief und all die glücklichen Tage, die ich in einem Garten verlebt hatte. Werde ich diesen Tag jemals vergessen? Es war der Anfang meines wahren Lebens, sozusagen mein Mündigwerden und der Eintritt in mein Königreich.«

Während der nächsten Wochen fuhr May zwischen Nassenheide und Berlin hin und her. Sie beauftragte Handwerker und wies die erstaunten Maler an, die Zimmerwände weiß zu tünchen, was üblicherweise nur mit Schweineställen gemacht wurde. Mitte April hatte sie sich entschieden, dort eine Zeitlang zu leben. Mit Hilfe einer Wirtschafterin und eines Zimmermädchens räumte und säuberte sie ein Schlafzimmer im oberen Stockwerk, und dann folgten Wochen der Seligkeit, in denen sie völlig allein war. Sie hatte die Maler und Dekorateure zu beaufsichtigen, ging aber nur selten durchs Haus, solange die Arbeiten im Gange waren. Sie war unglaublich glücklich, so glücklich wie als kleines Kind, als sie mit einem zuckerbestreuten Brot in der Hand um elf Uhr morgens auf einer mit Gänseblümchen und Löwenzahn übersäten Wiese gespielt hatte. Während dieser Wochen auf Nassenheide lebte sie »in einer Welt voll Löwenzahn und eitel Wonne«.

Zumindest erinnerte sie es so. Tatsächlich dauerte es weniger als einen Monat, bis die wirkliche Welt einbrach, doch während dieser kurzen Verzauberung verbrachte sie fast jede Minute im Garten und ließ sich dort sogar die Mahlzeiten auf einem Tablett servieren. Sie lebte von Salaten, Schwarzbrot und gelegentlich von gebratenen Tauben und schwelgte in der Freiheit und Freizeit, die diese Kost ihr bot – deutsche Mahlzeiten waren langwierige Angelegenheiten, die sie haßte. Die Wirtschafterin und die Dekorateure empfanden das unkonventionelle Benehmen der Gräfin als skandalös. Abends, wenn die Arbeiter gegangen waren »und wenn die alte Wirtschafterin ihre rheumageplagten Glieder ins Bett gepackt hatte und mein Zimmerchen in einem ganz anderen Teil des Hauses zurechtgemacht worden war – wie widerstrebend verließ ich da jedesmal die freundlichen Frösche und Eulen, schloß geknickt die Tür zum Garten hinter mir ab und ging durch die lange Flucht von hallenden Südzimmern mit den Schatten, Leitern und dem gespenstischen Durcheinander von Farbkübeln! Dann summte ich eine Melodie und schritt, um mir selbst vorzumachen, ich täte das gerne, betont langsam durch die Empfangshalle ... «

Auf einem Stuhl neben Mays Bett stand eine große Essensglocke, mit der sie läuten konnte, falls sie sich nachts fürchten sollte. Obwohl niemand da war, der die Glocke hätte hören können, beruhigte ihr Anblick sie. Das nächtliche Haus war mit den Geräuschen knarrender Balken angefüllt, und Tiere und Vögel raschelten in den Zweigen. Aber sie liebte »die reine Schönheit eines Hauses ohne Dienstboten und Polstermöbel«.

Dann erschien Henning, beschuldigte sie, die Familie im Stich gelassen und nicht einmal die Höflichkeit besessen zu haben, einen Brief zu schreiben. Er sagte, es sei der reinste Egoismus, sich zu amüsieren, wenn weder er noch die Sprößlinge bei ihr seien, und daß der Flieder tüchtig gestutzt werden müsse. Sie bot ihm zur Beschwichtigung zum Abendessen ihren Salat an, aber er bestand darauf, seine Pflicht für die vernachlässigte Familie tun zu müssen und entschwand nach Berlin. Mit schlechtem Gewissen überwachte May die Maler nun mit größerer Genauigkeit. Sie schrieb regelmäßig und sandte herzliche Grüße, doch in ihrem überfließenden Herzen war kein Platz für Kummer und Sorge um die Familie. »Was soll man denn machen, wenn das Gewissen ruhig und die Leber in Ordnung ist und die Sonne scheint?« Zu dieser Zeit standen die Vogelbeeren in Blüte, und der Garten sah aus wie eine Hochzeit. Von den oberen Fenstern des Hauses konnte sie über grüne Ebenen blicken und sah in der Ferne die Linie eines Waldes.

Das Haus selbst war sehr schön und geschichtsträchtig, aber in ihren Büchern hat May es nie beschrieben. Im Zentrum eines Guts von 300 Hektar war es in der zweiten Hälfte des sechzehnten Jahrhunderts errichtet worden. Während seiner Feldzüge im Dreißigjährigen Krieg hatte sich Gustav Adolf hier häufig aufgehalten, und später diente es mehrere Jahrzehnte lang als Nonnenkloster. Gegen Ende des achtzehnten Jahrhunderts befand es sich im Besitz des Grafen Henckel von Donnersmarck, der von seinen Reisen Saatgut mitbrachte und damit in der sandigen Erde Pommerns experimentierte; von dessen Erben hatte Graf Harry das Gut gekauft. Das Haus steht immer noch – das Giebeldach mit verwitterten Ziegeln, und an den grau verputzten Wänden ranken sich Efeu und wilder Wein empor. Im Westflügel befindet sich die massive Eingangstür aus Eichenholz.

Von der Nordseite der Halle führt eine Tür zum Speisezimmer, zur Küche und zu den Büros. Auf der gegenüberliegenden Seite führen Treppen zu verschiedenen Stockwerken des Wohntrakts hinauf, den May zu Salons, Bibliothek und Unterrichtsräumen umwandeln ließ, sowie zu Hennings Arbeitszimmer und seinen Labors, die sich entlang der einstöckigen Südseite des Gebäudes erstreckten. In der Mitte liegt eine Veranda, von der einige Stufen in einen gepflegten Garten mit einem Halbkreis von elf Blumenbeeten und einer Sonnenuhr führen. Die Schlafzimmer liegen in der oberen Etage; einige sind riesig, andere haben noch die Größe von Klosterzellen. Endlose, zugige Gänge und einige Treppenhäuser verbinden diesen Irrgarten aus Wohnräumen miteinander. Die riesige Halle war früher als Kapelle benutzt worden. Als May sie zum ersten Mal betrat, hingen ausgestopfte Jagdtrophäen an den Wänden. Auf einer Seite der Tür befand sich eine griechische Inschrift:

VENUS, EROS, DIE GRAZIEN, DIE MUSEN, DIONYSOS, APOLLO SCHWOREN SICH GEGENSEITIG, HIER ZU WOHNEN.

In Anbetracht des naiven Pantheismus, der alle Bücher durchzieht, die May hier schreiben sollte, scheinen die Götter ihren Schwur eingelöst zu haben. Während der Zeit, in der die von Arnims auf Nassenheide lebten, wurde die Hilfe der Musen ständig erfleht, und zwar nicht nur von May. E. M. Forsters erster Roman *Engel und Narren* wurde hier vollendet, und Hugh Walpoles erster Roman *Troy Hanneton* wurde auf dem Schloß begonnen und abgeschlossen.

May bedauerte, fünf Jahre in Berlin verbracht zu haben, wo sie »völlig niedergedrückt war ... und während wir unser Leben dort vergeudeten, gab es hier dieses schöne Landgut, wo der Löwenzahn bis an die Tür wuchs, das Gras die Wege fast ganz verwischt hatte ... Friede und Glück und ein sinnvolles Leben ...« In diesem fernen Winkel war sie glücklich, und im folgenden Jahr schrieb sie in einem Brief an ihren Vater: »... Ja, ich bin tatsächlich gesegnet, denn ich habe das himmlische Königreich gefunden, das nur wenige finden und ohne das Kinder, Vögel, Bücher und Blumen nicht glücklich machen. Allerdings ist das himmlische Königreich nicht für jeden gleich, und von meinen Verwandten wären nahezu alle entsetzt, wenn sie in diesem leben müßten ... Ich habe den Herrn gefunden, aber anstatt IHN in einer Kapelle zu finden, fand ich IHN in meinem Garten! Ja, Papa, ich spüre stets, wie sehr Du mein Glück verstehen und nachempfinden kannst, da ich es natürlich direkt von Dir geerbt habe.«

Für den Rest ihres einsamen Aufenthalts im Schloß bilden Mays Tagebücher einen Katalog der Sträucher und Rosen, die sie mit dem Haushaltsgeld bezahlte. Sie kaufte zehn Pfund Prunkwinden-Samen und verbrachte einen glücklichen, hoffnungsfrohen Tag damit, sie im ganzen Garten auszusäen. Da sie aber in die Geheimnisse des Säens noch nicht eingeführt war, pickten die Vögel alle Samen auf. Als die Blumen nicht herauskamen, war sie schwer enttäuscht; sie war überzeugt, daß es am schlechten Boden lag und verteilte ergebnislos Mengen von Kunstdünger. Bei schönem, sonnigen Wetter hielt sie sich draußen auf, und wenn es regnete, saß sie mit Goethes *Dichtung und Wahrheit* vor dem Kaminfeuer und las von seiner großen Leidenschaft für Gärten, in der sich ihre eigene spiegelte, und seiner Freundschaft zu Bettina. Aufs genaueste teilte sie Mays Gefühle, wenn sie schrieb: »Meine Seele ist eine leidenschaftliche Tänzerin, sie springt herum nach einer innern Tanzmusik, die nur ich höre und die andern nicht. Alle schreien ich soll ruhig werden, und Du auch, aber vor Tanzlust hört meine Seele nicht auf Euch, und wenn der Tanz aus wär dann wärs aus mit mir ... ich will auf das Etwas vertrauen, was so jubelt in mir, denn am End ists nichts anders als das Gefühl der Eigenmacht, man nennt das eine schlechte Seite. Es ist ja aber auch Eigenmacht, daß man lebt!«

Entschlossen, den Rest der Familie in den nächsten Tagen nach Nassenheide zu holen, brach May am 10. Mai nach Berlin auf. Statt dessen aber kaufte sie sich einen Hut, und vor Ende des folgenden Monats konnte sie die Familie nicht dazu überreden, mit ihr zurückzufahren. Kaum waren sie angekommen, klagte Henning über Magenkrämpfe und legte sich ins Bett. May rauschte in den Garten: »Fand Flieder in seiner ganzen

Pracht, himmlisch. Wie voll alles aussieht, die Bäume dicht mit Blättern ... fühlte mich gesegnet und dankbar«, schrieb sie in ihr Tagebuch. Der Haushalt wurde von zu wenig Personal geführt, und May oblag die Pflege Hennings, der ein schwieriger Patient war. Zwischen Küche und seinem Schlafzimmer lief sie hin und her, Kilometer um Kilometer durch Flure, so daß nach drei Tagen selbst das prachtvolle Frühlingswetter kein »Leben in müde Beine« mehr bringen konnte. Ende Mai ging es Henning wieder so gut, daß er seiner Frau dabei helfen konnte, im Garten die Pflanzen zu gießen.

»... und in unserer unschuldigen Freude waren wir wie Adam und Eva. Es war, abgesehen von H., ein gesegneter Monat gewesen, und ich weiß gar nicht, wie ich die Liebe und die Schönheit und das Verbundensein beschreiben soll, das ich empfinde, sowie ich meinen Garten betrete (der für mich beinahe so etwas wie Gott geworden ist). Es ist jedes Mal ein Segen ihn aufzusuchen, und nur hier weiß ich, was mit dem Frieden, der über alles Verstehen hinausgeht, gemeint ist«, schrieb sie in ihr Tagebuch.

Langsam bewegte der Haushalt sich wieder in gewohnteren Bahnen. May wurde des einfachen Lebens beraubt, das sie so sehr genossen hatte, und das schreckliche Ritual der Mahlzeiten lastete auf der Prophetin der Freiheit. Bei ihren Versuchen, sie in der Falle der Häuslichkeit zu fangen, waren ihr Mann und das Personal gnadenlos. In einer kleinen Korbkutsche mit scharlachroten Rädern, gezogen von zwei behäbigen Ponies mit rauhem Fell, gefahren von einem geduldigen, alten Kutscher, floh sie oft in den frühen Morgenstunden heller Tage, um unter den Zweigen riesiger Fichten im Wald zu meditieren. May hatte weder die Absicht noch die Begabung, Hausfrau zu werden. Ihre Naturliebe und ihr Hang zur Einsamkeit wirkte auf die Gutsnachbarn höchst exzentrisch, und ihr Desinteresse an Tätigkeiten wie Wurst, Käse und Butter herzustellen, Schweine zu schlachten, sich um Kälber zu kümmern, am Frühjahrshausputz und am Klatsch und Tratsch der Nachbarschaft teilzunehmen, war absolut skandalös.

Der Gutsverwalter, Herr Schleck, und dessen Frau wurden

schnell die schärfsten Gegner von Mays Versuch, sich von Pflichten freizumachen. Sie waren eingesetzt worden, als Graf Harry das Gut gekauft hatte, und in der Zwischenzeit war es ihnen erfolgreich, wenn auch unter ruinösem Geldeinsatz gelungen, den Großteil des sumpfigen Lands zu entwässern. Wegen ihres pompösen Auftretens nannte May sie Papst und Päpstin und versuchte, ihnen nach Möglichkeit aus dem Weg zu gehen. Glücklicherweise lebten sie nicht im Schloß, sondern bewohnten ein kleines Haus, genannt der Vatikan, vor dem Eingangstor. Bald wurde klar, daß die Päpstin, zweifellos von Henning dazu ermutigt, die Absicht hatte, die Gräfin jeden Morgen aufzusuchen, um mit ihr die Abrechnungen durchzusehen und das stets aktuelle Personalproblem zu diskutieren. May kam sich vor wie das Kaninchen, das erfolgreich von einer Schlange hypnotisiert wird, wenn sie Stunde um Stunde mit Frau Schleck im dämmrigen Verwaltungsbüro sitzen mußte. Die Etikette erlaubte es nicht, die Sitzung zu beenden, bevor die Päpstin gesagt hatte, was sie zu sagen hatte. Inzwischen schien draußen die Sonne, und viele andere, erfreuliche Dinge warteten auf May.

Solange die Herrschaften sich darum kümmerten, war das Gut fast völlig autark. Henning, der May viel von der Last des Haushalts in Nassenheide hätte abnehmen können, hatte sich geweigert, die Berliner Wohnung aufzugeben, und verbrachte dort nun ebenso viel Zeit wie auf seinen Gütern, bevor May und die Kinder nach Pommern gezogen waren. Bei seinen Besuchen machte er ihr Vorwürfe, jemanden beleidigt zu haben, üblicherweise die Päpstin, und zwar »immer geheimnisvoll, immer ohne den leisesten Hinweis, warum oder wie«. Mehr und mehr träumte sie von einer Flucht nach England, und wenn es nur für einen Urlaub gewesen wäre.

Im Juni traten Ereignisse ein, die es völlig vernünftig erscheinen ließen, Henning um seine Einwilligung zu bitten, nach England zu reisen. Ihr Bruder Harry wollte sich verheiraten, und Charlottes Sohn, Sydney Waterlow, der damals in Eton war, hatte einen Literaturpreis gewonnen und sollte vor der gesamten Schule und dem Herzog von York vortragen. Um diese Ereignisse – May fürchtete, daß sie Henning zu frivol erscheinen würden – zu würdigen, waren mehrere Familienfeiern geplant; doch dann erfuhr sie, daß eine gute Freundin schwer erkrankt war. Sie schrieb ihrem Mann, der sich in Berlin aufhielt, bekam aber keine Antwort. Zehn Tage später kam er mit dem Zug, und May erwartete ihn ungeduldig auf dem Bahnsteig in Stettin. Sie wiederholte sogleich ihre Bitte. Schroff verweigerte Henning ihr die Erlaubnis zu fahren, und dann folgten »unerquickliche Szenen«. Mehrere Wochen lang wuchsen zwischen den beiden die Spannungen. Vor ihrer Heirat waren May Wünsche nie grundlos abgeschlagen worden; sie sah überhaupt keinen Grund, warum sie nicht reisen sollte, und klagte, daß sie gegen ihren Willen festgehalten werde. Zu allem Unglück hatte die Köchin gekündigt, die Päpstin meldete das nächtliche Fehlverhalten eines Mädchens, das entlassen werden mußte, und Hennings Vetter Bernd und seine Frau kamen zu Besuch. May mußte selber kochen, bis eine neue Köchin gefunden war. An Harrys Hochzeitstag packte sie ihre Koffer und ließ die Kutsche vorfahren. Henning schickte die Kutsche wieder weg, aber wenn er geglaubt hatte, damit die Abreise seiner Frau verhindern zu können, irrte er sich. In der gleichen Nacht schlich sie sich, als alles schlief, aus dem Haus, wanderte die etwa fünfzehn Kilometer zum Bahnhof und tauchte ein paar Tage später in bester Laune in England auf. Ihr Tagebuch vermerkt an jedem Tag ihres Aufenthalts einfach das Wort »glücklich«.

Die wagemutige Flucht trug unerwartete Früchte. Sechs Wochen später erschien Henning, »kühl und mürrisch«. In der Zwischenzeit hatten sie keine Briefe miteinander gewechselt. Mit Ausnahme seiner Frau begrüßte ihn die Familie allerdings mit großem Hallo; wenig später taute er auf und genoß die Art und Weise, in der die Beauchamps den Sommer verbrachten. Man besuchte Kew Gardens, die Regatta in Cowes und andere Ausflugsziele der Reichen. Zwischen den Arnims kehrte eine vernünftige Harmonie ein; Henning bezahlte Mays Bereitschaft zurückzukehren, durch sein Versprechen, sowohl die Berliner Wohnung als auch andere städtische Vergnügungen aufzugeben. Mitte September reisten sie aus England ab, May unter Tränen, aber gefaßt; als sie in Nassenheide ankamen, wimmelte es dort von Arbeitern. Henning hatte den Entschluß gefaßt, das Haus so schnell wie möglich fertigzustellen.

Nach zwei Wochen voll Unruhe und Durcheinander aß die Familie »zum ersten Mal im Speisezimmer«. Mays Geschmack bezüglich der Ausstattung, wo immer möglich weiße Farbe und Tapeten mit Zweigmustern, hatte das Haus wirklich in ein Prinzessinnen würdiges Schloß verwandelt – was ihre Töchter sowieso fast waren. Die Bibliothek sollte Mays besondere Domäne werden. Von ihrem Fenster sah man auf den alten, gestalteten Teil des Gartens mit den von niedrigem Buchsbaum eingefaßten Blumenbeeten um die bemooste Sonnenuhr. Mit der fröhlichen, gelb-weißen Farbgebung, dem großen Kamin und vier nach Süden weisenden Fenstern hatte die Bibliothek »gar nichts Nüchternes an sich«.

Bis Mitte Oktober leistete May von morgens bis abends Sklavenarbeit. Dann rückten die Bauarbeiter ab, und das Leben bewegte sich wieder in normaleren Bahnen. Das Personal, zahlreich und manchmal sogar nützlich, schleppte große Körbe mit Torf durch die verwinkelten Flure. In jedem Zimmer standen große, altmodische Öfen, die fast während des ganzen Jahres beheizt wurden. Eine Pumpe im Garten war die einzige Wasserquelle; heißes und kaltes Wasser wurde kannenweise zwei- bis dreimal täglich in die Schlafzimmer gebracht. Abends wurden alle Räume mit Öllampen ausgestattet, die morgens wieder eingesammelt, gesäubert und aufgefüllt wurden. Nachts schlich eine alte Vettel mit runzligem Gesicht, krummem Rücken und zotteligem grauen Haar, das unter einem verknitterten Kopftuch hervorschaute, durch die Flure, um die Erdtoiletten zu säubern, die es überall im Haus gab und die nach Kalk und Desinfektionsmittel rochen. Man nannte sie die Hexe, da sie aussah, wie aus Grimms Märchen entsprungen, und die Kinder hatten panische Angst vor ihr.

In den Augen der Kinder stand May als leuchtendes Gegenteil jeden Morgen feengleich auf. Sie hatte einen großen Schlüsselbund bei sich, und als erstes ging sie in die Küche und besprach mit der Köchin die Speisenfolge, schloß die Speisekammern auf und begann den Tag mit der Austeilung der Würste – »während meine Mamsell geschickt die aalglatten Dinger mit einem Instrument, das einem Bootshaken gleicht, herunterholt, bin ich für jeden Gedanken zwischen Himmel und Erde praktisch gestorben«. Die Küche blieb stets ein Ort des Tratsches und dauernder Intrigen, aber May drückte klugerweise ein Auge zu und griff nur dann ein, wenn die Päpstin darauf bestand, daß etwas zu geschehen habe.

Zum ersten Mal feierte die Familie in Pommern Weihnachten. In Berlin war es Mode, das Fest als etwas unbeschreiblich Langweiliges zu sehen, »und als eine Zeit, die dazu verführt, sich zu überfressen und ohne rechten Grund Fröhlichkeit zu heucheln«. Demgegenüber hielt May Weihnachten, wenn es angemessen begangen würde, für eins der schönsten und poetischsten Feste überhaupt. Da sie das Gefühl hatte, das ganze Jahr allen gegenüber mehr oder weniger unfreundlich gewesen zu sein, war es ein Segen, an diesem einen Tag zur Liebenswürdigkeit gezwungen zu werden.

May, die von Natur aus großzügig war, hatte Spaß daran, ihre Kinder zu beschenken, und keine Angst, sie zu verwöhnen; mehrfach fuhr sie nach Berlin, um Weihnachtseinkäufe zu machen. Von der Päpstin beraten, kaufte sie auch Geschenke für das Personal und die Gutsarbeiter. Alles mußte mit größter Heimlichkeit vorbereitet werden, da die kleinen Mädchen natürlich glaubten, das Christkind bringe ihnen die Geschenke. Während ihre Mutter in der Bibliothek Geschenke einpackte und den Tannenbaum schmückte, der einige Tage vor Weihnachten geschlagen worden war, suchten die Kinder im Garten nach Spuren des Christkinds. May stellte eine Reihe lamettageschmückter Tannenbäumchen auf. Davor stand für jede Person des Haushalts ein mit Geschenken überhäuftes Tischchen. Als die Kerzen entzündet wurden und sie in den Kreis fröhlicher Gesichter blickte, vergaß sie den ganzen Aufwand, der sie so oft treppauf und treppab gejagt hatte, und genoß Weihnachten wie alle anderen auch.

Nach Weihnachten kamen die Kelly-Schwestern Annie und Posy mit Laura (Maus) für ein paar Wochen zu Besuch. Lauras

Mann war krank, erhob jedoch keinen Widerspruch, ein paar Wochen in der Obhut einer resoluten Krankenschwester zu verbringen. Am Silvesterabend fuhren sie in einem Schlitten zur fünf Kilometer entfernten kleinen Kirche des Guts. Sie war mit flackernden Kerzen erleuchtet, und draußen im Dunkeln heulte der Wind. Als sie dort saß, fühlte sich May »sehr klein und einsam und schutzlos in der unendlich großen, schwarzen Welt«, wie sie in ihrem ersten Roman schrieb. Wieder zu Hause, stießen sie mit Glühwein aufs neue Jahr an. Annie verhielt sich Henning gegenüber äußerst kokett und versuchte, mit ihm anzubändeln, aber er zog sich einfach in sein Arbeitszimmer zurück. Alles andere als zerknirscht, nörgelte Annie am nächsten Tag nur herum. Verwirrt von diesem merkwürdigen Betragen, verbrachte May den Tag schluchzend in ihrem Zimmer, während die junge Frau mehr oder weniger niedergeschlagen im Haus herumlungerte. Ihr Stand und gute Manieren verboten es May, sie zur Abreise aufzufordern; May mußte sie unterhalten, doch das neue Jahr begann mit jener Art von Wetter, das selbst einen Heiligen niedergeschlagen und muffig gemacht hätte. Am ersten Sonntag brach endlich die Sonne durch, und die vier Frauen fuhren zu einem Picknick an den Ostseestrand. Henning hatte keinen Sinn für Winterlandschaften und zugefrorene Seen, und die lange Fahrt durch einen Wald, der nicht einmal ihm gehörte, hätte ihn nur gelangweilt. »In seinen Augen ist eine einzige Steckrübe auf seinem Acker bewundernswürdiger als die höchste, rötlichste und geradeste Kiefer, die je ihr schneegekröntes Haupt gegen das Abendlicht erhob«, stellte seine Frau fest, die sich immer noch über seine Unempfänglichkeit gegenüber der großen Schönheit der Umgebung wunderte.

Das gute Wetter hielt an, und sie gingen jeden Tag auf dem Kanalnetz, das zur Bewässerung durchs Land gezogen war, Schlittschuhlaufen. Auf dem schwarz und hart gefrorenen Wasser konnte man kilometerweit dahingleiten. An manchen Stellen waren die Kanalufer so hoch, daß man nur ihre Köpfe auf gleicher Höhe mit den Feldern sehen konnte. Zwei Wochen später reisten Annie und Posy ab: »Gott sei Dank, Maus und ich sind überglücklich.« May und ihre Freundin konnten nun die nächsten Tage ungestört gemeinsam verbringen und waren ohne die schrecklichen Schwestern froh und glücklich. Als Maus abreisen mußte, war May verzweifelt; ihr einziger Trost war die Freundschaft zu einer riesengroßen Dogge namens Caesar und, wie immer, ein Buch. Diesmal handelte es sich um einen kürzlich veröffentlichten Bericht mit dem Titel *The Garden That I Love*, in dem der damalige Poeta Laureatus Alfred Austen beschrieb, wie er ein Landgut in England entdeckte und umgestaltete; Maus hatte ihr das Buch geschenkt.

Alfred Austens Buch hatte weitreichenden Einfluß auf Mays eigenes Werk. Auf den ersten Blick handelt es sich nicht um einen Roman, sondern um das phantasievolle, eigenständige Tagebuch eines Jahres, das die Freuden und Leiden des Versuchs beschreibt, einen idealen Garten zu schaffen. Der Autor, das »Ich« des Buchs, hat einen kleinen Flirt mit einer jungen Frau namens Lamia, die ihn gern neckt und deren Persönlichkeit bemerkenswerte Ähnlichkeiten zu May aufweist. In zärtlichen Momenten nennt Lamia den Autor »Sage«. (*Sage* kann auf Deutsch sowohl *Salbei* als auch *klug, weise* bzw. *Weiser* heißen.) May, die Henning in ihren ersten Büchern als den »Grimmigen« (engl.: rage) bezeichnete, nannte ihn ebenfalls »Sage«, aber nicht etwa, weil er weise gewesen wäre, sondern weil dies mit »rage« assonant war – so erklärt sie es. Gegen Ende von *The Garden That I Love* ruft Alfred Austen aus: »Wenn doch nur immer April, Mai und Juni sein könnte! Man entließe seinen Gärtner und gäbe sich selbst dem freigebigen Überfluß der Natur hin«, womit er bewies, daß er, wie auch May, von Gartenarbeit praktisch keine Ahnung hatte. Aber Ahnungslosigkeit über Gartenbau war um 1890 glücklicherweise kein Hinderungsgrund, ein erfolgreiches Buch darüber zu schreiben. Austen inspirierte Mays Vorstellungskraft auf eine andere Weise als Goethe und Bettina von Arnim, denn bei Austen entdeckte sie eine mögliche Form, die ihrer eigenen Schreibweise entgegenkam. Gleichwohl sollte es noch fünf Monate und mehrere mißglückte Anläufe dauern, bis der Einfluß des Dichters Früchte trug.

In der Zwischenzeit litt May unter dem schrecklichen Wetter

in Pommern. Am Ende eines friedlichen Tags wurde auf einem Spaziergang mit Henning aus einer spielerischen Neckerei plötzlich Ernst. Henning fiel »mit Fäusten und Stößen« über seine Frau her. May vertraute ihrem Tagebuch an, daß sie »sehr betrübt und schockiert« war. Einige Tage später wurden die Zimmermädchen wegen einer plötzlichen Geistererscheinung im oberen Teil des Hauses hysterisch, so daß der Arzt gerufen werden mußte: Sowohl die Gespenster als auch die Mädchen wurden mit üppigen Gaben Rizinusöls ruhiggestellt. May arbeitete an einem Roman mit dem Titel *Amelia's Husbands*, über den sonst nichts bekannt ist. Dann wandte sie ihre Aufmerksamkeit einer Novelle mit dem Titel *The Tea Rose* zu, allerdings ohne große Inspiration oder Energie. Sie war einsam und sehnte sich nach dem amüsanten Zusammensein mit Maus.

Aber sie hatte ihre Bücher. »Was ist es doch für ein Segen, Bücher zu lieben«, schrieb sie in ihrem Roman *Einsamer Sommer*. »Jeder liebt irgendwas, und ich kenne keine anderen Liebesobjekte, von denen man so wesentliche und unfehlbare Geschenke zurückbekommt, wie von Büchern und von einem Garten. Wie einfach wäre es, ohne dies in die Welt getreten zu sein und statt dessen von einer zehrenden Leidenschaft für, sagen wir, Hüte ergriffen zu werden.« Während dieser düsteren Tage schloß sie die besten und dauerhaftesten Freundschaften mit den Unsterblichen. Das Schönste am Pantheon ihrer neuen Freunde bestand darin, daß sie wählen konnte, mit wem sie gemäß ihrer Stimmung kommunizieren wollte, ohne damit die anderen zu verletzen, was die Ursache ihrer Probleme mit den Kelly-Schwestern war. »Wenn die Lampen angezündet sind, sitze ich in der Bibliothek, lese und lache über meinen Boswell, in Kissen vergraben und umgeben von allen Merkmalen der Zivilisation. Die geschlossenen Vorhänge sperren den Garten aus und mit ihm die ländliche Einsamkeit, gleich ungeliebt vom Weisen wie vom Schüler.« Nachmittags schlenderte sie mit Goethe durch den Garten, obwohl May der Ansicht war, daß er nur vorgegeben hätte, Blumen und Gärten zu lieben, weil das einem poetischen Leben entsprochen habe. Abends las sie Walt Whitman, »und ich höre zu, was dieser einsame, große Geist mir über Nacht,

Schlaf, Tod und Sterne zu erzählen hat«. Keats nahm sie mit in den Wald und Spenser an die Ostsee.

Ihre aufregendste Entdeckung war Thoreau, den ihr Vater ihr geschickt hatte. Es war unvermeidlich, daß sie diesen freien Geist las, wenn sie am Teich saß: »Er ist lieber im Freien und weigert sich, einem Freude zu machen, falls man versucht, sich ihm zwischen schwellenden, muffigen Polstern zu nähern.« Von allen Philosophen, die May bis dahin kennengelernt hatte, fühlte sie sich nur Thoreau gegenüber unterlegen. Daraus schloß sie, daß ihre Philosophie noch nicht das überlegende Stadium erreicht habe, »den wahren Charakter einer Fußmatte als Behinderung für die Entfaltung der Seele zu erkennen, und ich trete mir nun mal gern die Füße ab«. Ihrem Vater schrieb sie: »Ich habe nichts gegen die große Anzahl von Murmeltieren, aber ich finde, es kommen zu viele Teiche darin vor – zwei Drittel handelt nur von Teichen ... Ich glaube, alle müssen herrlich klar gewesen sein, denn er ging fast unbekleidet hinein; für Schmutz gab es also keinen Platz ... Er muß ein echter und perfekter Pa-Mann gewesen sein.« Mays Trübsinn, das Gefühl, isoliert zu sein, hob sich wie stets mit dem Wetter. Ende April war es warm genug, ihr Notizbuch mit ins Freie zu nehmen und dort weiterzuarbeiten. Am 7. Mai meldet ihr Tagebuch: »Begann zwischen Regentropfen und Eulen *In a German Garden* zu schreiben.« Das Buch selbst beginnt so: »7. Mai – Ich liebe meinen Garten. Hier schreibe ich gerade in der Lieblichkeit eines Spätnachmittags, immer wieder unterbrochen von den Mücken und der Versuchung, all die Pracht des jungen Grüns zu bestaunen, auf das vor einer halben Stunde ein kühler Regenschauer niedergegangen ist.«

In jenem Sommer war es schwierig für sie zu schreiben, weil viele Gäste aufs Schloß kamen, und die unterdrückten Spannungen zwischen May und Henning kamen langsam an die Oberfläche. All das erschwerte die schöpferische Konzentration, und May war auch nicht gerade gut gelaunt, als sie feststellte, daß sie dick wurde. Ihr Rezept bestand darin, sich ihr Fahrrad zu greifen und täglich anderthalb Stunden energisch durch den Garten zu strampeln. Danach war ihre Stimmung besänftigt, aber nicht freundlich. Auch die Kinder zeigten Anzeichen von Pummeligkeit und wurden zunehmend quengeliger; ihre Mutter befahl, daß sie täglich fünf Kilometer laufen mußten. Die Strecke führte durch ein schönes Waldstück, an einem Kühlhaus vorbei und durch den Park zum Schloß zurück. Die Strecke mußte zehnmal absolviert werden und wurde deshalb »Die Zehnerrunde« genannt. Vor allem Trix nahm in besorgniserregendem Maße zu und mußte oft, wenn die Familie zum Picknick in den Wald fuhr, hinter der Kutsche herlaufen. Mit rotem Gesicht, außer Atem und unter Tränen, wurde sie erst wieder mitgenommen, wenn das Mitleidsgeschrei zum Crescendo anschwoll. Ihr zweites Allheilmittel gegen schlechte Laune und jede Art von Krankheit war Rizinusöl oder, wie Carlyle es genannt hatte, »das Sorgenöl«. Den Kindern wurde es beim ersten Anzeichen von Unwohlsein oder Schnupfen in Bier, Kaffee und Milch verabreicht.

Im Juli kam es zwischen May und Henning zu offenem Streit, »da er noch ein Baby wollte, was ich gar nicht einsah«. Nach vier Tagen des Kampfes fuhr Henning nach Berlin – »Große Erleichterung, ein Segen«, vermerkt Mays Tagebuch. Als er zurückkam, verschärfte sich die Situation immer mehr, und Mitte September schrieb May ihrer Schwester einen Brief, in dem sie um Zuflucht bei ihr bat. Noch einmal war sie drauf und dran, die Flucht zu ergreifen. Charlotte kabelte zurück, May solle zu ihr kommen, aber nach wenigen Tagen erschien Henry Beauchamp auf Nassenheide. Mit seiner Hilfe wurde vorerst ein Waffenstillstand erreicht, und Henning reiste nach Criewen ab, einem Gut der Arnims, auf dem sein Vetter Bernd lebte. Im Oktober reiste er auf ungewisse Dauer nach Berlin weiter.

Als ihr Vater May wieder mit ihren Gedanken alleinließ, hatte sie Zeit, sich erneut dem Schreiben zuzuwenden; sie ließ *In a German Garden* liegen und griff erneut *The Tea Rose* auf; die Novelle wurde vollendet und ist auch erhalten. Es ist eine schwülstige Geschichte, die sich um Besessenheit und Wut dreht und mit der völligen Zerstörung eines sehr geschätzten Rosengartens endet. Anfang November las sie das vollendete Manuskipt und fand es sehr unreif. Sie schloß es weg und begann damit, abzuschreiben, was sie von *In a German Garden* bereits zu Papier gebracht hatte; es kam ihr sehr viel besser vor. Sie arbeitete hart an diesem neuen Text; unterbrochen wurde sie dabei nur durch Weihnachten, als Henning zurückkam und mit ihm das chronische Köchinnen-Problem. Im Hinblick auf seine Lebensmittelvorräte konnte Henning »schnell dramatisch« werden, wie E. M. Forster später schrieb, und wenn er in irgendeinem anderen Lebensbereich unzufrieden war, hielten Köchinnen es nicht lange aus, da er seine Gefühle bei Tisch auslebte.

Anfang 1898 stellte May eine Maschinenfassung des vollendeten Manuskripts her, aus dem *Elizabeth und ihr Garten* geworden war. Wann und warum May beschloß, die Heldin des Buchs »Elizabeth« zu nennen, ist nicht überliefert; es war allerdings der Name ihrer Mutter und der ihres zweiten Kindes. Sehr wahrscheinlich gab aber der starke Einfluß Bettina (eigentlich Anna Elisabeth) von Arnims den Ausschlag.

Anfang Februar, als sie mit dem Buch fast fertig war, zeigte sie Henning einige Abschnitte, und er sagte: »Die müssen raus.« Ihr Tagebuch vermerkt keinen Streit über diesen groben Zensurakt, aber Henning setzte sich offensichtlich durch. Zweifellos erkannte er sofort, daß der Text in hohem Maße publikationsreif war, und seine Irritation, eine Schriftstellerin zur Frau zu haben, drückte sich in Kritik aus. Vor Wut, daß sie den Text umschreiben mußte, konnte May die ganze Nacht nicht schlafen, und am nächsten Tag fühlte sie sich deshalb »stark irritiert und verzweifelt«. Als sie schließlich eine Fassung erstellt hatte, die Henning durchgehen ließ, tippte sie diese noch einmal ab, brachte das Manuskript persönlich nach Grambow und schickte es »andächtig« an Macmillan in London.

Wink der Unsterblichkeit

Nassenheide im Sommer
mit den April-, Mai- und Juni-Kindern

May konnte nichts anderes tun, als die Reaktion des Verlegers abzuwarten; sie fiel in eine tiefe Depression, die durch das gleichbleibend schlechte Wetter verstärkt wurde – wenn die Sonne schien, konnte sie einfach nicht schlecht gelaunt sein, egal, welchen Wendungen des Schicksals sie auch gerade ausgesetzt war. In ihrem Tagebuch erscheinen Sätze wie »frage mich, warum ich überhaupt geboren wurde«, »fürchterlich niedergeschlagen« und »vergebliches Bemühen, sensibel zu sein« bis zum 30. März, an dem »bewölkt, windig und warm. Bekam Antwort bzgl. G.G., wurde angenommen« der einzige Eintrag des Tages war. Neununddreißig Jahre später schrieb Elizabeth – wie May von nun an genannt werden wird –, als sie ihre Tagebücher wieder las, in den freigebliebenen Platz: »Ich stelle fest, daß ich diese für mich großartige Nachricht nicht kommentierte, aber ich erinnere mich lebhaft an die himmlische Fröhlichkeit, mit der ich an jenem Tag beim Mittagessen mit der Familie mein Geheimnis umarmt hielt. Ich glaube, es war vielleicht der reinste, glücklichste Augenblick meines Lebens – und ich sage nichts dazu. Oh, du kleine Nörglerin, sagst immer, daß du einsam und niedergeschlagen bist und kein Wort über dieses glückliche Ereignis.«

Im April korrigierte Elizabeth die Druckfahnen. Obwohl es in dem Monat einen Rekord an grauen, kalten Tagen gab – »tatsächlich blieb der Trübsinn fast ununterbrochen« –, bedrückte sie das Wetter diesmal überhaupt nicht. Sie genoß die Arbeit, das Buch zuerst in den Druckfahnen umzuformen, die sie fünfmal an den Setzer zurücksandte, und dann noch einmal im Umbruch. Daß sie dem Verlag diese enorme Korrekturmenge nicht bezahlen mußte, macht klar, daß Macmillan, genau wie Henning, sie als potentielle Erfolgsautorin sahen. In der Annahme, daß man nach der Veröffentlichung vielfach belohnt werden würde, ließ der Verlag der Autorin ihre Unentschlossenheit durchgehen. Diese endlosen Korrekturdurchgänge liebte Elizabeth an ihrer Arbeit am meisten, und in späteren Jahren mußten ihre Sekretärinnen ihr die Manuskripte geradezu entreißen und abschicken, damit sie die Verleger überhaupt erreichten – jedenfalls dachten die Verleger so.

Am ersten schönen Maitag ging Elizabeth in den Garten, deklamierte dem Löwenzahn Keats' *Ode to Immortality* und »war glücklich«. Etwa eine Woche später las sie das Buch eines Professor Nettleship mit dem Titel *A Treasury of Human Inheritance*. Darin stieß sie auf eine Bemerkung, die ihr gefiel, weil sie zu Schlüssen führte, zu denen sie in jenen Tagen selber kam: »Interesse in seiner höchsten Potenz ist Liebe, und wenn wir uns für alle Dinge interessieren könnten, dürften wir auf dem richtigen Weg sein, alle Dinge zu lieben, das heißt, in allen Dingen zu sein oder uns alle Dinge zu eigen zu machen; das ist göttlich.« In ihrem Tagebuch bemerkte Elizabeth dazu: »Ich empfinde mehr und mehr, daß es im Prinzip absolut keinen Unterschied zwischen dem sogenannten Physikalischen und dem sogenannten Spirituellen gibt; und wenn man ein Dreieck verstehen kann, kann man sich selbst verstehen. Wenn wir über irgend etwas alles wüßten, dann dürften wir alles wissen.«

Später im gleichen Monat machten sie und Maus Urlaub auf Rügen, der nahe gelegenen Ferieninsel in der Ostsee. Bei ihrer Rückkehr hatte Henning ihren Schreibtisch mit Blumen aus dem Garten geschmückt, besonders mit Rosen. Es war »wie eine Rosenausstellung«, und sie war erleichtert, zeigten die Blumen doch eine Veränderung von Hennings Haltung gegenüber ihrem Schreiben an, dem er sich früher widersetzt hatte. Bald begann sie mit einer Fortsetzung des ersten Buches unter dem Titel *Einsamer Sommer*, obwohl Henning wenig Hoffnung hegte, daß sie während der gesamten Saison von Gästen verschont bleiben würden.

Elizabeth faßte auch den Entschluß, den Garten gründlich umzugestalten, war er doch keineswegs in dem Zustand, den sie in ihrem Buch so liebevoll geschildert hatte: Ihre Einbildungskraft war fruchtbarer gewesen als ihre Blumenbeete. Henning beschwerte sich, daß es zu wenig Blumen gebe, kein Obst und daß das Gemüse ungenießbar sei. Der Gärtner war mit dem Spaten in einer und einem Revolver in der anderen Hand herumgelaufen und hatte Flüche vor sich hingemurmelt, so daß sie sich schließlich gezwungen sahen, ihn in die örtliche Heil- und Pflegeanstalt einzuweisen. Es war schon der dritte Gärtner, der verrückt geworden war, und einer von Hennings Witzen lief darauf hinaus, daß alle Gärtner seiner Frau in den Wahnsinn getrieben würden. Es stimmt tatsächlich, daß sie in einem vergeblichen Versuch, die Gärtner auf den neuesten Wissensstand zu bringen, ihnen während der Arbeit Gartenbücher vorlas, aber sie wehrte sich dagegen, für ihren Wahnsinn verantwortlich zu sein; sie wählte einfach jenen Menschenschlag aus, der in dieser Richtung gefährdet war, Männer mit geringen Erwartungen, die, wie sie dachte, glauben würden, sie selbst verstehe von Gartenbau genausoviel wie sie. Nacheinander hatte sie drei Gärtner gehabt und während dieser Zeit gelernt, was sie bereits beim ersten hätte begreifen müssen: »Je weniger einer weiß, um so mehr beharrt er auf seiner Meinung, und gegen Dummheit ist noch kein Kraut gewachsen.«

Ganz anders als in ihren Träumen hatte sie während der ersten beiden Jahre in Nassenheide im Garten nur sehr wenig zustande gebracht. Elizabeth war verzweifelt. Sie hielt sich für eine Person mit normaler Intelligenz, und wenn eine solche Person ihre gesamte Zeit einem Gegenstand widmete, mußte man doch annehmen, daß sich Erfolg einstellte. Doch nach Ablauf der beiden Jahre ging sie manchmal in den Garten und weinte. Die Art und Weise, in der das Unkraut gedieh, überzeugte sie schließlich davon, einen erfahrenen Gärtner einzustellen und ihn sinnvoll zu unterstützen; obwohl sie nämlich einen Garten liebte, der frei von allgegenwärtigen Gärtnern war, haßte sie Brennesseln jedoch noch mehr.

Ihrem Mann gegenüber klagte sie: »Fast alle Zwiebeln und Samen und Pflanzen, für die ich mein Geld und meine Hoffnung verschwendet habe, sind als Brennesseln herausgekommen, und die mag ich nun mal nicht. Ich hatte diesmal einen schlimmen Sommer und will nie mehr einen unfähigen Gärtner hier sehen.« Sie gaben eine Anzeige auf und führten bald darauf Gespräche mit »Mengen« von Bewerbern. Es gingen so viele Bewerbungen ein, daß es den Anschein hatte, als bestehe die halbe Bevölkerung aus stellungslosen Gärtnern. Schließlich entschied Elizabeth sich für einen Mann namens Leinau, einen erfahrenen Arbeiter, der dann auch jahrelang bei ihr bleiben sollte. Er hörte sehr schlecht, und wenn manche Ideen seiner Arbeitgeberin ihm allzu verrückt vorkamen, verschlechterte sich sein Gehör rapide. Er machte einen äußerst klugen Eindruck, bewegte sich geschmeidig und hatte sich weniger an dem bestehenden Chaos interessiert gezeigt als vielmehr an Vorschlägen, wie das Gelände langfristig zu gestalten wäre. Elizabeth entdeckte in ihm jene Bescheidenheit und Wißbegierde, die, wie sie glaubte, nur bei Menschen anzutreffen war, die bereits mehr als ihre Nachbarn gelernt hatten. Er stimmte ihren Plänen enthusiastisch zu und unterbreitete eigene Vorstellungen; gemeinsam veränderten sie die Anlage der Beete und brachten Naturdünger und Kompost aus, wenn die entsprechende Jahreszeit kam.

Ein weiteres Augenmerk der Gräfin richtete sich auf die Dorfbewohner, jene Bauern, die auf dem Gut arbeiteten und deren Wohlergehen in ihrer Verantwortung lag. Sie bemerkte schnell, daß Aberglaube und Unwissenheit schier unüberwindliche Hindernisse darstellten, wenn man sie von besseren Lebensbedingungen überzeugen wollte. Eine Frau, deren Kind sterbenskrank war, weil es sein ganzes, kurzes Leben lang von Stalluft umgeben war, weigerte sich, den Anweisungen der Ärzte Folge zu leisten, das Kind in regelmäßigen Abständen zu waschen, an die frische Luft zu lassen und zu füttern. Elizabeth versuchte sie zu überzeugen: »Was würde wohl aus meinen Kindern werden, wenn ich sie sechs Monate lang Tag und Nacht in einem stickigen Zimmer hielte. Ihr seht ja, sie sind den ganzen Tag draußen, und es geht ihnen gut.« »Die sind so stark«, sagte die Bauersfrau mit einem trübseligen Seufzer, »die können das aushalten.« Der erste Ausflug des Kindes führte es zwei Monate später zum Friedhof. Elizabeth schloß daraus: »Könnte man nur an die Kinder herankommen«, seufzte ich, als ich die Stufen zum Schulhaus hinaufstieg, »sie einfangen, solange sie noch jung sind, und sie in einen Garten bringen, wo es keine älteren Leute ihres Stands gibt, deren Vorbild ihnen immer nur das Häßliche, Grobe und Wertlose zeigt.« Demgegenüber waren ihre eigenen Kinder in einem Garten aufgewachsen, von der Welt abgeschirmt, getrennt von ihrem Vater, der sie häufig mit »Esel« oder »Dummkopf« titulierte. Die Begegnung mit der wirklichen Welt in ihrer Brutalität und Vulgarität wurde später für alle zu einem bösen Erwachen.

Elizabeths Erklärungen für schlechte Laune und Euphorie waren immer meteorologisch, so daß sie auch ihr Interesse an Wohltätigkeit dem Wetter zuschrieb, das in jenem Sommer überdurchschnittlich schlecht war. Philanthropische Anwandlungen ergriffen sie zeitweilig bei schlechtem Wetter »wie ein Schnupfen«. An warmen Tagen schmolz ihre Mildtätigkeit dahin, nahm aber sogleich wieder zu, sobald das Thermometer fiel.

Am 20. September 1898 erschien *Elizabeth und ihr Garten* in England und wurde sofort zum Bestseller. Es handelt sich eigentlich nicht um einen Roman in jenem Sinn, wie diese literarische Form damals praktiziert wurde; es gibt keine Handlung, keinen Plot, und es geschieht überhaupt nichts Besonderes. Es ist die Lebensbeschreibung der Autorin, geschrieben in einem lockeren, assoziativen Stil, der an einen langen, unterhaltsamen Brief erinnert, der an die ganze Familie gerichtet ist. Sie beschreibt die Entdeckung des Hauses und ihre Freuden und Leiden im Garten mit Charme und Frische, die bis heute nichts davon verloren haben. Zu Weihnachten kommen zwei Frauen zu Besuch, und es ist verlockend, sie als Porträts der schrecklichen Kelly-Schwestern zu verstehen (die es selbst jedenfalls so verstanden), aber bei genauerem Hinsehen entpuppen sie sich als zwei Facetten von Elizabeths eigener komplizierter Persönlichkeit. Irais ist eine hintergründige, geistreiche Frau mit verschwenderischem Lebensstil und ironischem Weltbild. Minora ist die ernste englische Schriftstellerein, deren Entschlossenheit, literarischen Stoff zu finden und zu notieren, um daraus ein Buch zu machen, sie zur Zielscheibe von Irais' beißendem Humor werden läßt. Fast unmerklich präsentiert Elizabeth ihr persönliches Credo, wenn sie schreibt: »Wenn das Schicksal dich zum Weinen bringt und elend macht, schüttel es ab und ergreif ein anderes; geh deinen Weg, kümmere dich nicht um die Aufschreie deiner Verwandten, ihren Spott oder ihr Flehen, laß nicht diese Minigesellschaft dir Kommen und Gehen vorschreiben, hab doch keine Angst vor der öffentlichen Meinung, wie sie dein nächster Nachbar verkörpert, wenn die ganze Welt vor dir liegt: neu und strahlend und alles möglich ist, so du nur tatkräftig und unabhängig bist und die Gelegenheit beim Schopfe packst.«

Bis zum Jahresende erlebte das Buch elf Auflagen, bis zum Mai des folgenden Jahres gab es bereits einundzwanzig Auflagen, und noch 1914 wurde es mehrmals im Jahr nachgedruckt. Die meisten Kritiker begrüßten die Entdeckung des neuen, frischen Talents, obwohl viele Leser die Leichtigkeit des Buchs mit Leichtgewichtigkeit verwechselten. Elizabeths respektloser, heller und witziger Stil stand in erfreulichem Gegensatz zu den tief- und trübsinnigen Werken, die, beeinflußt von Darwins pessimistischen Untersuchungen, den Markt beherrschten, aber auch zu den Schauerromanen Marie Corellis, der dekadenten Richtung Oscar Wildes und der Science Fiction H. G. Wells'. Es gab sogleich Zuspruch aus der wachsenden Zunft der Gärtner, die, im Gefolge Alfred Austens, die Gartenbesitzer mit dem Ansinnen schockierten, sich selbst die Finger mit Erde schmutzig zu machen. Gertrude Jekyll bekam Anregungen für ihr erstes Buch, *Wood and Garden*, das im folgenden Jahr erschien. In ihrer Abneigung gegen das strenge Regiment der Blumen und Blumenbeete und dem Lob der Schönheit von Heckenrosen, Wildblumen und natürlicher Landschaftsgärtnerei war sie der gleichen Ansicht wie Elizabeth.

Merkwürdigerweise überschnitt sich die Veröffentlichung mit dem ersten gedruckten Text Katherine Mansfields, die damals noch Kathleen Beauchamp hieß. Elizabeths neunjährige Cousine hatte nämlich für ihre Schülerzeitung eine Geschichte mit dem Titel *Enna Blake* geschrieben. Katherines Eltern hatten England besucht und einige Zeit mit Henry, der in der Familie jetzt liebevoll »Deepa« genannt wurde, und Louey verbracht. Sie nahmen ein Exemplar von *Elizabeth und ihr Garten* mit nach Neuseeland, wo Katherine es mehrfach las. Danach beantwortete sie die Frage, was sie einmal werden wolle, wenn sie groß sei, prompt mit: »Eine Schriftstellerin.«

Das Buch erschien anonym, nicht einmal unter einem Pseudonym, und zumindest für eine kurze Zeit richtete sich das Interesse der Leser nicht auf Elizabeth. Nur ihre engsten Vertrauten wußten, daß es ihr Buch war, das wie ein kleiner Komet am literarischen Himmel Londons aufging, und man behielt das Geheimnis für sich. Die Anonymität hatte ihr Mann ihr abverlangt, da es in der preußischen Junkerklasse als unschicklich galt, wenn Frauen Bücher schrieben und dafür Geld erhielten. Man hätte sich von der Kraftlosigkeit eingeholt gesehen, die man als kriegerische Nation so viele Jahre lang zu unterdrücken versucht hatte. Für eine Frau von Elizabeths englischem Stand und Geschmack war es gleichwohl nicht unschicklich, ein Buch zu schreiben. Sie hatte die Bedingungen ihres Mannes klug ausmanövriert; wenn sie nämlich das Buch unter Pseudonym publiziert hätte, wäre das literarische London davon ausgegangen, daß die Autorin unerkannt zu bleiben wünschte. Der Verzicht auf ein Pseudonym sorgte um so sicherer dafür, daß die literarische Welt alle Hebel in Bewegung setzte, um herauszufinden, wer sie war. Elizabeth liebte die Anonymität nur bis zu einem gewissen Grad. Auf ihren Reisen und Wanderungen zog sie gern die einfache Kleidung einer Gouvernante oder einen staubigen Wandermantel an und übernachtete lieber in einfachen Unterkünften, als sich als Gräfin zu erkennen zu geben und dann die Unterwürfigkeit ertragen zu müssen, mit der die Deutschen ihre Hochwohlgeborenen behandelten. Sie hatte Spaß an der unschuldigen Täuschung, doch ihr wirklicher Stand gefiel ihr auch, und ermüdende Probleme löste sie mit einem Schnörkel ihrer Unterschrift.

Nach einer vorsichtigen Schätzung verdiente Elizabeth im ersten Jahr über 10.000 Pfund an dem Buch – in heutiger Währung mehr als eine halbe Million Pfund. Sie war nun in jeder Hinsicht sehr wohlhabend. Nach der zeitgenössischen Rechtslage gehörte alles Geld Henning. Wenn Elizabeth darüber verfügen wollte, hätte sie einen Ehevertrag mit Gütertrennung anstreben müssen. Das tat sie nicht. Das Tagebuch berichtet von schwerem Krach »höchst abstoßender Art« mit Henning, bei dem es sowohl um Geld als auch um das wiederkehrende Problem des ungeborenen Erben ging. Tagelang sprachen sie nicht miteinander. Einige Monate vor ihrem Tod dachte Elizabeth noch einmal intensiv an jene frühen Tage des endlosen Kampfs mit Henning. Sie erinnerte sich: »... es war sehr heiß in Nassenheide, und aus irgendeinem, zweifellos guten Grund, hatte ich Streit mit H. Ich saß im Morgenrock im kleinen rosa Zimmer, wo ich mich eingeschlossen hatte ... als H. einzutreten versuchte. Ich arbeitete an *Einsamer Sommer*. Als er feststellte, daß die Tür abgeschlossen und ich stumm wie ein Fisch war, ging er ins Nebenzimmer, in dem es eine Verbindungstür gab, polterte dagegen und stieß sie auf. Ich saß am Schreibtisch gegenüber der Tür. Er griff sich einen jener großen Bleistifte, die man Bismarck-Stift nennt, und schleuderte ihn nach mir. Er verfehlte mich. Ich saß da, vor Wut wie festgefroren, bewegte mich nicht, sagte nichts und kritzelte das Datum, um es niemals zu vergessen, in Nutalls Pflanzenlexikon, das aufgeschlagen vor mir lag. Als er elf Jahre später starb, schnitt ich diese rachsüchtige Inschrift aus. Alles sehr komisch.«

Ihr neuerdings verschwenderischer Lebensstil erregte die Aufmerksamkeit von Hennings Gläubigern, und Mahnungen gingen ein. Zu den Gläubigern zählten auch Familienmitglieder. Elizabeth merkte, daß es um des Friedens willen gut sei, die Schulden zu begleichen, und im übrigen blieb ihr kaum eine andere Wahl. Mit der Begleichung von Hennings Schulden, die mindestens der Summe entsprachen, die sie im ersten Jahr verdient hatte, war man nun frei, das Vermögen zu genießen. Man stellte Lakaien und Kutscher ein. Alle Bediensteten trugen das Rot und Schwarz der Arnims, weiße Handschuhe und viele Knöpfe. Die ganze Familie hatte exquisite Garderobe, die in London angefertigt wurde, und viele Jahre lang wurde Elizabeth nicht mehr als ein Mal im gleichen, fabelhaften Abendkleid gesehen; jedenfalls kam es den Kindern so vor. Elizabeth stellte schnell fest, daß sie durch die Begleichung der Schulden Macht in der Familie gekauft hatte, und mit dieser Macht feilschte sie um mehr Bewegungsfreiheit für sich selbst, aber auch um die völlige Kontrolle über die Erziehung der Kinder, von der sie eindeutige Vorstellungen hatte.

Inzwischen wurde aus dem vereinzelten Munkeln um die Identität der Autorin eine offen geführte Diskussion, da sich ihr Buch weiterhin besser verkaufte als jedes andere. Zeitungen und Zeitschriften veröffentlichten während des ersten Jahres Artikel voller Spekulationen. Die *Daily Mail* brachte eine ganzseitige Untersuchung, die das Für und Wider von drei möglichen Kandidatinnen abwog, von denen eine Elizabeth war. Bei den beiden anderen handelte es sich um Queen Victorias Enkelin, Prinzessin Irene von Preußen, und um Daisy, die Prinzessin Pless. Eine kurze Zeitlang war Elizabeth die berühmteste Frau der englischsprachigen Welt.

Im Sommer 1898 wurde Elizabeths Arbeit durch Streitigkeiten mit Henning über weiteren Nachwuchs beständig unterbrochen. Diesmal war ihr Mann nicht mehr bereit, ihre Weigerung zu tolerieren. Ein Streit gegen Ende September dauerte über vier Tage. Schließlich zog Elizabeth es vor, zu fliehen, statt Hennings Forderungen nachzugeben, und fand Unterschlupf im Haus ihrer Schwester in Fernhurst, Sussex. Dort klagten sie sich gegenseitig ihr Leid mit den Männern; Charlottes Mann hatte sich kürzlich, während sie schlief, in ihr Zimmer geschlichen und ihr die schönen, rotgoldenen Haare abgeschnitten, und sie hatte nun den Verdacht, daß er nicht bloß exzentrisch, sondern möglicherweise auch geistig ein wenig derangiert sei. Die Probleme ihrer Schwester verblaßten freilich im Vergleich mit ihren eigenen. Die Beauchamps erfuhren bald den Grund, warum Elizabeth es vorzog, sich nicht im gleichen Land wie ihr Mann aufzuhalten, und Abordnungen der Familie erschienen in Fernhurst, um sie davon zu überzeugen, daß es ihre Pflicht sei, wenn auch nicht ihr Vergnügen, das Fortleben eines derart erlauchten Geschlechts durch die Geburt eines Sohnes zu gewährleisten. »Verwandte sind wie Medizin«, schrieb sie, »manchmal nützlich und sogar angenehm, wenn man sie selten und in kleinen Dosen zu sich nimmt, aber im ganzen sind sie fürchterlich vernichtend, und der wahrhaft Weise hält sich von ihnen fern.« Schließlich fuhren die beiden Schwestern nach Deutschland; nach ein paar

Tagen kehrte Charlotte zufrieden nach England zurück, weil ihre eigensinnige Schwester endlich nachgegeben hatte. Ende November wußte Elizabeth, daß sie wieder schwanger war.

Die Begründung, die Elizabeth ihrem Publikum für diese beklagenswerte Situation liefert, ist bezeichnenderweise realitätsfern – in den frühen Werken macht sie ihre eigene Dummheit für die Grobheiten ihres Mannes verantwortlich. Sie erklärt ihre Widerstandslosigkeit aus dem Schock, den der plötzliche und gewaltsame Tod ihrer Dogge Caesar in ihr ausgelöst habe. Henning tröstete sie in ihrer Trauer, und, wie sie in ihren Memoiren anmerkte, »wie es so geht, kam eins zum anderen, und ehe ich mich's versah, fand ich mich wieder den Beschwerden einer werdenden Mutter ausgesetzt«. Ein merkwürdiger Trost, dachte sie, während sie »sich nach Kräften bemühte, die Leiden zu ertragen und jener dunklen Vorahnungen und Neigungen, mein Testament zu machen, Herr zu werden, die mich in diesem Zustand immer heimsuchten – eine sonderbare Art zu trösten«. Gleichwohl sorgte der Zustand zweifellos dafür, daß sie den Hund für eine Weile vergaß.

In Elizabeths Tagebuch gibt es keinen einzigen Hinweis, daß in jenem Jahr etwas für sie Denkwürdiges geschehen wäre. Im Gegenteil, der Ton der Einträge und ihrer Briefe ist der gleiche wie vor Erscheinen des Buches. Zweifellos befolgte sie selbst den Ratschlag, den sie ihren Töchtern gab, nämlich sich nie über irgend etwas aufzuregen. Ende Dezember 1898 faßte sie das Jahr lakonisch zusammen: »Bis zuletzt war dies ein Jahr des schlechten Wetters. Das wichtigste Ereignis war, was mich betrifft, das Erscheinen von *Elizabeth* mit schönem Erfolg – ein besseres Geschäft, als es verdient. Alle gesund.«

Trotz ihres Zustands gelang es ihr, im Januar des folgenden Jahres *Einsamer Sommer* abzuschließen. Sie hält das Ereignis im Tagebuch fest: »Las es noch einmal durch – gemischte Gefühle – vornehmlich Ekel. Unaussprechliche Nichtigkeit. Bin, trotz allem, eine arme Närrin.« Ihre, wie auch die allgemeine Aufmerksamkeit, wandte sich dem Burenkrieg zu. Deutschland sympathisierte mit den Buren, und der Dorfpastor fing damit an, Elizabeth von der Kanzel aus persönlich über das Böse am

Krieg zu belehren, so daß sie sich gezwungen sah, ihr Lorgnon hochzunehmen und seinem Blick standzuhalten.

Elizabeth hatte viel Freude an der Gesellschaft ihrer Nichte Margery. Charlottes schöne Tochter besuchte das Schloß, um Deutsch zu lernen, aber auch, um ihrer Tante während der Schwangerschaft beizustehen. Elizabeth hatte darauf bestanden, daß das Kind in England zur Welt kommen sollte, und Margery oder Drish, wie sie genannt wurde, sollte sie begleiten, wenn der Geburtstermin käme. Die Arnims genossen die Anwesenheit eines so hübschen und wohlerzogenen Mädchens; man brachte ihr das Schießen bei und stellte ihr ein Pferd und einen deutschen Hauslehrer zur Verfügung. Natürlich war Elizabeth höchst erstaunt, als Charlotte Mitte April ein Telegramm schickte und darauf bestand, daß ihre Tochter unverzüglich nach Haus zurückkehren sollte. Die Begründung, die später dafür geliefert wurde, bestand darin, daß sie ihren Bruder Johnnie begrüßen sollte, der von einer Seereise zurückkehrte, aber Elizabeth glaubte das nicht, sondern vermutete, daß das Mädchen bei ihnen nicht glücklich gewesen sei und ihre Mutter gebeten habe, sie zu erlösen. Das Tagebuch meldet, daß sie »so überrascht und verwirrt war, daß sie heimlich weinte«. Innerhalb der Familie war Charlotte dafür berüchtigt, ständig ihre Meinung zu ändern und in ihre Kinder völlig vernarrt zu sein. Hennings trockener Kommentar lautete: »Wenn du ein Feuerwerkskörper wärst, würde Charlotte dich abfeuern, um ihren Kindern eine Freude zu machen.«

Im nächsten Monat lag *Einsamer Sommer* in den Buchhandlungen. Elizabeth hatte ihrem Vater ein Vorausexemplar geschickt, zusammen mit einem Brief, in dem sie ihn beinah anflehte, das Buch zu mögen: »Was Du über *Elizabeth* denkst und sagst, ist mir wichtiger als jede andere Kritik, und wenn das neue Buch Dir Freude bereitet, dann haben sich alle Qualen gelohnt, die ich während des Schreibens ausgestanden habe – denn es ist, glaube ich, ein dürftiger Stoff, aber ich hoffe, daß ich mich irre.« Im Antwortbrief gingen Kritik und Lob Hand in Hand. Elizabeth war bestürzt und schrieb im Tagebuch: »Brief von Papa, dem ich entnehme, daß ihm das Buch gleichgültig ist –

habe tagelang geweint, weil ich mir so sicher war, daß es gerade Papa gefallen würde.« Hätte sie gewußt, was ihr Vater am Tag, als das Buch erschien, in seinem Tagebuch notierte, wäre sie wohl weniger niedergeschlagen gewesen: »... (Es) sollte dazu beitragen, unsere Augen für die Schönheiten zu öffnen, die Gott so reichlich für alle ausgeschüttet hat.« Sie antwortete ihm: »Denk bitte nicht, daß ich so albern bin, eine so liebevolle und aufmerksame Kritik wie Deine nicht zu beherzigen ...« Der einzige mildernde Umstand angesichts dieser großzügig ausgeteilten väterlichen Grausamkeit besteht darin, daß Henry selbst den Wunsch hatte, als Literat erinnert zu werden, und zweifellos verfluchte er sein Geschick, als er sich zwischen einem Vater, der ein regional bekannter Dichter war, und einer Tochter wiederfand, die man in einigen Rezensionen irrtümlicherweise für den Poeta Laureatus persönlich gehalten hatte. Henry war kein Mann, der gern auf dem Rücksitz saß.

Charlotte kam mit Margery und Johnnie nach Deutschland, um Elizabeth Anfang Juli nach England zu begleiten, wo sie sich im Haus ihrer Eltern in der Addison Road auf die Geburt vorbereitete. Henry notierte in seinem Tagebuch: »Liebling May ist bei uns, enorm birnenförmig – erstickt fast am Weihrauch, den ihr neues Buch entzündet hat – na ja, in der nächsten Welt wird man sie nicht für etwas verbrennen, was sie in dieser veröffentlicht hat. Dürfte eher dafür ausgezeichnet werden, die Blinden sehend gemacht und in der Natur das Wesen Gottes erkannt zu haben.«

Kurz darauf traf »strahlend und vergnügt« Henning ein; er wollte eine Landwirtschaftsausstellung in Maidstone besuchen, um englische Schweine zu kaufen, mit denen er seinen eigenen Bestand verbessern wollte. Englische Schweine und englische Ehefrauen genossen als Zuchtmaterial hohes Ansehen in Preußen. Eine Woche später reiste er mit einer ganzen Schweineherde wieder ab; Elizabeth zog in ein Haus an der Sheffield Terrace in Campden Hill um. Sogar für diejenigen, die keine Kinder erwarteten, war das Wetter unerträglich heiß, und sie kam vor Hitze beinahe um, bis sie am 29. Juli Tochter Nummer vier zur Welt brachte, Felicitas Joyce. Henning erschien nicht vor Ablauf eines Monats, und als er eintraf, wurde er unter Tränen begrüßt – die Töchter Nummer fünf und sechs schienen unausweichlich. Elizabeth vermutete, was heutzutage bewiesen ist, daß manche Männer nur Mädchen zeugen können. Daß Henning bis dahin fünf Töchter gezeugt hatte, schien Beweis genug. Sie dachte über einen drastischen und unkonventionellen Schritt nach, um die ergebnislose Jagd nach einem Erben zu beenden.

Als die Familie Ende September zurückkehrte, war Nassenheide von Blumen und Kletterpflanzen überwuchert. Die Kinder waren glücklich, daß ihre Mutter wieder zu Hause war, von der Anwesenheit einer neuen Schwester in ihrer Runde aber auch verwirrt. Man erklärte ihnen das Geheimnis, indem man ihnen sagte, das Mädchen sei aus einem Petersilienbeet in England ausgegraben worden. Ihre Mutter inspizierte mit Leinau den Garten und war mit den Entwicklungen des Sommers vorerst ebenso zufrieden wie mit der Aussicht auf gute Ernte im Herbst.

Drei Tage später wurde Henning wegen Veruntreuung verhaftet.

Der Augenblick, in dem die Nachricht sie erreichte, hat sich für den Rest ihres Lebens in ihrer Erinnerung eingegraben. Erst Jahre nach dem Tod ihres Mannes konnte sie über den Schock reden. Es war ein windiger, sonniger Tag, und die Ringelblumen standen in voller Blüte. Nach dem Mittagessen ging sie in den Salon, um zu lesen. Sie trug ein steifes, weißes Hemd mit einer langen, blauen Krawatte. Horne, der Nachfolger des Papstes, kam herein, schlug die Hacken zusammen und sagte: »Frau Gräfin, man will den Grafen verhaften!«, und sie fragte erstaunt: »Warum?« Danach »... war alles in Aufruhr und Verzweiflung ... Was vorher gewesen war, war Teil eines langen Schlafs gewesen – eines von sorgenvollen und törichten Träumen gestörten Schlafs, aber eben nur ein Schlaf und nur Träume. Sie erwachte ... und blieb für den Rest ihres Lebens hellwach.« So beschrieb Elizabeth das Geschehen in dem Roman *Anna Estcourt*.

Henning wurde abgeführt und zur Untersuchungshaft ins Stettiner Gefängnis gebracht. Die Direktoren einer Bank, deren Vorsitzender er war, hatten Anzeige erstattet. Henning glaubte, daß man ihn wegen seines schroffen Umgangs mit Kollegen und Untergebenen, mit dem er sich beim Personal nicht beliebt gemacht hatte, loswerden wollte. Jemand hatte Geld unterschlagen, wie sich herausstellte, einer der Angestellten, und Henning mußte als Sündenbock herhalten. Mit Hilfe teurer Rechtsanwälte konnte er glücklicherweise seine Unschuld beweisen und wurde freigesprochen.

Den Kindern wurde darüber nichts erzählt. Sie sahen nur, daß ihr Vater nicht da und ihre Mutter verzweifelt war; ihre Fröhlichkeit war völlig vernichtet. Es war schwierig für Elizabeth, ihren Mann im Gefängnis zu besuchen, und als es ihr gelang, fand sie ihn in einer winzigen, stickigen Zelle: »Er hatte geglaubt, dort nur wenige Stunden bleiben zu müssen, aber sie dehnten sich zu Tagen ... schwere Niedergeschlagenheit überfiel ihn. Wenn ihm niemand von außen zu Hilfe kam, war sein Fall in der Tat hoffnungslos ... Wo waren sie alle, jene jovialen Freunde, die so oft sein Gut bevölkert hatten? Die Stunden schlichen dahin, jede so lang wie ein ganzes Leben, jede voll mit Möglichkeiten, wahnsinnig zu werden, dachte er, während er nachrechnete, wie viele ihn schon von seinem freien, ehrenhaften, vergangenen Leben trennten.« (*Anna Estcourt*)

Sogar Vetter Bernd, ihr enger Freund, hielt auf Distanz. Weder Charlotte noch ihr Vater schrieben. In einem nach der Affäre geschriebenen Brief an seinen Schwiegervater erklärte Henning in holprigem Englisch einige Umstände des Falls: »Während der vergangenen zwei Wochen hatte ich eine große Auseinandersetzung, aber nicht wie üblich mit meiner Frau, sondern mit den Direktoren einer Bank, deren Vorsitzender ich bin. Zwei von ihnen wollte ich wegen ihrer Neugierde, ihrer großen Dummheit und ihrem Hang zum Betrug entlassen, aber sie wollten natürlich ihre Position behalten und mich vertreiben. Schließlich griffen sie mich in den Zeitungen an und appellierten an die Aktionäre, die, wie alle mittelmäßigen Menschen, sehr begierig sind, dem Rat desjenigen zu folgen, der den meisten Lärm macht. Der Kampf hat mich unfähig gemacht, während der vergangenen zwei Wochen an das zu denken, was ich über alles in der Welt liebe. Ich vergaß meine Frau, meine Kinder, Sie, mich selbst und viele andere Dinge, bis die Schlacht vorbei war und ich mit den Skalps meiner Feinde (sic) nach Haus zurückkehrte.«

Elizabeth schrieb ihrem Vater: »Kennst Du Spensers ›Schlaf nach Lärm, Hafen nach stürmischen Seen, Ruhe nach Krieg, Tod nach dem Leben, ist große Erquickung‹? H. und ich sind nach stürmischen Seen soeben in den Hafen gelangt, und die Zeilen gehen mir nicht aus dem Sinn. Ich zweifele nicht, daß wir auch glücklich geblieben wären, wenn die Sache schiefgegangen wäre – all die schönen Dinge des Lebens wären noch da gewesen, und dann, wie Du so wunderbar sagst, liebster Pa, hätten wir öfter zu den Sternen aufgeblickt. Nun, wir blicken jetzt zu ihnen auf, zwar mit weniger Philosophie, dafür aber mit um so größerer Dankbarkeit.«

Drei Jahre später, nachdem der Fall ausgiebig vor Gericht behandelt worden war, schrieb Henning wiederum an seinen Schwiegervater: »Es ist sehr gut, daß Sie nichts Genaues über meine Probleme wußten, da es ganz unmöglich gewesen wäre, Ihnen Einzelheiten über eine Anklageschrift dieses Ausmaßes mitzuteilen. Sie ergab einen dicken, in kleiner Schrift gedruckten Band von mehreren hundert Seiten; jede Seite enthielt wenigstens ein großes Verbrechen, und zwar Verbrechen von so außerordentlicher Qualität, daß es eigentlich schade ist, daß sie nie ausgeführt wurden. Es war ein Museum der Verbrechen, und viele waren so kompliziert, daß niemand, nicht einmal der Staatsanwalt, der die Anklageschrift verfaßte, sie verstehen konnte. Er tat sein Bestes und war hervorragend qualifiziert, sie zu verstehen, da er über einen ungewöhnlich hoch entwickelten Schwachsinn verfügte – aber es gelang ihm nicht. Ein Beispiel soll Ihnen das Anklagesystem verdeutlichen. Ein Punkt war der Vorwurf, öffentliche Dokumente gefälscht zu haben. Während des Prozesses wurde bewiesen, und der Staatsanwalt bestätigte es sogar, daß die fragliche Akte erstens gar kein öffentliches Dokument war, daß zweitens ihr Inhalt völlig korrekt und richtig war, drittens, daß ich nichts damit zu tun hatte. Sie werden leicht begreifen, wie schwierig es ist, solche Verbrechen zu vermeiden. Der Schlüssel zu all diesen ungewöhnlichen Vorgängen bestand darin, daß ich einen Beamten der Stettiner Regierung beleidigt hatte, der die Bank mit schmutzigen Tricks betrügen wollte, deren Interessen zu verteidigen ich als Vorsitzender Direktor für meine Pflicht hielt. Ich glaube, daß dieser Mann auf die Idee kam, mich ins Gefängnis zu bringen, um mich an der Flucht zu hindern.

Wie Sie wissen, endete der Pozeß mit einem glänzenden Sieg für mich, und ich hoffe, das Vergnügen zu haben, den betreffenden Beamten so bestraft zu sehen, wie er es verdient. Da ich ein Kampfhahn bin, werde ich wahrscheinlich die ganze Ungerechtigkeit, die ich ertragen mußte, ohne getreten zu haben, nicht herunterschlucken; Sie wissen vielleicht, daß Henning in deutschen Kindergeschichten der Name des Hahns ist, so daß ich mich nicht wie eine Henne verhalten kann.«

Liebet erinnerte sich an ihren Vater als einen freundlichen, aber jähzornigen Mann, der nicht nur seine Töchter als »Esel«, »Quatschkopf« oder »Duselfritz« zu titulieren pflegte, der sich über Unehrlichkeit, schlichte Dummheit und Inkompetenz lustig machte und sie entlarvte. Es war klar, daß er sich unnötigerweise vielen entfremdet hatte, die ihm damals oder auch später, als finanzielle Desaster drohten, hätten helfen können. Trotz des Einkommens seiner Frau war Henning nie weit vom Ruin entfernt. Obwohl seine Grundschulden beglichen waren, waren die Kosten immens, die er für diesen neuen Rechtsstreit und für die, die sein Vater angestrengt hatte, um seine Ehre zu retten, aufbringen mußte. Seine landwirtschaftlichen Aktivitäten waren eher Experimente als der ernsthafte Versuch, Geld zu verdienen. Die erst kürzlich den Marschen abgewonnen Böden des Guts waren alles andere als fruchtbar und die Kosten für das Aufbringen von Dünger gewaltig. Henning hoffte, eine Lupinenart züchten zu können, die damals als Viehfutter angebaut und in manchen Gegenden auch von Menschen gegessen wurde. Er experimentierte auch mit dem Versuch, die perfekte pommersche Kartoffel anzubauen. Seine Unternehmungen, Teilhaber für brachliegende Flächen zu gewinnen, schlugen fehl, und selbst wenn er erfolgreich gewesen wäre, wären seine Gewinne sehr klein gewesen. Seinen Töchtern wurden bei den Mahlzeiten oft verschiedene kleine Teller mit Kartoffeln vorgesetzt, über deren Geschmack sie ihre Meinung äußern sollten. Beatrix erinnerte sich, daß sie alle gleich schmeckten, aber manche priesen sie enthusiastisch und wiesen andere zurück, um ihrem Vater eine Freude zu machen. Beatrix freute sich, als ihr Vater eine Sorte nach ihr benannte. Wenn Beatrix in späteren Jahren an Gewicht zunahm, was öfter geschah, als ihr lieb war, erinnerte ihre Mutter sie an die ehrenvolle Warnung.

Während der furchtbaren Zeit von Hennings Haft gelang es Elizabeth dennoch, weiter an dem beschwingtesten aller ihrer Bücher zu arbeiten, *April, May und June*. Sie beschreibt darin, wie sie und die Kinder sich damit vergnügen, Melodien für sechs bekannte Kinderreime und für *Gentle Jesus Meek and Mild* zu komponieren. Die April-, Mai- und Juni-Kinder (Evi, Liebet und Trix), die bislang in ihren Romanen kaum vorkamen, betreten hier die Bühne. Die ernsten Gespräche mit ihrer Mutter sind von einem ganz besonderen, unschuldigen Surrealismus, durch den die Kinder berühmt wurden:

»Dann erzählte ihnen die Mutter von Miss Muffet, und natürlich lautete die erste Frage der Kinder: ›Was ist ein Tuffet?‹ Worauf, genauso natürlich, die Mutter antwortete: ›Etwas zum drauf sitzen.‹

›Aber man sitzt auf so vielen Sachen‹, warf die schlaue Juni ein, ›und die sind alle keine Tuffets.‹

›Ich glaube, es muß ein dreibeiniger Hocker gewesen sein‹, sagte die Mutter, die sich daran gemacht hatte, *Nuttalls Aussprache- und Herkunftswörterbuch* der Länge und Breite nach zu studieren, und feststellen mußte, daß Tuffets gar nicht vorkamen.

›Ich glaub, es muß ein Sofa gewesen sein‹, sagte Juni.

›Ein Sofa?‹

›Ja, sonst können zwei Leute gar nicht beisammen sitzen, außer auf einem Sofa.‹

›Aber da waren gar nicht zwei Leute.‹

›Doch, die Spinne setzte sich neben sie.‹

›Aber eine Spinne ist keine Leute‹, sagte April und sah aus, als zerbräche sie sich den Kopf.

›Doch, ist sie‹, sagte Juni.

›Nein, ist sie nicht‹, sagte April und fügte dann hinzu, als ob ihr soeben die Wahrheit gedämmert sei: ›Sie ist ein Tier, und Tiere sind keine Leute; sie haben zu viele Beine.‹«

Die Melodien klingen wie ein Kinderzimmerflirt zwischen *Hymns Ancient and Modern* und *Mad Carew*. Die Illustrationen sind von Kate Greenaway und passen wunderbar zu dem herrlichen Humor und Charme des Buchs. *April, May und June* war seit drei Jahren die erste und einzige Auftragsarbeit der Zeichnerin von *Mother Goose*, ihrem berühmtesten Buch, denn obwohl George Routledge ihre ausgewählten Werke neu veröffentlichte, war ihr Stil aus der Mode gekommen. Es war ihr nicht einmal gelungen, eigene Ideen für Kinderbücher an Verlage zu verkaufen, obgleich *Athenaeum* »den Stumpfsinn und die Geschmacklosigkeit« der meisten Kinderbücher kritisiert hatte. Elizabeth hatte Macmillan vorgeschlagen, daß Kate Greenaway geeignet sei, und die Illustratorin nahm gern an, weil Elizabeth eine ihrer Lieblingsschriftstellerinnen war – sie hatte sie sogar Ruskin empfohlen. Obwohl sich die Künstlerin öfter dafür entschuldigte, wegen ihrer schlechten Gesundheit mit der Arbeit in Verzug zu sein, wurde sie dennoch drei Wochen vor Abgabefrist fertig. Als das Buch zu Weihnachten 1900 erschien, würdigten die Rezensenten die Zeichnungen als »beste Greenaways«, und Elizabeths Freunde waren über die Ähnlichkeit verblüfft, die der Künstlerin mit den drei Kindern, von denen sie noch nicht einmal eine Fotografie gesehen hatte, in den Zeichnungen gelungen war. Leider war es ihr Schwanengesang, denn sie starb im Jahr darauf.

Kleine Mädchen mit Blumensträußen

Elizabeth, etwa 1901

Am Tag von Hennings Verhaftung verstummt Elizabeths Tagebuch und setzt erst im Januar 1901 wieder ein. Während dieser Zeit schrieb sie neben dem Kinderreim-Buch den umfangreichen, romantischen Roman *Anna Estcourt.* Es handelt sich um das erste von Elizabeth veröffentlichte Werk, das nicht in Ich-Form erzählt ist, dessen Heldin aber ganz offensichtlich immer noch auf der Autorin basiert. Anna Estcourt ist die unverheiratete Schwester eines armen Philosophen adliger Herkunft, der »sehr viel Schopenhauer gelesen hatte, bis ihm unangenehm bewußt wurde, daß diese Lektüre ihm nicht gutgetan hatte«. Er stellt das Familienvermögen wieder her, indem er die schwerreiche Susie Dobbs heiratet, die Tochter eines Birminghamer Kaufmanns. Die durchaus hübsche Anna neigt dazu, ihre Zeit »mit törichtem Grübeln über die Rätsel des Seins« zu vergeuden, »über jene unbeantwortbaren Warums und Weshalbs, die sonst den älteren und schlichteren Frauen vorbehalten bleiben«. Daraus folgt, daß niemand sie heiraten mag. Als ein deutscher Onkel stirbt und ihr ein Gut in Pommern vermacht, entschließt Anna sich, von der Gesellschaft geächtete Damen auf das Gut einzuladen, um mit ihnen ihre neugewonnene Freiheit zu teilen, da sie ihre Liebe nur auf Personen zu richten vermag, die bedürftig oder auf irgendeine Weise verdorben sind (Elizabeth hatte selbst eine Schwäche für Versager). Annas Nachbar, ein großer, gutaussehender Mann aus niederem Adel, verliebt sich hoffnungslos in sie, was sie aber nur verwirrt. Erst als er für etwas, was er nicht getan hat, verhaftet und eingekerkert wird, erkennt sie ihre Liebe für ihn.

Im Hinblick auf historische Weitsicht ist die erstaunlichste Figur des Buchs ein deutscher Pastor namens Adolf. Von seiner Frau aufgestachelt, neigt er dazu, Alltagspredigten zu halten. Eins seiner Lieblingsthemen ist der diebische Charakter der Juden.

»›Die Juden?‹ wiederholte (Anna). Zu Hause war einer ihrer besten Freunde ein Jude, eine angenehme Person, und schon die

Erinnerung an ihn ließ sie lächeln, so geistreich, charmant und freundlich war er. Sie konnte sich nicht entsinnen, je etwas über die Juden im allgemeinen gehört zu haben. ›Sie stehlen uns nicht nur das Geld aus den Taschen und das Brot von den Tellern‹, fuhr der Pastor fort und beugte sich vor; seine hellgrauen Augen waren so weit wie möglich aufgerissen, und er sprach in einem Flüsterton, der auf ihrer Kopfhaut etwas auslöste, was man als Kribbeln bezeichnet, ›sondern auch Blut – Blut aus unseren Adern.‹ ... Seine Frau, die die wohlbekannte, schnelle Aussprache seiner inspirierten Momente hörte, glühte vor Stolz: ›Mein Adolf übertrifft sich selbst‹, dachte sie.«

Obwohl Elizabeth keine unrealistischen Darstellungen mochte, gab sie der Geschichte ein Happy End. Als sie die Fahnenabzüge korrigierte, mühte sie sich immer noch mit den Liebesszenen ab und erklärte, daß sie Liebes- und Haßszenen verabscheue.

Während ihrer damals jährlichen Englandbesuche wurde Elizabeth in Maude Stanleys Salon am Smith Square eingeladen und war schließlich mit dieser bewundernswürdigen, faszinierenden älteren Frau so vertraut, daß sie während der ersten Woche ihrer Heimatbesuche gewöhnlich in ihrem Haus wohnte. Miss Stanley war Feministin, die ihre Energie darauf konzentrierte, den Straßenmädchen Londons zu helfen. Sie gründete einen Club und gab ihnen Handarbeits- und Anstandsunterricht. Beim Versuch, sie von übertriebenem Schminken abzubringen, bemalte sie eines Tages ihr Gesicht mit Lippenstift und Rouge, stand vor den Frauen und sagte: »Mädchen, ihr seht, wie hübsch ich dank künstlicher Mittel heute abend aussehe.« Miss Stanley war eine kraft- und hingebungsvolle Frau, die starken Einfluß auf die Erziehung der beiden zukünftigen Earls Russell hatte, Francis und seinen jüngeren Bruder Bertrand. Ihr Salon galt als Verkörperung der Stanleyschen Tugend, einer Tugend aufgeklärten Denkens, jedoch ohne die Arroganz, die von einigen anderen Familienmitgliedern ausging. Zu jener Zeit war die Umgebung der Stanleys interessanter als alles andere in England. Die Atmosphäre war liberal; Diskussionen wurden in völliger Freiheit als abenteuerliche und erregende Suche nach Wahrheit geführt und waren, wenn auch oft ungestüm, durch große Toleranz geprägt. Hier begegnete Elizabeth sowohl Bertrand Russell als auch Francis Russells amerikanischem Freund George Santayana. Francis hatte George Santayana 1894 bei einem Besuch in Harvard kennengelernt. Damals studierte Santayana noch, später wurde er an dieser Universität Philosophieprofessor. Im Lauf der Jahre wurde er Francis' engster Freund und Berater; ihr Briefwechsel hielt bis zu Francis' Tod an. Auch Francis selbst war oft im Stanleyschen Salon anwesend.

Natürlich flammte die alte Anziehungskraft erneut auf, als sie sich wiedersahen. Sie waren vom gleichen Schlag, und beide verachteten Konventionen kräftig genug, um ihre Beziehung frei von Schuldgefühlen gestalten zu können. Während der neunziger Jahre war Francis in verschiedene Prozesse verwickelt gewesen. Seine Frau Edith und ihre Mutter, Lady Scott, hatten erfolglos auf Wiederherstellung der ehelichen Rechte geklagt. Jedermann, auch dem Gericht, war klar, daß es ihnen lediglich darum ging, einen Hebel in die Hand zu bekommen, um mehr Geld aus ihm herauszupressen. Sie veröffentlichten dann »Schmähschriften höchst obszöner und herabwürdigender Art«, die als juristische Erklärungen getarnt waren und Francis zwangen, dagegen zu klagen. Bei der Untersuchung stellte sich heraus, daß die Pamphlete von einem Mann stammten, der mit Pornographie und Kondomen handelte und im gleichen Haus wie Lady Scotts Schwester wohnte, die wiederum einen Massagesalon betrieb. Während der Verhandlungen brannte Francis' Landhaus nieder, in dem sich viele Dokumente zu seiner Verteidigung befunden hatten, und der Kronzeuge der Verteidigung starb unter mysteriösen Umständen im Gefängnis, bevor er von der Staatsanwaltschaft ins Kreuzverhör genommen werden konnte. Dennoch wurde Lady Scott für schuldig befunden und zu acht Monaten Arbeitshaus verurteilt. Auf Francis' Intervention hin wurde sie als bevorzugte Delinquentin behandelt, doch die Strafe ließ sie zerbrechen, und Francis hatte nie wieder Ärger mit ihr oder ihrer Tochter. Trotz aller juristischen Auseinandersetzungen war er unglücklicherweise immer noch mit Edith verheiratet. Eine Scheidung wäre möglich gewesen, denn als Lady

Scott aus dem Gefängnis entlassen wurde, eröffnete sie mit ihrer Tochter ein Etablissement und lebte von unmoralischen Einkünften – Männer bezahlten sie für das Vergnügen ihrer Gesellschaft und manchmal auch für mehr –, aber die beiden Frauen waren auf der Hut, und Francis konnte keine Beweise erbringen.

Er verbrachte viel Zeit auf Segeltouren mit seiner Yacht *Royal* und engagierte sich in der Lokalpolitik. Er war auch Mitglied der Fabian Society, einer Organisation englischer Sozialisten, gegründet 1884, die den Sozialismus nicht durch revolutionäre Aktionen, sondern durch Reformen durchsetzen wollte. Da Francis in seinen Memoiren darauf nicht eingeht, muß man annehmen, daß er sich bald enttäuscht von der Gesellschaft abwandte. Im London County Council machte er die Bekanntschaft einer verwitweten Kollegin namens Marion Somerville. Sie war laut Bertrand eine »dicke, blühende, grobe Irin von vierzig Jahren, mit schwarzen Locken, freundlichen Umgangsformen und emotional gefärbten Ansichten«. Sie war auch ein bekanntes Mitglied des Pioneer Club und unterstützte aktiv die Frauenbewegung. Francis und sie schienen sich auf den ersten Blick zu mögen. Bald lebten sie zusammen, doch schon nach kurzer Zeit verlangte Mollie, wie sie genannt wurde, die Ehe; schließlich stimmte sie einer amerikanischen Heirat zu, obwohl diese in England nicht als bindend galt. Die beiden reisten in die USA und wohnten sechs Monate in Nevada, um eine Aufenthaltsgenehmigung zu bekommen. Francis vollzog nach amerikanischem Recht zuerst eine Scheidung von Edith und heiratete dann Mollie. Im Jahr 1900 kehrten sie nach England zurück und gründeten an der Gray's Inn Road einen Hausstand. Ein Jahr später wurde Francis wegen Bigamie verhaftet.

Seine Scheidung von Edith wurde nach englischem Recht für ungültig erklärt, und trotz seiner Proteste, daß in dem Fall auch seine Ehe mit Mollie ungültig sei, wurde vor dem Oberhaus gegen ihn verhandelt; er wurde schuldig gesprochen und kam sechs Monate ins Gefängnis. Natürlich war der Salon am Smith Square von dem Prozeß fasziniert, und Elizabeth staunte nicht schlecht, als sie erfuhr, daß ihr Liebhaber das gleiche Schicksal erlitt wie ihr Mann.

Eines Tages kündigte Miss Stanley die Absicht an, Nassenheide zu besuchen. Vor ihrer Ankunft wurde der ganze Haushalt auf den Kopf gestellt, und die Kinder wurden streng ermahnt, sich gut zu benehmen. Es war völlig untypisch für Elizabeth, daß sie dieser ernsten Frau verfallen war und ihre Ratschläge befolgte, als seien sie die Heilige Schrift. Es war wichtig, die Besucherin zu beeindrucken, und Elizabeth hatte vielleicht über ihren Garten, ihren Mann und die Kinder ein paar Dinge behauptet, die einem zufälligen Beobachter durchaus nicht aufgefallen wären. Als Maude eintraf, bestand sie darauf, alles und jeden gezeigt zu bekommen, wovon ihr Schützling gesprochen oder geschrieben hatte, besonders die Kinder. Sie betrachtete sie schweigend durch ihr Lorgnon, und die Kinder fanden, daß sie eine schreckliche alte Dame sei. Erst kurz vor der Abreise fällte sie ihr Urteil: Die Kinder sollten ihre Betten selber machen, ihre Kleider selber nähen und jeden Tag bestimmte Pflichten erfüllen, die mit gegenseitiger Wohlfahrt zu tun hätten, wenn schon keinem Menschen gegenüber, dann zumindest gegenüber einem Kaninchen oder einer Katze. Ihnen sollte niemals gestattet sein, zwischen den Mahlzeiten zu essen, es sei denn, es handele sich um Proteinkekse, die sie als Allheilmittel anpries, das nur von Rizinusöl übertroffen werde. Obst und Wasser müßten aus der Diät vollständig ausgeschlossen werden, und mit ihren Eltern dürften sie so wenig Zeit wie möglich verbringen. (Danach tranken die durstigen Kinder aus Blumentöpfen und Hundenäpfen, wenn sie sich unbeobachtet glaubten.) Schließlich wurde Elizabeth angewiesen, die Fußböden einmal im Monat mit Petroleum zu wischen, um Ungeziefer zu vernichten; dringend wurde vegetarische Kost empfohlen.

Der Hauptgrund für Miss Stanleys Besuch bestand darin, herauszufinden, wofür Elizabeth ihr Geld ausgab. Dem aufgeklärten Blick der Salondame war natürlich nicht entgangen, daß die Tantiemen aus diesen erfreulichen Büchern im Sand und marschigen Boden Pommerns versickerten oder, schlimmer noch, im Faß ohne Boden der Arnimschen Gläubiger. Henning wurde von den beiden Frauen überrumpelt, einem Gütertrennungsvertrag zuzustimmen. Wie das gelingen konnte, bleibt ein Geheimnis, doch von jenem Augenblick an konnte Elizabeth über ihr Geld frei verfügen. Auch die Erziehung der Kinder wurde erschöpfend diskutiert. Obwohl es Mädchen waren, stimmte Maude Stanley mit Elizabeth überein, daß sie wie Jungen erzogen werden sollten, als ob es überhaupt keine Unterschiede gäbe.

Elizabeth begrüßte das Jahr 1901 im Tagebuch mit den Worten:

»Ihr Drachen, deren schwefliger Atem
Vom Tod behauste Dunkelheit erhellt,
Verwandelt euer wildes Züngeln in Freudengesänge,
Und preist mit gespaltenen Zungen euren Schöpfer.«

Sie war sogar zum ersten Mal in ihrer Ehe mit Henning glücklich. Er führte das auf ihre gute Verdauung zurück, aber sie widersprach, denn hatte sie nicht stets einen gesunden Magen gehabt und war sie damit etwa immer glücklich gewesen? Ganz bestimmt nicht. Sie hatte schließlich ihre Rolle als Frau und Mutter akzeptiert, und Henning gestattete ihr einmal im Jahr eine Englandreise. Sie war auch endlich frei von den wiederkehrenden Depressionen, mit denen sie sich in den vergangenen zehn Jahren herumgeschlagen hatte: Im Alter von vierunddreißig Jahren fühlte sie sich in jeder Hinsicht und zu jeder Zeit wohl. Als sie im April nach England kam, bemerkte ihr Vater: »Unser Liebling May hat bis gestern ein paar Tage hier mit uns verbracht und uns alle mit ihrer Fröhlichkeit, ihrem siebzehnjährigen Aussehen und ihrer Schlichtheit überrascht – eine selten faszinierende Mischung aus Taube und Schlange ... sie ist erfreulich lebendig und voller Ideen – deshalb auch zufrieden und glücklich –, dabei scheinbar zehn Jahre jünger als bei ihrer Hochzeit vor zehn Jahren ... «

Sobald Elizabeth nach Pommern zurückgekehrt war, begann sie, Ideen für ihr nächstes Buch zu sammeln. *Anna Estcourt* war noch nicht erschienen, und sie hielt es für das Sicherste, auf ihre ursprüngliche, autobiographische Form zurückzugreifen, bevor sie nicht wußte, wie die Kritiker auf den traditionell erzählten Roman reagieren würden. Sie baute eine alte Orangerie im Park zu einer Schreibklause um und nannte sie ihr »Treibhaus«. Niemand durfte sie dort stören: die Kinder nicht, das Personal nicht und Henning schon gar nicht. Über die Tür hatte sie PROCUL EST PROFANI geschrieben. Solange sie in einem Zimmer im oberen Teil des Schlosses gearbeitet hatte, hatte sie einige Zusammenstöße mit Henning gehabt, und so schien die Orangerie beziehungsweise das Treibhaus die Lösung für ihre dauernd mißachtete Forderung nach Privatheit zu sein. Es lag so weit vom Haus entfernt, daß ihr Mann schon äußerst dringende Neuigkeiten haben mußte, wenn er den ganzen Weg machte, um sie zu stören. Es war eine ruhige Klause, wie eine geräumige Grabstätte, dachte sie, verschimmelt und nach Vergangenheit riechend. Hier herrschte völlige Stille, und sie konnte ungestört schreiben. Von außen konnte niemand sie sehen, weil die Fenster so schmutzig waren, und kein Personal konnte sie hier aufscheuchen. Wenn sie kamen, saß sie still da, tat so, als sei sie woanders, und dann verschwanden sie sehr schnell wieder. Zu einer bestimmten Uhrzeit, wenn seine Herrin nicht anwesend war, war einem Gärtner der Eintritt gestattet. Er mußte die zahlreichen Vasen mit frischen Blumen füllen und den Kamin mit Holz versorgen. Putzen und Staubwischen erledigte Elizabeth selbst. Einem Zimmermädchen war es gestattet, alle sechs Monate den Teppich herauszuholen und zu klopfen. In dem großen Raum stand ein großer Schreibtisch, ein Sofa, ein bequemer Sessel, und Bücherregale bedeckten die Wände.

Elizabeth hatte sich noch nicht angewöhnt, zu bestimmten Stunden zu schreiben und ihr Leben um diese Disziplin herum zu organisieren. Zuerst erledigte sie immer noch ihre häuslichen Pflichten und überlegte dabei, was sie schreiben wollte. Normalerweise eilte sie abends für ein paar Stunden ins Treibhaus, um rasch zu notieren, worüber sie nachgedacht hatte. Diese Gewohnheit veränderte sich zu unregelmäßigen Arbeitsphasen, die mit Spaziergängen in Begleitung ihrer beiden großen Doggen im Park abwechselten. Wer sie beim Ausführen der Hunde sah, wurde angewiesen, zu verschwinden. Wenn Mahlzeiten ihr Schreiben und Nachdenken empfindlich störten, saß sie stumm und nachdenklich am Tisch. Weil niemand sprechen durfte, bevor sie etwas gesagt hatte, wurden manche Mahlzeiten in völligem Schweigen eingenommen.

Nach mehreren gescheiterten Anfängen kam Elizabeth auf die Idee, daß nichts dagegen spräche, wenn sie Ende Juni Rügen bereiste und ein Buch über ihre Abenteuer schriebe. Von der Idee erfüllt, schrieb sie einer englischen Freundin namens Oona und lud sie ein, sie zu begleiten; dann ließ sie sich Landkarten bringen und studierte Reiseführer. Mitte Juli brach sie zusammen mit Oona auf; sie reisten in einer geschlossenen Kutsche, die von vier Pferden gezogen wurde. Ihr folgte ein offener Wagen mit dem Gepäck und den Zofen. Sie ließen ihre Pflichten hinter sich (Elizabeth glaubte, daß »es nichts Befreienderes für die Seele gibt, als dies oft zu tun«) und reisten über jene Insel, die schon die romantischen Dichter inspiriert hatte, wo einst Riesen lebten und wo man heute noch uralte, den Göttern von einst geweihte Altäre findet; ihre Namen sind vergessen, aber ihre Gegenwart dauert noch immer an. Elizabeth war schon oft mit den Kindern auf Rügen gewesen und hatte dann in einem geflochtenen Strandkorb gesessen, während die Kinder im Sand spielten. Ganze Menschenmengen waren zusammengeströmt, um ihnen zuzusehen, weil sie sich mit ihrem lebhaften Erfindungsreichtum so sehr von anderen deutschen Kindern unterschieden. Diesmal brachen Elizabeth und ihre Freundin in der Hoffnung auf, Abenteuer zu erleben, während Henning unbehaglich und resigniert zu Hause saß. Das Produkt der Unternehmung war *Elizabeth auf Rügen*, ein autobiographischer Bericht mit ein paar fiktionalen Elementen, der einige der bleibendsten und zeitlosesten komischen Passagen enthält, die Elizabeth je geschrieben hat. Eingearbeitet ist das hervorragende Porträt einer verbissen militanten Feministin, die ebenfalls das Sprachrohr für einige Vorstellungen der Autorin ist.

Im Oktober erschien *Anna Estcourt* in Amerika und England. Sie befürchtete, daß es durchfallen würde, weil sie es für mißlungen hielt, und war erstaunt, als die Kritiken genauso gut waren wie bei den anderen Büchern. Die *Daily Mail* schrieb, das Buch »hat den gleichen ausgefeilten Charme wie seine Vorgänger, den gleichen zwanglosen Witz, die ganze Fülle, die bereits

Elizabeths *Garten* zu einem Elixier der Verzagten gemacht hat«. *The Examiner* nannte sie »Das unbekannte Genie«, und mehrere Kritiker zogen Parallelen zu Jane Austen. Eine Woche später bemerkte das unbekannte Genie in seinem Tagebuch: »Bekam eine schlechte Kritik für *Anna Estcourt* im *Athenaeum* – eine sehr gerechte, aber das Fleisch zittert doch vor solcher Gerechtigkeit, wie sehr man sich auch zusammenreißt. Und was man auch dagegen einwenden mag, ist man doch immer bis in die letzte Faser eitel, und so ist mein besserer Teil trübsinnig erfreut, den gemeineren Teil in mir aufsteigen zu sehen.«

Ihrem Vater schrieb sie: »Dein anteilnehmender Brief über das Erreichen von S. 197 meines Buchs stieg wie brennender Weihrauch in meine Nüstern. Ich hoffe nur, daß sich Deine Meinung nicht allzu sehr ändern wird, wenn Du S. 297 und 397 erreichst. Mittlerweile bekomme ich Kritiken, in denen von Nippes und Tand die Rede ist, um die Züchtigung meiner bereits welken Seele zu vollenden. Wenn ich je einen zweiten Roman schreiben sollte, was nie geschehen wird, sollte ich ihn bis auf die letzte Seite in Blut tränken. Ich könnte H. darin umbringen und eine genaue Beschreibung liefern, wie er ausgeweidet aussieht und den Roman *Die Ermordung des Grimmigen* nennen.«

Anfang März 1902 war Elizabeth von »Vorahnungen der fürchterlichsten Art« erfüllt. Sie fürchtete richtig, denn sie war erneut schwanger. Ohne Erfolg nahm sie ein heißes Fußbad, um ihre Menstruation zu stimulieren. Den nächsten Tag verbrachte sie in tiefer Verzweiflung, und am folgenden Tag fuhr sie nach Stettin, um mit ihrem Arzt Haeckel über ihren Zustand zu reden. Sie versuchte ihn zu überreden, die Schwangerschaft abzubrechen, was er ablehnte. Ihr Motiv war offensichtlich etwas anderes als die Überzeugung, nur wieder ein weiteres Mädchen zu gebären. Diese Begründung für einen Abbruch hätte selbst heutzutage kein Gewicht, und um die Jahrhundertwende war Abtreibung nicht nur illegal, sondern unter solchen Umständen auch völlig undenkbar. Sie war eine kerngesunde Frau, die stramme Kinder gebar, womit auch das Argument gesundheitlicher Gefährdung gegenstandslos war.

Elizabeths Reaktion auf diese Schwangerschaft eröffnet Raum

für eine interessante Spekulation, auf die es vermutlich nie eine Antwort geben wird. Sie hatte inzwischen gezeigt, daß sie von den Konventionen der Zeit wenig hielt, und könnte gespürt haben, daß sie es sich nach so vielen Ehejahren mit Henning erlauben dürfte, dem Hingezogensein zu Francis nachzugeben. Sie pflegte zu Jahresanfang nach London zu reisen, und deshalb ist es möglich, daß nicht Henning, sondern Francis der Vater ihres Kindes war.

Der Wind war ihr aus den Segeln genommen, und mit Ausnahme der Bemerkung, sie habe »wenig, sehr wenig« am Rügen-Buch gearbeitet, führte sie ihre Tagebücher nicht mehr weiter. Sie schickte ihre Tochter Felicitas, jetzt von allen Quiqui genannt, die sehr schwierig geworden war, für einen unbegrenzten Zeitraum zu ihren Eltern, und war froh, zumindest ein Kind weniger um sich zu haben, um das sie sich kümmern mußte. Anfang September fuhr sie von Nassenheide nach England, wo sie eine Wohnung in Whitehall Court mietete. Inzwischen geisterten die anderen Kinder durch das Schloß, sahen aus den Fenstern und fragten sich, wann wohl ihr liebstes Muttilein zurückkommen würde.

Evi beschrieb den Garten in seinem damaligen Zustand: »Die vielen Hektar mit ihren Rasenflächen, Blumen, schönen Büschen, Kastanienbäumen, Kiefernwäldern, dem kleinen Fluß, an dessen Ufern Iris wuchs oder, wie wir sagten, Lilien ... Der Gärtnerjunge harkt die Wege ... das Pferd zieht in seinem Ledergeschirr die Mähmaschine über die weiten Rasenflächen ... Wenn es geregnet hat, stolziert manchmal ein Storch auf Futtersuche über diese Rasenflächen, ein sehr geschätzter Vogel, denn er war es ja, der uns so großzügig mit Schwestern versorgt hatte. Wir fanden alle, daß er mit Mädchen nun großzügig genug gewesen sei und daß es Zeit für eine Änderung war. Storch, Storch, du guter, bring uns einen Bruder, flehten wir ihn an, während er über uns hinweg zu seinem Nest auf der Schornsteinspitze auf der anderen Seite der Fliederhecke flog.«

Elizabeth war im siebten Monat, und außer Henning war nur ihr Bruder Sydney eingeweiht, der die Geburtshilfe übernehmen sollte. Vom Rest des Clans war niemand im Bilde; ihre

Kinder hatten nur bemerkt, daß sie dicker wurde. Hinterher behauptete Liebet, sie habe vermutet, daß ein Baby unterwegs gewesen sei, teilte ihr Wissen aber nicht mit Evi oder Trix. In Whitehall Court wartete Elizabeth einigermaßen beunruhigt auf das Kind. Möglicherweise hatte sie Kontakt mit Maude Stanley, die ein paar Straßen entfernt wohnte, und traf weiterhin die Freunde aus dem Salon, besonders Francis, aber es gibt keine Notizen über das, was sie zu jenem Zeitpunkt ihres Lebens tat oder mit wem sie sich traf. Francis hatte ein neues Stadthaus am Gordon Square bezogen, verbrachte aber viel Zeit in Sussex, wo er am Telegraph Hill ein Landhaus gekauft hatte und damit beschäftigt war, es in ein größeres Haus mit Turm umzubauen.

Das Kind kam am 27. Oktober zur Welt – und war ein Junge. Die Familie, sogar die lieben Großeltern, erfuhren es nicht vor Mitte Dezember. Sie staunten, als ihre Tochter »unverwüstlich, ruhig und kindlich wie stets« mit dem Baby auftauchte. Es gab »viel Tratsch innerhalb der Weiblichkeit«, schrieb Henry und gratulierte Henning brieflich, der sich trotz der willkommenen Nachricht, daß die Familie jetzt den langersehnten Erben hatte, nicht nach England bequemt hatte, um das Kind zu sehen. Er erklärte sich das Zögern seiner Frau, ihren neuesten Triumph nach Haus zu bringen, etwas einfallslos mit den Unbilden des Wetters: »Ich hoffe, daß Dolly (sein Name für Elizabeth) bald dazu in der Lage ist, zurückzukommen; bislang hatten wir hier so furchtbar kaltes Wetter, daß ich nicht wünschte, daß sie kam.« Seine Frau verstand den Brief zweifellos als ein Zeichen des Friedens und der Vergebung und als Einladung, nach Haus zu kommen.

Henning Bernd von Arnim (oder H. B., wie er immer nur genannt wurde) erschien in jenem Jahr in Nassenheide unter dem Weihnachtsbaum. Evi und Trix wunderten sich. Sie hatten erwartungsfroh, aber ergebnislos die Störche beobachtet, die am Ostseehimmel flogen und omtu omtu – omtu war der Versuch E. M. Forsters, den von Störchen hervorgebrachten Laut phonetisch zu erfassen – geschrien, erzählte man ihnen doch nun, ihr Bruder sei aus dem gleichen Petersilienbeet in England gegraben worden, aus dem auch Quiqui stamme. Diese war erst kürzlich aus England zurückgekommen. Dort war sie verwöhnt, herausgeputzt und überhaupt so sehr umhegt worden, daß sie sich jetzt noch schlechter als vor ihrer Abreise benahm. Aber sie hatte ein sonniges Gemüt und war die erste, die dem allgemein schlechtgelaunten Baby ein Lächeln entlockte; als ihre Mutter sie fragte, ob sie das Baby liebe, antwortete sie jedoch mit großem Nachdruck: »Ich hasse es einfach.« »So hat sie sich schnell ein Urteil über ihn gebildet«, schrieb Elizabeth ihrem Vater. »Ich glaubte, daß sie ihn glücklich machen wollte.« In diesem Winter stahl Quiqui dem Neugeborenen alle Aufmerksamkeit. Die anderen Mädchen hingen an ihr; sie redete ohne Unterlaß und hatte sie alle voll im Griff. H. B. war der König des Kinderzimmers; mehrere Mitglieder des Personals kümmerten sich allein um seine Bedürfnisse. Seine Mutter sollte ihm nie verzeihen, daß er in ihr Leben eingebrochen war, und zeigte ihm gegenüber wenig Nachsicht, wenn sie etwa anordnete, ihn mit dem Rücken einer Haarbürste zu schlagen, weil er vergaß, sich morgens aufs Töpfchen zu setzen. Trix erinnerte sich, daß er jeden Tag geschlagen wurde, »weil er unerwünscht war«, worüber die Mädchen, die auch ihre Prügel bekamen, entsetzt waren.

Elizabeth beschloß, daß eine Reise nach England mit einigen der Kinder einen guten Sommerurlaub abgeben würde. Anschließend wollte man sich auf Schlagenthin aufhalten, einem ebenfalls in Pommern gelegenen Gut, das Hennings Mutter ihren Kindern hinterlassen hatte. Charlotte und Drish, die seit Weihnachten auf Nassenheide zu Gast waren, sollten mit ihnen nach England reisen und dann auf eine Tour in den Lake District gehen, um zum Schrein der Wordsworths zu pilgern, die in Elizabeths Pantheon damals eine herausragende Stellung einnahmen. Man beschloß, Trix zur Gesellschaft ihres Vaters dazulassen, und H. B. könnte sich davon erholen, von seinen Schwestern wie ein zum Leben erwachtes Spielzeug behandelt zu werden. Evi und Liebet waren die Auserwählten, und Quiqui sollte direkt zu ihrer Großmutter nach Kent fahren. Sie brachen ins Paradies auf, während Beatrix weinend in der Tür stand und mit dem Taschentuch winkte, als die Kutsche am Ende des Zufahrtsweges verschwand. Evi wurde ein Buch mit leeren Seiten gegeben, in das sie einen Bericht über die Ferien auf Englisch schreiben sollte.

Als der Zug in London ankam, stieg Elizabeth in Holborn aus, um Zimmer im Imperial Hotel am Russell Square zu reservieren, das damals das eleganteste und interessanteste Gebäude Londons war. Es lag auch nur drei Minuten von Francis' Haus am Gordon Square entfernt. Die anderen fuhren bis Victoria Station, um das Gepäck in Empfang zu nehmen. Als sie ankamen, erschien Louey auf dem Bahnsteig, ging ohne ein Wort zu sagen auf Drish zu, die Quiqui an der Hand hielt, und griff nach dem Kind. Zwischen den beiden Frauen entwickelte sich ein wortloser Kampf, während Quiqui schrie: »Drish, Drish, laß mich nicht allein.« Aber die ältere Frau siegte, sprang mit ihrer Enkelin in eine wartende Droschke und sagte zum Kutscher: »Losfahren.« Das waren die einzigen Worte, die sie während der ganzen Entführungsszene sprach. Die Mädchen waren natürlich von dem Drama, dessen Zeugen sie geworden waren, begeistert. Drish weinte, aber zum Glück fand Elizabeth das Ganze komisch, als sie davon erfuhr.

Sie reisten nach Uplands bei Fareham in Hampshire, wohin die Waterlows inzwischen umgezogen waren. Evi beschrieb es »... als ein großes Haus, umgeben von einem Park, in dem Schafe weiden. Das Speisezimmer in Uplands ist viel größer als das Speisezimmer auf Nassenheide, es ist einfach enorm. Die Wände hängen voller Waffen, Zinnteller und Hirschköpfe. Am Ende des Raums steht eine Orgel, allerdings eine sehr kleine. Ich glaube, es muß sehr unangenehm sein, an so einem langen Tisch zu speisen, außer wenn Gäste da sind. Auf Nassenheide haben wir ein kleines Speisezimmer, aber eben groß genug, damit wir darin speisen können; wenn Gäste kommen, wird der Tisch größer gemacht, aber der Raum bleibt, wie er ist.«

Das Haus verfügte auch über einen großen, ummauerten Küchengarten und ein großes Spielzimmer, das voll mit Spielsachen war, die Charlottes jüngstem Sohn Cecil oder Puddle, wie er immer genannt wurde, gehörten. Er hatte eine aufgebaute, elektrische Eisenbahnanlage und viele Haustiere in Käfigen.

Zwei Tage später brachen sie zum Lake District auf. Elizabeth hatte ein Buch mit Wordsworths Gedichten dabei und las sie ihrer Schwester vor, wann immer es möglich war. Evi berichtete: »Endlich kamen wir in Grasmere an. Wir brachten unsere Sachen in ein Hotel und marschierten dann direkt zum ›Dove Cottage‹. Das ist die Hauptsache, wegen der Mammi nach Grasmere gekommen ist, bloß um sich ›Dove Cottage‹ anzusehen.«

Am Ende der Ferien besuchten sie alle zusammen für ein paar Tage Elizabeths Bruder Sydney. Hier »vergnügten wir Crabsen* uns von Kopf bis Fuß«. Sydney hatte unlängst für seine Familie zwei Gebäude in Penn, Buckinghamshire, bauen lassen, »eins zum drin wohnen und eins für die Pferde«. Er und seine Frau hatten drei Kinder, zwei Mädchen und einen Jungen, vier, fünf und sechs Jahre alt, Molly, Condle und Dickey. »Ich finde, Dickey ist ein sehr süßer Junge, Condle auch, aber Molly ist zu fett, finde ich«, schrieb ihre Cousine.

Zurück in Pommern mußten sie feststellen, daß Trix die *grande dame* des Schlosses spielte und überhaupt nicht erfreut war, die anderen wiederzusehen. Es wurde immer dringender, ernsthaft über die Ausbildung der Mädchen nachzudenken, und Elizabeth war entschlossen, die Schulausbildung ihrer Töchter ebenso zu einem feministischen Signal werden zu lassen wie alles andere in ihrem Leben und Werk. Angesichts ihrer Demütigung in preußisch-männlichen Händen wollte sie sicherstellen, daß ihre Töchter sich mit genauso wirkungsvollen, wenn nicht besseren Waffen zur Wehr setzen konnten als sie selbst. Sie waren nicht besonders begabt, und keins der Kinder hatte bislang Musikalität gezeigt – die Begabungen der Eltern überschatteten alles. Henning war gegenüber Musik so empfindlich, daß niemand im Haus ohne Erlaubnis auf einem der Flügel spielen konnte, ohne seinen Zorn zu erregen. Elizabeth konnte nicht begreifen, warum ihre Kinder nicht in der Lage waren, den Ton zu bestimmen, wenn draußen ein Vogel sang; für sie selbst war es so leicht, daß sie nicht verstand, daß das absolute Gehör weder üblich noch vererbbar war. Nur Quiqui lernte während der Zeit

* Elizabeth sprach von ihren Kindern als von crabs (Krabben) und spawn (Brut). Crabsen ist ein von Evi erfundenes Wort.

bei ihren Großeltern Klavierspielen und wurde schließlich zu einer begabten Musikerin.

Der derzeitige Lehrer hieß Herr Braun (Herr Schenk in *Elizabeth und ihr Garten*), ein großer, angenehmer junger Mann mit roten Haaren und einem entspannten Naturell. Er war Dorfschulmeister und empfand die Mädchen, im Gegensatz zu seiner Klasse graugesichtiger Kinder im Dorf, als so erfrischend, daß er ihnen ihre Freiheit ließ. Die Kinder verbrachten viel zuviel Unterrichtszeit damit, ihm das störrische rote Haar zu kämmen oder ihn mit Grimassen zu amüsieren. Er hatte Verwandte in Amerika, die ihm Bonbons schickten, die er oft zu ihrem Vergnügen als Belohnung aus der Tasche zog. Einmal brachte er sogar ein in Zeitungspapier eingewickeltes Schafsauge mit, um ihnen dessen Aufbau zu erklären.

Die damals siebenjährige Trix hatte ihn während des Sommers im Unterrichtsraum ganz für sich, was Probleme mit sich brachte, weil sie sich in ihn verliebt hatte. Nachdem ihre Mutter zurückgekommen war, erklärte Trix eines Morgens, daß es ihr auf Nassenheide nicht gefalle und sie die Absicht habe, statt dessen Herrn Braun den Haushalt zu führen. Ihre Mutter fragte nach, wie sie sich das vorstelle, und Trix sagte ganz ruhig, daß sie nur ein paar Sachen packen und zu seinem Haus im Ort fahren würde. Mutter und Tochter gingen ins Kinderzimmer und packten Trix' Spielsachen und eine Zahnbürste in eine kleine Tasche. Die Kutsche fuhr vor, Elizabeth stand in der Tür und winkte ihrer Tochter bewegt hinterher. Die junge Abenteurerin wurde am Tor von der Gouvernante abgefangen, die von der Gräfin dort postiert worden war, und die wütende und gedemütigte Trix wurde zurückeskortiert. An diesen Vorfall erinnerte sie sich noch schmerzlich, als sie längst achtzig war.

Herr Braun verliebte sich dann plötzlich in eine Gouvernante namens Fräulein Beckmann. Sie war eine häßliche, aber sehr zuverlässige Frau mit traurigem Gesicht, die E. M. Forster folgendermaßen beschrieb: »Rein äußerlich eine furchtbar alte Schabracke. Doch hinter dem Nußknackergesicht, Brille, grauen Haaren und runden Schultern verbarg sich eine kindliche Seele. Dauernd schien sie irgend etwas zu basteln – ich weiß gar nicht mehr, was: Papierschachteln, in deren Innerem man auf filigrane Häschen stieß und ähnliches. Alle Tiere, aber auch der Graf und die Gräfin, liebten sie, doch fröhlich war sie nicht.« Zwischen ihr und den Kindern tat sich plötzlich eine tiefe Antipathie auf, und sie wurden beinah jeden Tag zu ihrem Vater geschickt, damit er sie bestrafte. Aber sie hatte heilsamen Einfluß auf ihre Manieren.

Ein Hauslehrer aus Cambridge namens Mister Stuart wurde gefunden. Er studierte klassische Literatur am Kings College und war auf Empfehlung von Sydney Waterlow, Elizabeths Neffen, der selbst in Cambridge studierte, eingestellt worden. Charles Erskine Stuart verliebte sich sehr bald in Elizabeth und weckte ihr Interesse an klassischer Literatur, so daß sie beschloß, gemeinsam mit ihren Kindern im Unterrichtszimmer zu lernen, wobei sie die Stunden beträchtlich belebte.

Es war äußerst schwierig, die Kinder zu unterrichten; ihre Mutter bemerkte: »Sie weigerten sich, Fakten aufzunehmen, und die Schmach, durch eine Prüfung zu fallen, war ihnen völlig egal.« Die Hauslehrer beklagten sich später, daß den Kindern im Unterricht jede Motivation fehlte. Für die drei älteren Töchter war die Mutter der »Anfang und das Ende alles Seins«. Sie nannten sie sogar »Lieber Gott«, da in ihren Augen kein anderes Wesen auf der Welt so perfekt sein konnte. Der Unterricht litt darunter, daß jede andere Erwägung innerhalb ihres Lebens von der Unsicherheit überschattet wurde, wo wohl ihre Mutter sein mochte. Wenn sie fortging, was häufig und fast immer kurzfristig der Fall war, war die Familie niedergeschlagen; die Mädchen liefen dann ziellos herum, wurden beim kleinsten Anlaß nörgelig und zeigten abgrundtiefe Verachtung für alle, die sich um sie kümmerten. Aus schierer Langeweile und nur bruchstückhaft nahmen sie zur Kenntnis, was um sie herum vorging, und lernten möglicherweise auch ein bißchen. Wenn ihre Mutter zurückkam, stellten sich die Kinder zur Begrüßung in einer Reihe auf und hielten strahlend hübsche Blumensträuße umklammert. Die Veränderung ihres Lebens von streng und starr zu abenteuerlich und fröhlich war bemerkenswert, und die Kinder lebten in einem Zustand seliger Vorahnung. In jedem

Augenblick ihres streng regulierten Lebens im Unterrichtszimmer konnte Elizabeth auftauchen, ihnen Stiefel und Mäntel anziehen und mit ihnen ins Freie gehen. Wenn das im Winter geschah, halfen sie ihrer Mutter dabei, »den schönen Schnee kaputtzumachen«. War es an einem warmen Frühlings- oder Sommertag, sprangen sie in die kleine, offene Korbkutsche mit den roten Rädern und fuhren mit einem Picknickkorb in den Wald, um ihn den ganzen Tag lang zu durchstreifen. Wo sie hinkam, verbreitete Elizabeth Fröhlichkeit. Sie besaß die Gabe des Lachens und hatte die Quelle des Frohsinns entdeckt, der ihre Bücher so gut verkäuflich machte und am Ende dafür sorgte, daß sogar ihr Mann ihr alles verzieh.

Die Kinder brachten ihr diese Zuneigung entgegen, obwohl Elizabeth plötzlich in größte Strenge verfallen konnte. Das war nötig, weil Henning nicht das Temperament besaß, die Strafen auszuführen, die man in jener Zeit für angebracht hielt. Er sah sich eher in der Rolle, seine Kinder zu trösten, wenn sie unglücklich waren, wobei ihm große Tafeln Schokolade halfen, die er stets in seinem Arbeitszimmer deponierte. Es war sinnlos, sie mit väterlicher Gewalt einzuschüchtern, was in Elizabeths Kindheit die einzig wirksame Methode gewesen war. Schon in sehr frühem Alter wurden die Kinder von ihrer Mutter kräftig verprügelt. Die Bestrafung war kurz und heftig und erfolgte in der Regel wegen Ungehorsamkeit, Unehrlichkeit, Aufmüpfigkeit oder sonstigem schlechten oder lautem Betragen. Evi erinnerte sich, daß sie eines Tages so kräftig mit einer Hundepeitsche geschlagen wurde, daß die Gouvernante, die sie festhalten sollte, in Tränen ausbrach. Sie wußte, daß sie damals grausam behandelt worden war, konnte sich aber nicht mehr an die »Sünde« erinnern, der sie diese Strafe verdankte. Allerdings war Elizabeth nicht immer so hart. Einmal weigerte Trix sich, sich von der Gouvernante die Jacke ausziehen zu lassen, bevor sie ins Bad ging. Elizabeth wurde gerufen, aber ihre ernsten Ermahnungen blieben erfolglos, obwohl sie eine Bürste in der Hand hielt. Beatrix schrie: »Faß mich nicht an, Muttilein, faß mich nicht an!« und umklammerte die Knie ihrer Mutter. Elizabeth riß die Jacke herunter und wollte schon mit der Bürste zuschlagen, als sie zu ihrer Überraschung sah, daß Trix' Hüfte mit einem Verband umwickelt war. Als Elizabeth und die Gouvernante besorgt den Verband lösten, kam eine klebrige Masse zum Vorschein, und sie befürchteten das Schlimmste. Schließlich legten sie drei zerbrochene Hühnereier frei, die das Kind durch seine Körperwärme hatte ausbrüten wollen. Dies ließ die Züchtigung sofort zu Küssen werden.

Als die Mädchen älter wurden, griff ihre Mutter zu einer subtileren Strafmethode. Sie entzog dem zu strafenden Kind zeitweise ihre Zuneigung, was »unter einer Wolke« genannt wurde. Für den Übeltäter war das ein angsterfüllter Zustand, wie Evi sich erinnerte: »Die anderen gingen ziemlich philiströs damit um, hielten sich dann für die Auserwählten dieser Erde und waren so glücklich darüber, im Sonnenschein ihrer Zuneigung zu stehen, daß sie vergaßen, daß auch ihre Zeit der Sonnenfinsternis unausweichlich kommen würde.«

Das Ziel, das Elizabeth für ihre Töchter sah, war nicht leicht zu erreichen, doch hielt das Desinteresse der Kinder ihre Eltern nicht davon ab, ihnen die bestmögliche Ausbildung geben zu lassen. Im Jahr 1901 waren meistens zwei Gouvernanten und zwei Hauslehrer anwesend. Elizabeth schrieb, daß ihre Töchter während dieser intensivsten Phase der Schulzeit durch die Hauslehrer und Gouvernanten die meiste Zeit in einem straff organisierten Stundenplan eingespannt waren. Unter strenger pädagogischer Aufsicht saßen sie jeden Morgen im Unterrichtsraum. Nachmittags wurden Ponies aus den Ställen geholt, und die Kinder bekamen Reit- und später Tennisunterricht. Bei anderen Gelegenheiten führte man sie zum Teich, wo sie schwimmen lernten, oder man machte Wanderungen, auf denen botanisiert wurde. Sie wurden tatsächlich nach dem Schema erzogen, das Henning noch vor ihrer Geburt entwickelt hatte und nach dem die erhofften Söhne hätten erzogen werden sollen.

Alle englischen Hauslehrer waren entweder College-Studenten aus Cambridge, die Sydney Waterlow empfohlen hatte, oder sie waren erst kurz im Land und suchten nach einer Gelegenheit, etwas Deutsch zu erlernen. Mr. Stuart wurde von Mr. Gaunt abgelöst, der später nach Indien ging und dort die Eingeborenen unterrichtete. Mr. Wilson machte sich bei den Kindern beliebt, indem er in den Teichen der Umgebung Fische für ihre Katzen fing. Mr. Stokoe war eine sehr entschiedene Persönlichkeit und hielt sich für einen Schriftsteller. Er wurde, wie er Elizabeth erzählte, eines Abends in diesem Glauben bestärkt, als er im Bett lag und feststellte, daß der Schattenriß seines Profils auf der Decke dem Profil Shakespeares glich, und er meinte, daß dies doch wohl etwas zu bedeuten hätte. Es motivierte ihn jedenfalls dazu, lange Romane zu schreiben, während die Kinder um ihn herum saßen und Hausaufgaben machten. Niemand hat je erfahren, ob sie veröffentlicht wurden. Er hatte seine Schwester abgelöst, die für eine kurze Zeit Gouvernante gewesen war. Die Kinder fanden sie altbacken, verkniffen und untauglich. Am zweiten Nachmittag ihres Aufenthalts unternahm man eine Ausfahrt, als es zu regnen begann. Die Kinder mußten sie in Decken einwickeln, und als sie nach Hause kamen, waren sie bis auf die Haut durchnäßt, Miss Stokoe jedoch warm und trocken. Elizabeth entließ sie auf der Stelle. Mr. Gibb, der auf Bäume kletterte, war der Sohn des Direktors der North Eastern Eisenbahngesellschaft. Er war bei den Mädchen äußerst beliebt und einer der wenigen Hauslehrer, der sich wirklich für sie interessierte. Ihm mißfiel, daß ihr Leben so stark reglementiert war, und als er abreiste, war er stolz auf die Tatsache, den Mädchen das Spielen beigebracht zu haben. Herr Steinweg war der deutsche Hauslehrer; er blieb viele Jahre bei der Familie, bis er sein Examen als Pfarrer bestand und in Berlin evangelischer Pastor wurde. Ein anderer Hauslehrer kam am Bahnhof an, wo Elizabeth ihn erwartete; er hielt sie irrtümlich für eine Gouvernante. Sie konnte dem Spaß nicht widerstehen, erzählte ihm Geschichten über die Strenge und den Jähzorn der Gräfin und über die Beziehungen zwischen dem Personal, die ihm die Haare zu Berge stehen ließen. Am nächsten Morgen beim Frühstück kam die Wahrheit ans Licht; er packte seinen Koffer und verschwand.

Der Erzengel und der Hauslehrer

Henning von Arnim mit dem langerwarteten Sohn

Im Frühjahr 1904 entstieg Fräulein Teppi Backe am Nassenheider Bahnhof der Schmalspur-Eisenbahn. Sie war als Gouvernante von einer entfernten Freundin empfohlen worden und wurde von einer »sehr kleinen, zarten, freundlichen Dame« begrüßt, wie sie in ihren Erinnerungen schrieb, die, von einer Menge kleiner, grunzender Schweine umgeben, in einem morastigen Feld stand – es war ihr Stall, der an den Bahnhof angrenzte. Nur am ausländischen Akzent erkannte Fräulein Backe, daß sie »von der Gräfin persönlich begrüßt« wurde. Sonst wäre sie nie auf die Idee gekommen, daß die schlicht gekleidete Frau in mittleren Jahren, die sie da so unprätentiös und herzlich in Empfang nahm, als ob sie alte Schulfreundinnen gewesen wären, die Mutter ihrer Schüler war. Sie fuhren mit der Kutsche durch ein Dorf und dann durch einen »endlosen, gut gepflegten Park«, während Elizabeth der neuen Gouvernante erzählte, wie glücklich sie sei, ein einfaches Landleben zu führen, und daß sie hoffe, daß auch Fräulein Backe glücklich werde. »Mit meinen Töchtern kommt man leicht zurecht, wenn man weiß, daß man sie liebevoll und vorsichtig behandeln muß, aber sie können wirklich unerträglich sein, wenn man das nicht berücksichtigt«, sagte sie. »Sie haben bereits eine ganze Reihe von Gouvernanten vergrault, die in ihren Augen gescheitert sind.« Der neuen Gouvernante schauderte es bei dieser Ankündigung von *enfants terribles*, doch die kleine Frau fuhr fort: »Sie werden mit allen Tricks versuchen, Sie so schnell wie möglich wieder loszuwerden. Sie wollen nur mir gehorchen. Für sie bin ich wie Gott, aber ich bin zu beschäftigt, um mich selbst um ihre Erziehung zu kümmern. Ich brauche jemanden, der mir dabei hilft. Glauben Sie ja nicht, daß es einfach sein wird. Sie werden sich über ihren Erfindungsreichtum wundern – sie werden Ihnen Steine in den Weg legen. Seien Sie tapfer und gerecht. Das ist für meine höchst kritischen Kinder das Wichtigste.«

Fräulein Backe freute sich über die Ehrlichkeit der Mutter

und, entschlossen, ihr Licht nicht unter den Scheffel zu stellen, hatte sie sich bereits eine Unterrichtsmethode zurechtgelegt. Doch die Gräfin, als ob sie ihre Gedanken lesen könnte, sagte: »Mit der Erziehung meiner Töchter werden Sie wenig zu tun haben. Ihre Aufgabe besteht darin, sie moralisch zu formen. Am ehesten werden Sie sie für sich gewinnen, wenn Sie nicht versuchen, ihnen ihre Liebe für mich zu nehmen, sondern wie ein Erzengel hinter mir stehen.«

Sie betraten die Halle, die, mit Ausnahme der Jagdtrophäen, eines schönen, geschnitzten Eichenschranks und dazu passenden Stühlen, unmöbliert war. Sie nahmen zeremoniell vor drei kleinen Kindern Platz, die »wie Orgelpfeifen« vor ihnen standen. Die Kleinste sprang der Mutter auf den Schoß und drückte ein Blumensträußchen gegen ihr Kinn. Sie wurde der neuen Lehrerin so vorgestellt: »Das ist Trixi, unser kleiner Wildfang – eigentlich heißt sie Beatrix. Der Name paßte aber überhaupt nicht zu ihr; wir haben ihn abgekürzt, damit er zu dieser runden, kleinen Person paßt.« Die zweite hatte blonde, lockige Haare: »Hier haben Sie meine Älteste – wir nennen sie Evi –, deren zukünftiger Adam nach ihrer Pfeife tanzen wird, denn sie ist das wandelnde Ebenbild von Rechtschaffenheit und Güte.« Das größte Kind war so hübsch, daß Fräulein Backe die Augen nicht von der schlanken Gestalt wenden konnte, die da vor ihr stand. Elizabeth zog sie nach vorn und strich ihr über das dunkelbraune Haar: »Hier ist meine Zweitgeborene – sie ist größer als Evi, mein ruhigstes Kind und diejenige, die meinen Namen trägt. Wir nennen sie kurz Liebet.«

Die Kinder schleppten die neue Gouvernante in den Unterrichtsraum, und durch ihre Offenheit, ihr ungekünsteltes Verhalten und ihren feinen Humor machte sie auf die Kinder einen so guten Eindruck, daß ihr Lachen die Aufmerksamkeit ihrer Eltern erregte. Die Mädchen führten sie ins Kinderzimmer, um den Bruder anzuschauen. »Wenn er in die Hose macht, haut Mammi ihm mit einer Bürste auf den Po«, berichtete man ihr zur Einstimmung. »Dann schreit er wie am Spieß. Er ist sowieso kein besonders freundliches Baby. Wir haben noch eine Schwester, aber die ist bei Oma in England und wird sehr verwöhnt und trägt nur Kleider aus Seide. Die soll mal wiederkommen. Der werden wir schon den Lack abkratzen.« Das Fräulein versuchte, auf französisch mit dem Kindermädchen zu reden, gab es aber bald auf und ließ sich von dem melancholischen älteren Mädchen ein paar Lieder beibringen. Unterdessen versuchten die Mädchen, dem Baby Handstand beizubringen, worauf es in mörderisches Geheul ausbrach. Der Krach war nervenzerreißend. Die Gräfin eilte herbei, nahm den Kindern das Baby weg, schlug es wie eine Furie mit der Haarbürste, als ob es in die Hose gemacht hätte, und beschimpfte alle dreisprachig. Dann verschwand sie so schnell, wie sie gekommen war. Abends, als die Kinder wie »Schneeflocken« gekleidet waren und Fräulein Backe ihr bestes Wollkleid trug, erschien Elizabeth wie eine süß lächelnde Fee und war ganz anders als die rasende Person im Kinderzimmer. »Ein cremefarbenes Spitzengewand umhüllte ihren kleinen Körper, eine Perlenkette hing um ihren schönen Hals, und Perlen waren auch in ihr hochgestecktes, braunes Haar eingeflochten. Unter dem fließenden Gewand erkannte man goldene Schuhe, die wahrscheinlich Aschenputtel gepaßt hätten«, notierte Teppi Backe.

Das Abendessen war die formellste Mahlzeit des Tages und gehorchte einem festgesetzten Ritual. Wenn ein Gong ertönte, mußten sich alle umkleiden. Abendgarderobe war *de rigueur*; die Kinder vertauschten ihre blauen Alltagskittel mit flauschigen weißen Kleidern, ihr Haar fiel ihnen offen über die Schultern. Die Gesellschaft versammelte sich in der Bibliothek, die den Mittelpunkt des Schlosses bildete. Hier standen schöne, weiß gestrichene Möbel, und nur der schwarze Flügel in der Ecke hob sich von den luftig-hellen Farbtönen des Raums ab. Polsterstühle standen im Halbkreis um den riesigen Kamin, und »teure Vasen, Statuen und Ölgemälde gaben dem Raum das Gepräge höchster Kultiviertheit«.

»Wie eine aus einem Märchen entsprungene Figur« erschien Elizabeth beim zweiten Gongschlag. Dann ergriff sie den Arm ihres Mannes und ging mit ihm voran durch zwei andere große Räume, die ebenfalls weiß möbliert und mit hellem, blumengemustertem Samt dekoriert waren. Im letzten, sehr langen und schmalen Raum stand noch ein Flügel. Von dort gelangte man über ein paar Stufen in die Halle, und von dort begab sich die Gesellschaft dann ins Speisezimmer. Dieser Raum war mit schön geschnitzten Eichenmöbeln eingerichtet, und an den Wänden hingen handkolorierte Porzellanteller, Hennings Erbteil seiner illustren Vorfahren. Während eins der Kinder das Tischgebet herunterleierte, standen alle hinter ihren Stühlen. Dann wurde die Gräfin von einem Bediensteten plaziert, und auch die anderen setzten sich auf ihre angestammten Plätze. Die Hauslehrer wurden von Elizabeth aufgefordert, über ein bestimmtes Thema zu reden, was anschließend, meist mit großer Anteilnahme, von allen diskutiert wurde. Die Kinder durften nicht mitreden, sondern lediglich Fragen beantworten.

Normalerweise verlief die Konversation dreisprachig; Neuankömmlinge waren unfehlbar verblüfft über den Witz und vielseitigen Intellekt der Gastgeberin, die jede Frage fließend in allen Sprachen beantworten konnte. Nach dem Essen ging man wieder gemeinsam in die Bibliothek, wo es eine ganze Anzahl Zerstreuungen gab, von Schach bis Tanz oder auch lärmende Spiele für die Kinder. Gelegentlich sang Fräulein Backe Lieder, deren Texte von ihrem großen Idol Goethe stammten. Sie wurde dann von Elizabeth begleitet, aber diese Einlagen waren weniger beliebt, da ihre grotesken Gesichtsverrenkungen die Kinder zu Kicheranfällen verführten – und außerdem sang sie fürchterlich falsch.

Die Arnims fanden dieses »froschgesichtige Fräulein« einnehmend und äußerst sympathisch. Sie war groß und immer überarbeitet. Sehr bald band sie blinde Bewunderung an die Gräfin. Als Elizabeth sie eines Morgens fragte, wie sie ihr Ei gekocht wünsche, lief sie rot an und sagte, überwältigt von der Vorstellung, ein Ei serviert zu bekommen: »O nein, das geht zu weit.« Es war »so vollständig außerhalb ihres Vorstellungsvermögens«, schrieb ihre Herrin an eine Freundin, »daß sie sich verhielt wie eine bescheidene, gut erzogene Jungfrau, die zum ersten Mal von einem Mann verführt werden soll«. Teppi, wie sie bald genannt werden sollte, verfügte über ungeheure Energiereserven, ganz gleich, womit man sie beauftragte, und schon bald schien sie für alles verantwortlich zu sein. Wegen der großherzigen Weise, mit der sie alles, was sie tat, anging, lachten die Kinder natürlich über sie, und erst Jahre später begriffen sie den wahren Wert Teppis. Sie übernahm zusätzlich die Pflichten einer Haushälterin, womit sie Elizabeth den Großteil der Haushaltspflichten abnahm; später war sie ausschließlich Haushälterin, blieb jedoch in der Hierarchie des Hauses immer auf der gleichen Ebene wie die Hauslehrer. Das Bemerkenswerteste war ihre Intelligenz, und schon bald, wie ein anderer Hauslehrer, E. M. Forster, feststellen sollte, war das Schloß voll mit Leuten, die »Teppi dies und Teppi das« riefen.

Elizabeth auf Rügen, dessen Erscheinen sich wegen H. B.s Geburt verzögert hatte, kam Anfang 1904 heraus. Die Kritiker lobten das Buch uneingeschränkt, aber niemand bemerkte, daß es sich um eins der komischsten Bücher seit Jahren handelte. Der *Spectator* nannte es eine »Serie von Aquarellskizzen in Worten, Skizzen, die so originell, zart und schön sind, so gesättigt mit künstlerischem Empfinden und voll der hellen Stimmung des Glücks, daß der Autorin ein hoher Rang unter den gegenwärtigen Wortmalern gebührt.« Katherine Mansfield, die damals auf dem Londoner Queens College zur Schule ging, wurde durch das Buch angeregt, die Geschichte *Die Einsame* zu schreiben, die von Liebe und Tod handelt, zwei Bereiche, um die ihre viel ältere Cousine einen so weit wie nur möglichen Bogen machte. *Die Einsame* ist prophetisch für Katherine, die an Tuberkulose sterben sollte; die Geschichte spielt nämlich in einem Kurort auf Rügen, und die ozonhaltige Luft der Kiefernwälder wirkte Wunder auf Leute, die irgendwelche Lungenleiden hatten.

In jenem Sommer hatte Katherine Henry und Louey besucht und Quiqui kennengelernt. In einem Brief an eine Freundin beschrieb sie das Mädchen: »Einmal, zu Ostern, besuchte ich Oma ... in Kent; ihre deutsche, fünfjährige Enkelin war da, und wir nahmen sie mit zur Kirche. Ich werde nie vergessen, wie schön sie war. Sie trug ein ganz kurzes, weiß abgesetztes Kleidchen, weiße Strümpfe und rote Schuhe, und unter ihrem kleinen, weißen Strohhut mit Seidenband und einem Kranz Gänseblümchen darum, lugten die Locken hervor. Als die Kinder ihre Gaben darbringen und singen mußten, sangen sie den Choral *All Things Bright and Beautiful.* Wir hoben das deutsche Kind aufs Kissen der Kirchenbank, und sie sang sehr ernst mit, in der Hand den weißen Korb mit bunten Ostereiern und Blumen – und die Sonne strömte durch die kleine, alte Kirche, und die Stimmen der Kinder, sehr dünn und hoch – schienen zum Himmel zu steigen – über allen hörte ich das deutsche Kind – frohlockend, jubelnd – mit rosigen Wangen.

Oma und ich waren so glücklich, daß wir, zum Entsetzen und Staunen des Kindes, beide weinten. Sie zupfte mich am Ärmel – ›Kassie, warum guckst du so nachdenklich?‹ Ich höre immer noch ihren kräftigen, deutschen Akzent – sie war so kostbar ...«

Ein paar Wochen nach Teppis Ankunft kehrte Quiqui nach Nassenheide zurück. Am folgenden Sonntag besuchte die Familie wie üblich die evangelische Kirche in Blankensee, ein einfaches Gebäude auf einem Hügel. Jacobs, der Pastor, war so verletzend wie immer und wetterte über die Greueltaten der Engländer an den Buren, obwohl der Krieg seit zwei Jahren vorbei war. Elizabeth hielt, wie sie es immer tat, das Lorgnon vor die Augen und erwiderte mit einem Ausdruck, der seine Redseligkeit hätte abkühlen sollen, stur seinen Blick, aber er redete weiter. Quiqui langweilte sich und fühlte sich unbehaglich. Als sie merkte, daß ihr Bein eingeschlafen war, quiekte sie mit lauter Stimme: »Ich hab zum Frühstück bloß eine kalte Kartoffel bekommen.« Die ganze Gemeinde fiel in ein schockiertes Schweigen, in das noch einmal die gleiche Klage gerufen wurde. Als das Kind den Mund öffnete, um sich zum dritten Mal bemerkbar zu machen, versuchte ihre Mutter, ihr den Mund zuzuhalten. Ihr Vater stand schnell auf, nahm sie und brachte sie nach draußen auf den Friedhof.

»Mein Kind«, sagte ihr Vater und stellte sie auf einen Grabstein, damit ihre Augen auf gleicher Höhe waren, »stimmt das denn auch mit der kalten Kartoffel?«

»Nein«, sagte Felicitas Joyce, streichelte sein Gesicht und war froh, daß sich ihr Bein wieder richtig anfühlte.

»Mein Kind«, sagte ihr Vater, »weißt du, daß man nicht lügen darf?«

»Nein«, sagte Felicitas Joyce ruhig; ihre himmelblauen Augen blickten direkt in seine, genau wie der milde Himmel über den Bäumen.

»Nein?« wiederholte ihr Vater und sah sie an. »Aber, mein Kind, weißt du denn, was eine Lüge ist?«

»Nein«, sagte Felicitas Joyce und sah ihn in ihrer Zufriedenheit, kein Kribbeln mehr in dem Bein zu haben, zärtlich an; und wie er sie immer noch ansah, legte sie ihre Hände auf seine Wangen, drückte sein Gesicht zusammen und murmelte: »Oh, ich hab dich so lieb.«

Das Leben ging weiter, und das Band zwischen Elizabeth und Teppi wurde täglich fester. Weit davon entfernt, die Liebe der Kinder von ihrer Mutter abzuwenden, war deren Zuneigung zu Teppi dennoch schließlich fast so groß wie die zu Elizabeth. Teppi und die Gräfin entwickelten eine Beziehung, die anfangs der beidseitigen, tiefen Bewunderung für Goethe entsprang, die sich aber bald wie ein dichter Schutzschirm ausbreitete, der sie bis zu einem gewissen Grad alle vor dem Platzregen des Schicksals, der bald auf sie niedergehen würde, schützen sollte.

Einer der Cambridge-Studenten, von Sydney Waterlow wärmstens empfohlen, war ein schüchterner junger Mann namens Edward Morgan Forster. Elizabeth lud ihn brieflich ein, ihre Kinder zu unterrichten, verlangte jedoch, daß er Grundkenntnisse im Deutschen mitzubringen habe, Mathematik unterrichten konnte und mindestens sechs Monate bei der Familie bleiben sollte. Er antwortete, daß die Anforderungen ihn als Kandidaten ausschlössen, da er keine einzige davon erfüllen könne. »Je mehr Einwände ich vorbrachte, desto herzlicher wurden ihre Briefe«, schrieb Forster in einem Bericht über seinen Aufenthalt auf Nassenheide. Schließlich »bat sie mich zu kommen, wann und wie immer ich wollte, und versicherte, daß es mir nicht langweilig werden würde«.

E. M. Forster kam im Frühling 1905 an. Er fürchtete sich vor den Deutschen und hatte noch mehr Angst vor seiner zukünftigen Arbeitgeberin, da er ihren Büchern entnommen hatte, daß sie eine Tartarin sei, die eigentlich keine Menschen mochte, zumindest diejenigen nicht, mit denen sie Umgang hatte: »Die Menschen, die ich liebe, sind immer woanders«, hatte sie in ihrem ersten Buch geschrieben, »und nicht in der Lage, zu mir zu kommen, wohingegen ich das Haus jederzeit mit Besuchern füllen kann, die ich nur wenig kenne, geschweige denn, gern habe. Sähe ich mehr von jenen abwesenden, vielleicht stünden sie dann nicht so hoch in meiner Gunst – zumindestens denke ich das an regnerischen Tagen, wenn der Wind ums Haus heult und die Natur in Gram versinkt.«

In der Nacht, in der Forster ankam, war die ganze Natur in Gram versunken. Seine Aufregung steigerte sich, als der Zug im letzten Abendschein im Bahnhof einfuhr und er von nichts anderem als glänzenden Misthaufen begrüßt wurde. Ein Knecht erschien und führte Forster zum Schloß. Über seine Ankunft schrieb er seiner Mutter: »... wir trampelten durch Pfützen, es gab keine Straße, und als wir den Hof erreichten, roch es höchst abstoßend nach Schwein und Pferd und Kuh, und wir wateten im Matsch. Hier trennten wir uns, und er zeigte mir einen unebenen Kutschenweg, auf dem es besser ging, da er nur aus Sand und Schlaglöchern bestand: Alsbald stieß ich auf ein großes Gebäude, in dessen oberem Fenster Licht brannte. Ich fand eine Türglocke und läutete. Innen bellte ein Hund. Inzwischen war mir vor Lachen ganz übel geworden. Ich läutete noch einmal, und endlich erschien ein ganz aufgelöster Junge ohne Licht. Ja, das sei das Schloß. Was ich wolle? Ich sagte, ich wolle hier wohnen. Er antwortete, daß er mal nachschauen wolle und holte ein Licht, in dessen Schein sich eine langgestreckte, niedrige, getünchte Halle mit Faßgewölbe enthüllte. Ich erkannte Jagdtrophäen an den Wänden und am äußersten Ende die Inschrift I DICTO, INSULSUE, TURPIS TRISTIS ABESTO, etwas in dieser Art. *Turpis* war ich mit Sicherheit, denn meine Stiefel starrten vor Matsch.«

Die Schloßherrin erklärte Forster am nächsten Tag bei seinem Einstellungsgespräch recht streng, daß man ihn am vorigen Abend noch nicht erwartet hätte: »Die Unbequemlichkeiten meiner Ankunft hatten mich in ihrem Ansehen sinken lassen. In der Tat hatte ich den Boden, den ich gewonnen hatte, wieder verloren. Indem sie mein müdes und kränkliches Gesicht musterte, sagte sie: ›Wie geht's, Mr. Forster? Wir haben Sie mit dem Hausmädchen verwechselt ... meinen Sie, daß Sie die Kinder unterrichten können? Sie sind sehr schwierig ... oh ja, Mr. Forster, sehr schwierig, sie werden Sie auslachen, wissen Sie, Sie müssen streng sein, sonst wird es enden wie mit Mr. Stokoe.‹«

Sie zeigte ihm ihr Treibhaus, eine seltene Ehre, was er aber nicht wußte, und ihre neue Remington-Schreibmaschine, auf der sie schnell Swinburnes Vierzeiler *I have looked into the hand of God* tippte. »Und ein hartes, festes, unzerstörbares, kleines geistiges Wesen schien auf- und abzuhüpfen: Hart, doch wenn ich es je würde knacken können, mußte ich damit rechnen, in seinem Kern Schokoladencreme vorzufinden. Geliebt zu werden, wirklich geliebt zu werden, ist wahrscheinlich ihr tiefster Wunsch, und wenn sie alle Klugheit beiseite schiebt und ausruft: ›Aber haben Sie denn kein Herz?‹, dann ist das vielleicht nicht einmal Taktik. Ob das ihre ungewöhnliche Kraft erklärt? Es erscheint merkwürdig, daß man so sehr darum bemüht sein sollte, so einer Person zu gefallen, denn sie ist nicht vornehm und sie ist stets undankbar.«

Worüber Elizabeth undankbar war, erklärt Forster nicht. Sicherlich nicht über die Gelegenheit, sich mit jemandem vom künstlerischen Format ihres neuen Hauslehrers zu unterhalten! Aber obwohl ihr Respekt für ihn ernsthaft war, besonders, nachdem er erfahren hatte, daß sein erster Roman zur Veröffentlichung bei Blackwoods angenommen war, verwandelte sie den Respekt in »eine neue Form des Unsinns, (sie) behandelte mich als Newcomer, der nichts erkennen und tun konnte. Sie war nicht nur klug, sondern hatte auch die Macht, einen zu zwingen, ihre Maßstäbe zu akzeptieren, und ich verschwendete viel Zeit damit, mich zu fragen, wie grün ich hinter den Ohren war.« Er setzte sich in den Kopf, Elizabeth glaube, daß er besser als sie schreibe und daß sie deswegen verärgert sei. »Gleichwohl, der Kontakt mit ihr schärft mein verschlungenes Selbstbewußtsein: Bin ich bescheiden oder nicht? Ich denke, ich halte nicht viel von mir selbst, aber darüber denke ich dann intensiv nach!« Sie schlug ihm vor, mit ihr zusammen ein Buch zu schreiben, was den jungen Mann abstieß, der nicht die Absicht hatte, mit »dieser merkwürdigen, älteren Schwester« zusammenzuarbeiten, wie sie anmerkte; und so wurde nichts aus dem Projekt.

Als die Druckfahnen von *Engel und Narren* eintrafen, las sie sie und sagte, sie hasse das Buch, es sei nichts als halbgares Fleisch und Spucke: »Pfui, Mr. Forster.« Sie las Kapitel eins bis drei, sagte, es sei sehr klug, aber wenig anziehend, und daß sie das Bedürfnis nach einem Bad verspüre. Dann las sie Kapitel vier und fünf, sagte, es sei wirklich sehr schön, und wollte ihren ersten Eindruck revidieren. Nachdem sie das sechste Kapitel gelesen hatte, das Lieblingskapitel von Forsters Mutter, kehrte Elizabeth zu ihrem ursprünglichen Urteil zurück. Eines Tages entwendete sie einen Artikel über den italienischen Philosophen Cardan, den Forster in der *Independent Review* publiziert hatte, und begründete ihr Vorgehen damit, daß sie eine sehr strenge Kritikerin sei. Sie brachte das Manuskript zerknirscht zurück und sagte: »Sie müssen weitermachen und werden gewinnen, mehr habe ich nicht zu sagen.«

Während der Reise nach Nassenheide hatte Forster in Dresden Posy Kelly getroffen, die damals mit einem Mr. Farmer verheiratet war. Als er seiner Gastgeberin davon erzählte, sagte sie: »Die mögen mich nicht.« Er antwortete: »Ja, das hab ich gemerkt«, worüber Elizabeth sich aufregte, da ihr die neue, freimütige Art, die in den intellektuellen Kreisen Englands damals in Mode kam, noch nicht untergekommen war. Über diesen Vorfall berichtete Forster seiner Mutter: »Jetzt kommt ein bißchen Klatsch. In Dresden merkte ich, daß zwischen E. und Mrs. Farmer richtiger Streit herrscht. Mrs. F. und ihre Schwester sind vor Jahren einmal hier gewesen, und als der *Garten* erschien, glaubte die Schwester, mit Minora sei sie gemeint, und darüber beklagte sie sich lautstark in London. E. sagte, sie würde nie so gemein sein, einen Gast literarisch zu verarbeiten, und daß es für Minora keine Vorlage gebe. Jedenfalls gab es Streit, über den ich natürlich nur eine Seite gehört habe;

demnach muß sich Mrs. F. oder vielmehr ihre Schwester sehr schlecht aufgeführt haben.«

Später erfuhr er, daß Elizabeth ihn gleich am ersten Tag beinah wieder nach England zurückgeschickt hätte, da er eine besonders unpassende Krawatte getragen habe – oder jedenfalls wollte sie, daß er das glaubte. Sie hatte Forster ebensowenig gefallen. Allerdings änderte er seine Meinung, als er seine Gastgeberin häufiger sah, obwohl das selten genug vorkam, da sie im Treibhaus täglich an einem neuen Buch arbeitete, *Priscilla und das Haus in Devon.* Wenn sie sich begegneten, »war sie sehr angenehm und amüsant, und ich glaube, daß sie mir sehr gefallen wird«. Seiner Mutter schrieb er: »Sie ist, wie ich kaum erwartet hatte, viel netter als ihre Bücher.« In einem Artikel mit dem Titel *Erinnerungen an Nassenheide*, den er 1959 in *The Listener* veröffentlichte, beschrieb er sie als »klein und anmutig, lebhaft und munter. Sie war auch kapriziös und eine gnadenlose Provokateurin.« Den berühmten Garten konnte Forster freilich nicht finden; es gab ihn gar nicht mehr. Auch für Blumen interessierte Elizabeth sich keineswegs. Der Garten war in dem Park aufgegangen, der fast schon ein Wald war. Später im Sommer blühten auch einige Blumen – vor allem Stiefmütterchen, Tulpen und Rosen.

»Es gab endlose Reihen Lupinen, die der Graf für landwirtschaftliche Zwecke züchtete, aber keine Blumenpracht, und Nassenheide schien lediglich von Gras und Sträuchern umgeben zu sein. (Es gab) ein Feld ... über dessen hohem Gras Ende Juli Schmetterlinge wie ein Baldachin flatterten. Aber das Land, die platte, bäuerliche Gegend, riß mich doch hin. Als ich im April ankam, war der Wind unangenehm und kam von Osten. An den Uferrändern standen ein paar Butterblumen, und aus Weiden brachen die Kätzchen, aber noch keine Blätter. Die Wege und Pfade bestanden aus schwarzem Sand; ein Himmel aus Blei. Die weiße, aufgeschüttete Chaussee zerteilte die verlassenen Felder, Kraniche flogen am Himmel, schrien ›ho hi to, ho hi to‹, als ob sie den bestimmten griechischen Artikel deklinierten. Dann schraken sie auf und verstummten, als ob es zu schwierig sei. Störche folgten den Kranichen. Über die unendliche, dunkle

Fläche galoppierte das Wild, um in den Ausläufern eines Waldes zu verschwinden. Und dann brach der Frühling auf, langsam, getragen, teutonisch, die Birken formten das Leitmotiv.«

Angesichts von soviel Schönheit glaubte er, weder zu schreiben noch Grammatik lernen zu können, was er sich vorgenommen hatte, weder Vergil übersetzen zu können, was er dann schließlich doch tat, noch Tagebuch zu führen:

»... was schön ist: klarer Abend; grüner Weizen im Sonnenlicht, Purpurschatten der Birken und des Sands, Rehe fliehen über gepflügte Felder, die groß wie ein Land sind – solche Dinge, gefolgt von Rheinmusik, haben mich glücklich und nutzlos gemacht.«

Der Grimmige kehrte kurz nach Forsters Ankunft mit Liebet von einem Urlaub aus Bayern zurück und warf seinen Schatten über das Haus. Er entsprach in etwa Forsters Erwartungen: »... ernst, ruhig, träge, alternd, mit funkelnden Augen. Ich fürchte mich vor dem Ende der Mahlzeiten, weil er dann seine Fingerschale leerschlürft, um seine Zähne zu reinigen, und nach einem furchtbaren Augenblick alles wieder ausspuckt. Ich zucke zusammen und kichere und stelle mir vor, daß Elizabeth das gleiche empfindet.«

Aber der junge Mann fand den älteren doch auch so freundlich und tolerant, wie er es als einziger Mann eines Haushalts aus Frauen, Kindern und Personal sein mußte. Liebet empfand er als das netteste Kind, hübsch, wenn auch etwas zu plump. Im Unterricht war sie eine Plage, weil sie sich um die zerstreute Evi und die dicke, kleine Trix kümmern sollte, und sie mußte auch die Vermittlerin zwischen ihren Schwestern und den höheren Mächten des Haushalts spielen. Sie mußte die Schwestern bei der Stange halten, wenn ungeeignete Gouvernanten und Hauslehrer scheiterten oder den Respekt der Kinder verloren. Ihr Verhalten war gouvernantenhaft, ein wenig herrschsüchtig und überängstlich.

Mit Herrn Steinweg freundete Forster sich so sehr an, daß Elizabeth ihn eines Tages bei Tisch warnte, sich in acht zu nehmen, weil er sonst seine Seele bald nicht mehr sein eigen nennen könne. Steinweg war entsetzt, als Forster zugab, zu glauben, daß Telefondrähte hohl seien und daß man laut schreien müsse, wenn die Person am anderen Ende sehr weit entfernt sei.

Ostern kam, und Forster wurden fünf Eier geschenkt, die auf einem Mooskissen lagen, das seinen Frühstücksteller schmückte. Drei waren aus Schokolade und zwei von den Kinden mit Wasserfarben bemalte Hühnereier. Nach dem Mittagessen suchten alle im Garten nach mehr Eiern. Forster hatte etwa dreißig bis vierzig Stück gefunden, die hinter Grasbüscheln und Baumstümpfen nicht besonders gut versteckt worden waren. Plötzlich saß da unter einem Baum der Osterhase persönlich, einen Korb mit Eiern in der Hand. Er entpuppte sich als Fräulein Backe, die eine große Maske aus Waschleder und eine Morgenhaube aufhatte und bis zu den Füßen in einen beigen Umhang gehüllt war. Sie sagte eine lange, gereimte Rede auf, die sie selbst geschrieben hatte, gab jedem Kind ein Ei und hoppelte dann wacker die Kieswege auf und ab. Alle waren sich einig, daß sie nie ein solches Osterfest gehabt hatten.

Die einzigen echten Klagen Forsters betrafen die Tiere und Insekten. Zwischen Mücken, Bremsen, Fliegen, Ameisen, Holzwürmern und kleinen Schlangen war ihm unbehaglich zumute. Auch der Hund roch manchmal unangenehm, aber in der herzhaften, deutschen Sprache konnte er ihm das sagen, ohne die Gefühle des Hundes zu verletzen. Man mußte nur »Ingulf! Du stinkst!« sagen, dann erhob er sich mit bekümmertem Gesichtsausdruck und verließ das Zimmer. »Er ist aber ein süßes Kerlchen – ungefähr so groß wie ein Klavier«, teilte er seiner Mutter mit.

Gegen Ende seines Aufenthalts gerieten Forster und die Gräfin in derart hitzige intellektuelle Debatten über Schriftstellerei, daß Henning sich das Thema bei Tisch verbat. Er langweile sie beim Essen ja auch nicht mit endlosen Exkursen über Schweine, sagte er, obwohl er sie für zehnmal so interessant wie Bücher halte. In seinen Kreisen galt es als schlechter Stil, bei Tisch über die Geschäfte zu diskutieren. »Man spricht ja auch mit einem Panzerkrebs nicht über Beethoven«, argumentierte Henning.

Ein ausgezeichnetes Argument – und Forster war sich sicher, daß dem Grafen Panzerkrebse lieber waren als Beethoven oder er selbst. »Er ist lieber unter Tieren und Pflanzen, die er nicht sehen kann, als mit Menschen zusammen, die er durchschaut.« Mit Sicherheit hielt Henning fast alle Menschen, und Literaten insbesonders, für albern, doch war er natürlich viel zu höflich, um sich das anmerken zu lassen.

Aber die beiden Literaten fanden Gelegenheit, über ihr Handwerk zu diskutieren, und Forster machte dabei folgende Beobachtung: »Elizabeths Verhältnis zu literarischen und geistigen Fragen entspricht dem unsrigen zu Speise, was nicht von der Speise abhängt, sondern vom Zustand des Magens. Ich hoffe, ich werde nie mehr deprimiert sein, wenn sie mich für verdorben hält – und, was schwieriger ist – nie mehr erhoben, wenn sie mich lobt. Zum Beispiel Keats: Ich vergiftete ihn für sie, indem ich die Briefe lobte, in denen er Wordsworth verreißt und vulgär ist! Weil ich den Akzent darauf legte, wird sie seinen Gedichten gegenüber mißtrauisch: ›Mein lieber Freund – ich weiß nicht, ob Sie so überragend oder ob Sie genau auf meinem schlichten Niveau sind, und eben deshalb sind Sie so wundervoll. Sie sind jetzt ... dreiundzwanzig, und es ist das erste Mal überhaupt, daß ich einem Schüler zu Füßen liege.«

In seinem Tagebuch faßte er ihre Unterhaltungen folgendermaßen zusammen: »In seinen Briefen legt Keats gegenüber seiner Kunst eine perfekte Haltung an den Tag: völlig seriös, aber genial. Und obwohl er andere turmhoch überragt, wünscht er sich lediglich, daß sie weniger nörgeln. ›Die besten Menschen tragen eine Portion Güte in sich – ein sicherer Weg besteht darin, die Fehler eines Menschen zu erkennen, sie aber nicht auszunutzen. Ich glaube an zwei Dinge: Vorstellungskraft und die Heiligkeit der Herzensregungen.‹ Er hat auf das höchste Element der menschlichen Natur abgezielt: ein sehr kleiner Anteil Güte und die überragende Bedeutung dieses Wenigen. Er ist mit dumpfer Gesellschaft zufrieden, wie er auch mit jedem zufrieden gewesen wäre, den er nur lange genug gekannt hätte.«

Und, indem er seine Haltung gegenüber allen Frauen auf Elizabeth bezog: »Es wäre absurd, sich Raserei und manchen Formen der Traurigkeit nicht hingeben zu wollen. Ich denke, daß Frauen nicht alberner als Männer sind, sondern schamloser: Aus jeder Laune, von denen die meisten durchaus bedenkenswert wären, leiten sie ein Weltbild ab und vertreten Ansichten, denen sie später unweigerlich widersprechen müssen.« 1924 las Elizabeth *Auf der Suche nach Indien* und fand es sehr gut, bemerkte aber in ihrem Tagebuch: »... und wie immer zieht sich sein Unverständnis der Liebe zwischen Männern und Frauen wie ein Fettfleck durch sein Werk.«

Im ganzen war sein Unterricht erfolgreich, obwohl er den Eindruck hatte, daß die Kinder sich langweilten und er sie bedrückte. Evi erinnerte ihn als großen, schüchternen jungen Mann, der nervös an seinem Schnurrbart herumzupfte. Als er ihnen Wordsworth vorlas, wurde er sehr sentimental und machte den Eindruck, als würde er jeden Augenblick in Tränen ausbrechen, worüber sie lachen mußten. Aber er brachte ihnen doch einiges bei und hatte Spaß daran, die Diktattexte selbst zu verfassen. Seine größte Leistung bestand in ihren Augen darin, daß man ihn einmal dabei beobachtet hatte, wie er acht hartgekochte Eier auf einmal aufaß. An ihren Spielen beteiligte er sich humorvoll, behielt aber gleichzeitig ein gewisses Maß an Kontrolle und gewann so ihren Respekt. Er ließ sich eines Tages sogar herab, in etwas zu beißen, was offensichtlich Seife war, ihm aber als Brot angeboten wurde. Es trug bereits die Zahnabdrücke ehemaliger gutgläubiger Hauslehrer. »Ihr Hauslehrer fallt alle drauf rein«, riefen die Mädchen triumphierend und boten die Seife der Mademoiselle an, die jedoch dankend ablehnte.

»Sie entspannte sich gern beim Zither-Spielen ... bis einmal der Verschluß von Mademoiselles Armband in die Saiten des Instruments geriet. Da war sie nun gefangen und konnte sich nicht rühren, und es gelang fünf Minuten lang weder dem April-Kind noch mir, sie zu befreien. Inzwischen hatte Juni Quiquis Bein in der Stuhllehne festgeklemmt, und die Kleine, die eben erst etwas rosa Medizin eingenommen hatte, fing an, auf höchst alarmierende Weise hin und her zu schaukeln. Aber ich ließ sie frohgestimmt allein, und Quiqui schrieb ihrer Puppe einen Brief. ›Meine liebe Comtesse Jane, es freut mich, Ihnen mitteilen zu können, daß Sie Geburtstag haben. Ich werde Sie bald treffen. Ich hoffe, Sie sterben bis dahin nicht ...‹«

Die Kinder schrieben auch Aufsätze. Das Juni-Kind Trix war dabei am unterhaltsamsten. In ihrem Aufsatz zum Thema *Wen wünschst Du Dir als Sieger, falls es Krieg zwischen England und Deutschland geben sollte?* schrieb sie: »Wenn es Krieg zwischen Deutschland und England gibt, ist es mir egal, wer gewinnt; ich würde so schnell wie möglich weglaufen.« Sie gab den Aufsatz mit dem leidenschaftlichen Ruf ab: »Ich weiß, daß ich keine Fehler angestrichen bekomme, weil ich die Wahrheit gesagt habe!« In einem anderen Aufsatz über eine Figur in einem Buch, das sie gelesen hatten, schrieb sie: »Er war so fromm, daß er die ganze Bibel auswendig kannte. Jedesmal, wenn seine Kinder unartig waren, leuchtete sein Gesicht mit biblischen Worten; und sogleich sprudelten Zitate aus seinem Mund wie ein Fluß. Vielleicht war er als Kind in Religion eingeweicht worden, und deshalb scheint mir völlig klar zu sein, daß sein Geist sich etwas verwirrte, wenn er zu viel an Höhere Mächte dachte, und sein Geist wurde auch nie mehr ganz richtig. Er ist ein guter Mensch, doch möchte ich ihn davor warnen, zu viel nachzudenken, sonst dürfte sein Ende recht zweifelhaft sein.«

Eines Morgens sagte Evi: »Ich habe vom Lieben Gott geträumt. Er stand am Bahnhof von Nassenheide. Sonst nichts.« Beatrix mischte sich ein: »Ich auch. Er hat zwei stolze Damen ausgeschimpft, und ich mußte mir das alles ansehen.« Evi, die damals dreizehn war, konnte, wenn sie wollte, auch einnehmend und charmant sein, verfiel jedoch, wie ihre Schwestern auch, oft in eine grimmige Arroganz aristokratischer Dünkelhaftigkeit. Evis freundliche Phasen waren ausgeprägter als die der anderen, und für eine kurze Zeit wurde Forster zum Objekt einer ihrer Leidenschaften. Sie griff heiß nach seiner Hand und schaute ihm starr, mit irrem Gesichtsausdruck, in die Augen. Die bessere Seite ihrer Gefühle kam eines Tages im Speisezimmer zum Ausdruck. Es war üblich, daß der Bedienstete nach dem Essen Kaffee servierte, aber nur für das obere Ende der Tafel, den Grafen, die Gräfin und die Kinder also. Die Hauslehrer und Gouvernanten hatten zu warten, solange er getrunken wurde, bekamen aber selber keinen angeboten. Das war eine feste Regel, gegen die weder die Kinder noch der Graf und die Gräfin je Einspruch erhoben hatten. Kurz vor Forsters Abreise erwachte jedoch in Evi die Gastgeberin; sie eilte zu dem Bediensteten und beschimpfte ihn wüst wegen seiner Unhöflichkeit. Dann ließ sie ihn weitere Kaffeetassen aufdecken und schenkte den anderen persönlich ein.

Ende Juli verließ Forster Nassenheide; er war wahrscheinlich der erfolgreichste und beliebteste aller Hauslehrer aus Cambridge gewesen, da er in der Lage gewesen war, sich Elizabeths Provokationen zu erwehren. Nachdem er Rügen und die Ostsee besucht hatte, kehrte er rechtzeitig zum Erscheinen von *Engel und Narren* nach England zurück. In einem seiner späteren Romane, *The Longest Journey*, basiert die Figur der Mrs. Failing eindeutig auf Elizabeth, obwohl er das, in der Tradition seiner ehemaligen Gastgeberin, bestritt und behauptete, er hätte einen seiner Onkel porträtiert. Mrs. Failing hatte gelegentliche Momente prophetischer Weisheit, neigte auch zu spontaner Großzügigkeit sowie zu freundlichen Stimmungen, zu Toleranz, feiger Grausamkeit, kalter Rachsucht und herzloser Verachtung.

Das Motiv für den Vorfall mit den Kaffeetassen hatte Forster nicht begriffen, Elizabeth aber sehr wohl. Nachdem Evi aus ihrer Position als erstes Kind aus dem Zentrum des mütterlichen Universums verstoßen worden war, hatte sie ihr Gleichgewicht nie wiedergefunden; die Geburt ihrer Schwestern hatte sie tief verstört. Anfangs benahm sie sich schlecht, aber das führte nur dazu, daß ihre Mutter sie mißachtete. Dann hatte sie versucht, die Aufmerksamkeit ihrer Eltern dadurch zu erringen, daß sie die jüngeren Schwestern nachäffte. Obwohl ihre emotionale Entwicklung hinterherhinkte, erlangte sie ihre volle körperliche Reife im alarmierend frühen Alter von zehn Jahren. Ihr »Kinderwagengesicht«, wie einer ihrer Onkel zu sagen pflegte, und damit auf ihre »Schlafzimmeraugen« anspielte, und ihr intensiver, leidenschaftlicher Charakter, der sie auf alle Männer fliegen ließ, mochten sie noch so unpassend sein, ließen ihrer Mutter die Haare zu Berge stehen. Es war klar, daß sie zu ihrer eigenen Sicherheit in einem Konvent oder dergleichen untergebracht werden mußte. Darüber hinaus war sie extrem widerspenstig und streitsüchtig, und die anderen Mädchen hielten es nicht lange mit ihr aus. Sie war in jeder Hinsicht den Kinderschuhen entwachsen. Als Arthur Wilson, ein neuer Hauslehrer aus Cambridge, ankam, lief Evi ihm derart nach, daß Elizabeth alle Hände voll zu tun hatte, sie zurückzuhalten.

Maude Stanley wurde um Rat gebeten. Sie hatte eine Nichte namens Maude Whyte, die Tochter der Countess of Airlie, die nicht standesgemäß geheiratet hatte, drei Kinder bekam, verwitwet war und ein schweres Leben führte. Sie lebte in einem kleinen einstöckigen Haus in der Auriol Road in Earls Court und war gern bereit, Evi, die dann die St. Pauls School für Mädchen besuchen sollte, als zahlenden Pensionsgast aufzunehmen. Henning betrachtete diese Idee mit äußerstem Mißfallen, aber seine Meinung wurde in Anwesenheit der allmächtigen Maude Stanley überstimmt. Seitdem war Evi ihrer Ansicht nach verbannt, obwohl sie sich auf der St. Pauls Schule glücklicherweise wohlfühlte. Ihre Schwestern waren über diesen plötzlichen und nicht mehr rückgängig zu machenden Einbruch des »Jüngsten Gerichts« entsetzt und stellten sich vor, daß Evi in einem rattenverseuchten Kerker angekettet wäre. Heimlich schrieben sie Forster und baten ihn, ihre arme Schwester zu besuchen und aufzumuntern. Er fragte Elizabeth schriftlich um Erlaubnis, und sie antwortete: »Ich glaube nicht, daß das plötzliche Erscheinen eines jungen Mannes, wie lange er auch Hauslehrer des Kindes gewesen sein mag, im Haus dieser bescheidenen Witwe für Lady Maude empfehlenswert wäre ... Ich habe Evi im Augenblick ausdrücklich mit Leib und Seele der Lady M. unterstellt.«

Lady Maude war in jeder Hinsicht eine kalte, grausame Frau, die für Zuneigung, Liebe und Verständnis keine Zeit aufbrachte. Evi wurde fast immer allein gelassen oder bestenfalls bei Familienausflügen oder Kirchgängen toleriert. Ihre Mutter besuchte sie nur gelegentlich, immer unerwartet und zur großen Freude und Begeisterung der unglücklichen Tochter: »Und ja, es war wie Balsam auf meine Seele«, schrieb Evi in ihren Memoiren. Manchmal gingen sie bei Selfridges einkaufen (damals noch ein Geschäft für Dienstboten) und vergnügten sich dann auf den Hale's Tours. Dabei handelte es sich um eine frühe Form von

Reise-Vorträgen; statt in einem Auditorium zu sitzen, bestiegen die Teilnehmer das Modell eines Eisenbahnabteils, das geschüttelt und gerüttelt wurde, während Klangeffekte und Panoramen an den Fenstern vorbeiliefen und die Illusion erzeugten, im Ausland auf Reisen zu sein.

Leider wurde die Traurigkeit ihrer Tage in Earls Court nur noch schlimmer und einsamer, wenn ihre Mutter wieder abgereist war. Das arme Kind, das sogar schon damals sehr wohl wußte, daß dies die schlechteste Lösung für ihre Probleme war, weinte in einem kalten Zimmer allein vor sich hin; als Spielgefährtin hatte sie nur eine kleine Haselmaus in einem Käfig. Die ganze Zeit grübelte sie kläglich darüber, weshalb sie diese Verbannung verdient hatte. Eines Tages fand sie auf dem Schreibtisch im Schlafzimmer ihrer Tante Charlotte, die sie in den Weihnachtsferien besuchen durfte, einen Brief ihrer Mutter. Er enthielt eine Aufzählung ihrer Sünden und brachte Entsetzen darüber zum Ausdruck, daß sie Mr. Wilson einmal einen »Antrag« gemacht hätte. Ihr »stark zerstreuter Geisteszustand« wurde erwähnt, und daß »das Leben zu Haus mit ihren Schwestern immer nur ihre schlechten Seiten zum Vorschein gebracht« hätte. Evi war verletzt und verwirrt. Sie hatte Mr. Wilson nicht nur keinen »Antrag« gemacht, sondern sie mochte ihn überhaupt nicht und fand ihn aufdringlich. Sie vermutete, daß Lady Maude einen ähnlichen Brief erhalten hatte, ließ die hartherzige Witwe doch keine Gelegenheit aus, ihr »Dummheit, Egoismus und Ungehorsam« vorzuwerfen. Evi spürte, daß sie nur aus sich selbst heraus glücklich werden konnte, »aber für diese Art Philosophie war ich noch zu jung«, schrieb Evi in ihren Erinnerungen. Sie begann, an der Liebe ihrer Mutter zu zweifeln und, was sie noch nie getan hatte, sich vor ihr zu fürchten; doch immer, wenn sie sich sahen, gelang es der Mutter, das Kind wieder zu ihrer willigen Sklavin zu degradieren.

Versuchungen

Hugh Walpole

Priscilla und das Haus in Devon wurde dem Verleger im Sommer 1905 ausgehändigt. Es handelt sich um eine entzückende Märchengeschichte von einer Prinzessin, die von zu Hause wegläuft; aber manche Rezensenten wiesen darauf hin, daß es sich um eine lediglich schwach verkleidete Elizabeth handelt, die auf der Suche nach dem einfachen Leben in einem Landhaus in Devon eine Spur des Todes und der Zerstörung hinter sich läßt. Schließlich wird sie von einem Prinzen gerettet. Die ironische Moral der Geschichte lautet: »Ich glaube, daß es immer besser ist, vorsichtig und auf der Hut zu sein, sich seine Kräfte einzuteilen, mörderisch klug und mörderisch unempfindlich zu sein. Um nicht zu Grunde zu gehen, mußt du vermeiden, zu lange in dem zu leben, was der Dichter schwache Stunden nennt. Die wahrhaft Klugen kennen keine schwachen Stunden; und du solltest auch keine kennen, wenn es dir wohl ergehen soll. Und du wirst, wie man mir gesagt hat, durch ein langes Leben belohnt werden; das heißt, du wirst ein paar mehr jener Jahre erleben, die sich am Ende des Lebens häufen, Jahre, in denen zumeist mürrische Menschen dich füttern, tragen und waschen.«

Der *Spectator* hielt es, nach *Elizabeth auf Rügen*, für das zweitbeste Buch, das sie bislang geschrieben hatte: »Die ganze Geschichte bewegt sich durch die helle, klare Luft einer Komödie ... und zeigt zugleich viel verschmitzte Lebensweisheit.« Dennoch war es kein würdiger Nachfolger ihrer anderen Bücher, und in ihren späteren Werken knüpfte sie auch nicht mehr daran an. Die Geschichte entsprang vollständig Elizabeths Phantasie; eine Warnung an sich selbst, was passieren könnte, wenn sie ihrer von Wordsworth geprägten Ethik nachgeben und sich auf die Suche nach dem einfachen Leben machen würde; in gewisser Hinsicht auch eine Rechtfertigung, genau dies nicht zu tun. Nachdem sie es geschrieben hatte, wurde ihr klar, daß sie ihr Heil als Romanautorin in genauer Recherche und einem Schreiben zu suchen hatte, das sich unmittelbar auf ihre Erfahrungen bezog. Ein amerikanischer Produzent kaufte die Bühnenrechte und ließ es dramatisieren, aber das Stück fiel am Broadway durch.

Elizabeth nahm sich vor, ihren nächsten Roman, *Fräulein Schmidt und Mr. Anstruther*, genau zu recherchieren; er sollte sich auch möglichst stark auf tatsächliche Ereignisse beziehen. Die zentrale Liebesgeschichte basiert auf ihren Erfahrungen mit Stuart – ein junger Engländer aus der Oberklasse quartiert sich bei einem verarmten Professor ein, um Deutsch zu lernen, und verliebt sich dabei in dessen Tochter. Nachdem er seine Liebe erklärt hat, geht er nach England zurück, und die Liebenden wechseln Briefe. Der Text besteht aus den Briefen des Mädchens.

Um herauszufinden, wie eine Professorentochter in Jena lebte, bewarb Elizabeth sich unter dem Namen Miss Armstrong als eine englische Gouvernante, die auf Nassenheide arbeitete und während der Osterferien 1906 ihr Deutsch verbessern wollte. Sie bot an, im Austausch gegen Deutschstunden vom Professor, der Hausfrau zu helfen. Ein Professor, der genau ihren Vorstellungen entsprach, reagierte auf die Anzeige; außer ihrem Mann erzählte Elizabeth niemandem von der Sache und packte die passende Garderobe ein. Selbst Teppi wurde nicht in das Geheimnis eingeweiht, aber eines Morgens im März sah sie zufällig, wie Elizabeths Zofe den Koffer für diese Eskapade packte: »Haben Sie schon mal solche Kleider an der Gräfin gesehen, wie ich sie hier einpacken muß?« fragte die Zofe und zeigte Teppi ein paar derbe Kleider. »Die passen zu einer Marktfrau«, fügte sie hinzu. Teppi fand es skandalös, daß ihre »gottgesegnete« Herrin derart schlichte Garderobe mitnehmen wollte.

Miss Armstrongs Pflichten in Jena erwiesen sich dann auch in der Tat als die einer Hausangestellten. Wochenlang mußte sie in einer kalten, sparsam möblierten Mansarde wohnen, durch die der Märzwind pfiff. Sie mußte bei Morgengrauen aufstehen, die Tageseinkäufe auf dem Markt erledigen, den schweren Korb nach Haus schleppen, die Kleidung der Familie ausbürsten und Unterwäsche und Socken flicken und stopfen. Da Nähen eine der wenigen Tätigkeiten war, die die Schriftstellerin nicht beherrschte, setzte sich die Hausfrau geduldig zu ihr und brachte ihr diese Kunst bei. Alles hätte bestens geklappt, hätte sich nicht der Sohn des Hauses, ein zwanzigjähriger junger Mann, in die spröde, kleine Angestellte verliebt und ihr einen Heiratsantrag gemacht. Miss Armstrong ließ sich durch Henning sofort ein Telegramm mit dem Wortlaut »Kinder krank. Sofort zurückkommen« schicken. Dennoch hatte sie Mühe, den liebeskranken jungen Mann davon abzuhalten, ihr nachzureisen.

In jenem Sommer gab es viele Ausflüge und Vergnügungen; Evi kam während der Ferien nach Hause, und Elizabeth schrieb ein Stück, das die ganze Familie aufführen sollte. Abwechselnd wurde jedes Kind eingeladen, mit seiner Mutter im Blumenhaus, wie sie das blumengefüllte Treibhaus nannten, zu dinieren. »Nach dem Abendessen, das aus Milch und Brot bestehen wird, gibt es eine Probe des neuen Stücks. Das Publikum muß keine Abendgarderobe tragen, sondern Pelze und Galoschen«, schrieb sie auf die Einladungen. Als der Augenblick der Premiere nahte, ließen sie sich nicht davon abschrecken, daß Henning der einzige Zuschauer war. Im ganzen Haus wurden die Marmorbüsten aus den Ecken geholt, in Pelze und Hüte gekleidet und auf die leeren Stühle gestellt. Der Graf saß zwischen ihnen und bemühte sich, Beifall zu klatschen, als gäbe es ein vollbesetztes Haus. Als sie durch den improvisierten Vorhang linste, sagte Trix in typischem Bühnengeflüster: »Papa ist das einzige Lebewesen da draußen.« Ein anderes Mal zogen sich Elizabeth, Teppi und Mademoiselle blaue Arbeitskittel an, und die drei Mädchen trugen die besten Kleider, den Schmuck und hochhackige Schuhe ihrer Mutter. Zu jedermanns Vergnügen durften die Mädchen ihre Eltern den ganzen Tag lang zurechtweisen und kommandieren, und nur der Graf fühlte sich angesichts solch flagranter Untergrabung der Disziplin nicht wohl.

Im Frühjahr 1907 erschien *Fräulein Schmidt und Mr. Anstruther*. Es ist ein weiterer, sehr viel reiferer Fortschritt in der Bewältigung des Problems, das Elizabeth ihr ganzes Leben lang beschäftigte: wie nämlich die Einfachheit ihrer Helden Wordsworth und Thoreau, die ja das Glück hatten, in kleinen Hütten zu leben, erreichbar sei, während sie weiterhin dazu gezwungen war, der »furchtsame kleine Junker« zu sein. Das war nur in ihrer Phantasie und in den Romanen möglich, und sie wußte sehr wohl, daß sie um nichts besser war als Marie Antoinette, die Armut spielte, während ihr Land verhungerte. Zumindest konnte sie die dichterische Erleuchtung beschreiben, die bis zu einem gewissen Grad durch Einfachheit erreicht wird; sie gelangte zu einer gewissen Männlichkeit des Denkens, während Rose-Marie, die Heldin des Buchs, wegen ihrer Lebenssituation in bitteren Fatalismus verfällt: »Ich bin voller Widersprüche. Hatten Sie irgend etwas anderes erwartet? Ich zweifle nicht daran, daß ich in jedem Brief genau das Gegenteil vom letzten Brief sage. Aber machen Sie sich nichts daraus und benutzen Sie die Gelegenheit, mich zu tadeln. Ich bilde mir nicht ein, zwei Tage hintereinander ganz dasselbe zu denken; sonst würde ich auf der Stelle treten, wo es doch die Würze des Lebens ausmacht, beweglich zu sein und fortwährend weiterzugehen.«

»Vermutlich stimmte ich mit ihr überein«, schrieb Elizabeth in ihren Memoiren, »war sie nicht mein Sprachrohr? Die Trompete, die ich Morgen für Morgen so eifrig blies ...?«

Die Motive für ihr zurückgezogenes Leben und die Heimlichkeit ihrer Gefühle unterstreicht sie noch dadurch, daß sie Rose-Marie ein Buch über das Privatleben der Großen in die Hand legt. Die junge Heldenverehrerin erfährt, daß Coleridge drogenabhängig war; daß Wordsworths Begrüßungen aus einem lauwarmen Druck tauber, unbeweglicher Finger bestanden; daß Keats' Verlobte Fanny Brawne prüde war und ihn selten sah; daß Milton alles andere als ein liebender Ehemann und Vater war – und so weiter über alle Götter ihres literarischen Himmels. Die Heldin feuert das Buch in eine Zimmerecke und hofft inständig, daß »sich gegenwärtige und zukünftige Dichter fest in einen undurchdringlichen Mantel der Anonymität hüllen« werden. Dann gibt die Autorin einen Einblick in die wahren Motive der Autorschaft, besonders ihrer eigenen: »Aber wegen der Macht des vorüberhuschenden Augenblicks, wegen der Wohligkeit des Ruhms, der Anerkennung, des persönlichen Einflusses, werden sie es nicht tun – und ich vermute, bin mir aber nicht sicher, auch des Geldes wegen.« Vieles in *Fräulein Schmidt und Mr. Anstruther* geht weit über das hinaus, was Elizabeth in ihren früheren Werken erreicht hatte. Als es 1907 erschien, entging den meisten Rezensenten, daß Elizabeth einen tiefempfundenen und ernsthaften Schnitt in ihrer Arbeit gemacht hatte und daß sie in diesem Buch zum ersten Mal mit fester und wahrhaftiger Stimme sang. Die *Evening News* war das einzige Blatt, das die Bedeutung erkannte, indem es feststellte: »Geschrieben mit Anmut und Humor, Lebensweisheit und kontrollierter Emotion, bietet das Buch Einsichten ins Leben, was die Autorin zu einer der besten, wenn nicht sogar zur besten zeitgenössischen Schriftstellerin macht.« Ihr Vater hielt das Buch für »entschieden klug«.

Als Charles Erskine Stuart es las, erkannte er sich sogleich in dem albernen jungen Mann wieder, der so gefühllos mit Rose-Maries Emotionen spielt. Natürlich verliebte er sich wieder genauso in Elizabeth wie Mr. Anstruther in Fräulein Schmidt. Er kam Weihnachten zu Besuch, und die listige Teppi bemerkte sofort, daß auch ihn »dumpfe Hingabe« an die Gräfin band. Er war dreiundzwanzig, von respektabler adeliger Herkunft, da er aus dem Kadetten-Zweig der Herzöge von Castle Stuart von County Tyrone in Irland stammte (und von Baroninnen aus Neuschottland). Er war auch ein erstklassiger Sportler und in Cambridge dafür berühmt, englische Textpassagen, die seine Schüler in antike Sprachen übersetzen mußten, mit besonderer Phantasie auszuwählen. Sein Tutor sagte, daß er »einem typischen Iren nicht ähnlich sah; er war eher ein Spartaner Platons – er sprach langsam, aber jedes seiner Worte hatte Gewicht.« Als er zum ersten Mal nach Nassenheide kam, waren die Gespräche zwischen ihm und der Gräfin angenehm und leicht. Die einsame, intellektuell ausgehungerte Frau ging durch eine platonische, aber nichtsdestotrotz leidenschaftliche Beziehung mit dem viel jüngeren Mann, und das damit einhergehende Entsetzen und Entzücken nahm sie völlig in Beschlag. Ihrer Ansicht nach sah er genau wie Charles II. aus, wenn da nur nicht sein Kinn gewesen wäre, das nicht das energischste war. Sie war sich sicher, daß er von königlicher Abstammung war.

Evi besuchte Weihnachten die Waterlows in Uplands, Sussex,

und erfuhr dort, daß ihre Familie in Deutschland ein schöneres Fest denn je erlebte – es hatte nicht geschneit, aber kräftig gefroren, und die Kinder waren täglich Schlittschuhlaufen gegangen. Mr. Stuart verkleidete sich als Weihnachtsmann, was Quiqui und H. B. Entzückens- und Entsetzensschreie ausstoßen ließ. Er überreichte ihnen Geschenke und hielt eine lange Predigt über gutes Benehmen. Am gleichen Abend trat der Weihnachtsmann noch einmal auf, als sich alle Kinder des Hofs und des Guts zu einem Fest versammelten.

Eins der weniger sensationellen Geschenke Quiquis bestand, jedenfalls in ihren Augen, in einem neuen Namen. Ihr Vater hatte unlängst ein Buch über Martin Luther gelesen und war von der physiognomischen Ähnlichkeit zwischen dem großen Religionsreformator und seiner jüngsten Tochter so fasziniert, daß sie seither in der Familie nur noch Martin genannt wurde.

Nachdem Stuart nach Cambridge zurückgekehrt war, schrieb er Elizabeth die charmantesten und zartesten Liebesbriefe, die solche Wendungen enthielten wie: »Kleiner Stern im Osten. Kleine, süße Hoffnung, kleine Führerin. Dein flimmernder, pfeilschneller Witz und all deine lebhafte, lebendige Weisheit regen sich wieder und beginnen zu leuchten.« Und: »Du bist so süß, so tapfer, so vielfältig und lebendig – deine kleinen süßen Einfälle, kleinen Launen und Grillen, freundliche, süße Dinge.«

Elizabeth erhielt auch viel Fan-Post von Leuten, die aus ihren Büchern Kraft und Trost gewonnen hatten. Einer von ihnen, ein Cambridge-Student namens Hugh Walpole, kam ihr besonders geheimnisvoll vor. Sie antwortete: »Ich freue mich, daß Frl. Schmidt wohltätig gewirkt hat, und an Ihrer Stelle würde ich damit fortfahren, meine Vorzüge aufzuzählen, anstatt über das Ausmaß meiner Verärgerung nachzudenken – das wäre eine höchst ertragreiche Betätigung.« Sie fragte ihn auch, ob er Lust hätte, Nassenheide zu besuchen und sich mit ihren Kindern zu unterhalten, und erkundigte sich nach der Ernsthaftigkeit, die er offensichtlich sich selbst und seinen literarischen Ambitionen entgegenbrachte: »Was macht Sie so sicher, daß Sie ein Meisterwerk schaffen werden? Es gibt natürlich keinen Grund, der dagegen spricht, aber es ist ungewöhnlich, sich so sicher zu sein.«

Damit war der Ton für ihre zukünftige Beziehung angeschlagen. Sie schloß: »Wenn Sie einer Person Ihr Herz ausschütten wollen, die im Hinblick auf die Nöte junger Männer eher so denkt wie Rose-Marie, lassen Sie mich es wissen. Ihre Ihnen verpflichtete, amüsierte und interessierte ›Elizabeth‹.«

Im März 1907 begegneten sie sich zum ersten Mal in Elizabeths Londoner Club, dem Lyceum Club, Piccadilly 128. Das Lyceum war ein neuer Club für Damen, dem beizutreten man sie ein paar Jahre zuvor eingeladen hatte und den sie für geschäftliche Treffen als äußerst praktisch ansah, wenn sie sich in der Stadt aufhielt. Die International Association of Lyceum Clubs war 1904 von der ehrenwerten Constance Smedley gegründet worden, einer Romanautorin und energischen Feministin, die einen den Frauen vorbehaltenen Club für notwendig hielt, auf daß das Netzwerk alter Damen genauso nützlich werde wie seine männlichen Gegenstücke. Ziel des Clubs war »die Schaffung einer Assoziation von Clubs zur Sammlung von Frauen aller Nationalitäten, die sich mit Kunst, Wissenschaft und öffentlicher Wohlfahrtspflege beschäftigten oder dafür interessierten, zum Zwecke gedeihlicher Zusammenarbeit und Freundschaft«. Constance Smedley hatte vor kurzem Elizabeth mit H. G. Wells bekannt gemacht. Es war in Elizabeths Augen kein erfolgreiches Treffen gewesen, denn sie hatte ihn zum Essen eingeladen, aber er hatte abgesagt. Er hatte höflich abgesagt, aber dennoch hatte er abgesagt.

Hugh Walpole kam, den Hut in der Hand, auf die Sekunde pünktlich in den Club und traf »eine kleine, recht hübsche Frau. Sehr offen und scharfsinnig. Sie bot mir an, daß ich ihre Kinder unterrichten sollte. Nahm mich zu einer schrägen Tee-Party mit. Komische alte Damen und alles sehr altmodisch.« Vom Eifer des jungen Mannes und seinem Wunsch, zu gefallen, war Elizabeth bezaubert, denn er hatte eine naive, kindliche, etwas aufgeregte Art, die man einfach mögen mußte. Sie bestimmte, daß er sich in ein oder zwei Monaten auf dem Schloß melden sollte, nachdem er einige Zeit in Frankreich verbracht hätte, wo er etwas von der französischen Kultur und Sprache mitbekommen wollte. Jedenfalls war das sein Plan. Es war seine erste selbständige Auslandsreise, auf der alles furchtbar schiefging und er schließlich sogar unter Hausarrest gestellt wurde, bis er Wechsel einlösen konnte, mit denen er Unterkunft und Unterricht bezahlte. Der arme junge Mann war zutiefst beschämt, was er übrigens auch für den Rest seines Lebens hin und wieder sein sollte. Er war der geborene Pechvogel; wenn eine Katze im Sessel lag, war es unausweichlich, daß er sich auf sie setzte; auf jeder weggeworfenen Bananenschale rutschte er aus; geplatzte Hosennähte und ausgebeulte Hemdeneinsätze, die natürlich bei Tisch aus dem Jackett rutschten, waren tagtägliche Katastrophen dieses sterbensschüchternen jungen Manns. Einmal brachte er es fertig, eine Gangway zu verfehlen und plumpste zielgenau in den schmalen Wasserstreifen zwischen Schiff und Kaimauer.

Er fühlte sich in der sauberen Geräumigkeit von Nassenheide wohl, und sein Zimmer war »entzückend – weiße Wände und ein grüner Ofen; man schaut direkt ins Grün vieler Bäume«. Die Mädchen gefielen ihm »außerordentlich, sehr originell und amüsant. Auch die Gräfin ist bis ins kleinste so gut wie ihre Bücher – sie kennt einfach jeden.« Henning fand er »höchst angenehm und ganz humorvoll«. Was die Kinder anging, waren Walpoles Verpflichtungen gering; tatsächlich hatte er so viel freie Zeit, daß er sich darauf konzentrieren konnte, sein »Meisterwerk« zu schreiben, *Troy Hanneton*. Er freundete sich mit Herrn Steinweg an und erfuhr von ihm, daß keiner der englischen Hauslehrer es je länger als sechs Monate ausgehalten hatte und daß Elizabeth sich damit zu amüsieren pflegte, sie wegen ihrer »Herzensgüte« zu verspotten. Wenn sie dahinterkamen, daß ständiges »Gut-sein-Wollen« nicht nur unbequem, sondern auch oft höchst peinlich war und ihre Autorität bei den Mädchen untergrub, verschwanden sie schnell. Hugh Walpole bildete keine Ausnahme. Elizabeth freute sich sogar, in ihm das fast perfekte Opfer für ihre gelegentlich sadistischen Streiche und Scherze zu finden. Er wurde nervös, fühlte sich elend und mußte nach Worten ringen; die Mädchen kreischten vor Lachen über sein knallrotes Gesicht, als ihre Mutter Walpole erklärte, er habe keine Erfahrung mit

Frauen, und sie werde es ihm beibringen. Zumindest gelang es ihm, eine melancholische Befriedigung aus der Tatsache zu ziehen, daß er Fortschritte machte, sich dem Schindluder untertänigst zu unterwerfen, das Elizabeth mit ihm trieb, aber gelegentlich gestattete er sich den Luxus, schluchzend im Flur zu stehen. Normalerweise wartete sie, bis sich adelige Freunde und Nachbarn zu Tisch versammelt hatten, und sagte dann mit kühler, aber durchdringender Stimme etwas wie: »Oh, Mr. Walpole. Ich habe so einen interessanten Brief von Ihrem Vater bekommen. Tragen Sie tatsächlich Flanellunterwäsche?« Einem Freund schrieb er: »Die Gräfin ist mir ein vollständiges Rätsel. Ich sehe sie nur selten, aber dann hat sie drei Launen. 1.) Noch entzückender zu sein als ihre Bücher (das kommt aber selten vor). 2.) Sticheln. Dabei ist sie gnadenlos – greift Dich von allen Seiten an, macht Dich nieder, bis Du Dir wie ein Idiot vorkommst, und läßt Dich dann gelähmt fallen. 3.) Schweigen. Das ist das von allem Furchtbarste. Sie sitzt absolut stumm da, und wenn man etwas sagen will, fährt sie einem über den Mund. So war sie heute beim Mittagessen. Wir machten alle abwechselnd Bemerkungen und wurden ruhiggestellt. Du siehst also, mit ihr zu leben ist nicht leicht, aber ich bin mir sicher, daß es irgendwo einen Schlüssel gibt, den ich zu finden hoffe.«

Als er eines Tages mit Elizabeth Tennis spielte, fragte sie ihn, wie ihm *Madame Bovary* gefallen habe. Er wurde knallrot, weil die Mädchen, die für sie die Bälle aufsammelten, alles hören konnten. Seine Antwort war sittsam zurückhaltend, worauf sie fruchtbaren Boden witterte und ihn beleidigte, indem sie sagte, das Buch sei ihrer Meinung nach kein »gutes Buch für Jungen«, und dann zog sie ihn mit dem Buch und französischer Literatur überhaupt so sehr auf, daß er nach kurzer Zeit vor seinen Schülerinnen in Tränen ausbrach. Anschließend war Disziplin im Unterrichtsraum kaum noch durchsetzbar.

Am schwersten fiel es Walpole, mit der Ruhe im Schloß umzugehen, und er beschloß, allerdings erfolglos, das Wort niemals in seinem Tagebuch zu benutzen, da es sich ständig wiederholt hätte. Stuart erschien zu einem Ferienaufenthalt und paßte Walpoles Ansicht nach bestens ins herrschende Schweigen. Stuarts dumpfe Hingabe manifestierte sich als langanhaltende, stumme Resignation gegenüber Elizabeths Zurückweisung seiner Werbung und ihrer Irritation, über seine Unfähigkeit, sein störrisches Schweigen zu brechen. Henning war viel unterwegs, inspizierte seine Schweine und Kartoffeln und zog die Einfachheit solcher Dinge den komplizierten Emotionen vor, die im Schloß brodelten. Stuart litt in stummer Agonie, und je stärker er sein Unglück zeigte, desto ungeduldiger wurde die Angebetete mit ihm. Teppi bemerkte, daß der bedrückte Engländer Elizabeth »wie ein Pudel« folgte, um von ihr doch nur provoziert und ausgelacht zu werden, »und dennoch war er so sehr in sie verliebt, daß ihm nicht zu helfen war.«

Gegen Ende seines Aufenthalts auf Nassenheide fand Elizabeth Walpoles Tagebuch und fragte ihn, ob sie es lesen dürfe. Zu ihrer Verblüffung stimmte er begeistert zu. Ihre Randglossen errichteten eine neue Front in Elizabeths Krieg gegen seine Unschuld. Er schrieb zum Beispiel: »Verbrachte einen angenehmen, aber nutzlosen Abend mit *Serious Wooing*, ein neuer Roman, – ›Beschwipster Literaturkeks‹, sagt jemand über das Buch – sehr zart gebacken – aber ach! der Roman liest sich.« Am Rand ist in Elizabeths Handschrift hinzugefügt: »Muß damit aufhören. Mein Gehirn besteht nur noch aus Schlagsahne und Marmelade.« Eine andere Stelle: »Pflückte herrlich blaue Kornblumen – ein Fest fürs Auge«, was seine Gastgeberin kommentierte: »Wünschte fünf lange Minuten, tot zu sein – hatte großen Erfolg, das der begeisterten Familie zu erzählen.« Oder: »Die Eule von Mademoiselle hat den ganzen Tag vor meinem Fenster Geräusche wie eine knarrende Tür gemacht. Zum Verrücktwerden.« Daneben in Elizabeths Handschrift: »Konnte mich nicht gegen den Wunsch wehren, tot zu sein. Was für ein Haus! Nur Bratpfannen anstelle von Feuern. Oder meine ich Charybdis und Scylla? Aber ich kenne die Pluralform nicht, bleibe also bei Bratpfannen.« In einem Brief an Evi schrieb Elizabeth: »Er führt Tagebuch, und ich sagte, ›Zeigen Sie es mir‹, wobei ich nicht im Traum damit rechnete, daß er es tun würde, aber er tat es sofort; seine Kritik an jedem einzelnen von uns steht drin, oft angenehm und oft überhaupt nicht. Ich habe Tränen gelacht, so komisch war es.«

Walpole und Elizabeth blieben ihr ganzes Leben lang Freunde; Walpole bestand darauf, daß sie Vetter und Cousine seien, ein Irrtum, in dem Elizabeth ihn noch bestärkte, indem sie ihn stets als Familienmitglied behandelte. Keine ihrer Provokationen führte zu einem dauerhaften Bruch ihrer unzweifelhaften Zuneigung füreinander. Von ihr erfuhr er etwas über Frauen, genug jedenfalls, um sie als glaubwürdige Charaktere in seinen Romanen darzustellen, und sie half mit, daß sein erster Roman ans Licht der Öffentlichkeit kam, indem sie ihm Platz, Zeit und Aufmunterung gab; sie brachte ihn auf den richtigen Weg zur literarischen Leistung.

Zu dieser Zeit empfanden Liebet und Trix ihr Leben als so unerträglich, daß sie beschlossen wegzulaufen. Auch sie hatten natürlich Romane gelesen, besonders Edith Nesbits *Die Schatzsucher*. Sie faßten den Entschluß, endlich mit allem zu brechen. Nachmittags durften sie ohne Begleitung mit ihren Ponies über die endlosen Wege reiten, die die Parklandschaft um das Schloß durchzogen. Mehrere Wochen lang horteten sie Nahrungsmittel und Taschengeld. Eines Tages, als sie genug zu haben glaubten, versteckten sie die Vorräte in ihren Taschen und machten sich auf den üblichen Ausritt. Als sie das dem Gut am weitesten entfernte Gatter erreichten, öffneten sie es einfach und ritten davon. Darüber hinaus hatten sie keinen Plan. Es dauerte natürlich nicht lange, bis ihre Abwesenheit bemerkt wurde. Man rief die Polizei und begann eine Suchaktion. Zwei junge Mädchen auf Pferden waren nicht schwer zu finden, und noch vor Einbruch der Nacht wurden sie wieder zu Hause abgeliefert; sie waren mutlos und nahmen an, daß sie schwer bestraft werden würden. Als sie bei ihrer Rückkehr in die Bibliothek befohlen wurden, wunderten sie sich, ihre liebste Mutter bitterlich weinen zu sehen. Weit davon entfernt, sie auszuschimpfen, erklärte sie immer wieder, keine Ahnung gehabt zu haben, daß sie so unglücklich seien. Den Rest des Abends verbrachte man damit, sich gegenseitig zu trösten. Die Mädchen brachten nie den Mut auf, ihrer Mutter zu gestehen, daß sie nicht im geringsten unglücklich waren, sondern nur ein Abenteuer gesucht hatten. Aus der Richtung, das wußten sie, drohte Strafe.

Anfang Juli 1907 erhielt der Romancier und politische Publizist H. G. Wells eine Postkarte von Constance Smedley. Sie war im verdrehten Gebrabbel der Kindersprache geschrieben, die damals von einigen seiner Geliebten gepflegt wurde, und Miss Smedley war vielleicht drauf und dran, in die illustre Reihe aufgenommen zu werden. Es ging im wesentlichen darum, daß Elizabeth sich noch einmal mit ihm treffen wollte. Miss Smedley hatte Elizabeth gesagt, daß Wells sie vielleicht in Sandgate empfangen würde, und war verblüfft, als Elizabeth antwortete, daß sie bereit sei, eigens deshalb nach England zu reisen. »Und sie wird Dir *ganz doll* gefallen – das weiß ich«, schrieb Miss Smedley in einem zweiten Brief an den großen Mann, »... *und sei nicht böse*: weil Du Sozialist bist, solltest Du Menschen gegenüber lieb sein, die wie Du empfinden.« Oben auf die Seite ist ein PS gequetscht, in dem das Entscheidende steht: »Sie sagt, sie hat Angst vor Dir, weil sie Dich zum Essen eingeladen hat; und sie sagt, Du hast ihr einen Korb gegeben, was sie sehr gedemütigt hat, und ich sagte zu ihr, daß Du das sicher gar nicht so gemeint hast: weil Du ja ein Sozialist bist und *immer* sehr freundlich zu den Menschen.«

Am gleichen Tag schrieb Hugh Walpole, der noch auf dem Schloß wohnte, in sein Tagebuch: »Am heutigen Tag wurde *Troy Hanneton* vollendet. Natürlich bleibt noch viel zu überdenken, aber die eigentliche Niederschrift wurde vollendet. Ich habe nicht die leiseste Ahnung, wie es geworden ist. Ging à seul spazieren, traf die G. mit den Mädchen, woraufhin ich mit ihnen zurückging und schöne Stunden verbrachte. Natürlich bin ich wegen des Tagebuchs verletzt. Aber sie ist –!« Elizabeth fand das Tagebuch, das er in der Bibliothek wie üblich so liegengelassen hatte, daß es nicht zu übersehen war, und fügte hinzu: »Da sie das Tagebuch gelesen hat, sollte ich mich nur noch in Gedankenstrichen ausdrücken. Ich kann immer behaupten, daß sie etwas Nettes bedeuten, aber natürlich meine ich ganz böse und häßliche Sachen!« Am nächsten Tag schrieb er: »Die G. zu Bett; ich vermißte sie stark, was beweist, wie sehr sich die Dinge innerhalb einiger Monate geändert haben.« Dem fügte Elizabeth hinzu: »Später; nehme zurück, was ich vor drei Stunden gesagt habe. Stellte nach genauer Prüfung fest, daß die Atmosphäre friedlich und hell wird, sobald die G. (die ihre weiteren Buchstaben nicht verdient) im Bett liegt, was mich unausweichlich an die Ruhe nach dem Sturm denken läßt. Das ist, nebenbei bemerkt, ein ziemlich gutes Bild. Muß es unbedingt in den *Troy* einfügen.«

Das feurige Schwert

Unterwegs mit dem Wohnwagen

In jenem Sommer gab es in dem flachen Pommern viele Gewitter und schwere Überschwemmungen, die nach einer langen Hitzeperiode mit furchtbarer Gewalt hereinbrachen. Die sich entladende Elektrizität spaltete Bäume und setzte Heuschober in Brand. Ihre Angst vor Blitz und Donner, die sie bereits als Dreijährige gehabt hatte, wenn sie nachts wach lag und den Anbruch des Jüngsten Tages erwartete, hatte Elizabeth immer noch nicht überwunden. Beim ersten entfernten Rumoren am Horizont schloß sie die Fenster, zog die Vorhänge zu und zündete Lampen an. Ungewöhnlich verängstigt, verkroch sie sich in der Bibliothek und steckte die Kinder mit ihrer Angst an. Henning rauchte seine Zigarre, stolzierte über die Veranda, genoß das großartige Schauspiel und bedauerte einmal mehr, keinen draufgängerischen Sohn gezeugt zu haben, der ihm bei diesem Vergnügen Gesellschaft leistete. Zu diesem Zeitpunkt wußte nur er, daß am Horizont ihres Lebens Gewitterwolken ganz anderer Art aufzogen.

Mitte Juli kam ein Brief von Constance Smedley, der einen an Elizabeth gerichteten Brief von H. G. Wells enthielt. Ihm war es peinlich, Elizabeth einen Korb gegeben zu haben, und er lud die Autorin ein, ihn und seine Frau in Sandgate in Kent zu besuchen. Elizabeth antwortete noch am gleichen Tag:

»Mein lieber Mr. Wells,
Was um alles in der Welt hat Ihnen Miss Smedley nur geschrieben? Stellen Sie sich meine Verwunderung vor, als ich heute morgen unter einem Baum frühstückte und Ihr Brief, den sie an mich weitergeleitet hatte, eintraf! Es ist doch zu komisch. An das dreiminütige Gespräch mit Ihnen habe ich mich oft mit uneingeschänkter Freude erinnert, und ich wäre nie auf die Idee gekommen, Sie für grob zu halten. Sie waren äußerst liebenswürdig, und als Sie nicht mit mir zum Essen ausgehen konnten, habe ich dafür vollstes Verständnis aufgebracht. Natürlich fand ich

es schade, aber ich hatte Verständnis dafür. Ich dachte lediglich, und sagte es wohl auch zu Miss Smedley, daß es ein wenig nach aufdringlichem Verehrertum ausgesehen haben könnte, Sie zum Essen mit einer Ihnen praktisch unbekannten Frau zu bitten, und daß Sie es möglicherweise so verstanden haben könnten. Und das war wirklich alles. Aber Sie wissen genauso gut wie ich, daß Sie zuvorkommend und liebenswürdig waren, so daß ich weiter nichts zu sagen brauche. Ihr Vorschlag, daß ich Sie und Mrs. Wells in Sandgate besuche, ist nett. Ich werde ihm sehr gern nachkommen. Im August werde ich mit meinen Kindern eine Camping-Tour durch Kent und Sussex unternehmen; wenn dann eines Morgens eine erschöpfte und staubbedeckte Frau vor Ihrer Tür steht und Sie glauben, es sei eine Landstreicherin, wissen Sie, daß ich es bin und lassen mich ein. Wenn Sie jemals in unsere Richtung kommen und bei uns vorbeischauen sollten, wären wir entzückt ... «

In Briefen an Evi hatte Elizabeth angedeutet, daß für den Sommer etwas geplant sei, aber »ich kann Dir jetzt noch nicht sagen, was wir unternehmen werden ... bete aber für gutes Wetter, mein Kind, denn wenn es naß sein sollte, weiß der Himmel, was dann aus uns wird.« In der *Times* war Elizabeth auf eine Anzeige gestoßen, in der Mietwohnwagen mit Pferden angeboten wurden. Als sie einen oder zwei Tage später im Wald spazierenging, traf sie die Idee, den August als Zigeuner in Kent und Sussex zu verbringen, wie ein Blitz. Damals war es unerhört, Unbequemlichkeiten auf sich zu nehmen, wenn man Hotels bezahlen konnte: Kein Mensch hätte sich freiwillig solchen Strapazen ausgesetzt, und schon gar nicht zum Vergnügen. Elizabeth wollte die Bestätigung abwarten, daß man die Wagen und Pferde mieten konnte, bevor sie die Kinder mit der Nachricht überraschte. Ende Juli war alles geregelt, und sie schrieb an Evi: »Ich glaube, unsere Pläne sind jetzt so reif wie Früchte an einer sonnenbeschienenen Mauer ... «

Liebet, Trix, Teppi und Elizabeth kamen zum Elternsprechtag an Evis Schule St. Pauls. Anschließend fuhren sie nach Bexley zum Tee mit Henry und Louey. Am Abend notierte

Henry in seinem Tagebuch: »Drei entzückende, junge Wesen, erfreulich natürlich; und May sah wie ihre Schwester aus.« Sie fuhren nach Cot in Surrey, wohin Charlotte vor ihrem Mann geflohen war, dessen Verhalten immer merkwürdiger wurde. Sie lebte in einem kleinen Haus, und Evi vermutete, daß Charlotte nicht wußte, mit wieviel Geld sie rechnen konnte, wenn sie von ihrem Mann getrennt lebte, und deshalb erst einmal die Hörner eingezogen hatte. Ihr Sohn Sydney hatte auf der Trennung seiner Eltern bestanden, weil sein Vater im Verdacht stand, manisch-depressiv zu sein. Dann fuhren die Arnims mit Margery (Drish) nach Nab's Corner in Crouch, Surrey. Dort warteten auf freiem Feld die beiden großen Wohnwagen auf sie, die bescheidenen Vorläufer moderner Caravans, die Nachfahren von Zigeunerwagen ähnelten. Sie hießen *The Erda* und *The Elsa.* Zwei große Kutschpferde sollten sie ziehen.

»Was für Ferien!« Im nachhinein hielt Evi sie, trotz des Dauerregens, für die besten Ferien, die sie je gehabt hatte. Als erwachsene Frau zurückblickend, hätte sie sich nur gewünscht, damals reifer gewesen zu sein, weil sie dann die Fahrt noch mehr hätte genießen können. Neben den sechs Frauen – Elizabeth, die drei Mädchen, Teppi und Drish – waren noch mehrere Hauslehrer mit von der Partie: Mr. Gaunt, Mr. Forster, Mr. Wilson und Mr. Stuart (beziehungsweise Vetter William, wie er inzwischen von der Familie genannt wurde; es war in der Beauchamp-Familie üblich, gute Freunde mit »Vetter« statt mit dem formellen »Mr.« anzureden). Mr. Gaunt ist eine mysteriöse Figur, über die man nichts weiß. Als Forster ihn während der Tour näher kennenlernte, sagte er voraus, daß Gaunt dafür prädestiniert sei, von Indien verschluckt zu werden. Allerdings führte ihre Freundschaft dazu, daß Forster selbst besonderes Interesse an Indien entwickelte. Ein alter Mann namens George kümmerte sich um die Pferde. Die Damen schliefen in den Wohnwagen, die jungen Männer in Zelten. Mr. Gaunt hatte einen Bullterrier namens Billy mitgebracht und Mr. Wilson einen kleinen Foxterrier namens Puck. Als sie sich sahen, fingen die Hunde sofort an, sich zu bekämpfen, und Vetter William fiel auf der Stelle in Ohnmacht, weil er kein Blut sehen konnte. Man reiste von

Crouch nach Borough Green, am nächsten Tag nach Chatham und dann weiter nach Leeds Castle, wo sie von Lady Baillie die Genehmigung erhielten, auf ihrem Grund und Boden zu campen. Dort mietete Elizabeth eine Motordroschke und ließ sich zusammen mit den drei Mädchen nach Sandgate bei Folkstone in Kent kutschieren, um mit H. G. Wells und dessen Familie in ihrem neuen Heim, Spade House, zu Mittag zu essen. Es war ein hübsches Gebäude mit einem tief nach unten gezogenen, roten Ziegeldach und geräumigem Inneren, aber die größte Pracht war der Garten, Jane Wells' Domäne, mit freiem Blick aufs Meer, das in dreißig Metern Tiefe gegen die Kalkfelsen anbrandete. Der Garten hatte mehrere Rasenplätze für Krocket und Tennis, eine Pergola, Lauben und einen Felsengarten. Auf der anderen Seite der Bucht konnte man die geschwungene Küstenlinie von Dymchurch bis Dungeness erkennen, und an klaren Tagen schimmerte am Horizont Frankreich.

Spade House war Wells' Triumph in seinem Kampf gegen Armut, Krankheit und andere widrige Umstände. Er war der Sohn einer enttäuschten, übereifrigen Mutter und eines Vaters, der das Leben leichtnahm und lieber Cricket spielte, als seinen kleinen Porzellanladen profitabel zu machen. Herbert George Wells war das dritte Kind; die finanzielle Situation der Familie war zur Zeit seiner Geburt so schlecht, daß man ans Auswandern dachte. Die Erziehung im Kindesalter wurde für »Bertie« ein Kampf zwischen den Beengungen durch die Schule und der grenzenlosen Weite seiner Phantasie. Er glaubte, dazu ausersehen zu sein, England, wenn nicht gar die ganze Welt, zu retten. Seine außergewöhnliche Belastbarkeit und Zähigkeit, mit denen er die Wechselfälle seiner schwierigen Kindheit überstand, die in Tuberkulose gipfelten, ließ ihn lange genug an seinem Traum festhalten, um bemerkenswerte Erfolge zu erzielen – zwar nicht bei der Rettung der Welt, aber doch bei der Veränderung des Bewußtseins der Menschen. Jane war seine zweite Frau; sie hatten zwei Jungen, die drei und sechs waren, als Elizabeth sie kennenlernte. Wells, der am 21. September 1866 geboren wurde, war damit fast genauso alt wie Elizabeth.

Die Mädchen spielten Krocket, und nach dem Essen gingen

alle ins Kinderzimmer, um sich eins von Wells' bevorzugten Kriegsspielen anzusehen, das auf dem Fußboden aufgestellt war. Es war ein Panorama aus Zinnsoldaten in Reih und Glied, Barrikaden, Gefängnissen auf einer zum Schlachtfeld modellierten Landschaft. Elizabeth und Jane fanden Gefallen aneinander; die beiden Frauen sprachen im Garten lange über Blumen und Kompost. Anschließend fuhren Jane und die Jungen mit den Arnims nach Leeds Castle zurück, um sich die Wohnwagen und die romantische Unbequemlichkeit anzuschauen, die die Camper auf sich nahmen.

Einen Tag später kam, gepackt von »einer gewissen Unruhe«, E. M. Forster an. Er traf sie auf einem Feld bei Great Chart. Jeden Tag schwankten und rumpelten die Wohnwagen von den Feldern wieder auf die Wege. Um die Pferde zu schonen, durfte niemand, der nicht krank oder verletzt war, aufsitzen. Sie mußten so gehen, als kämen sie »direkt aus der Arche Noah«, immer ein Mann neben einer Frau, und Drish und ihre unzertrennliche Cousine Trix bildeten mit einem Ponywagen das Schlußlicht. Sie hatten den Auftrag, Essen zu kaufen oder zu erbetteln. Elizabeth kam für alle Unkosten auf, und Geld, das die Reisegesellschaft gelegentlich für Süßigkeiten oder Obst ausgab, erstattete sie zurück. Elizabeth wanderte die Karawane auf und ab und verteilte Biskuits und Aufmunterungen.

An Forsters zweitem Tag erreichte man Swinford Manor bei Ashford in Kent, Alfred Austens Haus; als sie fragten, ob sie einen Blick über die Mauer in seinen geliebten Garten werfen dürften, hieß der Dichter persönlich sie herzlich willkommen und gestattete ihnen, herumzulaufen, wo sie wollten. Abends hängte man einen Kochtopf an einem dreibeinigen Ständer übers Lagerfeuer; die Mädchen warfen Essen hinein und rührten kräftig um, so daß die Mahlzeiten undefinierbar schmeckten. Der Topf wurde nie ganz leer und am nächsten Abend einfach wieder nachgefüllt. Da noch nie jemand etwas davon gehört hatte, bekam auch niemand Salmonellenvergiftung.

Eines Abends, als alle zu Bett gegangen waren, stahlen sich Elizabeth und Teppi in ein Dorfgasthaus, um ein bescheidenes Mahl zu sich zu nehmen. Während sie in einem abgeteilten

Raum darauf warteten, daß ein Tisch für sie gedeckt wurde, hörten sie durch die Trennwand Stimmen, die ihnen bekannt vorkamen. Sie sahen um die Ecke und waren nicht allzu überrascht, dort die jungen Männer sitzen zu sehen, die soeben ihr Abendessen beendeten. Natürlich setzten sich die Frauen dazu, aber die Stimmung war doch etwas gedrückt, und erst am Ende der Tour konnten sie gemeinsam über den Vorfall lachen.

Die Gruppe folgte gut gelaunt einem gewundenen Weg durch Staplehurst, Sissinghurst, Bodiam, Salehurst, Burwash, Staplecross, Sedlescombe, Battle, Brede und Rye. Dort wollte Elizabeth ihren alten Freund und Mentor Henry James besuchen, der mit seinem Hang zu langen, komplizierten Sätzen ihre ersten Bücher beeinflußt hatte. Sie fragte ihn kokett, ob er etwas dagegen habe, wenn sie immer bei ihm bliebe und sein weiblicher Boswell werde, worauf er antwortete: »Das wäre ganz so, als ob man einen trockenen Schwamm ausquetschen wollte ...«, ein Vergleich, der sie entzückte. In Peasmarsh sah Elizabeth neben der Kirche ein kleines Landhaus, das ihr wie »das Eigentliche« vorkam; *Vater*, einer ihrer späteren Romane, sollte hier spielen. Sie machte ein Angebot, wie sie es immer tat, wenn sie etwas sah, was ihr gefiel, aber es war nicht zu verkaufen, und der Besitzer ließ sich auch durch Geschenke nicht bestechen. Man zockelte weiter durch Wittersham, High Halden und Bethersden und hatte vor, dem Pilgerweg nach Canterbury zu folgen. Als sie die Kreuzung erreichten, von der aus man Canterbury mit seiner prächtigen Kathedrale im Tal liegen sah, knieten alle nieder und dankten, wie schon so viele Pilger vor ihnen, für das sichere Geleit.

Das beherrschende Ereignis der Tour war leider der Regen. Es war nicht nur in England, sondern in ganz Europa der nasseste August seit Menschengedenken. Es regnete jeden Tag – und manchmal den ganzen Tag. Oft war es nicht möglich, in den Wagen zu schlafen, weil der Regen so lautstark aufs Dach prasselte. Man verlor viel Zeit damit, den Pferden beizustehen, wenn sie die Wagen aus dem Matsch ziehen mußten. Liebet erinnerte sich: »Im fast ununterbrochenen Dauerregen wagten es die durchnäßten Camper nie, sich allzu weit von den Hauptstraßen zu entfernen, wodurch wir viele schöne Gegenden nicht zu Gesicht bekamen. Die physischen Schwierigkeiten, einfach weiter voranzukommen, trocken zu bleiben und zu essen, waren enorm; Elizabeth, der das einfache Leben so verlockend erschien, solange sie im vollen Komfort ihres Hauses saß, hatte das Gefühl, daß sie sich vielleicht zu gründlich der Einfachheit hingegeben hatte.«

Hin und wieder gelangten sie ins Trockene, wenn sie sich entschlossen, auf einem Feld zu campieren, das zu einem schönen, stattlichen Haus gehörte. Einer der Hauslehrer sprach dann an der Tür vor und verkündete: »Die Gräfin von Arnim logiert in ihrem Wohnwagen und bittet um Erlaubnis, in Ihrem Park lagern zu dürfen.« Die Hausbewohner kannten meistens den Namen und sprachen dann herzlich zuvorkommende Einladungen aus, daß die ganze Gruppe im Haus unterkommen könne. Unter ihnen war Lady Maude Warrender. In ihren Memoiren beschrieb sie den Besuch: »›Meinen Sie ›Elizabeth‹ mit dem *Garten*? Natürlich ... sehr erfreut.‹ ... Es war mein erstes Zusammentreffen mit dieser bezaubernden Schriftstellerin; wie auch zahllose andere erwartete ich immer gierig das Erscheinen ihrer Bücher, und ihre Freundschaft schätze ich außerordentlich.« Ihre Kinder waren begeistert, eine richtige Karawane im Garten zu haben und die April-, Mai- und Juni-Kinder kennenzulernen. Am nächsten Tag begleiteten die Warrenders die Karawane bis zu einem Feld, das Freunden gehörte. Lawrence Alma Tadema, die schreibende Tochter des Malers Sir Lawrence Alma Tadema, wohnte in der Nähe und wurde von den Warrenders überredet, so zu tun, als sei sie die Königin der Zigeuner. Von dieser Vorführung war Elizabeth irrsinnig begeistert.

Henning hatte versprochen, im August nach England zu kommen, um seine Familie in Unbequemlichkeiten zu erleben. Der Hang zum Spaß oder gar in der Nachfolge von Wordsworths Idealen, wie Bauern zu leben, war ein Tick seiner Frau, für den Henning durch all die Jahre, die er mit ihr zusammen verlebte, kein Verständnis aufbrachte. Unglücklicherweise war dieser Monat in Pommern ebenso naß ausgefallen, so daß die Kartoffelernte verdorben war. Außerdem war Henning krank, litt an Diabetes und neuerdings an schweren Furunkeln. Der Arzt hatte Herzrhythmusstörungen diagnostiziert und ihm empfohlen, alles so leicht wie nur möglich zu nehmen. Das Gut stand wieder kurz vor dem Ruin, und seine Zukunftsängste ließen ihm keine Ruhe. Nacht für Nacht stand er an seinem Stehpult und mühte sich beim Schein der Öllampen damit ab, auf dem Hof eine Kartoffelsorte zu züchten, die bei seinem verzweifelten Versuch, das Gut zu retten, Geld einbrächte.

In der letzten Woche, als die Reisegesellschaft immer müder und schmutziger geworden war, schlugen sie ihr Lager in Aylesford auf. Einige von ihnen besuchten die Dorfkirche; der Vikar war so neugierig auf sie, daß er den Gottesdienst inklusive Predigt, die nur sieben Minuten dauerte, in seiner Ungeduld, diese Leute kennenzulernen, einfach abkürzte. Als sie ins Lager zurückkehrten, war der Vikar bereits da und unterhielt sich mit Teppi. Er lud alle für den Abend ins Pfarrhaus ein; seine Frau spielte Klavier, man tanzte Walzer dazu und hatte viel Spaß. Das Bild von Elizabeth, die mit dem Vikar in seinem Talar eine Hochland-Polka tanzte, grub sich auf ewig in Forsters Erinnerung ein.

Auf ihrem Weg hatten sie viel Zeit mit der Besichtigung von Kirchen verbracht. Evi erinnerte sich, daß sie dabei nicht von Frömmigkeit geleitet wurden, sondern von der Liebe zur Schönheit der Bauwerke und den schlichten, anglikanischen Gottesdiensten. Der Hund Billy wurde in Forsters Augen zu einem Symbol der ganzen Reise: »Natur mit Würde!« Mit Ausnahme Liebets, die verschlossen und abweisend geworden war, empfand er die Kinder netter als je zuvor. Er trennte sich am Bahnhof in Borough Green von der Gruppe und fand, wie er schrieb, daß London »fremdartig summte«, da er »ein neues Lied gehört« hatte. Während der Tour hatte er sich sogar an Gedichten versucht:

»Zehn Schatten auf sonnenüberfluteter Straße,
Zehn Schatten vergingen, doch wir
Marschieren weiter auf dorische Weise,
Fordern die Götter zur Herrschaft auf.

Götter des Landes! In Kent noch
Tönt die schlichte Flötenmusik.
Zehn Schatten durch die Lande zogen,
Die Schatten vergingen, doch wir bleiben!«

Die Hauslehrer verabschiedeten sich einer nach dem anderen; Elizabeth, Teppi und die Mädchen verbrachten ein paar Tage in Canterbury in einem Hotel mit Bädern, regelmäßigen Mahlzeiten und Besichtigungen der Kathedrale. Für die Arnims waren die Ferien in England aber noch lange nicht vorbei. Das kleine Landhaus, das sie nicht hatte kaufen können, regte Elizabeths Phantasie an, und so beschloß sie, zusammen mit den Mädchen England kreuz und quer nach einem idealen Ort abzusuchen, den Kent und Sussex nicht geboten hatten. Ihr ganzes Leben lang sehnte sie sich schon nach dem kleinen Landhaus mit einer Kuh und einem Gemüsegarten, womit sie bereits ihre Eltern beunruhigt hatte, bevor sie Henning kennenlernte. In Nassenheide hatte sie in der Nähe des Teichs eine winzig kleine, Thoreau-artige Hütte bauen lassen, in der sie mit den Kindern Tee-Parties abhielt. Oft sprach sie ihnen gegenüber von den Freuden des einfachen Lebens. »Das ideale Landhaus« rückte in Elizabeths Mythologie direkt neben den Heiligen Gral, und zu jener Zeit war die wichtigste Tugend des »idealen Landhauses« die Abwesenheit von Personal.

Die Familie fuhr mit der Eisenbahn nach London zurück und quartierte sich im Grosvenor Hotel ein; man »genoß jede Menge Bäder, schrubbte sich den letzten Schmutz herunter«, schrieb Evi, und wartete auf Henning, dessen Ankunft sich verzögerte. Anfang September begleiteten Evi und Trix ihre Mutter auf einer »Luxusreise« in den Norden; unterwegs durften sie jeden Komfort genießen. Zuerst einmal stieß Evi Freudenschreie aus, als sie die kleinen Teekörbchen entdeckte, die man damals auf jedem Bahnsteig kaufen konnte. Liebet durfte nicht mit; sie mußte zum Zahnarzt und sollte schwedische Gymnastik treiben, weil sie nach Ansicht ihrer Mutter zu schnell wuchs. Außerdem befand sie sich bei ihrer Mutter »unter einer Wolke«, weil sie sich dagegen gewehrt hatte, daß Evi wieder in den Familienkreis aufgenommen wurde. Die Glücklicheren verbrachten die erste Nacht im Peacock Hotel in Rowsley, Derbyshire. Sie besuchten alle Sehenswürdigkeiten der Gegend, wie etwa das Musterdorf in Edensor, und schauten im Chatsworth House bei den Devonshires, neuen Freunden Elizabeths, vorbei. Sie entdeckte mehrere kleine Landhäuser und machte auch Angebote, aber entweder waren sie bereits alle verkauft oder entsprachen nicht ihren Vorstellungen. Dann reisten sie in Richtung Süden weiter. Am Tag der Abreise mußte Evi frühmorgens eine Flasche Rizinusöl für ihre Schwester besorgen, die das Zeug von Chester bis Land's End gnadenlos schlucken mußte. Was Landhäuser betraf, fanden sie immer noch nicht das Ideale, aber sie hatten ungeheuer viel Spaß. Sie wollten gerade zu neuen Abenteuern aufbrechen, als ein Telegramm von Henning kam: Er warte in London, und Elizabeth und die Kinder sollten ihn so schnell wie möglich dort treffen – die Stimme der Autorität –, und sie eilten im Cornish Riviera Express zurück. Sie speisten im Zug und nahmen eine Pferdedroschke zum Grosvenor, wo Henning, der das Personal angewiesen hatte, ihn nicht zu stören, im Bett lag und schlief. Es war nicht leicht, den Empfangschef davon zu überzeugen, daß Elizabeth Graf von Arnims Frau war, da sie so jung aussah, und bevor man sie ins Zimmer ihres Mannes ließ, gab es erregte Diskussionen.

Am nächsten Morgen waren die Kinder entsetzt, wie krank ihr Vater aussah; er war nicht nur krank, sondern auch aus Gründen, die die Kinder nicht kennen konnten, zutiefst deprimiert. Abends gingen sie zu Hatchett's zum Essen. Liebet war auch dabei; sie war zwar nicht kleiner geworden, hatte aber einige grausige Zahnarztgeschichten auf Lager. Anschließend gingen sie ins Theater und sahen den Sensationserfolg *French as He is Spoke*; danach gab es noch eine Aufführung von *The Earl of Pawtucket*. Die Kinder merkten mit Unbehagen, daß zwischen ihren Eltern etwas nicht stimmte, und die Atmosphäre war geladen mit Traurigkeit und Angst.

In dieser Nacht sprachen Elizabeth und Henning bis zum Morgengrauen über die Zukunft der Familie. Henning gab zu, daß die finanzielle Lage verzweifelt und sehr viel schlechter war, als er sie ihr bislang dargestellt hatte. Eine Kartoffelseuche, die 1904 ausgebrochen war, hatte seine Ernten immer stärker geschädigt, bis er schließlich in diesem Jahr die Felder umsonst nach einem einzigen, gesunden Trieb absuchte. Mit den komplizierten Züchtungen mußte er ganz von vorn beginnen. Der Regen, der die Augusternte vernichtete, brachte das Faß zum Überlaufen. Kurz, er stand am Rande des Ruins, und wenn Elizabeth ihm nicht noch einmal aushelfen konnte, würde Nassenheide in die Hände der Gläubiger fallen.

Miss Stanleys Anweisungen zum Trotz hatte Elizabeth ihrem Mann, wenn er darum gebeten hatte, in den vergangenen Jahren große Summen gegeben – in der vergeblichen Hoffnung, daß die Landwirtschaft bald Profit abwerfen würde. Außerdem waren beide großzügig mit Geld umgegangen, da Sparsamkeit weder ihre noch seine Sache war – verrückterweise mit Ausnahme von Kleinigkeiten. Man würde nun bestimmte Standards aufgeben müssen. Die Vorstellung, Nassenheide aufzugeben, machte Elizabeth traurig; aber die Angst vor einem Krieg zwischen England und Deutschland, den sie deutlich kommen sah, und ihre Angst, fünf Kinder durchzubringen, wenn ihr Mann in ein Sanatorium gehen würde, wozu der Arzt dringend geraten hatte, ließ sie fast verzweifeln. Außer dem Geld, das sie aus Tantiemen verdiente, hatte sie kein Kapital, und es war ihr unverständlich, warum alle einfach davon ausgingen, daß sie Jahr für Jahr weiterhin Bestseller produzieren würde. Wie alle schöpferischen Menschen lebte sie in ständiger Angst, daß ihr Talent sie eines Tages verlassen könnte.

Henning schlug vor, die Familie sollte nach Schlagenthin umziehen, wo sich auch das Familienmausoleum befand – aber das Gut selbst war so öde wie ein Mausoleum. Elizabeth widersprach dieser Lösung energisch. Es würde nämlich bedeuten, daß sie im Kriegsfall in Deutschland festsäße; zudem müßte sie zweifellos für Erhalt und Reparaturen des heruntergekommenen Guts aufkommen. Nein, sie wollte nach England gehen, sich lieber ein kleines Landhaus suchen und eine Kuh halten. Schlagenthin, das Hennings Mutter in weiser Voraussicht seinen ungeborenen Kindern vermacht hatte, mußte für deren Lebensunterhalt verkauft werden.

Am nächsten Morgen bemerkte Evi, daß die Augen ihrer Mutter von Tränen gerötet, aber auch groß und erschrocken waren, als ob sie in die Zukunft geschaut und dort fürchterliche Dinge gesehen hätte. »Sie sagte zu uns, wir sollten meinen Vater davon abhalten, Geschenke für ihren Geburtstag zu kaufen«, der Ende August gewesen war, »sie würde sie sofort zurückschicken«, erinnerte Evi sich in ihren Memoiren. Natürlich warf Henning als der Prinz, der er fast war, auch weiterhin mit Geld um sich und machte sich erst Sorgen, wenn die Mahnungen eintrafen – und ab dem 1. Janauar 1909 mußte man in Nassenheide tagtäglich mit Mahnungen rechnen. Bis dahin mußte eine Entscheidung über die Zukunft gefallen sein.

Evi wurde unter Tränen wieder bei Lady Maude Whyte abgeliefert: »Ihr seid mit meinem Vorhandensein unter euch infiziert«, zischte sie ihren Schwestern beim Abschied zu. Ende September fuhren Liebet und Trix mit ihren Eltern nach Nassenheide zurück. Wenige Tage nach ihrer Ankunft erhielt Elizabeth ein Telegramm mit der Nachricht, daß ihr Vater gestorben war; sie packte sofort wieder die Koffer und fuhr nach England. In Bexley blieb sie bei ihrer Mutter, um sie zu trösten, und schrieb an Evi: »Du hast Deepa nicht richtig gekannt, aber ich kann Dir gar nicht sagen, wie stolz ich darauf bin, so einen lieben Vater gehabt zu haben. So ehrenwert, so korrekt, so ernsthaft und freundlich und philosophisch – und *so* witzig – und er haßte Lügen und alles, was nicht völlig ehrlich war. Ja, ich will versuchen, noch mehr wie er zu werden – Tit (Charlotte) und ich wollen es ernsthaft versuchen; wir segnen ihn dafür, daß er uns so ein schönes Beispiel gegeben hat und dafür, daß er uns mit fröhlichen Erinnerungen an ihn verläßt ... «

Henning kam nach England, um seine Frau abzuholen; während er noch auf sie wartete, besuchte er Evi bei Lady Maude. Unglücklicherweise hatte das verwirrte Kind den Eindruck, daß Henning »unter einer Wolke« war und sich seiner Frau gegenüber nicht mehr loyal verhielt; sie war kurz angebunden und schickte ihn bald fort. Lady Maude verabreichte ihr deswegen eine Tracht Prügel. Als Elizabeth einige Tage später ihre älteste Tochter besuchte, brachte sie die schlimme Nachricht mit, daß Evi über Weihnachten in England bleiben mußte. Evi fragte nicht, warum dies so sein mußte, vermutete aber, daß es an Trix und Liebet lag, die aus ihrem Herzen keine Mördergrube machten und im Sommer deutlich gezeigt hatten, daß sie Evi nicht gern im Familienkreis sahen.

Weihnachten auf Nassenheide war diesmal eine trostlose Angelegenheit, weil niemand, nicht einmal die begeisterungsfähige Teppi, Freude oder Dankbarkeit heucheln konnte; alle fühlten sich niedergeschlagen. Das Ende einer Ära kam mit Riesenschritten näher, und was die Zukunft bringen würde, konnte niemand wissen.

So schnell wie möglich begann Elizabeth nach Weihnachten mit der Arbeit an *Die Reisegesellschaft*. Evi sollte mitarbeiten, aber am Ende fügte ihre Mutter lediglich Bruchstücke ihrer Beiträge ein. Der Roman ist eine deutliche Warnung an die Briten, daß Krieg zwischen England und Deutschland praktisch unausweichlich sei; Elizabeths Urteil erwuchs aus ihrer Kenntnis des preußischen Nationalcharakters. Es war äußerst unglücklich, daß sie zu jener Zeit alles andere als freundliche Gefühle gegenüber ihrem Mann hegte: Der schreckliche preußische Offizier, aus dessen Perspektive erzählt wird, konnte problemlos als eine Karikatur Hennings verstanden werden. Baron Otto von Ottringe ist absolut egozentrisch, ein Snob und der typisch männliche Chauvinist, eine erstklassige Verballhornung des preußischen Bourgeois. Die anderen männlichen Romanfiguren, wie Mr. Wilson und Vetter William, sind dem Sozialismus zugeneigt. Das findet der Baron fast ebenso skandalös wie ihre Gewohnheit, in flatternden Hemden und mit den Händen in den Hosentaschen herumzulaufen. Die freundlichen Versuche der anderen, diesen monströsen Deutschen in ihrer Gesellschaft zu integrieren, versteht der Baron als plumpe Vertraulichkeit, so daß er sie dauernd vor den Kopf stößt. Er ist grundsätzlich nicht dazu in der Lage, das Gute und Schöne zur Kenntnis zu nehmen. Es ist ein wütendes Buch, aus dem deutlich wird, daß die Autorin sich in Gesellschaft deutscher Offiziere unwohl fühlt. Der

Baron zieht andauernd über England her, »diese blöde, kleine Insel«, die in seinen Augen nur darauf wartete, vom Deutschen Reich geschluckt zu werden. Er sinniert: »Es war unwahrscheinlich, daß man mich mißverstehen konnte, denn ich gehe davon aus, daß von allen Menschen auf der Welt ein preußischer Offizier am wenigsten mißverstanden werden kann. Er ist zu gescheit, zu schnell, von zu hoher Intelligenz und Disziplin. Diese Qualitäten führen ihn an die Spitze des europäischen Baums; dazu kommt natürlich noch die Kraft, sein ganzes Wesen auf die Entschlossenheit zu konzentrieren, sich an dieser Stelle auch zu behaupten. Nochmals, allegorisch ausgedrückt, sehe ich ... die langsam sprechenden und langsam denkenden Engländer kraftlos auf den niedrigeren, aber bequemeren Ästen des Baums der Nationen herumlungern. Jawohl, dort sind sie geschützter; und haben geräumigere Nester; weniger Sonne und Wind; sind dem Wurm näher, der im Moos unter ihnen darauf wartet, gefressen zu werden; wie aber steht es um den preußischen Adler, der in der Spitze sitzt, dessen Schnabel im Licht blitzt, und dessen wachsames Auge sich nie von ihnen abwendet? Eines Tages, wenn sie wie üblich schlafen, wird er auf sie herabstoßen, ihre gut gebauten Nester säubern und für sich selbst beanspruchen – und dann wird er, wie schon das berühmte Bild zeigt (denn auch ich kann mich mit Bildern anfreunden), in seiner ganzen Pracht *Enfin seul* sein.«

Dies war gewiß nicht das Buch, das dazu angetan war, im Arnimschen Haushalt Frieden zu stiften.* Außerdem hatte Elizabeths frische Begeisterung für den Fabian-Sozialismus die häusliche Harmonie noch weiter zerrüttet, weil Henning, der ursprünglich eher der liberalen Partei zuneigte, in seinen späteren Jahren, wie viele andere auch, konservativ geworden war. Der wesentliche Grund aber für allen »Schwefel« und alle Verstimmungen war die Entschlossenheit seiner Frau, mit der Fa-

* Henning hatte schon früher die unangenehme Angewohnheit gehabt, sein Gebiß mit dem Wasser aus der Fingerschale zu spülen. Jetzt bestand er darauf, daß alle warteten, bis er am Ende der Mahlzeit sein Gebiß aus dem Mund nahm und in der Fingerschale reinigte. Elizabeth vertraute Wells einige Jahre später an, daß dies »das Faß zum Überlaufen brachte«.

milie so schnell wie möglich nach England zu ziehen, und Hennings ebenso feste Entschlossenheit, Schlagenthin als Wohnsitz zu wählen.

Die achtzehnjährige Evi, die zum neuen Jahr aus England herübergekommen war, begann mit folgenden Bemerkungen ihr Tagebuch: »Es gibt wirklich nur sehr wenig Glück auf dieser Erde, und es wird, was noch schlimmer ist, leichtfertig aufs Spiel gesetzt. Durch nichts wird Glück so sicher vernichtet als durch die Unstimmigkeiten zwischen Mann und Frau. Nehmen wir zum Beispiel Mama und Papa; jeder für sich ist ein Juwel, aber zusammen! Ich glaube, daß der ganze Schwefel, der jetzt in der Luft hängt, von den verschiedenen Nationalitäten kommt: England = M. Deutschland = P. Einerseits ist der liebe P. dazu erzogen worden, alle Frauen zu verachten und als Angehörige einer in jeder Hinsicht minderwertigen Klasse anzusehen. Andererseits die liebe M.: geistreich, klug und alles in allem das genaue Gegenteil der durchschnittlichen deutschen Frau, in der Tat so begabt wie die besten Männer. Wie traurig, daß so etwas sein muß und all diese Schwefelmengen produziert ... arme Frau; und doch ist es die natürliche deutsche Art; aber wie furchtbar; der Mann ist alles, die Frau nichts. Wie ewig dankbar ich dafür bin, daß unser Haushalt nicht so ist. Wie froh ich bin, daß Mammi uns trotz allen Schwefels zu unabhängigen Frauen erziehen will. Ach, dafür danke ich wahrlich Gott.«

Die Hälfte der Frühjahrsferien verbrachte Evi in Ropes bei Fernhurst in Sussex, in dem neuen Haus von Charlotte, die jetzt in einem viel größeren Stil lebte, da sich ihre finanzielle Lage verbessert hatte. Das war das Ergebnis von Forderungen, die ihr Sohn Sydney in ihrem Namen an ihren Ehemann gestellt hatte, der inzwischen offen mit einer anderen, wenig sympathischen Frau lebte.

Dieses Haus sollte in naher Zukunft eine kurzfristige Rolle im Leben der Arnims spielen. Es steht weit von der Straße entfernt, und die Einfahrt ist an den Seiten bis hin zur Eingangstür mit Süßholzbüschen bepflanzt. In der Nähe des Eingangstors standen damals die Ställe, das Kutscherhaus, in dem Elizabeth später wohnte, und das Gärtnerhäuschen. Dahinter lagen Tennisplätze und eine Laube. Das aus honigfarbenem Stein erbaute Haus hat mehrere Etagen. Es war, wie Evi sich erinnerte, stets voller Blumen und duftete schwach nach dem Lavendelparfüm ihrer Tante. Jack Waterlow, Charlottes zweiter Sohn, der Marineoffizier war, hatte während Evis Besuch einen Kameraden als Gast mitgebracht, und der beschloß prompt, daß er sie heiraten wollte. Daraus wurde nichts, aber Elizabeth sagte, als sie davon erfuhr, »daß es eine gute Idee gewesen wäre, ihn zu heiraten, weil er die Hälfte der Zeit auf See verbringt«. Evi schrieb: »Sie meinte wohl, daß ein Mann, der so oft von zu Haus weg ist, ein guter Fang sei!«

Evi befand sich in einem Zustand starker Verwirrung, weil die alten Werte genauso zu verfallen schienen wie ihre Familie. In London hatte sie viel von den Aktivitäten der Feministinnen mitbekommen, die Reden hielten, demonstrierten und verhaftet wurden. Aber sie hatte nicht die Absicht, sich ihnen anzuschließen, weil sie in allem ihrer Mutter folgte; und die klarsichtige Schriftstellerin war keine Frauenrechtlerin dieses Schlags; alles Aufdringliche stieß sie ab, und sie glaubte, daß gutgemeinte Überzeugungen, Klarheit und Reinheit einer Idee wirkungsvoller seien als das Spektakel von Massenversammlungen. Eine klare Idee, einfach vorgetragen und von vielen gelesen, war ihre bevorzugte Weise, Ungerechtigkeit zu bekämpfen. Natürlich trat sie für Frauenrechte ein; ihr Gesamtwerk, aber auch ihr Leben und die Art und Weise, wie sie ihre Töchter erzogen hatte, unterstrichen ihre Überzeugungen, aber sie hörte nie eine Frau überzeugend über Politik reden und machte sich ständig über die militanten Feministinnen lustig, denen es ihrer Ansicht nach nur gelang, sich selbst zum Narren zu machen und damit ihrer Sache zu schaden. Sie schrieb bewußt für ein Massenpublikum und wurde von ihren literarischen Freunden oft kritisiert, Schmonzetten zu produzieren und Geld zu verdienen, statt Kunstwerke herzustellen. Sie antwortete darauf, daß sie sowohl für Intellektuelle als auch für einfache Leute schreiben könne und daß es wichtiger sei, einfachen Leuten frohe Stunden zu bereiten, statt sich über große Kunstwerke den Kopf zu zerbrechen. Evi stimmte allen Meinungen ihrer Mutter begeistert zu.

1908 fuhr die Familie ein- oder zweimal nach Schlagenthin, um zu prüfen, ob es sich als zukünftiges Wohnhaus eignete, aber Elizabeth gewann keine Beziehung zu dem riesigen, überladenen, tot wirkenden Gebäude. Sie spielte mit der Idee, der Familie in dem prächtigen Park, der das Schloß umgab, ein Haus zu bauen, aber Henning lehnte das als völlig lächerlich ab, da es doch schon ein tadelloses Schloß gab, in dem man wohnen konnte. Schließlich, nach langem inneren Ringen, beschloß Elizabeth, ein Haus in England zu kaufen, möglichst in Devon und möglichst mit einem einzelnen Birnbaum davor – sie war sich aus nie erklärten Gründen sicher, unter einem einzelnen Birnbaum das Glück zu finden. Sie machte sich auf die Suche nach einem kleinen Haus an einem friedlichen Ort in der Nähe einer Schule, wo es wenig Gesinde, eine liebliche Umgebung und ein Klima geben sollte, das so unterschiedlich wie nur möglich von dem in Pommern war. Sie fand es fast auf Anhieb – ein bescheidenes, aber entzückendes Haus im georgianischen Stil namens Blue Hayes bei Broadclyst in der Nähe von Exeter. Es lag in schöner Landschaft, und in Exeter gab es eine gute High School für Mädchen. Sie kehrte nach Pommern zurück und verkündete, daß sie das Haus gekauft habe. Als Evi die Nachricht in England erreichte, stieß sie einen Verzweiflungsschrei aus, weil sie nicht all die Tiere aus Nassenheide mitnehmen konnte, die sie so liebgewonnen hatte.

Im Versuch, die Fiktion aufrecht zu erhalten, daß es eine Alternative zum Verkauf von Nassenheide gab, schrieb ihr ihre Mutter: »Ich würde auch gern die Ponies und Coco (den Hund) mitnehmen, und einen Storch oder zwei, und alle Wälder. Es ist schrecklich, Nassenheide und meinen lieben Garten zu verlassen, in dem ich so viele Jahre glücklicher Meditation verbracht habe – die Tage eilen vorbei, und jeden Abend, wenn ich in der Bibliothek sitze und das gemütliche Feuer im Kamin brennt, seufze ich ein bißchen – doch was läßt sich tun? Die Kinder müssen erzogen werden, Papa kann nicht ewig als sein eigener Sklave weitermachen, und wenn er es loswird, bleibt immer noch viel Arbeit für ihn auf Schlagenthin – es stimmt, daß er gern arbeitet, aber er haßt Ängste und Sklavenarbeit und schlechte Ernten. Kannst Du Dir vorstellen, was Ostermontag und gestern hier passierte – es schneite. Entzückendes Klima, oder etwa nicht?«

Während im Frühjahr 1909 der ungewöhnliche Osterschnee noch auf dem Boden lag, fuhren vor dem Schloß leise die Umzugswagen vor. Es war bereits dunkel, und die Arbeit wurde so still wie möglich ausgeführt; obwohl nämlich Elizabeth schon vor einiger Zeit die Möbel, die sie mit nach England nehmen wollte, gekauft hatte und darüber Rechnungen vorweisen konnte, hatte sie dennoch Bedenken, daß im letzten Augenblick Gläubiger auftauchen könnten, um die Entfernung der Einrichtung zu verhindern. Einige Tage später reiste sie unter Tränen ab, begleitet von Liebet, die ihrer »Geliebtesten« notfalls auch in die Hölle gefolgt wäre; begleitet auch von der weinenden Trix, der unbeeindruckten Martin (Felicitas) und von H. B., dem das alles, wie üblich, großen Spaß machte. Henning blieb allein in dem leeren Haus, um den Verkauf zu regeln. Um ihn kümmerten sich sein Kammerdiener und eine einzige Angestellte – die treue und tapfere Teppi.

Teegesellschaften

Liebet und Evi vor dem Haus Blue Hayes in Devon

Das frostige Aprilwetter trug nichts dazu bei, die Stimmung der kleinen Flüchtlingsgruppe aus Deutschland zu heben, als sie den englischen Kanal überquerte. Die Kinder waren quengelig und nicht leicht zu beaufsichtigen. Ihre Mutter hatte nur ihre Zofe, die ergebene Elise, an der Seite, um den rebellischen Kindern zu begegnen. Als ihnen von dem Plan erzählt worden war, hatten natürlich alle ihre Mutter nach England begleiten wollen. War das nicht während ihrer Kindheit stets die höchste Ehre gewesen, die sie sich vorstellen konnten? War die bedrückte Stimmung auf Nassenheide zuletzt nicht völlig unerträglich geworden? Würde diese Reise nicht den Anfang eines neuen Lebens bedeuten, in dem sie ihre Mutter immer für sich haben würden, frei von dem schrecklichen Gefühl, wenn sie in ihr Vaterland fuhr und die Kinder zurückließ? Aber Liebet und Trix vermuteten, daß diese Reise einen endgültigen Keil zwischen ihre Eltern treiben würde. Es war sinnlos, sich weiterhin vorzumachen, daß ihr Vater sich nach Verkauf des Schlosses der Familie wieder anschließen würde. Er war viel zu stolz, haßte England und seine weiche Art viel zu sehr, als daß dies eine realisierbare Möglichkeit wäre. Besonders Trix litt unter der Trennung; von allen Kindern war sie Henning am nächsten. Die Vorstellung, daß ihr Vater krank, traurig, gebrochen und allein in dem geliebten, jetzt jedoch verlassenen Haus saß, war ihr oft unerträglich. Sie war ihrer Mutter gegenüber störrisch und ließ sich auch durch die Drohung mit der Rizinusöl-Flasche nicht einschüchtern. Nur Liebet wußte, wie sehr ihre Mutter sich immer danach gesehnt hatte, in England zu leben, obwohl sie zugleich das Leben in der milden Schönheit der pommerschen Landschaft liebte; wie betrogen sie sich wegen der Kraftlosigkeit ihres Mannes vorkam und wieviel Verantwortung sie auf ihre zerbrechlichen Schultern geladen hatte. Die kleine Frau in mittleren Jahren war nun für die sechs Menschen an ihrer Seite allein verantwortlich, und sie war die einzige, die ihnen Rat und Hilfe geben konnte.

Teppi hatte ihrer Herrin mit sehr klaren Worten die Meinung über das Auseinanderbrechen der Familie gesagt. Sie konnte es mit ihrem Gewissen nicht vereinbaren, den letzten Schritt mitzuvollziehen und weigerte sich, denen zu folgen, die sie liebte. Nein, ihre Pflicht war ganz einfach – und was Pflichtbewußtsein anging, glich Teppi die nachlässige Haltung ihrer Herrin mehr als aus. Teppi bestand darauf, mit Henning zurückzubleiben und alles in ihrer Macht Stehende zu tun, um die Situation erträglicher zu gestalten. Sie ließ sich von Frau Horne sogar Kochunterricht geben und trotzte persönlich Hennings gelegentlichen Wutanfällen über die schlechte Qualität des Essens, die in der Vergangenheit schon so manche Köchin zur Kündigung getrieben hatten. Und ganz nebenbei war sie in den örtlichen Forstinspektor verliebt, einen großen, wortkargen, gutaussehenden, aber verheirateten Mann. Bei ihrem ersten Zusammentreffen mit der Gräfin hatte sich die tapfere Teppi entschlossen, »ihr Licht nicht unter den Scheffel zu stellen, sondern, wenn es nötig sein sollte, das feurige Schwert des Erzengels zu ziehen«. Wenn es je einen Moment gab, in dem dies zu geschehen hatte, dann während dieser schmerzlichen Episode des Familienschicksals. Sie hatte den Mädchen erklärt, daß sie ihrer Mutter zu gehorchen hätten und brav sein müßten; Krieg zwischen Deutschland und England lag durchaus im Bereich des Möglichen, und Elizabeths Temperament ließ es nicht zu, daß sie sich für die deutsche Seite entschied. Außerdem würden die Mädchen in England eine weitaus bessere Erziehung genießen können als in Deutschland. Zweifellos würden die beiden ältesten Mädchen bald nach Cambridge gehen; sie bereiteten sich bereits auf die Aufnahmeprüfungen vor. Aber Teppis Rechtfertigungen klangen hohl. Die Kinder merkten auch, daß die Trennung ihrer Mutter von der Haushälterin auf einer viel gefühlsmäßigeren Ebene ablief als alles, was sich zu jener Zeit zwischen ihren Eltern abspielte.

Die erschöpften Arnims wurden am Hafen von Vetter William abgeholt, aber seine kinnlose, verschwommene Erscheinung war in den Augen der Kinder kein Ersatz für den verlassenen Vater. Ihr verwundbarer Zustand hielt Elizabeth auch nicht davon ab, das Elend des jungen Mannes zu vertiefen, indem sie ihn anfauchte, wenn ihr seine dumpfe Ergebenheit auf die Nerven ging, was meistens der Fall war. Wenn es Elizabeths tiefster Wunsch war, geliebt zu werden, wirklich geliebt zu werden, dann versagte sie nun im Alter von zweiundvierzig Jahren völlig. Fast jeder, der sie kannte, liebte sie; manche bewunderten sie, und ihre Kinder verehrten sie sogar. Manche, die ihr nah waren, haßten sie auch gelegentlich; denn obwohl sie in ihrem Umgang mit Menschen unfehlbar gerecht und im Hinblick auf Wohlverhalten besonders genau war, fanden sich ihre Freunde und ihre Familie ihr gegenüber nie länger als eine halbe Stunde in der gleichen Position. Ihr Temperament glich sehr dem englischen Wetter: Sie war oft unfreundlich und ungemütlich, aber wenn die Sonne herauskam, hatte das Warten sich gelohnt. Ganz allgemein war sie durchaus nicht »beliebt«: Sie war eine zu kraftvolle Persönlichkeit und löste zu viele verstörende Gefühle aus, um mit einer so lauen Empfindung bedacht werden zu können. Diejenigen aber, die sie bewunderten – und sie war bewundernswürdig –, bekamen ihre ganze Wut zu spüren und verloren oft sie und sich selbst, wenn sie ihr nichts entgegensetzten.

Obwohl sie selbst die letzte gewesen wäre, die auf etwas so Unbeständiges wie Gefühle Rücksicht genommen hätte, war Elizabeth zu diesem Zeitpunkt alles andere als glücklich. Ihr sehr eigenwilliger Glaube an Freiheit und ihre Arbeit bildeten die beiden Pole ihrer Existenz. Menschen, die sie liebte, mußten sich ihren Ansprüchen unterwerfen. Sie empfand ihre Lage als unausweichlich, was mit nichts anderem als der poetischen Seite ihres Charakters zusammenhing: Während jenes ersten Frühjahrs und Sommers hatte sie in Nassenheide ihren Garten Eden gefunden. Als sie dann mit ihrer Familie dort lebte, aß sie vom Baum der Erkenntnis – soviel geht zumindest aus ihren Büchern hervor. Nun zwangen die Umstände sie dazu, den Garten Eden zu verlassen. Sie war eine alleinstehende Frau, die ihre Kinder mit gleichem Schmerz und gleicher Mühe durchbringen mußte, mit denen sie sie geboren hatte. Mut fehlte ihr nicht, und auf ihre Verwundbarkeit nahm sie keine Rücksicht. Wie stets war harte Arbeit ihr Überlebens- und Fluchtweg.

Zwanzig Jahre später, als Elizabeth packte, um ihr Haus in

der Schweiz zu verlassen, stieß sie auf ihre Tagebücher und Papiere der Nassenheider Zeit und legte einen Tag Pause ein, um darin zu lesen. Ihr Urteil über die Person, die ihr da entgegentrat, lautete: »Recht süß.« Durch all die Einsamkeit, die Enttäuschungen, den Schmerz, die Frustrationen, den Kampf und die reine Freude jener Jahre schien doch immer noch die robuste, willensstarke und, ja, recht süße Persönlichkeit der kleinen englischen Miss Beauchamp durch. Doch die Süße ihres Wesens sollte ihre Rückkehr nach England und die Widerstände, die sie dort erwarteten, nicht lange überdauern. Alle, die sie kannten, waren bestürzt über die Veränderung, die sie in den nächsten Jahren durchmachte.

Das schöne, weiße georgianische Haus mit herrlichem Ausblick, ummauertem Küchengarten, Tennisplatz und Obstgarten, war noch nicht fertig, als die Familie vier Tage nach den Möbeln aus Deutschland eintraf. Bis die Handwerker die Arbeit im bedächtigen englischen Tempo vollendet hatten, war die Familie gezwungen, sich in Exeter einzuquartieren. Der Hund Prince, ein trauriges Tier mit »bösartigen, roten Augen«, der zum Haus gehörte, sah keinen Grund zum Jubeln und zeigte keine Freude, als Ende April fünf Frauen und zwei Kinder einzogen (Evi war inzwischen hinzugekommen). Elizabeth fühlte sich unglücklich und einsam. Der Halt, den sie so lange gehabt hatte und auf den zu verzichten sie anderen dringend empfahl, war nicht mehr da; statt dessen sah sie sich durch Verpflichtungen aufgerieben. Nach dem rauheren Klima Pommerns schien das Leben in Devonshire schläfrig und lasch, und sie war empört, als sich der englische Gärtner im Gespräch mit ihr einfach auf seinen Spaten lehnte, anstatt Haltung anzunehmen und die Hacken zusammenzuschlagen, wie sie es aus Pommern gewohnt war. Gestützt auf viel Erfahrung, gelang es ihr dennoch, den Garten in Blue Hayes großartig zu gestalten, was die Bewohner bis auf den heutigen Tag zu schätzen wissen.

Die Mädchen blieben untereinander zänkisch. Liebet hatte sich inzwischen daran gewöhnt, die Älteste zu sein, und fühlte sich durch Evis Rückkehr in die Familie gestört, während Evi Liebet gegenüber tiefes Mißtrauen hegte, weil sie »beim Tennis so furchtbar angab«. Obwohl Evi manchmal herzlich und liebevoll war, ahmte sie dennoch die Unbeständigkeit ihrer Mutter nach und reagierte auf Personen oder Situationen jedesmal anders. Sie legte, wie ihr Vater, bei der leisesten Andeutung einer Beleidigung schnell tragische Allüren an den Tag und gab ihrer Mutter im ganzen mehr Anlaß zur Sorge als jemals zuvor. Elizabeth drängte Liebet dazu, mit Evi Tennis zu spielen, weil sie sonst von den anderen Kindern gänzlich ausgeschlossen wäre, die mehr denn je das Gefühl hatten, daß Evi nicht zu ihnen gehörte. Evi schrieb in ihr Tagebuch: »Ich fürchte, daß Liebet und ich uns gar nicht mögen, und ich kann nur hoffen, daß wir uns eines Tages nicht hassen.«

Ihre Mutter arbeitete im mittleren Trakt des Hauses in ihrem Atelier und war für ihre Kinder zumeist praktisch unsichtbar. Evi merkte, daß ihre Mutter Liebet vorzog und nur ihr allein Gehör schenkte. Gutes Benehmen, Charme und Eigenständigkeit, die Elizabeth ihren Töchtern wünschte und in ihnen zu entwickeln versuchte, waren aber bei weitem nicht alles. Sie wurden alle »überaus geschickt, sich zu verstellen ... Sie versuchten, sich gegenseitig unter den gefürchteten Schatten ihrer Mutter zu stoßen (in die Geringschätzung ihrer Mutter), und das war der stets verlockende Höhepunkt familiärer Feindseligkeiten«, schrieb Liebet in ihren Erinnerungen. Petzen und Rufmord galten entschieden als unfair; dennoch konnte Liebet, wenn man Evis Tagebuch Glauben schenkt, der Versuchung nicht widerstehen, ihre privilegierte Stellung auszunutzen und die anderen fast dauernd »unter Wolken« zu stellen.

In der Familie herrschte eine merkwürdige Müdigkeit, die nicht hinreichend durch die natürlich von allen empfundene Trauer und den Verlust erklärbar ist. Die pragmatische Elizabeth, die bei der Ankunft in England deutsche Gefühlsseligkeiten und Ängste entschieden hinter sich gelassen hatte, räumte widerwillig ein, daß es in der Atmosphäre des Hauses irgend etwas gab, das sich auf seine Bewohner übertrug, und sie schwor sich, nur noch in Häusern zu wohnen, die sie selbst hatte bauen lassen und in denen zuvor niemand anderes gelebt hatte.

Die Kinder konnten den köstlichen Sahneleckereien Devonshires, die die Köchin ihnen in großen Mengen zubereitete, nicht widerstehen und wurden dick. Die Zehnerrunde war nun eine beschwerliche Strecke durch die Einfahrt bis zum Tor und wieder zurück, die jeden Morgen absolviert werden mußte, aber im Kampf gegen ihre ständige Gewichtszunahme nichts ausrichten konnte. H. B. sprach kein Englisch und wurde auf der Schule herumgeschubst, weil er Deutscher war. Trix litt furchtbar unter der Trennung von ihrem Vater. Nur die neunjährige Martin, die sich Tag und Nacht darauf konzentrierte, Rachmaninows Erstes Klavierkonzert einzustudieren, schien unter dem Umzug nicht gelitten zu haben.

Sobald sie eingezogen waren, bekam Elizabeth Einladungen des Landadels. »Sie kamen mengenweise, haufenweise.« Die Neuigkeit, daß »Elizabeth« jetzt unter ihnen lebte, verbreitete sich wie ein Lauffeuer. Sie sah sich gezwungen, bis zu zwölf Besuche täglich zu absolvieren und ließ keinen aus, selbst wenn das lange Fahrten durch die Moore in einer Ponykutsche verlangte, und sie kam weniger zum Arbeiten als erhofft. »Nach Jahren, in denen ich fast keine Einladungen erhielt aus Mangel hochwohlgeborener Nachbarn, mit denen wir hätten verkehren können, fand ich mich auf einmal zahlreiche Teegesellschaften geben und besuchen«, schrieb sie in *Alle meine Hunde*.

Vier Wochen nachdem der Umzug vollständig abgeschlossen war, besuchte Elizabeth einige Tage Francis und Mollie Russell. Elizabeth und er hatten sich im Verlauf der Jahre gelegentlich getroffen; er hatte sein gutes Aussehen weitgehend eingebüßt und hatte kräftig zugenommen. Er war Direktor mehrerer Firmen, die Waffen produzierten; er bastelte an seinen elektrischen Geräten und Autos herum und dachte sich dauernd Verbesserungen für sein Telegraph House in Sussex aus, das inzwischen vollständig in seinen Besitz übergegangen war. Seine Frau streifte in Knickerbockerhosen durch den Garten, während die Malteser-Hunde um ihre Beine wuselten, oder schrieb ein bißchen oder schlief und war nie sehr weit von einem Glas Whisky mit Wasser entfernt. Bertrand Russell, Francis' Bruder, kommentierte: »Wenn man sie von hinten in grünen Kordknickerbockern sieht, wie sie sich im Garten von

Telegraph House über ein Blumenbeet beugt, fragt man sich, ob das, was er für sie alles durchgemacht hat, die Sache wert war.«

Als Elizabeth von dem Besuch zurückkehrte, brach sie zusammen; ihr ganzer Körper war eine Woche lang völlig steif. Sie aß nichts, und ihre besorgten Töchter kamen jeden Abend nach dem Essen in ihr Zimmer und berichteten ihr die Tagesneuigkeiten. England und seine Verbündeten hatten sich deutschen Flottenbewegungen im Mittelmeer widersetzt und wollten, um einen serbisch-österreichischen Krieg zu verhindern, intervenieren. Wegen der politischen Situation herrschte zwischen den vier Frauen betroffenes Schweigen. Evi war so aufgeregt, daß sie jeden Abend unters Bett sah, ob dort der Feind sei; sie dachte nicht im Traum daran, daß man bald sie als den Feind ansehen würde. Sie sprachen auch über die Frauenbewegung, die in ihrem Kampf für das Stimmrecht extrem militant geworden war. Blériot plante, den Kanal mit seiner Flugmaschine zu überqueren; alle hatten sie den Eindruck, daß die Welt aus den Angeln gehoben würde, wie sie selbst aus den Angeln gehoben worden waren, und alles war so fremd und erschreckend geworden.

Kurz darauf schickte Francis Russell Elizabeth ein Exemplar seines Buchs *Lay Sermons*. Es war ein kleines, aber revolutionäres Werk, das in luzider Prosa und mit hochklingenden Emotionen sagt, daß das bekannte Christentum der Kirche nicht der Ort ist, um wahre religiöse Erfahrungen zu machen. Die Beschreibung seiner Suche nach dem Phänomen der Bekehrung und des gefundenen Pfads klingen überzeugend, ja inspirierend, doch beharrt er starrköpfig darauf, daß die Kirche die Botschaft Christi mißverstanden habe. Er fügte dem Buch einen Brief bei: »... Ich kann gar nicht sagen, mit welcher Erleichterung ich Dir dieses Buch sende, weil ich darin gesagt habe, was ich denke, und in einer zynischen Welt fürchtet man das ... Ich kann Dir gar nicht sagen, wie sehr wir beide Deinen Besuch genossen haben – er war eine seltene und außerordentliche Freude. Ein gutes Rezept, um seinen Kopf noch auf den eigenen Schultern zu spüren, dürften Rezensionen sein – ich habe soeben eine erhalten, die uns als ›uninteressantes, übergewichtiges Paar in mittleren Jahren‹ bezeichnet!«

Offenbar gab es noch sehr viel mehr, was er Elizabeth nicht sagen konnte. Sie, die ihn, wie auch sein Fabian-Genosse H. G. Wells, für einen freundlichen und zugänglichen Mann hielt, antwortete, daß sie von dem Buch begeistert sei: »Drinnen und draußen und rundherum und drüber und drunter ist alles voll Schönheit – Deine Liebe und Zuneigung zu schönen Dingen, berührbaren und unberührbaren. Du fehlst mir, lieber Junge ...«

Auch Henning schrieb ein Buch: *Landwirtschaftliche Zuchtpraktiken.* Teppi, die sich immer noch um ihn kümmerte (ihre Kochkünste hatten bislang kaum Klagen von Henning provoziert), las aus Elizabeths Briefen, daß ihrer geliebten Herrin innere Harmonie völlig abging. Die Briefe waren kurz und zeigten ihrer Meinung nach eine zerrissene, unfriedliche Seele. In der Tat ließ die Angst, die Elizabeth gefangenhielt, seit sie als einzige für viele das Brot verdienen mußte, ihr wenig Zeit zur Seelenpflege – und die Mädchen bekamen sie kaum zu Gesicht. Es schien in der Familie keine Harmonie mehr zu geben, und jedes einzelne Mitglied fühlte sich »um seine Hoffnungen und Erwartungen betrogen«, wie Liebet bemerkte.

Hennings Briefe waren voller Melancholie. Evi schrieb er: »Du kannst Dir vorstellen, daß das einsame Leben, das ich hier mit Teppi führe, nicht sehr lustig ist; die Unmöglichkeit, einfühlsam mit jemandem zu reden, das dauernde Alleinsein und das ständige Erinnertwerden an die Tatsache, daß die, die ich liebe und für die ich lebe, fort sind – jeder Winkel des Hauses, in dem mehr oder weniger alles beim alten ist, jede Pflanze im Garten, der so gepflegt wird, als ob Ihr eines Tages zurückkehrtet ...«

Er mußte in Nassenheide bleiben, um auf Kaufinteressenten zu warten, und da kein Käufer in Sicht war, mußte er offenbar ewig in dem leeren Haus bleiben – ein Gast auf seiner eigenen Beerdigung. Ein merkwürdiges Zusammentreffen von Umständen zwang ausgerechnet ihn, der anfangs so widerwillig eingezogen war, zum Bleiben. Dennoch waren die Positionen nicht vollständig in ihr Gegenteil verkehrt, denn er beklagte sich immer noch darüber, daß seine Frau seine Briefe nicht angemessen beantwortete.

Die wenige Zeit, die Elizabeth zur Arbeit blieb, nutzte sie, um *Die Reisegesellschaft* abzuschließen; danach beschäftigte sie sich mit der Dramatisierung von *Priscilla und das Haus in Devon*. Die Bühnenrechte hatte der Dramatiker Herbert Trench gekauft, der das Stück im Haymarket Theater herausbringen wollte. Elizabeth wandte ein, daß sie von Dramaturgie nichts verstand, aber das Problem wurde gelöst, indem man sie mit J. M. Barrie bekannt machte. Sie arbeitete täglich in ihrem Atelier und überließ den Haushalt immer mehr Elise. Wenn sie sich in London aufhielt, was immer häufiger notwendig wurde, wohnte sie in einer winzigen Wohnung, die sie in der Davies Street am Grosvenor Place gemietet hatte. »Die Wohnung ist zu süß«, schrieb Evi, als sie sie zum ersten Mal sah. Sie bestand aus »dem winzigsten, gemütlichsten kleinen Wohnzimmer« und zwei angrenzenden Schlafzimmern, in denen es ausklappbare Schrankbäder gab, mit »Wasseranschluß und allem«. Vetter William stand als ungelenker Dante bereit, um seine Beatrice zu begleiten, wann immer sie es wünschte, während Evi, Liebet und Trix Tennis spielten oder während der Schulferien ziellos die Gegend von Blue Hayes durchstreiften. Zur Ballsaison hätten sie eigentlich in die Gesellschaft eingeführt werden sollen, aber sie weigerten sich, Tanzstunden zu nehmen und mit ihren englischen Altersgenossen auf Parties Konversation zu treiben. Evi notierte: »Ich verstehe überhaupt nicht, wozu diese Parties gut sind – um miteinander über Köchinnen und Hausmädchen und deutsche Öfen zu reden. Ich habe daran keinen Spaß. Warum können die Menschen nicht einfühlsam sein, gewiß haben sie doch alle etwas im Kopf. Warum um alles in der Welt so die Zeit verschwenden? Oh, nur ein bißchen Weisheit, nur ein ganz kleines bißchen.«

Die streng orthodoxe junge Dame war schockiert, als sie eines Sommerabends feststellen mußte, daß ihre Mutter mit neuen und ihrer Ansicht nach gefährlichen Irrlehren spielte. Sie saßen auf der Terrasse, und das Gespräch kam auf das Thema Religion. Elizabeth sprach in aller Ruhe von der Möglichkeit, daß Gott tot sei. Vielleicht hatte es ihn einmal gegeben, und er hatte die Welt erschaffen. Danach war er gestorben, und die Welt überlebte ihn, »so, wie Kunstwerke und Kathedralen ihre Schöpfer überleben«. An diesem Abend ging Evi »verstört, zweifelnd, elend« zu Bett und grübelte über die Merkwürdigkeiten der Engländer nach, unter die ihre Mutter sich gemischt hatte, die über das Wesen der Gottheit so kühl spekulierten wie sie sonst über das Wetter redeten.

Nachdem die Familie erst seit drei Monaten in Blue Hayes ansässig war, wurden Hennings Briefe »schwefelig«. Er forderte ein paar der Kinder, wenn nicht alle, zurück. Elizabeth las die Briefe bestürzt, denn selbst wenn die Kinder bei ihm waren, sah er sie nie den ganzen Tag, sondern hatte höchstens abends Zeit für ein Gesellschaftsspiel. Sie wußte, daß sie niemals wieder in Deutschland leben wollte, aber sie war sich auch bewußt, daß die Ablehnung, die ihre Kinder ihr entgegenbrachten, weil sie sie zwang, Engländer zu sein, obwohl sie sehr genau wußten, daß sie Deutsche waren, ihren Höhepunkt erreichte.

Noch mehr Ärger gab es, als Martin bei einer so unverschämten und zugleich einfallsreichen Lüge ertappt wurde, daß die anderen Kinder nur staunen konnten. Evi schrieb: »Kam heute dahinter, daß Martin die skrupelloseste Lügnerin ist und Geschichten erfindet, die so schlau sind, daß einem die Worte fehlen. Am letzten Freitag kam sie vom Vormittagsunterricht nach unten und erzählte uns, daß Miss Andrews (eine der High-School-Lehrerinnen) ihr nach dem Mittagessen sagen wollte, in welche Klasse sie käme. Und also verschwand sie nach dem Essen, kam nach einer Weile wieder und erzählte uns strahlend, daß sie in der ersten Klasse wäre. Wir dummen Perlhühner glaubten dem schlauen Fuchs. Aber als ich heute Miss Andrews auf dem Schulweg traf, hatte ich plötzlich die Idee, sie zu fragen, ob das denn auch stimme. Man glaubt es kaum! Kein Wort davon ist wahr ... Also, ich muß zugeben, daß meine liebe Schwester eine sehr schlaue Erfinderin ist, und ich kann nur hoffen und beten, daß sie, wenn sie erwachsen ist, ihre Schlauheit für bessere Zwecke einsetzt.«

Im Kielwasser seiner Briefe kam schließlich ihr Vater persönlich; er sah älter und kranker als je zuvor aus. »Nie hat sich ein Mensch so verändert, nie ist einer so alt geworden und so gebeugt.« Es gab nun viele Tage aus »Schwefel und Feuer, Staub und Asche«, schrieb Evi, bis man sich darauf einigte, daß Martin und H. B. mit ihm nach Nassenheide zurückkehren sollten. Trix jammerte, daß auch sie mitwolle, und bekam ihren Willen. Evi schrieb gestelzt in ihr Tagebuch: »Sie ist offensichtlich sehr anders als ich, denn wenn ich nach Nassenheide zurückkehrte, würde ich mich hinterher nur um so mehr dahin zurücksehnen, was natürlich schrecklich wäre ...«

Im Frühsommer 1909 bekamen alle Kinder die Grippe. Evi quälte als Folge der Krankheit ein hartnäckiger Husten, und als es wärmer wurde, beschloß ihre Mutter, sie zur Erholung an die See zu schicken. Elizabeth hatte gerade in der *English Review* den Vorabdruck eines noch nicht erschienenen Buches gelesen, *The Holy Mountain*; der Autor war ein junger Mann namens Stephen Reynolds. Er war mit Leonard und Virginia Woolf befreundet, die seine gesammelten Briefe später in ihrem Verlag herausbrachten. Er hatte bereits *The Little Red House* veröffentlicht, das Elizabeths Aufmerksamkeit erregt hatte, doch *The Holy Mountain* hielt sie für ein geniales Werk, und sie wollte unbedingt den Autor kennenlernen. Sie erfuhr, daß er in Sidmouth in Devon lebte und sich finanziell damit über Wasser hielt, daß er in den Sommermonaten fischte und Ausflügler auf seinem Boot mit aufs Meer nahm. Es schien eine gute Idee zu sein, Evis Lungenleiden genau dort mit Seeluft zu lindern. Für einen Teil der Zeit war Liebet dabei, und wie immer kam auch Vetter William.

Gleich am ersten Tag machte Elizabeth das Fischerboot ausfindig und ließ sich aufs Meer hinausfahren. Stephen Reynolds war nicht da, aber sein Partner Bob erzählte ihm alles. Stephen berichtete einem Freund: »Gräfin von Arnim ist hier angekommen; erfuhr, daß ich in der Stadt bin; fuhr zufälligerweise mit Bob hinaus; fand heraus, daß ich sein Partner bin, und seitdem geht sie täglich und dann fast den ganzen Tag lang mit uns auf See, wodurch unsere Boote natürlich ordentlich Profit machen.« Er war ein charmanter, äußerst gutaussehender junger Mann aus der oberen Mittelklasse, der als Lehrer gearbeitet hatte. Allerdings blieb er nicht lange an der Schule, weil er den dringenden Wunsch verspürte, Schriftsteller zu werden. Er wandte sich von der Mittelklasse ab, deren Werte er verachtete, und wurde Fischer. Seine Haltung war der Elizabeths sehr ähnlich, als sie damals ihren Lebensunterhalt als Straßenkehrer verdienen wollte, und so entwickelte sich zwischen den beiden sofort eine Freundschaft. Evi erinnerte sich daran: »Morgens arbeitete er als Fischer, und tagsüber führte er ›Schreckschrauben‹ durch die Stadt. Er hatte wunderbare blaue Augen, ein glänzendes Dunkelblau, das seinen ganzen Charakter ausdrückte, seine Liebe, sein Gemüt, sein Alles. Er kannte keine falsche Scham, er war die personifizierte Wahrheit. Sein schlimmster Fehler war seine Sturheit (ein Beauchamp-Wort, das bedeutete, sich immer noch um Dinge zu sorgen, wenn diese schon längst niemanden mehr interessierten) und sein schwerblütiges Temperament. Aber dann konnte er plötzlich wieder alle Sorgen vergessen und lustig sein und uns zum Lachen bringen.«

Zweimal aß er mit den Arnims im Victoria Hotel in Sidmouth zu Abend. Er war herrlich gelöst, lachte und redete, und Elizabeth mochte ihn ungeheuer gern. Ihr Urteil über ihn lautete: »Er ist wie Christus, der kräftig vom Teufel besessen ist.« Später besuchte er sie oft in Blue Hayes.

Im November erschien *Die Reisegesellschaft*. Sein Thema erregte so viel Interesse, daß es überall rezensiert wurde. Seit Shaws *Broadbent* war kein Nationalcharakter mit soviel Witz und umfassendem Verständnis entlarvt worden, und das »witzige Genie« der Autorin bewahrte das Buch davor, grausam zu wirken. *Country Life* nannte es das amüsanteste Buch, das je erschienen sei, und *Punch* hielt es für »eine der klügsten und amüsantesten Geschichten des Jahres«. Glücklicherweise verkaufte das Buch sich sehr gut, denn die Familie hatte in diesem Jahr mehr Geldsorgen als je zuvor. Henning war anscheinend nicht dazu in der Lage, Nassenheide zu verkaufen, und seine Frau, die mit dem Erlös aus dem Verkauf gerechnet hatte, um sich wenigstens einiger ihrer Sorgen zu entledigen, sah sich nun vor die

Tatsache gestellt, zwei Haushalte unterhalten zu müssen. Henning schaltete auf stur, weil er wütend auf sie war, und bezeichnenderweise vergaß er total, daß die Familie wegen seiner Ungeschicklichkeit in finanziellen Dingen in der Klemme saß. Er nutzte die Solidarität seiner Kinder gnadenlos aus, und als das Buch erschien und er vermuten mußte, das Vorbild für Baron von Ottringe zu sein, sah er sich noch stärker in der Position dessen, dem Unrecht getan wird.

Im Gefolge des Buchs wurden Campingtouren zu einer Modebewegung unter Feministinnen. Mehrere Jahre lang mußten sich Landbesitzer mit einer kleinen Armee literarisch gesinnter Damen und ihrer Freunde herumschlagen, die entschlossen waren, am Wegesrand poetische Motive zu finden, und uninspirierte Momente damit ausfüllten, daß sie Passanten mit ihren Forderungen nach Stimmrecht auf die Nerven gingen. Sie machten sich schnell bei jedermann äußerst unbeliebt – vom *bonafide*-Zigeuner, dessen Suche nach einem Lagerplatz schwieriger wurde, bis zum Postmeister, der von resoluten Frauen, die Auskunft nach dem Verbleib ihrer Briefe forderten, belagert wurde. Mehrere Bücher erschienen, die Elizabeth plagiierten, und eine neue, hausgemachte Philosophie kam unter dem Schlagwort »Wegesrand-Weisheit« in Mode. 1911 schrieb keine geringere als Mollie Russell ein Buch über ihre Erfahrungen auf der Landstraße, das *Five Women and a Caravan* hieß. Sie dankt darin Elizabeth, vergißt aber auch nicht, ihren Lesern mitzuteilen, daß sie eine Freundin von ihr sei. Als Hauptfigur ihres Romans entpuppt sich Mollie als eine weibliche Version Baron von Ottringes, ist jedoch eher tragisch als amüsant, da sie nicht bemerkt, wie unbeliebt sie bei den anderen Campern ist. Sie bleibt unmittelbar bei den tatsächlichen Ereignissen und berichtet sogar von einem Streit, den sie mit einer der Frauen hat, die über die Trinkgewohnheiten der Gräfin schockiert ist. Francis erscheint als gemilderte Version des »Grimmigen«, und sie bezeichnet ihn als ihren »Besitzer«. Wenn ihr nichts mehr einfällt, bekommt der Leser ihre Abenteuer in Irland aufgetischt, ihrer Heimat, und die Amerika-Episode, als sie und Francis vor ihrer Heirat dort lebten. Stets ist sie die Heldin dieser Indiskretionen und entpuppt sich dabei als völlig egozentrische und selbstgefällige Frau. Es ist ein, im wahrsten Sinne des Wortes, trauriges Buch.

Was immer sie in diesem ersten Jahr auch unternahmen, Elizabeth und ihre beiden älteren Töchter hatten das Gefühl, als trieben sie unter Wasser. Offenbar hatte das so gerühmte Klima Devonshires schädigenden Einfluß auf robuste, pommersche Konstitutionen. Elizabeth bot Blue Hayes zum Verkauf an und fand auch sofort einen Käufer. Noch während der Verhandlungen sorgte sie dafür, daß die Mädchen in einem von Lehrerinnen der St. Pauls Mädchenschule betriebenen Schulheim aufgenommen wurden, in dem ausländische Schülerinnen und solche aus dem Umland wohnen konnten. H. B. sollte auf ein kleines Internat und anschließend nach Summer Fields in Oxford gehen. Elizabeth mietete eine Wohnung in Whitehall Court mit wunderbarem Blick auf die Themse, legte die Wohnung mit Teppichen aus und möblierte sie mit den besten aus Deutschland mitgebrachten Stücken. Es gab nicht genug Platz, um die Kinder während der Schulferien unterzubringen; deshalb suchte sie nach einem Sommersitz auf dem Lande. Teppi war von der Wohnung sehr beeindruckt, als sie sie sah; jeden Morgen wurde eine Mahlzeit an die Haustür geliefert, und man konnte sich, wie in einem Hotel, alle Mahlzeiten des Tages bringen lassen. Nassenheide war immer noch nicht verkauft; Henning schrieb den Mädchen lange und vage Briefe, in denen er ihnen von den baulichen Änderungen erzählte, die er auf Schlagenthin vornehmen ließ, und wie schön es sein würde, wenn sie alle wieder vereint im Schloß leben würden, obwohl der Arzt Elizabeth erklärt hatte, daß Henning bald in ein Sanatorium gehen müsse und nur wenig Hoffnung bestehe, daß er es lebend wieder verlassen werde. Nach dem Umzug fuhren die Kinder über Weihnachten nach Nassenheide, und Elizabeth reiste mit Vetter William in die Schweiz, wo sie sich vergeblich mühte, ihr Theaterstück zu beenden, das sie damals *Priscilla* nannte. Den Dezember verbrachten sie im Palace Hotel in Montreux, »die reinste Sklaverei, vermutlich umsonst. Nun, das läßt sich nicht ändern«, schrieb sie an Liebet.

Zwei Tage vor Weihnachten kam Elizabeth in Nassenheide

an; das Stück war endlich fertig. Sie plante, für alle ein neues Haus in der Schweiz zu bauen, wenn das Stück, wie sie hoffte, Geld einbringen würde. Es gelang ihr nicht, die versammelte Gesellschaft aufzumuntern, war doch das Haus einfach zu traurig und verfallen, als daß man sich dort hätte wohlfühlen können. Alle wußten, daß es das letzte Weihnachtsfest auf Nassenheide war und daß nichts je wieder so sein würde, wie es einmal gewesen war. Außerdem war Teppi nicht mehr da, weil sie eine Lehrerinnenstelle in einem deutschen Internat angetreten hatte. Nachdem die Mädchen zum Frühjahrssemester wieder nach England zurückgekehrt waren, blieb Elizabeth mit H. B. in Deutschland, da Henning sehr krank war; und außerdem wollte sie die Zeit nutzen, um über einige längst überfällige Dinge nachzudenken. An Liebet schrieb sie: »Der Himmel ist grau hier, der Wind ist laut, und der Schnee – obwohl Du es nicht für möglich halten wirst – ist weiß. H. B. ist äußerst genial und unverschämt und tut alle möglichen Dinge, die er sich, solange Ihr hier wart, nie getraut hätte ... Außer zu den Mahlzeiten ist Papa unsichtbar, und abends spielen wir zusammen Dame. Ich habe recht aufregende Tage in meinem Treibhaus verbracht, wo ich mein Gemüt, das zuletzt so verwirrt und unsauber war, aufgeräumt und gesäubert habe. Wenn ich damit fertig bin, komme ich wieder nach England.«

Während sie noch in Nassenheide war, tauchte ein ernsthafter Kaufinteressent auf. Henning verhandelte nur sehr zögerlich und stieß den Käufer aus unerfindlichen Gründen vor den Kopf. Sie ließ ihn in Teppis Obhut, die ihre Ferien auf Nassenheide verbrachte, und fuhr im Februar 1910 nach England zurück. Sie wollte *Priscilla* so schnell wie möglich auf die Bühne bringen. Ihre neue Wohnung in Whitehall Court war inzwischen fertig, und zu den Wochenenden besuchten sie die Kinder dort.

Trotz Hennings Saumseligkeit wurde Nassenheide schließlich verkauft. Ein Teil des Kaufpreises wurde sofort bezahlt, und der Rest sollte in Raten erfolgen, was aber wegen des Krieges nicht vollständig geschah. Die restlichen Möbel wurden nach Schlagenthin gebracht, und Henning wurde von seinem Arzt in ein Sanatorium nach Meran in Tirol eingewiesen. Über das vergangene Jahr schrieb Evi in ihrem Tagebuch, es habe viele neue Ideen und Überraschungen, viele Schocks und Fragen mit sich gebracht. Sie fragte sich, was das Leben ihr wohl bringen werde? Würde es ein »mit Schwefel oder mit Rosen bedeckter Pfad« sein? Sie sah Schwierigkeiten auf sich zukommen, die sich vor allem ihrer unerfüllbaren Neigung verdankten, Descartes nachzufolgen und einfach nur dazusitzen, sich umzublicken und »alle Eitelkeit der Welt abzuschütteln«.

Zu Ostern fuhren alle Kinder – außer Evi – nach Schlagenthin. Das hatten sie sich immer schon gewünscht, und abgesehen von der Dienerschaft gab es keine Erwachsenen, die sie ermahnten oder zu Zehnerrunden zwangen. Sie spielten mit aller Gewalt Erwachsene, was vor allem so aussah, daß sie das Personal herumjagten, viel zuviel aßen und Tischmanieren Tischmanieren sein ließen. Elizabeth sorgte sich eher darum, daß die Kinder zu dick werden könnten, als daß sie irgendwelche moralischen Gefahren in der Situation sah. Der einzige Rat, den sie Liebet mit auf den Weg gab, lautete: »Eßt nicht zuviel Streuselkuchen und nicht zuviel von den anderen leckeren, aber ungesunden Sachen.«

Während die Kinder weg waren, beschloß Elizabeth, Evi unter ihre Fittiche zu nehmen und sie mit standesgemäßen, reichen jungen Männern bekannt zu machen, während Stuart sie gleichzeitig für die Aufnahmeprüfung der Universität drillte. Aber alle Versuche Elizabeths schlugen fehl, da Evi so krankhaft schüchtern war, daß sie die Zähne nicht auseinanderbrachte.

Als die anderen aus Deutschland zurückkamen, nicht dünner, aber fröhlicher und bereit, das neue Semester anzugehen, brachte Elizabeth sie in ihren Schulen unter und beeilte sich dann, ihren Mann zu treffen. Nach Auskunft der Ärzte in Meran würde sein Herz wahrscheinlich nicht mehr lange mitmachen. Teppi kehrte in ihr Internat in Marburg zurück, und zum letzten Mal in ihrem Leben war Elizabeth mit ihrem Mann allein.

Das Sanatoriumsgelände war tagsüber voller Salamander und nachts voller Glühwürmchen; sie und Henning verbrachten einsame Nachmittage im Schatten großer Pinien im Garten. Elizabeth hätte den Aufenthalt fast erträglich gefunden, wären da nicht Hennings nervöse Anfälle gewesen, die den Umgang mit ihm fast unmöglich machten und die ihrer Meinung nach ansteckend waren. Die Aussicht, selbst immer schlechtere Laune zu bekommen, deprimierte sie, bis sie schließlich die Ruhe einer Auster gewann und sich um nichts mehr Sorgen machte; die Kinder hörten allerdings von ihrem Vater, daß sie nie lachte.

Inzwischen wurden die Proben ihres Stückes intensiv vorangetrieben. Es sollte am 29. Juni »auf die staunende Welt« losgelassen werden. Als der Arzt meinte, daß es Henning besser gehe, eilte Elizabeth nach London und kam rechtzeitig zur Premiere an. Sie wurde mit der frohen Kunde begrüßt, daß sowohl Liebet als auch Evi Studienplätze in Cambridge fürs kommende Jahr bekommen hatten. »Herzlichste Glückwünsche und große Erleichterung, daß Ihr's geschafft habt«, schrieb sie ihnen sofort, da sie sich bei ihrer Tante in Ropes aufhielten. Elizabeth reservierte vier Plätze der Premiere für ihre drei ältesten Töchter und ihren Bruder Rally, der für die Mädchen die Anstandsbegleitung zu sein hatte. Sie selbst wollte an dem Abend unsichtbar bleiben. Sie wies ihre Töchter an, weiße Musselinkleider anzuziehen, die Haare besonders schön frisieren zu lassen, Handschuhe zu tragen und auf gar keinen Fall am Ende des Stücks nach der Autorin zu schreien. »Das ist das letzte, was ihr, meine eigene Brut, tun dürft – versteht ihr? Abgesehen von der Tatsache, daß Damen nicht schreien, ist das genauso schlimm, als ob ich nach mir selber schreien würde. Denn ihr drei seid ich.« Die Mädchen taten, was ihnen gesagt worden war, saßen aufgeregt, glücklich und ganz in Weiß gekleidet in ihrer Reihe. Sie wurden vom Publikum, das natürlich aus Elizabeth-Fans bestand, sofort als die April-, Mai- und Juni-Kinder erkannt.

Das Stück wurde enthusiastisch aufgenommen und bekam stehende Ovationen. Diejenigen, die mit der Autorin nicht verwandt waren, versuchten sie wieder und wieder auf die Bühne zu rufen, aber sie weigerte sich und blieb wie immer ihrer Anonymität treu. Die errötenden Mädchen nahmen für sie die Blumensträuße in Empfang. Es war ein Abend, den sie nie vergaßen; anschließend dinierten sie zusammen im Ivy, erregten die

Aufmerksamkeit aller Anwesenden und wußten, daß sie Stars waren. Das Stück war ein Erfolg und würde lange laufen.

Zwei Wochen später reiste Elizabeth, erfolgsverwöhnt und bestens erholt, weil sie Stadtgespräch Nummer eins war, zu einem Sanatorium in Kissingen, in das ihr Mann verlegt worden war; er lag im Bett und begrüßte sie mit einem Lorbeerkranz, den er für sie geflochten hatte. Es ging ihm sehr schlecht, und Elizabeth telegraphierte sofort den Kindern, daß sie kommen sollten. Sie hatte erst vor kurzem ihre alte Gewohnheit wieder aufgenommen, Notizen und Kommentare in ihr Tagebuch zu schreiben, und nach Ankunft der Kinder notierte sie am 18. August, daß es Henning bessergehe und er glücklich sei, die Kinder bei sich zu haben. Am nächsten Tag machten sie zusammen einen Ausflug. Als sie zurückkamen, teilte man ihnen mit, daß es Henning wieder schlechterginge und er den ganzen Tag elend gewesen sei. Nach dem Abendessen gingen die Mädchen in sein Zimmer und »küßten zum letzten Mal sein liebes Gesicht«, wie Evi schrieb. Er stieß sie von sich, weil sie irgend etwas berührt hatte, bedauerte es aber sogleich und küßte sie noch einmal. »In seinen Augen lag ein merkwürdig süßer Ausdruck, und der Atem kam in kurzen, flachen Stößen«, schrieb Evi. Er starb am nächsten Tag um neun Uhr fünfundzwanzig. Elizabeth war nach dem Frühstück zu ihm hinaufgegangen; die Schwester und der Arzt waren schon bei ihm. Er war furchtbar aufgeregt, gab allen Anweisungen, wollte sich erbrechen und konnte es schon nicht mehr. Fünf Minuten später starb er mit einem kleinen Seufzer.

Ein paar Tage später schrieb Elizabeth ihrer Mutter: »Es ist wirklich schrecklich, jemanden sterben zu sehen ... Ich kann nicht sagen, was ich empfinde – mein Herz ist gebrochen. Ich wußte, daß der arme H. nicht mehr gesund werden konnte; er hätte sich nur noch weiter quälen müssen, aber als ich erlebte, wie er starb, und weil ich wußte, wie verzweifelt er um jeden Preis am Leben hing, selbst wenn es eine Qual gewesen wäre, ließ mich unaussprechliche Sympathie für ihn empfinden; ich wünschte, daß er bei mir bliebe, obwohl er so glücklich und friedvoll aussah, als er tot war – ein kleines, zufriedenes Lächeln auf seinem armen, schmalen Gesicht ...«

Einige Tage später kam Vetter Bernd von Arnim-Criewen an; in der Friedhofskapelle von Kissingen wurde eine Trauerandacht abgehalten. Am nächsten Tag begleiteten sie den Sarg nach Schlagenthin. Teppi und Charlotte waren schon da und holten sie am Bahnhof ab, und bald lag Henning bei seinen Vorfahren in dem kleinen Mausoleum auf dem Hügel. Die Vollstreckung seines Testaments war eine verwickelte und komplizierte Angelegenheit, die Elizabeth aber mit gewohnter Energie bewältigte. Liebet half dabei, während Evi mit den jüngeren Geschwistern wieder nach England fuhr. Es war für alle eine traurige Zeit; Elizabeth trauerte echt und tief. »Wie dumm der Mensch ist, der nicht weiß, was er besitzt, bis er es verliert«, sagte sie zu Teppi. »Wie sehr ich doch den Vater meiner Kinder vermisse!«

Elizabeth gewährte eher Teppi Einblick in ihre Gefühle als ihren Kindern. Als die ihre eigene Trauer überwunden hatten, stellten sie fest, daß sich das Verhalten ihrer Mutter geändert hatte. Sie arbeitete hart wie immer, und ihre Freizeit verbrachte sie sowohl mit den Mädchen auf der Ballsaison, aber auch mit ihrem jetzt bemerkenswert ausgefüllten gesellschaftlichen Leben. Es war normal, daß auch sie, neben ihren Töchtern, wieder auf dem Heiratsmarkt war. Sie sah mindestens zwanzig Jahre jünger aus als sie tatsächlich war, und nur die Gegenwart der drei erwachsenen Töchter widersprach ihrer scheinbaren Jugend. Die Rivalität zwischen ihren Töchtern, aber auch deren ökonomische und emotionale Abhängigkeit von ihr, stieß sie unbewußt ab.

Teppi gab ihre Stelle auf und wurde als Gouvernante für alle Kinder wieder Teil ihres Lebens; oft beobachtete sie ihre Herrin mit Sorge. Sie sah, was andere nicht sahen: Elizabeth ging durch eine nervliche Krise, einen emotionalen Zusammenbruch, weil sie sich schon zu lange zu viel Verantwortung aufgebürdet hatte. Evi verhielt sich merkwürdig, der Umgang mit ihr war schwierig. Sie war überzeugt, daß sie in ganz besonderem Maße von der Abneigung ihrer Mutter betroffen wurde. »Ich glaube, daß mich niemand liebt, daß Mammi mich überhaupt nicht mehr ertragen kann. Wenn ich daran denke, bricht mir das Herz«, schrieb sie in ihr Tagebuch. Aber die Ablehnung ihrer Mutter bezog sich nicht nur auf sie. Auch die anderen Mädchen spürten es, und nichts konnte den Graben, der sich auftat, überbrücken: Teppi bemühte sich nach besten Kräften darum, die Differenzen zwischen Elizabeth und ihren Kindern zu schlichten. Sie hatte den Eindruck, daß Elizabeth sie nicht mehr um sich haben und deren Schwierigkeiten nicht wahrhaben wollte. Aber Elizabeth hatte erkannt, daß ihre Kinder zu abhängig von ihr waren und sie immer noch wie eine Göttin verehrten. Solange dieser Zauber nicht gebrochen war, sah sie für ihre Kinder in der Zukunft kein befriedigendes Gefühlsleben, und so wurde die einst harmonische Beziehung durch Mißtrauen und schlechte Stimmung zerstört.

Als alle durch die Ballsaison erschöpft waren, fuhren sie nach Ropes in Sussex; Charlotte hatte ihnen ihr Gästehaus zur Verfügung gestellt. Elizabeth war der Ansicht, daß sie ein eigenes kleines Haus brauche, und baute das Kutscherhäuschen so um, daß es Platz für alle bot. Es ist schön, aber fast so winzig wie ein Puppenhaus. Es gibt zwei Schlafzimmer, einen Wohnraum und ein Arbeitszimmer für Elizabeth sowie eine Küche und einen Familienraum, in dem sich zumeist Teppi aufhielt. Ein paar Meter entfernt wurde eine Hütte aus Weißblech gebaut, in der die Kinder schliefen, wenn sie da waren; sie kamen sich dann wie Riesen in einem Zwergenhaus vor.

Evi und Liebet waren jetzt in Cambridge und studierten moderne Sprachen am Girton College, und Trix wurde, ganz gegen ihren Willen, nach Berlin auf eine Hauswirtschaftsschule geschickt. Elizabeth hatte einige Monate zuvor den Plan gefaßt, irgendwo in der Schweiz ein schönes, großzügiges Chalet zu bauen, um sich von ihren gesellschaftlichen Verpflichtungen zurückziehen und über längere Zeiträume ungestört arbeiten zu können; die Kinder sollten dort auch ihre Ferien verbringen können. Diesen Traum konnte sie nur realisieren, wenn sie mehr Geld zur Verfügung hatte, als es im Moment der Fall war; es schien die einzige Möglichkeit zu sein, den Graben zu überbrücken, der sich wegen ihrer unterschiedlichen, nationalen Loyalitäten und dem zunehmend nomadisierenden Leben innerhalb der Familie aufgetan hatte. Dann stellte sie fest, daß sie dazu berechtigt war, Schlagenthin zu verkaufen, wenn der Verkaufserlös dazu verwendet wurde, den Kindern eine andere Bleibe zu schaffen. Der Vorschlag machte die Kinder wütend; hatte man ihnen nicht erzählt, das Gut gehöre ihnen? Es war sinnlos, ihnen zu erklären, daß ein Haus in der Schweiz ihnen neutrales Territorium im Kriegsfall bieten würde und daß Grundbesitz in Deutschland, wenn man in England lebte, im Fall eines Krieges leicht verloren ginge.

Die Beziehungen zwischen Mutter und Kindern wurden noch schlechter, als der Verkauf von Schlagenthin perfekt war. Aber der wahre Grund für Elizabeths entschlossenes und merkwürdiges Verhalten bestand darin, daß sie, wie sie glaubte, den Mann gefunden hatte, mit dem sie den Rest ihres Lebens verbringen wollte. Ihr Problem war, daß er bereits verheiratet war. Sein Name: Herbert George Wells.

Neue Horizonte

Elizabeth im Alter von vierzig Jahren

Als im Frühjahr 1910 H. G. Wells' Roman *Der Neue Machiavelli* erschien, kaufte sich Elizabeth sofort ein Exemplar, da sie alles, was Wells veröffentlichte, kennen wollte. Sie hielt ihn für den bei weitem interessantesten Autor der Zeit, und sie näherte sich immer stärker den Ansichten der Fabian-Sozialisten an, die Wells aktiv unterstützte.

Der Roman verkleidet sich als Autobiographie eines verkannten Genies, das sich auf fatale Weise in politische Irrlehren verstrickt; das Buch entstand unter dem Einfluß der Affäre, die Wells mit einer süßen, schwatzhaften, jungen Studentin hatte, Amber Reeves, deren Eltern ebenfalls der Fabian-Gesellschaft angehörten. Hingerissen vom Geist der Freiheit, von dem ihre Eltern dauernd sprachen, und vom »Genie« ihres Liebhabers, bestand das achtzehnjährige Mädchen darauf, das Kind zur Welt zu bringen, das während der »politischen Diskussionen« mit dem Autor gezeugt worden war. Damals bestand Wells' gesellschaftlicher Kreis vor allem aus den Leuten, mit denen sich Sidney und Beatrice Webb umgaben. Dazu gehörten George Bernard Shaw, Frank Harris, Edith Nesbit und ihr Mann Hubert Bland und viele andere, politisch interessierte, kreative und intelligente Menschen. Amber Reeves' Eltern fühlten sich etwas unbehaglich wegen Wells' Begeisterung für freie Liebe und Empfängnisverhütung, und sie fürchteten in dieser Sache durchaus seine Einsatzfreude. Als seine Affäre mit Amber Reeves ans Licht kam, jagte man ihn aus dem Salon, und Wells, der sowieso der Meinung war, daß ihren Ideen der lange Atem fehlte, bezichtigte seine Verfolger der Demagogie. In *Der Neue Machiavelli* präsentierte er sich als unschuldig Verstoßener, dessen Frau sich von ihm scheiden lassen wollte.

Elizabeth, die zu solch hochgradigen Heucheleien in ihren Büchern nicht fähig war, glaubte an diese Version. Sie ahnte nicht, daß Wells sich einen großspurigen Mittelklasse-Hintergrund angedichtet hatte, indem er seinen Vater zu einem Grundbesitzer hochstilisierte, und daß seine liebevollen Beschreibungen des Studentenlebens in Cambridge reine Fiktion waren. Sie sah sich selbst als die intelligente, ältere Frau, die er während der fünfhundertundachtundzwanzig Seiten des Romans dringend gebraucht hätte. Er hatte sich als Erfinder einer neuen Staatsform mit Machiavelli verglichen; zugleich sah er sich als Prinz dieses Staats: eine neue Art von Prinz, ein demokratischer Prinz, aber eben immer noch ein Prinz. War Elizabeth, frisch verwitwet, fast genauso alt und ebenfalls eine Bestseller-Autorin, nicht die passende Prinzessin für diesen Prinzen? Für Elizabeth war es noch faszinierender, daß er ein Mann war, der zweifellos Frauen liebte, keine falsche Scham hinsichtlich seiner Lustgefühle kannte und zugleich eine hohe Meinung vom weiblichen Geschlecht hatte.

In *Der Neue Machiavelli* deutete er sogar an, daß Frauen möglicherweise besser als Männer seien: »In meiner Jugend ignorierte ich die Frauen; sie kamen mir verwirrend und unehrenhaft vor; nur sehr langsam und sehr spät in meinem Leben, nach schlechten Erfahrungen, lernte ich Schönheit und Kraft der Liebe zwischen Mann und Frau zu schätzen und daß diese Liebe zu einer gerechteren Vision der Wirklichkeit beitragen muß. Die Liebe hat mich ins Unglück gestürzt, weil meine Laufbahn ohne Rücksicht auf ihre Möglichkeiten und ihren Wert geplant war. Aber mir scheint, daß Machiavelli, wenn er sich in sein Arbeitszimmer zurückzog, nicht nur das weltliche Leben ausschloß, sondern auch seine unverdächtige Seele ...«

Einige Wochen später stand Elizabeth vor der Tür seines neuen Hauses in Church Row in Hampstead, das Wells für seine Frau und die Söhne gekauft hatte, als die Familie sich Anfang des Jahres aufzulösen begann, obwohl sie jetzt immer noch in Spade House wohnten. Elizabeths Lob, ihre offensichtliche Bewunderung seines Genies, waren der sehr willkommene Balsam für sein ramponiertes und verletztes Ego. »Viel Arbeit, doch die Schwerkraft des Lebens gestern sehr erleichtert durch das plötzliche Erscheinen der klugen kleinen Gräfin von Arnim«, schrieb er am nächsten Tag seiner Frau. Munter schlug Elizabeth vor, zusammen essen zu gehen und anschließend einen Heidespaziergang zu machen. Wells fand, daß sie sehr gut redete, war beeindruckt, daß sie seinen Roman *Der Neue Machiavelli* auswendig zu kennen schien, und war geschmeichelt, als sie ihn einen »Großen Mann« nannte. Er fand, daß sie »eine nette Freundin abgeben würde«. Sie erzählte ihm von ihren Plänen, einen Ort in der Schweiz zu finden, an dem sie ein Chalet bauen wollte, und lud die gesamte Familie Wells ein, sie dort zu besuchen. Ihm gefiel die draufgängerische Art ihrer Konversation, und die Tatsache, daß sie eine Gräfin war, schmeichelte seinem Selbstwertgefühl. Sie fühlte sich ihrerseits so hinreichend durch das Genie des kleinen Mannes bestätigt (sie hatte stets großen Respekt vor hervorragenden Leistungen), daß sie seine einfache Aussprache überhörte und seine schlechten Tischmanieren übersah – jedenfalls fürs erste.

Kurz nachdem Elizabeth ihn in Hampstead besucht hatte, quartierte sich Wells auf einem Bauernhof bei Haslemere ein, der in unmittelbarer Nähe von Ropes lag. Sie machten gemeinsame Spaziergänge über die Ebenen und verstanden sich bestens. Bald verliebten sie sich ineinander; in seiner postum veröffentlichten Autobiographie *H. G. Wells in Love* (Wells schrieb sie in den vierziger Jahren, aber sie erschien erst 1984) enthüllte er, daß sie zusammen viele Monate auf dem europäischen Kontinent verbrachten, ohne daß sonst irgend jemand davon erfahren hätte. Er beschrieb sie als eine »sehr eigenwillige, kluge und witzige kleine Frau, die auf höchst pikante Weise Abenteurertum und äußerste Konventionalität vermischte – und ich gefiel ihr«. Sie hatte ihm zum Spaß vorgeflunkert, Irin zu sein, woran er fest glaubte. Sie behauptete, Liebe mit ihrem Mann sei ein »ernsthaftes und unangenehmes Geschäft« gewesen, und Wells war natürlich überglücklich, ihr die moderne Errungenschaft der Empfängnisverhütung und andere Freuden des Boudoirs beibringen zu können, die für sie völlig neue Erfahrungen waren.

Bald pflegten die beiden sich regelmäßig in London zu treffen. Wells hatte auch eine kleine Wohnung in der Cardover Street, wo er sich mit verschiedenen Damen amüsiert hatte. Bald wurde Elizabeth zu seiner einzigen Besucherin und drängte ihn schließlich, die Wohnung aufzugeben. Beide mieteten sich Wohnungen in St. James' Court und wurden häufig zusammen gesehen, was wohlverdienten Klatsch hervorrief, den sie souverän ignorierten. Jane Wells war jedoch eine standfestere und mächtigere Rivalin, als Elizabeth geglaubt hatte, und weigerte sich, in die Scheidung einzuwilligen.

Im folgenden Frühjahr besuchten Wells und Elizabeth für ein Wochenende Francis und Mollie Russell im Telegraph House. Wells' Schlafzimmer lag in einiger Entfernung von Elizabeths am Ende eines unbeleuchteten Flurs, und als er sich zu ihr hindurchtastete, bekam er Probleme mit einem »unregelmäßigen Winkel« und lärmte ziemlich. Mollie, deren Tür weit geöffnet war, schlief glücklicherweise sehr fest. »Kleines e«* fand sogar damals, daß Russell ein attraktiver, mißverstandener Mann sei, dem nur die richtige Frau fehlte, um wieder gesellschaftsfähig zu werden, denn Mollie war kein gesellschaftlicher Erfolg.

Die Suche nach einem passenden Ort für das Chalet hatte bei Elizabeth Vorrang; sie, Wells und Teppi unternahmen deshalb oft Wandertouren im Schweizer Jura. Man übernachtete in verschiedenen kleinen Herbergen; zweimal brach das Bett unter Wells und Elizabeth zusammen. »Es war erheiternd, wie kleines e – ich bezweifele, daß sie schwergewichtig war – in gutem, aber nicht perfektem Deutsch erklärte, warum das Bett nachts unter ihrem Gewicht zusammengebrochen sei.« Oft meinte Elizabeth, den richtigen Platz gefunden zu haben. Auf einer ihrer Wanderungen fand sie eine Grünfläche, auf der ein einzelner, bedeutungsschwerer Birnbaum in voller Blüte stand. Bedenkenlos kaufte sie das Land, aber der Architekt weigerte sich, darauf zu bauen, weil es weder Wasser noch Zugangsmöglichkeiten gab. Dem folgten ein paar bittere Wochen, während derer Elizabeth vernünftig wurde; schließlich mußte sie das Land an die Leute zurückverkaufen, von denen sie es gekauft hatte – zum halben Preis.

* Wells nannte Elizabeth »kleines e«, da sie während der Zeit, in der sie seine Geliebte war, ihre Briefe mit einem kleinen e zu zeichnen pflegte. Wenn sie sich besonders klein vorkam, setzte sie das e an den rechten unteren Rand der Seite, als ob es auf Grund gelaufen sei.

Bei Randogne-sur-Sierre fand sie schließlich einen anderen Platz. Sie hoffte sehr, daß die Familie dort glücklich sein würde: Ski im Winter, Wanderungen im Sommer und Wohnen in ihrem »Haus Gottes am Himmelstor«. Das Gelände lag direkt oberhalb der Kur- und Wintersportanlagen von Montana und Vermala, der sonnigste und regenärmste Teil der Schweizer Alpen – jedenfalls behaupteten die Werbebroschüren das. Der Blick über das Rhône-Tal war atemberaubend; man sah auch einen Teil der Walliser Alpen, das Weißhorn, den Monte-Rosa und das Montblanc-Massiv und im Osten den Simplon. Wenn das Wetter schlecht werden sollte, konnte man leicht nach Italien fahren und warten, bis es wieder besser würde. Sie beauftragte einen neuen Architekten, den sie auf Empfehlung eines Briefträgers, den sie auf der Straße traf, nahm. In *Alle meine Hunde* berichtete sie, daß sie und Wells sich »wie Menschen verhielten, die spät, zum ersten Mal in ihrem Leben, völlig frei geworden und keiner Autorität verpflichtet waren«.

Als sie die Baupläne entwarf, bestand sie darauf, daß das Gästezimmer neben ihrem Schlafzimmer eine Geheimtür bekam, die sich auf gut geölten Schienen aufschieben ließ und auf beiden Seiten durch Garderoben mit aufklappbaren Rückwänden getarnt war. Es sollte sechzehn Schlafzimmer geben sowie ein kleines Chalet nebenan, in dem sie arbeiten konnte. Elizabeth wollte mit dem Haus ein kleines Nassenheide mit vielen zusätzlichen Vorteilen und Schönheiten bauen. Sie war darauf versessen, einen paradiesischen Ort zu schaffen, an den die Kinder, wann immer sie wollten, ihre Freunde einladen konnten.

Trotz gegenteiliger Versprechungen wurde das Haus jedoch nicht vor dem Frühjahr 1913 fertig. Inzwischen reisten Elizabeth und Wells in regelmäßigen Abständen weiterhin ins Ausland, besuchten zusammen Amsterdam, Brügge, Ypern, Arras, Paris, Locarno, Orta und Florenz, während Teppi Verwandte in Deutschland aufsuchte.

Teppi und Charlotte machten sich Sorgen, weil Elizabeth nicht mehr schrieb. Sie hatte sich Hals über Kopf in den Strudel des gesellschaftlichen Lebens und den Bau des Chalets geworfen, und zu diesem Zeitpunkt schien ihr gesamter emotionaler

Horizont von Wells beherrscht zu werden. Zwischen den Frauen gab es deshalb gelegentlich Streit, aber Elizabeth konterte: »Warum Bücher schreiben, wenn man leben will?« Darauf gab es natürlich keine Antwort.

Wenn sie Zeit hatten, kamen die beiden ältesten Mädchen nach Ropes, obwohl ihre Mutter, aus welchen Gründen auch immer, nicht für sie da war. Evi knüpfte ernsthaftere Beziehungen zu zwei jungen Männern an; einer war der Sohn des Anwalts ihrer Mutter, der andere der Sohn eines Grubenbesitzers aus Yorkshire, ein Studienkollege, genannt Minor, während sein älterer Bruder Major gerufen wurde. Mit ihrem hübschen, von blondem Haar umrahmten Gesicht, war sie die beliebtere der beiden Mädchen, während Liebet, obwohl hübscher als Evi, zu ernst war.

Zu dieser Zeit setzte die junge Rebecca West Wells, Elizabeth und das ganze Publikum durch ihre kraftvollen Artikel im *Clarion* in Erstaunen. Zwar fehlte ihnen der persönliche Ausdruck jener Texte, die sie zuvor für die *Freewoman* geschrieben hatte, doch waren sie von einer Energie inspiriert, die sich aus einer ganz bestimmten Leidenschaft speiste: ihren Gefühlen für H. G. Wells. Sie hatten sich zu einem Wochenende in Wells' Haus getroffen und fühlten sich zueinander hingezogen, aber er gab ihren Avancen, sie zu seiner Geliebten zu machen, nicht nach. Er »betrug sich anständig« wegen des »kleinen e's«. Später besuchte Rebecca ihn in seinem Haus in Hampstead: »Zwischen meinen Bücherregalen, mitten in einem Gespräch über Stil oder ein ähnliches, belangloses Thema, hielten wir plötzlich inne und küßten uns ... Dann entbrannte Rebecca in offen ausgedrückter Leidenschaft.« Elizabeth war natürlich eifersüchtig, als er ihr von dem Vorfall erzählte. Eingedenk des Fiaskos, das Amber Reeves in seinem Leben angerichtet hatte, war sie strikt gegen eine Beziehung zwischen ihm und Miss West und unternahm mit ihrem Geliebten eine ausgedehnte Reise durch Italien, damit er sich das Mädchen aus dem Kopf schlüge.

Sie fuhren nach Padua, Mailand, Bologna und Florenz; Wells war träge und zerstreut. Sie besuchten Freunde und Sehenswürdigkeiten, und Elizabeth war besonders erfreut, die Bekanntschaft der Reiseschriftstellerin Vernon Lee zu machen. Die beiden Frauen waren gern zusammen, hatten sich viel zu sagen, und Elizabeth lud sie ein, sie auf dem Rückweg nach England irgendwann im Chalet zu besuchen.

Als sie im Frühjahr 1912 wieder in England ankamen, mußte sie zugeben, daß Wells nicht kuriert war. Sie fanden eine Einladung zum Lunch bei Premierminister Asquith in der Downing Street 10 vor. Elizabeth fand, »er sei wie ein Kissen, das noch den Abdruck der Person, die zuletzt auf ihm gesessen hat, trägt«, eine Bemerkung, die sie mit einigem Recht auch über ihren Liebhaber hätte machen können.

Rebecca West hatte inzwischen eine Art Parallelreise durch die iberische Halbinsel gemacht, auf der sie zwei Selbstmordversuche unternahm, den ersten, indem sie sich eine Kugel in die Brust schoß, den zweiten mit einer Überdosis Veronal. Die Kugel verfehlte ihr Herz, und das Veronal sorgte dafür, daß sie die ganze Nacht in verwirrtem Zustand durch die Straßen von Malaga lief. Elizabeth triumphierte, als sie davon erfuhr, unterstrich es doch ihre Meinung, daß das Mädchen nicht stabil und es für Wells das beste sei, ihr so weit wie möglich aus dem Weg zu gehen. Als Wells die Nachricht erhielt, war er der gleichen Meinung und schrieb Rebecca, daß er in ihrer Beziehung keine Zukunft sähe. Sie feuerte zurück, daß er sie geküßt habe und also das Versprechen dieses Kusses einlösen müsse. Er, dem die Sache zum Hals heraushing, schrieb noch einmal; durch die barschen Wendungen, mit denen er den Schlußstrich zog, fühlte sie sich verletzt und erniedrigt.

Die junge Journalistin interpretierte seinen Mangel an Mitgefühl als Aggressivität und schrieb ihm Briefe, in denen es hieß: »Ich bin immer verloren, wenn ich Feindschaft erfahre, weil ich nur lieben kann, und sonst gar nichts«, oder: »Ich würde mein Leben dafür geben, noch einmal Deine Arme um mich zu spüren.« Natürlich diagnostizierten Jane und Elizabeth jugendliche Hysterie, hielten Wells weiterhin auf klarem Kurs, und er beugte sich ihren Anweisungen. Seine Antworten auf Rebeccas Briefe waren kurz und kühl: »Wie kann ich unter diesen Umständen Dein Freund sein? Ich sehe nicht, daß ich Dir überhaupt nützlich oder hilfreich sein kann. Du hast meine ganze Sympathie – aber nur, wenn wir auf vernünftiger Basis miteinander umgehen. Lebe wohl.«

Rebecca war allerdings eine entschlossene Frau und nahm sich vor, Wells durch ihren brillanten Journalismus zu beeindrucken und schließlich für sich zu gewinnen. Sie konzentrierte ihre Gefühle, wie auch viele andere frustrierte Frauen jener Zeit, in den Kampf ums Stimmrecht. Der Änderungsantrag der Frauenbewegung für das Wahlrecht war soeben abgelehnt worden. Verbittert durch die repressiven Maßnahmen der Regierung, stellte Rebecca in ihren Artikeln nach und nach alle Rücksichten zurück; dieser Umschwung erreichte seinen Höhepunkt mit einem Pamphlet unter dem Titel *The Sex War* im *Clarion*, dessen Kapitel fast alle mit dem gleichen Refrain enden: »Oh, Männer sind armselig und erbärmlich.«

Im Sommer nahm Elizabeth Wells mit in die Schweiz, um den Bau des Chalets zu überwachen; sie wohnten in einem Chalet namens Jenny Lind in der Nähe. Vielleicht mußte Wells tatsächlich den Frauen in seinem Leben zumindest geistig untreu sein, um mit ihnen glücklich sein zu können; ironischerweise verschaffte nämlich gerade der wackelige, unbefriedigende Zustand der Beziehung ihnen beiden eine Erfahrung echten Glücks und wahrer Harmonie, eine Erweiterung der Horizonte; etwas viel Tieferes mischte sich ein, als ob die äußere Bedrohung sie zu einer engeren Zweisamkeit verschmolz. Eines Tages unternahmen sie eine Bergwanderung. Sie hatten eine Ausgabe der *Times* zum Lesen mitgenommen, die einen Leserbrief von Mrs. Humphry Ward enthielt, in dem unter besonderer Bezugnahme auf Rebecca West der feierlich moralische Ton der jungen Generation zurückgewiesen wurde. Diese, wenn auch fragwürdige Erwähnung ihrer Rivalin in der *Times* ärgerte Elizabeth. Nachdem der Streit, der sich zwischen ihnen über den Brief entwickelt hatte, beigelegt war, wußten sie nicht mehr, was sie sagen sollten. Eine Geste mußte her! Elizabeth schlug vor, sich auf der Zeitung zu lieben, und ließ sich von der Idee nicht abbringen. »Obwohl außer uns weit und breit niemand zu sehen war, zogen wir uns hinter den Bäumen aus und liebten uns auf Mrs.

Humphry Ward. Und als wir uns wieder angezogen hatten, zündeten wir ein Streichholz an und verbrannten sie. *The Times* krümmte und drehte und wand sich beleidigt, als sie in Flammen aufging, wurde schwarz und verkohlt und zerfiel in viele kleine Teile und flog davon«, schrieb Wells in seinen Erinnerungen. Das Paar kehrte bester Laune zurück und erklärte der empörten und mißtrauischen Teppi, sie seien »freundliche Gespenster«.

Ein anderes Mal, als sie auf dem Abhang oberhalb des Chalets in der Sonne saßen, las Wells Elizabeth Abschnitte seines Buchs *The World Set Free* vor. Sie gab ihm Rippenstöße und schlug ihn mit ihren Fellhandschuhen, weil es ihm, wie sie sagte, gefiel, »wenn die Welt in Stücke geschlagen werde«. »Wenn das kleine e der Schöpfergott gewesen wäre, hätte es keine Erdbeben, keine Tiger und keine Kriege gegeben, sondern nur endlos milde Brisen und ganz unerwartete Regenschauer; die Flora böte keine Überraschungen mehr, eine verspielte Burleske, doch sehr zart und vielfältig duftend. Und es hätte unzählige kleine Pelztiere gegeben, die sich im süßen Gras tummelten.«

Jedenfalls sah Wells sie damals so. Es ist merkwürdig, daß er im Licht späterer Ereignisse seine Meinung nicht revidierte. In jenem Sommer 1912 machte Elizabeth ihrer Eifersucht auf Rebecca dadurch Luft, daß sie Wells mit Anspielungen auf Stuart provozierte. »Er war treu und zärtlich und ehrlich«, schrieb Wells in *Mr. Britling Sees it Through*. »Er bat nur um Liebe. Er machte einen offiziellen Heiratsantrag; und wenn einem das Herz unerträglich anschwoll, konnte man sich an seiner geduldigen Schulter ausweinen.« Diese geduldige Schulter wurde schließlich zu Wells' erbittertstem Rivalen.

Von Gefühlen und wohl auch voneinander erschöpft, kehrte das Paar im Herbst nach London zurück. Elizabeth verbrachte jetzt mehr Zeit mit ihren Freunden, unter denen es einige neue gab, mit denen sie ihr Leben lang befreundet blieb: Maud Ritchie und ihren Vater Lord Ritchie of Dundee, die Strutts, Stanley Owen Buckmaster, der 1915 für achtzehn Monate Lordkanzler wurde, die Bristows, die Birrells sowie einen, den sie besonders mochte, Francis Russells ehemaliger Freund »Cobbie«, Cobden-Sanderson, der Buchbinder. Wells, der von Elizabeth etwas enttäuscht war, bändelte wieder mit Rebecca an.

Weihnachten 1912 sollte eigentlich in dem frisch fertiggestellten Chalet gefeiert werden. Es wurde jedoch, was vorhersehbar war, nicht fertig, und statt dessen versammelten sich alle in Ropes. Vetter William kam und irritierte Elizabeth mit seiner Forderung, sie solle erklären, wie ernsthaft die Sache mit Wells sei. Würde er sich scheiden lassen und sie heiraten, und sollte er, Stuart, davon ablassen, um ihre Hand anzuhalten? Bis auf den letzten Punkt konnte sie ihm die Fragen nicht beantworten. Ihre Laune war nicht besonders gut, da ihr Liebhaber ein familiäres Weihnachtsfest in seinem neuen, großen Landhaus Easton Glebe verbrachte, was darauf hinzuweisen schien, daß er nicht die Absicht hatte, seine Frau zu verlassen. Insofern reagierte Elizabeth auf William ziemlich gereizt.

Teppi organisierte die Festlichkeiten in Ropes und versuchte mit ihrer bekannten Begeisterung ein typisch deutsches Weihnachtsfest zu gestalten, wie sie es auf Nassenheide gefeiert hatten. Sie wurde, um mit ihren Worten zu sprechen, »weihnachtsselig«. Aber es wurde kein Erfolg, und sie war tief enttäuscht über die britische Art und Weise, die Geburt Christi zu feiern, und mußte leider feststellen, daß der Mistelzweig hier wichtiger war als die Krippe. Charlottes Haushalt war nicht besonders religiös, und die Beauchamps neigten dazu, hemdsärmelig zu werden, wenn sie feierten – eher entspannt als hingebungsvoll.

Am 1. Januar 1913 fuhr Elizabeth nach Sierre zurück, um letzte Anweisungen für die Möblierung des Chalets zu geben. An Liebet schrieb sie eine Postkarte: »... wenn Du je das Glück haben wirst, hier zu wohnen, wirst Du Deinem glücklichen Stern danken – oder wem man sonst dankt –, daß Du eine Mammi hast, die so energisch ist, ein Chalet zu bauen. Das Leben ist ganz wunderbar hier, weil es so erholsam und ruhig und rein ist, daß man sich keine Sorgen mehr macht, sondern einfach so lebt, wie vermutlich ein glückliches Tier lebt. Der Liebe Gott wandelt über meine Terrasse. Du und Teppi werdet hier oben eine viel klarere Vorstellung von ihm gewinnen, denn hier ist er ganz nah.«

Und dennoch war Elizabeth alles in allem unzufrieden. Schon seit einiger Zeit war es geläufiger Klatsch in Literatenkreisen, daß Wells sich mit der verwitweten »Elizabeth« schmückte, und sie schien, wie diejenigen wissen wollten, die Zeugen seines gelegentlichen Mißvergnügens geworden waren, es zu genießen, ihn herumzukommandieren – jedenfalls beschrieb Mrs. Belloc Lowndes die Situation so. Als Beispiel für Elizabeths Spottlust wurde die folgende Geschichte zu einem häufig kolportierten Stück literarischen Klatsches in der Stadt: Während eines Essens, an dem auch George Bernard Shaw und Somerset Maugham teilnahmen, kam das Gespräch auf Wells' letzten Besuch in Up Park, einem berühmten elisabethanischen Herrenhaus, in dem seine Mutter gegen Ende ihres Lebens als Haushälterin gearbeitet hatte. Auch Wells hatte dort hin und wieder in Zeiten, in denen er krank oder arbeitslos war, im Souterrain gewohnt. Er beschrieb das Haus sehr witzig und verglich seine Eindrücke mit denen seiner früheren Besuche. Elizabeth fragte mit blauäugiger Unbefangenheit, ob Wells bei seinem letzten Besuch das Haus durchs Eingangsportal oder von hinten durch den Dienstboteneingang betreten habe. Jahre später fragte Frank Swinnerton sie, warum sie das getan hätte. »Weil ich es wissen wollte«, antwortete sie unbekümmert.

Wells war nicht mehr so unbeliebt, wie er es nach der Amber-Reeves-Affäre gewesen war; es gab viele, die ihn sehr mochten und denen die Art und Weise mißfiel, in der Elizabeth ihn behandelte. Wells selbst schrieb: »Sie neigte zur Provokation und ärgerte mich, indem sie plötzlich und unpassend Pläne änderte, oder indem sie Dinge so kritisierte, daß ich wütend wurde. Sie wollte mehr von mir als nur den Spaß und die Partnerschaft, die ich ihr gab. Sie wollte die scharfe Klinge des Zusammenlebens spüren – trotz der Tatsache, daß wir beide beschlossen hatten, uns damit nicht zu schneiden.«

Sie entwickelte eine irrationale Abneigung gegen Jane Wells und war eifersüchtig auf die Briefe, die das Ehepaar täglich wechselte; wenn Wells es sich erlaubte, über Antworten seiner Frau zu lachen, gab es schweflige Stunden. Elizabeth wollte, daß sich der leichte, lockere Charakter ihrer Beziehung zu etwas veränderte, wo sie sich sicherer fühlte. Sie wehrte sich dagegen, so leicht genommen zu werden, wollte die große Leidenschaft und unterstellte ihm, daß er lediglich mit ihren Gefühlen spielte, wenn er in ihrer Nähe nicht schluchzte und zitterte; so stellte er es jedenfalls in *H. G. Wells in Love* dar. Sein Sohn Anthony West kam viele Jahre später zu einer anderen Interpretation: »Mein Eindruck ist der, daß seine Unfähigkeit, auf eine Liebesbeziehung mit emotionaler Ernsthaftigkeit zu reagieren, von Elizabeth als positiver Zug gesehen wurde und daß seine Schnelligkeit und Leichtigkeit genau das war, was sie wollte.« Die Wahrheit liegt zweifellos irgendwo dazwischen.

Elizabeth wollte nicht unbedingt tiefe, emotionale Ernsthaftigkeit, aber sie wollte die Ehe, was manche für identisch halten mögen. Langsam dämmerte ihr jedoch, daß es nie, in keinem Moment, auch nur im mindesten fraglich war, daß Wells und Jane für immer zusammenbleiben würden. Als ruhender Pol hatte Jane viel zu großen Einfluß auf ihn; sie war das Zuhause, zu dem er zurückkommen konnte, die Mutter seiner Söhne und seine Managerin. Elizabeths Aufmerksamkeit entging es nicht, daß Wells sich gern bei Jane und den Jungen aufhielt. Es stimmte zwar, daß Jane bei der Suche ihres Mannes nach den befreienden Aspekten der Sexualität keine begeisterte Partnerin war, aber sie war klug genug, seine Seitensprünge zu tolerieren; es gab zwischen den beiden eine unausgesprochene Übereinkunft, daß sein Herumstreunen das gemeinsame Boot nicht zum Kentern bringen würde. Sie kaufte für Amber Reeves die Babyausstattung und besorgte später ein Kindermädchen für Rebecca Wests Baby. Als sie das endlich begriffen hatte, brauchte Elizabeth lange, um ihre eigene Rolle in diesem Dreieck zu definieren; Spaß hatte sie nicht daran, war nicht stolz darauf und fühlte sich überaus unbehaglich – wenn nämlich jemand entbehrlich war, dann sie.

Im Oktober floh Elizabeth vor ihrem Liebhaber; sie traf sich mit Teppi und Trix auf den Berghängen, um das Chalet endlich bewohnbar zu machen. Wells brachte sie zur Victoria Station, und sie bat ihn mitzukommen. »Aber er wollte es nicht wirklich.« Sie witterte wohl die Gegenwart einer anderen Frau im

Hintergrund, denn als sie im Chalet angekommen war, schrieb sie ihm einen Brief, in dem sie Abstand von der Beziehung nahm, um ihre ganze Energie auf die vor ihr liegende Aufgabe zu konzentrieren. An Liebet schrieb sie: »Wir sitzen im furchtbarsten Dreck, Durcheinander und allgemeinem Chaos, aber die Luft und der Schnee und die Schönheit sind so, daß es uns nichts ausmacht! Die Freude, hier oben zu leben, ist so groß, daß wir über die furchtbarsten Katastrophen lachen. Trix ist allerliebst – so fleißig und so fröhlich und so intelligent und eine große Hilfe. Wir versinken in Schnee ... Gestern sah ich Evis Kleiderschrank aus Nassenheide völlig einsam und eingeschneit an der Wegstation stehen. Der Berghang ist mit Möbeln übersät, die wegen des Schnees nicht weitertransportiert werden können.«

Die drei Frauen campierten unter dem väterlichen Schutz des Gärtners aus Nassenheide, den Elizabeth gebeten hatte, die Terrasse und die Gartenabhänge zu gestalten, als unerwartet früh der Schnee kam. Nach und nach ordnete sich das Chaos, und den Einzug ins Haus begingen sie feierlich. Damit war das unstete Leben fürs erste beendet, und eine ruhige Arbeitsperiode konnte beginnen. Der Anblick des schön eingerichteten, neuen Hauses beflügelte ihren Unternehmungsgeist, und der Name Chalet Soleil gab Teppi Anlaß zur Hoffnung, daß »die Sonne der Herrin, die hier ein- und ausgehen würde, strahlende Kraft geben möge«. Teppi dankte dem Himmel, daß die unsteten Tage vorbei waren und daß sie nun Gelegenheit bekam, neue Facetten von Elizabeths Persönlichkeit zu sehen, die ihr bislang verborgen geblieben waren. Sie hoffte, daß neue Heim in den Bergen möge ihre Herrin lyrisch stimmen.

Aus dem Tal sah man nun das fertige Chalet niedrig und fest und stolz zwischen den grünen Almen stehen. Auf der Nord- und Westseite gab es zwei lange, angebaute Veranden. Über dem Wintergarten war eingraviert: AUF DEN HÖHEN LEBT DIE LIEBE IN FREUDE UND PRACHT UND SCHÖNHEIT UND KLARHEIT, und über der Eingangstür: NUR FRÖHLICHKEIT HIER. Das Chalet war mit einer Bergbahn erreichbar, die in einer Entfernung von etwa zwei Kilometern hielt. Die Möbel mußten von dort mit Ochsenkarren über die Wiesen gezogen werden, wobei die

Glocken am Hals der Tiere melancholisch läuteten; so wurde es auch später mit dem Gepäck gemacht, während die Chalet-Bewohner oder Besucher zu Fuß aufsteigen mußten.

Die Eingangshalle war mit Eichenholz getäfelt; hier stand ein riesiges Sofa, Bücherschränke und ein großer, offener Kamin, in dem fast das ganze Jahr lang ein loderndes Feuer brannte. Aus Sentimentalität ließ Elizabeth hier auch immer einen Mantel hängen, der Henning gehört hatte. Sie ließ ihn nie reinigen, weil er dann, wie sie sagte, nicht mehr nach ihm gerochen hätte, und auch er hatte ihn früher nie reinigen lassen, so daß er am Kragen einen dicken Schmutzrand hatte. An die Halle grenzten zwei Wohnräume, die durch einen Speiseraum miteinander verbunden waren. Eine Treppe schwang sich zu den beiden oberen Stockwerken empor, wo die sechzehn Schlafzimmer lagen, die alle in verschiedenen Farben eingerichtet waren. Es gab vier Bäder und insgesamt sieben Toiletten – wenn Elizabeth deprimiert war, so behauptete sie, brauchte sie nur an ihre sieben Toiletten zu denken, um sich getröstet zu fühlen. In der Mansarde lagen die Zimmer fürs Personal, und eine Hintertreppe führte zur Wohnung des Hausmeisters. Ein kleiner Garten, von dem aus das großartige Bergpanorama zu sehen war, umrahmte das Chalet. Das Gelände war 16 Hektar groß. Ungefähr zwanzig Meter vom Eingang entfernt hatte sie am Abhang ein kleines Arbeitshäuschen gebaut, das das Kleine Chalet hieß. Über der Tür ließ sie eingravieren: ICH HASSE DIE GEMEINE MASSE UND LASSE SIE NICHT EIN.

Der verlassene Wells überschüttete Elizabeth mit vorwurfsvollen Briefen und wollte wissen, was sie damit meine, die Beziehung zu ihm zu beenden. In ihnen gab es Phrasen wie: »Meine Frau hat alle Tugenden, jeden Charme, nur daß sie tot wie ein Hering ist ... «, oder: »Für mich bist Du die Augen des ganzen Universums. Wenn es nicht für Dich geschaffen ist, wäre das Ganze nur ein augenloses Ungeheuer, eine Maske, eine Verhüllung. Du Geist des Innersten. Du Antwort ...« und: »Ich würde Dich noch lieben, wenn ich aus einem Fenster im zehnten Stock geworfen würde ... «

Aus den Briefen wurden bald Telegramme, die ihrerseits

Wells persönlich den Weg bereiteten. Sein Erscheinen löste »fürchterliche Gespräche« aus, wie Elizabeth in ihrem Tagebuch notierte. Schon am zweiten Tag verärgerte er sie mit der Frage, wer ihr eigentlich beim Schreiben ihrer Geschichten helfe. Sie hatte damit begonnen, *Die preußische Ehe* umzuarbeiten und schrieb an einem neuen, zweiten Teil. Als sie ihm erzählte, es handele sich um Ehebruch (und in der Tat handelte es sich um seinen), rieb er sich die Hände und rief: »Der interessanteste Sport der Welt«, womit er seine Gastgeberin noch mehr befremdete. Die beiden versuchten ziemlich gleichgültig, die Scherben zu kitten. Tatsächlich war das Chalet zu etwas geworden, was ihr Liebhaber nicht war: Mittelpunkt und sichere Festung gegen die Unbilden des Lebens, und er war wütend über die Konkurrenz eines unbelebten Objekts und außerdem eifersüchtig. In ihrem Tagebuch berichtete Elizabeth: »In G. sitzt ein grausamer, fürchterlicher Teufel.« Vor lauter Ärger fing sie damit an, grausame Spitznamen für Jane zu erfinden, ihre Sprechweise zu parodieren und alberne Phantasien über sie zu entwickeln. »Sie war komisch, bösartig und unerträglich«, schrieb Wells und gestand später Frank Swinnerton: »Wenn man fünf Tage mit ihr zusammengewesen ist, möchte man ihr den Kopf gegen die Wand schlagen.« Dies alles führte Elizabeth zu der Einsicht, daß wegen des Hauses, der Umgebung und der kräftigen Luft »irgend jemand immer ... gewalttätige Emotionen hatte, weil sich an diesem Ort alle Gefühle übersteigerten«. Es gab Streit zwischen dem Paar, Wortwechsel auf höchstem literarischen Niveau, und dann einen plötzlichen und stürmischen Abgang aus dem Zimmer. Wells saß am Kamin und grübelte über »das extrem Unbefriedigende im Leben«, worauf Elizabeth erschien, gefaßt und resolut, mit der Rizinusöl-Flasche und einem großen Löffel bewaffnet.

Mit seiner fatalen Leidenschaft, sich der falschen Person zu offenbaren – derjenigen nämlich, die durch seine Enthüllungen am meisten verletzt wurde –, zog Wells selbst den Schlußstrich unter die Beziehung zu Elizabeth. Eines Nachmittags hatte ihn Rebecca West in seiner Wohnung am St. James' Square besucht, und sie hatten in aller Eile miteinander geschlafen, da Wells fürchtete, sein Kammerdiener könnte zurückkommen und sie überraschen. Es war erst das zweite Mal gewesen, und dieses Mal wurde sie schwanger. Wells war natürlich erfahren genug, um die Vaterschaft anzuerkennen. Da er zweifellos von Elizabeth die gleiche Nachsicht erwartete, die Jane ihm entgegenbrachte, fuhr er zu ihr und gestand Elizabeth Rebeccas Schwangerschaft. Die Schienen der Geheimtür blieben daraufhin unbenutzt; Wells lag stundenlang wach und wartete darauf, daß Elizabeth zu ihm kommen und sich ergeben würde. Nach zwei Wochen reiste er am 2. Dezember in aller Bescheidenheit ab. An der Tür fauchte er sie an: »Es ist, weil ich nicht von Adel bin, nicht wahr?«, was Elizabeth natürlich aufbrachte. Er verdrängte seine Untreue vollständig und sah in dem Kind, das er gezeugt hatte, keinen Trennungsgrund.

Viele Jahre später kam das Kind selbst, Anthony West, zu eigenen, wahrscheinlich richtigen Schlüssen über das, was sich am Ende zwischen seinem Vater und Elizabeth abgespielt hatte. »Ich glaube, er sah sich durch ihre Augen ... und las dort ein Urteil, das er damals nicht akzeptieren konnte: ›Als Komiker bist du perfekt, aber versuche um Gottes Willen nicht Strindberg zu spielen, dafür hast du nicht das Format.‹«

»Ein herrlicher Morgen«, schrieb Elizabeth in ihrem autobiographischen Buch *Alle meine Hunde*, »an dem er *unverrichteter Dinge*, wie es das passende, deutsche Wort sagt, abreiste. Ich stand auf der Terrasse, hatte ihm pflichtschuldigst zum Abschied zugewinkt und fühlte mich wie ein Genesender, von dem das Fieber endlich gewichen ist, wie ein Mensch, der seinen Frieden wiedergefunden hat.«

Sie fragte Teppi nach ihrer Meinung über Wells. Der zuverlässigen Haushälterin war aufgefallen, daß er froh gewesen war, ins Chalet kommen zu können, und wie ein Schmetterling ins Gästezimmer eingeschwebt war; daß er aber auch froh gewesen war, wieder abzureisen; und daß er ständig gute Laune hatte und zu jedem Spaß aufgelegt war. Er war das genaue Gegenteil zu Stuart – Vetter William –, der nicht dazu in der Lage war, »aus sich heraus Sonnenschein zu verbreiten«; der wie eine Motte war, die wieder und wieder in die Flamme flog, nur um sich die Flügel zu verbrennen. Teppi konnte Stuart nicht daran hindern, sich mit seiner unerwiderten Liebe zu quälen, aber mit Wells hatte sie sich angefreundet; seine großzügige, freundliche Art entzückte und beeindruckte sie.

»Aber wie findest du H. G. wirklich?« fragte die Gräfin ihre Freundin noch einmal.

»Sehr klug, sehr amüsant, sehr egoistisch«, lautete Teppis Antwort.

»Du hast bei deiner kurzen Charakteristik etwas vergessen. Er ist schöpferisch wie Gott und grausam wie der Teufel. Er verdient Verachtung, aber ein Genie muß selbstverständlich an anderen Maßstäben gemessen werden.«

»Ein Genie ist leider meistens ein Egoist; man muß ihn bewundern, aber nicht lieben«, antwortete die kluge Teppi und dachte über die Parallelen zwischen den Privatleben von Wells und Goethe nach.

Als Wells verschwunden war, blieb Coco, ein schöner Hund, den sie erst kürzlich von einem vorbeiziehenden Bauern gekauft hatte, Elizabeths einziger Trost. Er hatte sie auf Ausflügen begleitet, war nun traurig, verbrachte die meiste Zeit schnüffelnd vor Wells' Tür und bewegte sich nur widerwillig davon weg. Seine Herrin, die stets auf Signale achtete, die Hunde gaben, fragte sich, ob an dem Mann nicht doch etwas außerordentlich Bewundernswürdiges gewesen sei.

Nach Wells' Abreise weinte sie viel, was Teppi aufbrachte, die an ihrer gottgesegneten Freundin noch nie so eine Reaktion erlebt hatte. Elizabeth traf Wells einige Wochen später, als er in ihrer Wohnung in St. James' Court auftauchte, zu der er immer noch einen Schlüssel hatte.

»Es war deine Schuld,« sagte sie. »Du warst nur ein halber Liebhaber«, womit sie sagen wollte, daß er nicht nur verheiratet war, sondern sich auch noch auf andere Frauen eingelassen hatte, als sie zusammen waren.

»Es war deine Schuld«, versetzte Wells. »Du hast nicht wirklich geliebt.« Wenn sie ihn wirklich geliebt hätte, meinte er, hätte sie jede Menge schlechten Benehmens hingenommen. Wells nahm für sich in Anspruch, ein entschiedener Feminist zu sein, benahm sich aber im Gegensatz dazu Frauen gegenüber rüpelhaft; wenn sie ihn nicht machen ließen, was er machen wollte, dann liebten sie ihn nicht wirklich.

»Du weißt ja nicht, wie sehr ich dich geliebt habe«, protestierte sie. Er behauptete, sie sehr geliebt zu haben, was aber nicht stimmte. Er hielt sie für »eine der unausgeglichensten, kompliziertesten und entzückendsten weiblichen Personen überhaupt«.

Der *Match-Point* wurde in ihrer beider Romane ausgespielt. Elizabeths Prototyp, der seine Verachtung des Adels zeigt, ist bereits in den Romanen angelegt, die Wells schrieb, bevor er sie kennenlernte: Beatrice in *Tono-Bungay* (dt.: *Der Traum*) und das Mädchen auf der Mauer, das Mr. Polly so fesselt. Was für ein Feuerwerk, wenn sie verschmelzen! Als Mrs. Harrowdean taucht Elizabeth in *Mr. Britling Sees it Through* auf: »... sie schien genau das zu sein, was seine Phantasie brauchte, um keinen Unfug mehr anzurichten. Sie war bis zur Verehrung schmeichlerisch. Von allen jungen Witwen war sie die hellste und klügste ... manchmal hatte sie einen Sinn fürs Hochgeistige, der fast noch besser als Humor war und sie bald bei allen, die sie kennenlernten, beliebt machte ... Sie sagte, in seinen Gedanken und Werken gebe es etwas, das einer Bergwanderung glich. Sie kam zu ihm, weil sie über die Klippen und Gletscher seines Geistes klettern wollte ... Munter hüpfend führte sie ihn auf den primelbewachsenen Pfad einer intellektuellen Liaison. Zuerst besuchte sie ihn in Church Row, war süß, klug und lebhaft interessiert und das genaue Gegenteil zu seiner Frau; er nahm dann Arbeit mit in ihr Haus und blieb dort.

Sie fuhr eine Zeitlang nach Deutschland, und er sehnte sich ungeheuer nach ihr und umwarb sie wortgewaltig, und dann gestanden sie sich gegenseitig ein, verliebt zu sein. Oh, unglaublich verliebt.

Der Übergang von emotionaler Bergsteigerei zu glühender Intimität kam so plötzlich und impulsiv, daß diese Phase die vorhergegangene auslöschte; (Mr. Wells) sah mit einigem Erstaunen, wie sich seine Rolle als gebirgiger Gegenstand hübscher, kleiner Pilgerinnen zu der eines emsigen Liebhabers und Freudenspenders wandelte.«

Elizabeth porträtierte Wells im zweiten Teil von *Die preußische Ehe*; es ist der Teil, der von Ehebruch handelt und in dem er mit der Heldin nach Italien durchbrennt. Als Figur unterscheidet er sich drastisch von allen anderen. Noch nie hatte sie eine männliche Figur geschaffen, die gegenüber den Konventionen eine derart windige Gleichgültigkeit aufbrachte, und nie wieder sollte sie eine Figur schaffen, die so durch und durch liebens- und bewundernswert, wenn auch unmoralisch ist. Sie sah in ihm »Licht und Wärme, wie launisch auch immer, und Größe«.

Dieses Ende ihrer leidenschaftlichen Beziehung war traurig, aber unausweichlich; der Grund dafür lag in den Wurzeln ihrer Persönlichkeiten. Mit seinem im wesentlichen proletarischen Hintergrund konnte Wells kein wirkliches Verständnis für die Subtilitäten der Untreue in der edwardianischen Ära aufbringen; seine Bereitschaft, für einen unmittelbaren taktischen Vorteil Geständnisse abzulegen und damit sein Gewissen zu erleichtern, übersah die langfristigen Implikationen und war deshalb ein fataler Irrtum, selbst wenn Elizabeth bereits über Rebeccas Schwangerschaft im Bilde gewesen wäre, was denkbar war, weil ihr kaum etwas entging. Daß Wells die Schwangerschaft als Waffe auf dem Schlachtfeld ihrer Beziehung einsetzte, zwang Elizabeth dazu, die Regeln einzuhalten und, um ihr Gesicht zu wahren, die Beziehung zu beenden. Er ignorierte rücksichtslos den Höflichkeitskodex der Oberklasse, und deshalb konnte es für sie keine Wiedergutmachung geben – und für ihn keine Gnade.

Das Jüngste Gericht

Das Chalet Soleil

Nachdem über die letzten Szenen mit Wells der Vorhang gefallen war, wandten sich Elizabeths Phantasien Francis Russell zu. Sie lud den Earl ein, Weihnachten 1913 bei ihrer Familie im Chalet zu verbringen. Mollie war in die Einladung nicht miteinbezogen, und Elizabeth wußte, daß es Klatsch erregen würde, wenn Russell die Einladung annähme – was er tat. Evi empfand ihn als »einen ganz Lieben – so groß und schlicht und wirklich prima«. Er machte sich nützlich und wurde auch schnell Teppis Liebling. Als er nach Neujahr abreiste, waren alle traurig, insbesondere die Gastgeberin, der es gelungen war, während der Ferien seine Geliebte zu werden. Francis hatte keine Eheversprechen gemacht und auch nicht davon geredet, sich von seiner Frau scheiden zu lassen, aber Elizabeth war durchaus zufrieden, einen Mann gefunden zu haben, der die Wunden pflegte, die ihr die Scharmützel mit Wells geschlagen hatten.

Nach seiner Rückkehr nach England schickte Francis ihr ein Exemplar seines neuen Buchs *Divorce*. Elizabeth dankte ihm herzlich und fügte hinzu: »Ich vermisse Dich, lieber Junge – ich wußte, ich würde Dich vermissen, und ich werde Dich vermissen, bis Du wiederkommst. Deine Dir sehr geneigte Cousine Elizabeth (verwitwet, mißbraucht, verlassen).« Die Worte in Klammern bezogen sich der Reihe nach auf das Schicksal, das Elizabeth mit Henning, Wells und Francis ereilt hatte; wenn er überhaupt darüber nachdachte, mußten diese Worte ihm die Richtung anzeigen, in die ihre Phantasien sie damals geführt hatten.

Eine Woche später erhielt sie »einen wunderbaren Brief« von ihm. Sie fragte sich in ihrem Tagebuch, »ob der Brief nicht durch sie hindurchscheinen und sie verraten müsse«. »Ich liebe dich«, schrieb er, »aber nicht mit der Gier besitzergreifender Liebe, die ich zuvor für Frauen empfand, sondern mit dem Gefühl, das man für Licht auf Kristall und klarem Wasser empfindet; das Gefühl für Schönheit in tiefen, zarten Dingen hat sich personalisiert und erweitert. Du bist mein Stern, mein Wunder, das Bad meiner Seele. Ich lege mein Herz in Deine kühlen, kleinen Hände ...«. Sie konnte nicht arbeiten, sondern »mußte statt dessen an Frank und das Glück denken«. Ihr Glück und ihre Bewunderung für ihn war für alle im Chalet unübersehbar. Hugh Walpole, der Anfang 1914 dort war, traf eins der Mädchen mit einer Freundin auf den Skipisten bei Montana und hörte zufällig, wie eine der beiden sagte: »Elizabeth weiß, wie man glücklich ist, nicht wahr?« Elizabeth schrieb ihm nach London: »Ich mache nicht einmal den Versuch, Ihnen zu sagen, wie glücklich ich bin – ich siede und sprudele ...«

Ende Januar waren Elizabeth und Teppi mehrere Wochen allein. Morgens arbeiteten sie, trafen sich zum Mittagessen und arbeiteten dann wieder eine Zeitlang nachmittags. »Doch tief unten – welch Wogen und Branden und Widerhallen, was für Erschütterungen und Zuckungen und Himmel und Erde und Gott und Ewigkeit und alle Macht lebendiger Seelen«, schrieb Elizabeth an Liebet. Trix hatte sich entschlossen, Klavier in Speyer zu studieren, und im Februar begleitete Teppi sie von München nach dorthin. Elizabeth verbrachte »vier tödliche Nächte allein« im Chalet, »zitternd schon im Gedanken an die Einsamkeit« – es war das erste Mal, daß sie dort völlig allein war. Inzwischen ließen Mollies Klagen London im Skandal erzittern. Sie vertraute Francis' Freund George Santayana an, daß ihr Mann vom Chalet zurückgekommen sei und ihr ins Gesicht gesagt habe, daß er sich in eine andere verliebt habe.

An einem Freitagmorgen saß Elizabeth allein im blauen Salon und machte ihre Buchhaltung. Sie dachte an nichts anderes als die Kosten, die Gäste verursachen, als sie einen Gast erblickte, der langsam den eisbedeckten Weg zu ihrer Eingangstür emporstieg. Im Rückblick schrieb sie später, daß es weniger ein neuer Gast als vielmehr das Schicksal gewesen sei, »und seinem Schicksal kann man nicht entgehen«. Francis Russell war gekommen, um um ihre Hand anzuhalten, aber als erstes empfahl er ihr, den Weg mit Asche zu streuen und den Hund mit frischem Hackfleisch zu füttern. Elizabeth liebte seine »felsengleiche« Ruhe und hielt ihn für einen »zuverlässigen, freundlichen, schlichten, ausgeglichenen Mann – und so sensibel«. Fünfundzwanzig Jahre später sollte sie auf diesen Tag aus einer anderen Perspektive und mit Bedauern zurückblicken. Da hieß es in ihrem Tagebuch: »F. kam frühmorgens im Chalet an, wo Teppi und ich allein waren ... Meine Zweifel und Befürchtungen. Seine überwältigende Gegenwart. Teppis Begeisterung – ach, wenn ich diesem Teufel damals doch nur klar aus dem Weg gegangen wäre ... «

Elizabeth vertraute Teppis Instinkt Menschen gegenüber, und noch mehr vertraute sie Cocos Instinkt. Als Francis die Tür öffnete und eintrat, gab es in Cocos Begrüßung keinerlei Zurückhaltung, aber auch nicht, Elizabeth mußte es eingestehen, in ihrer eigenen. Gewiß, sie hatte das »so kurz nach dem Frühstück ungewöhnliche« Gefühl, in Gottes Hand zu sein – ein Gefühl, das sie nicht mehr erlebt hatte, seit sie sich für den Empfang zurechtgemacht hatte, auf dem sie ihren ersten Mann kennenlernte. Es war ein »Gefühl des Sinkens«, berichtete sie in ihren Erinnerungen. »Vielleicht haben Ehemänner nie zu mir gepaßt.«

Francis bekam erst einmal Grippe und wurde ins Bett gepackt; dennoch gelang es den dreien, ein paar Wochen lang sehr glücklich zu sein. Nachdem er nach London zurückgekehrt war, schickte er Elizabeth »deprimierte« Briefe, da ihn das Gerede quälte, und der Rat wohlmeinender Freunde bestand zumeist aus drei Worten: »Tu es nicht.« In einem der Briefe schrieb er: »Manchmal fällt man in eine Art Brunnen, wo kein Glaube und keine Freundlichkeit mehr zu sehen sind ... Pathetisch schweigende Weiber. Sie reden nicht, solange sie nicht gefragt werden, kümmern sich natürlich nur um ihre Garderobe oder stehen ihren Männern im Weg und beobachten sie. Warum leisten Frauen nicht ihren Beitrag? Es sind weibliche Gerichtsschergen, legalisierte Auslöscher. Als sie zwanzig waren, haben sie ihre Männer eingewickelt, und dann haben sie sich aus dem Staub gemacht. Um wieviel besser ist da doch noch ein Miesling wie ich! Ich bin ein Spieler und Raufbold, aber wenigstens habe ich eine Seele!«

Elizabeth beschloß, mit Teppi ein paar Wochen in Italien zu

verbringen; sie nahmen Martin mit, die damals gerade die Schule in Lausanne abschloß. Elizabeth fand ihre jüngste Tochter »zu süß und zu klug für alles – so ungeheuer erfreulich, auf intelligente Weise interessant ... welch gesegneter Trost, welch Wasser in der Wüste, mit einer so interessierten Krabbe unterwegs zu sein ...« Doch gab es andere Aspekte in Martins Persönlichkeit, die Teppi Sorgen machten. Sie sah voraus, daß Martin in ihrem späteren Leben Schwierigkeiten haben würde, weil das Kind immer noch nicht zwischen ihren eigenen Wunschvorstellungen und der Wahrheit unterscheiden konnte.

H. B., der damals am Summer Fields College in Oxford studierte, eine kleine, ausschließlich der Oberklasse vorbehaltene Schule, machte sich bei seiner Mutter unbeliebt. Sie weigerte sich, ihm zu schreiben, solange er es nicht lernte, Briefe in »weniger schrecklicher Handschrift und weniger schockierender Rechtschreibung« zu verfassen. Sie war von seiner »stumpfen, verschlafenen Gleichgültigkeit« beleidigt, »eine höchst unangenehme Eigenschaft, fast so schlimm, wie gar nicht lebendig zu sein«. Im vorigen Herbst hatte sie ihn in der Schule besucht und gegenüber Dr. Williams, dem Direktor, die Bemerkung gemacht, sie sei sich sicher, daß er nicht genügend geschlagen werde. H. B. glaubte, sie mache Witze, aber das Ergebnis war, daß ihm »wirklich übel mitgespielt wurde, mit häufigen Tadeln im Klassenbuch, mit drei Schlägen auf die Hand, so daß meine Fingerknöchel von Miss Pennys scharfkantigem blauen Stift aufgerissen wurden, und man führte mich auch durch die grüne Kellertür, wo ich mich dann mit zum Boden geneigten Kopf hinknien mußte und drei oder sechs Hiebe bekam«, wie er sich in *A Century of Summer Fields* erinnerte, eine Anthologie von Erinnerungen ehemaliger Schüler.

Liebet hatte von einem jungen Mann namens Colin Norbert einen Heiratsantrag bekommen und abgelehnt, da sie ihn für einen unfähigen Liebhaber hielt, der sich, noch schlimmer, in den Kolonien niederlassen wollte. Ihre Mutter war enttäuscht: »Ich glaube, Du wärst mit Colin N. äußerst glücklich geworden, weil Du das freie Leben an frischer Luft geführt hättest, das Du so liebst ... Er ist ein Mensch, den man als Ehemann sehr lieben würde. Gut und freundlich und praktisch ...« Zum großen Stolz ihrer Mutter hatten Evi und Liebet erstklassige Examen in modernen Sprachen abgelegt und studierten nun in London Medizin. Aber Elizabeth spürte zu jener Zeit kaum die Neigung, viel an ihre Kinder zu denken, da ihr eigenes Leben ihre volle Aufmerksamkeit beanspruchte.

Als Francis einige Wochen später ins Chalet zurückkehrte, herrschte dort »innen wie außen eitel Sonnenschein«. Er und Elizabeth waren zu dem Schluß gekommen, für einander bestimmt zu sein. Als er wieder abreiste, begleitete sie ihn zur Bahnstation und sagte zum Abschied: »Behüt dich Gott, meine himmlische Liebe.« Ende des Monats schrieb er, daß Mollie in die Scheidung einwillige, und zwei Tage später, daß er sie verlassen habe.

Elizabeth glaubte, verliebt zu sein. Viel später gestand sie Teppi, daß sie vielleicht nicht verliebt gewesen war, daß sie es aber zum ersten Mal in ihrem Leben *geglaubt* hatte und den Unterschied noch nicht kannte. Alle ihre Freunde, wie auch viele von Francis' Freunden, staunten über ihre Veränderung und glaubten, daß sie in der Tat von starken, erhebenden Gefühlen durchdrungen sein müsse.

»Sie will seine Frau werden; sie will, daß ich mich scheiden lasse«, beklagte sich Mollie bei ihrem einzigen Vertrauten.

»Warum? Will die alberne Frau eine Gräfin werden?« forschte Santayana nach.

»Nein, sie ist nicht albern, und eine Gräfin ist sie sowieso. Es ist die Gräfin von Arnim, die Autorin von *Elizabeth und ihr Garten*. Russell ist sehr verliebt in sie«, erwiderte die vom Kummer geschüttelte Frau.

Die Version, die Elizabeth Francis' Bruder Bertrand berichtete, unterschied sich stark von der Mollies. Bertrand schrieb in einem Brief an Lady Ottoline Morrell: »Sie sagt – und ich glaube ihr –, daß sie anfangs keine Ambitionen gegenüber meinem Bruder hatte, weil sie ihn als glücklich verheirateten Mann sah, der sich eben deshalb als Liebhaber eignete. Ohne sich mit ihr abzusprechen, schrieb er ihr plötzlich, daß er sich scheiden lasse. Ihr blieb die Luft weg – und sie war recht geschmeichelt; sie wich aus, sagte nichts Endgültiges, erlaubte ihm jedoch stillschweigend, alles zu hoffen. Jetzt ist sie sehr beunruhigt, weil der unumkehrbare Augenblick kommt, da seine Scheidung rechtskräftig ist und sie sich entscheiden muß. Ihre Bedenken gegen ihn sind folgende: a) Er schläft mit sieben Hunden im Bett. Unter solchen Bedingungen könne sie kein Auge zubekommen. (Ich erzählte ihr davon, wie Josephines Hund Napoleon in der Hochzeitsnacht in die Wade gebissen hat. Was für Kaiser hätte sie gebären können!); b) Er liest laut Kipling. c) Er liebt Telegraph House, und das ist scheußlich.

Ich fürchte, wenn man lange genug sucht, finden sich noch mehr Bedenken; die drei genannten überzeugen mich aber bereits. Sie ist eine Schmeichlerin und hat sich offensichtlich vorgenommen, mich nicht gegen sie aufzubringen, wenn sie mit ihm Schluß macht. Aber das ist unmöglich. Ich mag meinen Bruder zu sehr, und sein Leiden würde mich zu sehr bekümmern, als daß ich ihr vergeben könnte, selbst wenn sie die besten Gründe hätte. Sie sagt, daß sie immer noch ganz unsicher ist, aber ich glaube nicht, daß sie ihn heiraten wird. Sie wäre glücklich, wenn sie ihn weiterhin als Liebhaber halten könnte, aber ich bin sicher, daß er da nie mitspielen wird.«

Francis Russell war ungestüm, besitzergreifend und überschäumend verliebt in Elizabeth. Sein Moralkodex ließ es aber nicht zu, mit einer alleinstehenden Frau seiner eigenen Klasse zu schlafen, ohne ihr die Ehe zu versprechen; Frauen der unteren und der Dienstboten-Klasse waren hingegen Freiwild. Er schrieb ihr leidenschaftliche und wortgewaltige Liebesbriefe – von allen, die sie im Lauf ihres Lebens bekam, waren dies die einzigen, die sie aufhob. Nach dem Tod ihrer Mutter vernichtete Liebet alle kompromittierenden Briefe und Dokumente, aber Elizabeth fügte Teile der besten Liebesbriefe dem Manuskript eines Stücks bei, das sie auf der Basis von *Die preußische Ehe* verfaßte. Überschrieben sind sie mit: »Vorm Holocaust gerettet.« Trotz aller Gründlichkeit konnte Liebet sie nicht finden, weil sie so gut versteckt waren. Francis schrieb: »Du zarte und verehrungswürdige Seele, Du starke, feste Freundin meines Herzens, meine Schwester, meine Mutter, meine Geliebte, meine Gefährtin, deren ich nicht würdig bin, die ich nicht verdient habe, mein Stolz, mein Heil, Schatz meines Lebens, Du bist wie eine kleine Flamme in meinem Herzen. Und obwohl ich in Ketten liege, verkrustet bin und ein Tölpel, bin ich doch von Deiner Art.«

Als sie sich 1894 kennengelernt hatten, waren sie jung und beide verheiratet gewesen; jetzt, mit achtundvierzig, war Elizabeth frei, und Francis, mit neunundvierzig, konnte es anscheinend leicht werden. Er war nicht mehr der hübsche, schlanke junge Mann im exklusiven, abgetragenen Tweedanzug, den Elizabeth kennengelernt hatte. Er war ein »korpulenter, alternder Schuljunge mit rosigen Wangen, der sich mit Autos und elektrischen Geräten beschäftigte«, wie ihn Lady Constance Malleson, eine der späteren Geliebten seines Bruders, beschrieb. Frank Swinnerton, ein Mitglied des Reform-Clubs, erinnerte sich an ihn als großen, korpulenten Mann mit rosigem Gesicht, längerem, weißen Haar, der hinter lächelnden Schmollippen noch alle Zähne hatte. Seine Augen waren blau, strahlten aber eine Härte aus, die ihm das Geniale nahm. Er bewegte sich langsam und bedächtig. Wenn es sich nicht um Dinge drehte, die er gelernt hatte, wie etwa das Kirchenrecht, war er wenig gebildet, oft sogar abgestumpft – mit sechsunddreißig hatte er sein zweites, juristisches Staatsexamen gemacht. Seine Urteile über Menschen waren oft hart und anmaßend; unbeliebt war er bei den anderen Mitgliedern des Reform-Clubs oder des Oberhauses, wo er allerdings als Redner sehr geschätzt wurde. Ein unpopulärer Kabinettsminister und künftiges Mitglied des Reform-Clubs fragte Francis einmal, ob er sich auf den leeren Stuhl neben Francis setzen dürfe. Dieser antwortete: »Ja, wenn Sie ihn woanders hinstellen.« Zum Dienstpersonal, das sich nicht wehren konnte, war er ungewöhnlich unfreundlich, was seinen Freunden am meisten mißfiel.

»Ich glaube, die Bedienung in diesem Club flucht wie der Teufel, wenn sie dich reinkommen sieht, Russell«, sagte ein anderes Mitglied zu ihm.

Francis, der neben dem Romancier Arnold Bennett saß, lachte und sagte: »Blödsinn, er redet Blödsinn, nicht wahr, Bennett?«

»Er sagt die Wahrheit«, erwiderte der Schriftsteller und reckte düster sein Kinn vor, »und noch mehr ... «

Elizabeth war schon lange nicht mehr »recht süß«, sondern reagierte kraftvoll wie ein kleines, explodierendes Pulverfaß. Zu jener Zeit hielten manche Leute sie fast für eine Hexe, und den meisten Menschen, denen sie begegnete, machte sie angst. Demgegenüber bemerkte Liebet, daß sie »noch nie zuvor so ängstlich gewesen sei und noch nie so willfährig anderen Wünschen entsprochen habe« – wie jetzt den Wünschen ihres Liebhabers.

1913 war Telegraph House noch lange nicht fertig, und Francis litt unter »geistiger Traurigkeit«. Was er sich leisten konnte, war gebaut worden; alle notwendigen Wege war er gegangen; und vielleicht sehnte er sich nur, wie Alexander, nach neuen Welten, die er erobern konnte. Er hätte sich zur Ruhe setzen können, »gebadet und umschmeichelt« von seinem Besitz, aber statt dessen war er besessen von den Worten des heiligen Lukas: »... das Leben eines Mannes bestehe nicht im Überfluß der Dinge, die er besitzt ... Ich will meine Scheuern niederreißen und größere bauen ... und ich will meiner Seele sagen, Seele, du hast Vorrat für viele Jahre aufgehäuft; mach es dir bequem, iß, trink und sei glücklich. Doch Gott sprach zu ihm: ›Du Tor, heut Nacht soll deine Seele von dir erlöst werden.‹«

Elizabeth hatte kein Interesse an verweichlichtem Lotterleben. Wenn sie mit Francis zusammen war, war sie von ihm begeistert, aber wenn sie allein war, befielen sie Zweifel. Sie nahm die Inkonsequenz ihres Verhaltens zur Kenntnis und war unsicher, ob sie ihn wirklich heiraten wollte. Sie hatte sich längst mit ihrer fröhlichen Witwenschaft abgefunden und genoß die Jahre der Freiheit. Noch einmal die Einschränkungen des Ehelebens auf sich zu nehmen, weckte in ihr starke Bedenken. Im Frühjahr 1914 schrieb sie Francis einen wohlbegründeten Brief, in dem sie höflich den Standpunkt vertrat, ihr Motto müsse lauten: »Einmal Witwe, immer Witwe.« Sie befürchte, für den Ehestand unbegabt zu sein; »ich hielt es allgemein für das beste, von einem bestimmten Alter an gut allein zu leben.« Postwendend erhielt sie eine Karte von Francis, der sie aufforderte, das Wort »gut« zu definieren.

Weitere Diskussionen in dieser Richtung wurden Mitte Juli durch einen Brief von Mademoiselle Bollinger, Martins Direktorin, unterbrochen; sie forderte Elizabeth auf, das Kind von der Schule zu nehmen. Sie hatte »wieder« Geld gestohlen, und zwar die königliche Summe von zwei Shilling und einem Sixpence. Francis kam so schnell wie möglich zum Chalet, brachte als Geschenk einen kleinen Hund und eine Katze mit, und fuhr mit Elizabeth nach Lausanne. Martins rebellisches Verhalten hatte dazu geführt, daß man sie in einem Sanatorium oberhalb von Montreux untergebracht hatte; zwei Tage lang suchten ihre Mutter und Francis vergeblich in der Stadt nach einer anderen Schule für das Mädchen. Francis war »sehr hilfreich, nett und lieb« und reiste drei Tage später nach England ab – mit der Zusage Elizabeths, ihm Geld zu leihen. Teppi wurde beauftragt, Martin abzuholen, und als sie zu Haus ankam, gab es »schreckliche und erniedrigende Szenen« zwischen Mutter und Tochter. Elizabeth glaubte Martins Beteuerungen nicht, weil das Kind es mit der Wahrheit nie genau genommen hatte, sie war bitter enttäuscht und ängstigte sich. Sie war dieser hübschen, charmanten, begabten und »unwiderstehlich fröhlichen« Tochter stets besonders zugetan gewesen. Ein Geständnis des Verbrechens und Reue, dachte sie, waren gewiß die ersten Schritte zur Besserung, also bekam Martin Stubenarrest, bis sie gestand und bereute. Sie blieb vierundzwanzig Stunden in ihrem Zimmer; nur die Zofe durfte hinein, um sauberzumachen und Essen zu servieren. Schließlich brachte Teppi das weinende Kind zu der Schule in Marburg, an der sie früher unterrichtet hatte. Die Schule war für ihre Strenge bekannt und das genaue Gegenteil von der, die Martin hatte verlassen müssen. Elizabeth verabschiedete sich nicht einmal von ihrer Tochter und gab Anweisungen, daß sie nicht mehr Klavier spielen durfte – die einzige Tätigkeit, aus der Martin echten Seelenfrieden zog und in der auch ihr wahres Talent lag.

Nur wenige Stunden nach der Abreise ihrer Schwester kam Liebet im Chalet an. Sie war überrascht, unter solchen Umständen ihre Mutter in ungewöhnlich aufgeräumter Stimmung anzutreffen. Vernon Lee kam zu Besuch, und die »leidenschaftlichen und schmerzlichen Szenen« von eben wurden mit keinem Wort erwähnt. Auch als die Reiseschriftstellerin weiterzog und Liebet und ihre Mutter zu einer Wanderung nach Italien aufbrachen, erwähnte Elizabeth mit keiner Silbe das Schicksal ihrer jüngsten Tochter. Liebet hoffte, daß ihre Mutter ihre eigenen Ängste bewältigen wollte, wenn sie alle Fragen mit »vagen Versicherungen, daß alles nur zu Martins Bestem sei«, beiseite schob. In ihrem Tagebuch machte Elizabeth lediglich die Bemerkung, das Wetter sei »heiß und drückend« gewesen. Zwei Tage später trafen sie am Ufer des Ortasees einen Bauern, der ihnen etwas »von einem in die Luft gesprengten Erzherzog« erzählte.

Bei ihrer Rückkehr füllte sich das Chalet rasch mit Sommergästen; die meisten waren Freunde der Kinder. Als Evi ankam, lag ihre Mutter krank im Bett, und Vetter William verschanzte sich »so lahm und unmännlich wie immer«. Schnell verbreiteten sich Kriegsgerüchte. Österreich-Ungarn erklärte Serbien den Krieg; Elizabeth befahl Liebet, nach Sierre zu fahren und Lebensmittelvorräte einzukaufen, so lange es noch welche gab, worüber William nur spotten konnte; amüsiert von der ausgebrochenen Hysterie reiste er nach England ab. Die Gäste zankten sich ein bißchen und fühlten sich irgendwie unzufrieden, wie sie da wohlgenährt und teilnahmslos in der heißen Sonne hockten. Gelegentlich gab es ein lasches Federballspiel, aber die gnadenlose Hitze raubte ihnen jede Energie. Alle warteten auf die Kriegsnachrichten.

Aus London schrieb Francis: »Der Stand der Dinge heute abend ist schrecklich; überall werden Leute ohnmächtig. Stündlich neue Ängste und Schrecken – Rußland macht mobil, Deutschland unter Ausnahmezustand etc. Die Börse schließt bei einem Zinssatz von acht Prozent, was dazu beitragen wird, daß sich die Situation beruhigt ... So eine Krise hat es in unserem Leben noch nie gegeben – heute Abend hamstern die Leute sogar Mehl – alles offenbar völlig grundlos – zivilisationsunwürdig – ich bin so erstaunt wie erschrocken.«

Am 29. Juli fuhren Elizabeth und Liebet nach Sierre, um von der örtlichen Bank im letzten Moment soviel Bargeld wie möglich abzuheben. Am 2. August kam Teppi aus Berlin zurück, wo sie ihre Familie und Trix besucht hatte, nachdem sie Martin in Marburg abgeliefert hatte. Sie hatte wegen der Mobilmachung große Schwierigkeiten gehabt durchzukommen, hatte sich den Knöchel verstaucht und kam in Basel, flankiert von zwei Polizisten, in einem Rollstuhl an. Ihre Nachricht, daß die Deutsche Bank, auf der Elizabeths Kapital und das ihrer Kinder lag, geschlossen habe, verstärkte im Chalet das Gefühl der Vorahnung und der Panik ebenso, wie ihr Bericht über das, was sie in Berlin erlebt hatte; Elizabeth verarbeitete den Bericht später in ihrem Roman *Christine*: »Das Wetter ist fürchterlich heiß. Der Himmel ist metallisch, wolkenlos, und im Tiergarten hängen die Blätter bewegungslos glänzend an den Bäumen, als ob sie aus Metall geschnitten wären. Ein dünner Staubschleier hängt ständig über der Straße Unter den Linden und der Straße nach Charlottenburg – nicht viel, weil die Straßen gut gefegt sind, aber genug, daß man merkt, daß die Truppen nicht zu marschieren aufhören. Überall, wo sie vorbeimarschieren, stehen schwitzende Menschenmassen, gerötete, dem Schlaganfall nahe Gesichter, erregt, erhitzt, Frauen und Kinder und Babies, verschmolzen zu einer schwerfälligen, rasenden Masse. In den Fenstern der Häuser auf beiden Seiten des Brandenburger Tors stehen den ganzen Tag lang dichtgedrängt Menschen, und der patriotische Lärm verstummt keine Sekunde ... Die trunkene Masse – das ist das Wort, das sie am besten beschreibt –, schreit, schwört, flucht ... Ein bebrillter Professor mit einer goldenen Uhrkette vor seiner schwarzen Weste, seinem massiven Körper, der unzusammenhängende Worte brüllt, den Mund aufreißt und irgendwelche Laute hervorstößt, bis die Adern auf Stirn und Hals und Nacken aussehen, als müßten sie platzen, bietet den seltsamsten Anblick ... «

Die Vorräte in den Läden von Sierre und Montana schmolzen schnell zusammen, und Sierre war voll mit Schweizer Truppen, die alle Züge durchsuchten. Im Chalet gab es nur noch Kartoffeln und ein wenig Käse, den sie bei Priestern in der Nähe gegen Blumen eingetauscht hatten. Alle Gäste verließen das Chalet; die vier Frauen warteten allein und schutzlos auf Nachrichten von Trix und Martin und lebten in ständiger Angst, von Soldaten vergewaltigt und ausgeplündert zu werden. Die Bauern der Umgebung hungerten bereits. Elizabeth wurde mitgeteilt, ihre letzte Chance bestehe darin, sofort abzureisen, aber die beiden Mädchen wollten im Chalet bleiben: Als deutsche Staatsbürgerinnen zogen sie neutrales Territorium vor. Außerdem war vielleicht ihren Schwestern die Ausreise aus Deutschland gelungen, und sie wollten sie hier erwarten. Die treue Teppi sollte über sie wachen, und Elizabeth hatte volles Vertrauen zu ihrer erstaunlichen Kraft.

Nachdem sie Teppi und den Mädchen viele Ratschläge und einen geladenen Revolver gegeben hatte, brach Elizabeth am Abend des 4. August nach England auf. Die anderen verbarrikadierten sich so, wie Elizabeth empfohlen hatte, und ließen sich zu einem bescheidenen Abendessen nieder. Ein paar Stunden später erschraken sie fürchterlich, als laut gegen die Tür geklopft wurde; als sie endlich den Mut fanden aufzumachen, war es Elizabeth, die den Zug verpaßt hatte. »An diesem Abend ... erfüllte reine Freude mein Herz«, schrieb Evi, »besonders, als ich die Pistole wieder abgeben konnte. Schießen macht mir nichts aus, aber nie könnte ich einen Menschen erschießen.«

Am nächsten Morgen telegraphierte Elizabeth an ihren Bruder Sydney, daß er ihnen Pässe beschaffen sollte, ohne die es unmöglich gewesen wäre, mit ihrer deutschen Staatsbürgerschaft nach England zu kommen. Weil die wenigen Stunden ohne ihre Mutter so nervenaufreibend gewesen waren, beschlossen Evi und Liebet, ihre Mutter zu begleiten. Zum Glück stellte einer von Sydneys Patienten, ein Mann names Arnold, die Pässe seiner Familie zur Verfügung; sie wurden von einem Holländer aus England herausgeschmuggelt und in die Schweiz gebracht. Inzwischen hatten auch zwei junge Engländer, die sich in Montana aufhielten, Schutz und Hilfe angeboten. Während die Frauen auf das Eintreffen der Pässe warteten, ordnete Elizabeth ihre Papiere, vernichtete viele und vergrub den Rest in einer Zinkkiste im Garten.

Einer der Engländer, Mr. Fletcher, war wundervoll freundlich und klug. Elizabeth mochte ihn so sehr, daß sie ihre Töchter aufforderte, mit ihm zu flirten, damit er sich wohlfühlte. Für diese Aufgabe wurde Evi auserkoren, da sie einen »einladenden« Ausdruck in den Augen hatte; aber Minor, ihr Freund aus Cambridge, hatte brieflich angedeutet, daß er sich von ihr trennen wollte, weshalb sie Liebeskummer hatte und für die Aufgabe nicht in Frage kam. Als der andere Engländer gefragt wurde, ob er die drei Frauen nach England begleiten würde, wurde er blaß, zitterte am ganzen Körper und legte eine derartige Angst vor den möglichen Risiken an den Tag, daß sie nicht umhin konnten, ihn als Feigling zu bezeichnen. Um zu kaschieren, wie sehr er sich schämte, beschimpfte er sie als ängstliche Frauen und fügte allerlei derbe Beleidigungen hinzu, was die Arnims köstlich amüsierte.

Am 7. August verursachte die Verletzung der belgischen Neutralität im Chalet größte Niedergeschlagenheit. Teppi sorgte sich wegen ihrer Familie zu Tode, und man beschloß, daß sie über Bern und Zürich nach Deutschland zurückkehren sollte. Es gelang ihr, ihr Heimatdorf zu erreichen, das sich in einem anarchischen, chaotischen Zustand befand, und sie bewies großen Mut, als sie die Frauen des Dorfs auf die Felder führte, um die Ernte einzubringen, die man in der allgemeinen Panik vergessen hatte. Die Arnims lasen mit Besorgnis Berichte über Schiffsversenkungen in der Nordsee, waren aber alles in allem über den Kriegsverlauf nicht im Bilde, weil sich die Zeitungen gegenseitig widersprachen. Evi bekam die Nachricht, daß sie in den Medizinexamen des ersten Jahres »überall gründlich durchgefallen« war. Obwohl das langfristig egal war, weil sie ihr Studium nicht wieder aufnahm, war sie doch sehr bedrückt. Lüttich kapitulierte vor den Deutschen und mußte zehn Millionen Francs zahlen. Brüssel mußte fünfzig Millionen zahlen, aber andererseits schienen die Russen auf ihrem Vorstoß nach Berlin gut voranzukommen.

Als die neuen Pässe ankamen, arrangierte Mr. Fletcher, der bereits zu Vetter John avanciert war, die Abreise nach Montreux und England für den 28. August. An diesem Tag nahmen »Mrs. Arnold« und ihre beiden Töchter nur jede einen Rucksack und eine Handtasche mit und überließen das Chalet Plünderern oder noch Schlimmerem. Coco war das letzte Mitglied des Haushalts, das sie sahen. Im Maul trug er die Handtasche seiner Herrin bis zu dem Treffpunkt jenseits der Felder, wo eine Kutsche wartete, um sie ins Tal zu bringen. Als der Augenblick der Trennung kam, versuchte er, die Tasche festzuhalten, weil er sich wohl vorstellte, daß seine Herrin ohne Tasche nicht gehen würde. Aber er war zu gut erzogen, um die Tasche nicht schließlich doch loszulassen, und dann stand er da und blickte ihr traurig nach.

Mit einem normalen Zug fuhren sie über Genf nach Paris. In Amberlieu trafen sie auf einen Transport mit französischen Verwundeten. Der Passagierzug wurde auf ein Nebengleis geschoben; sie sahen zu, wie die Tragbahren mit den Verletzten auf dem Bahnsteig aufgereiht wurden, um ins Lazarett transportiert zu werden. Die Soldaten wurden verpflegt und dann weitergetragen, bis auf einen Mann, der stöhnend und sterbend einfach auf dem Bahnsteig zurückgelassen wurde: Er hatte einen Bauchschuß und man hielt eine Heilung offenbar für unmöglich.

Die »Arnolds« kamen schließlich am Gare de Lyon an und hasteten zum Gare du Nord, wo sie gerade noch den Zug nach Le Havre erwischten. Er war überfüllt, weil die siegreichen Deutschen gegen die Stadt vorrückten und die verängstigten Pariser jeden Zug stürmten, der die Stadt verließ. Männer, Frauen und Kinder, die nur das Lebensnotwendige bei sich trugen, klammerten sich an jeden erreichbaren Handgriff. Die Flüchtlinge verbrachten die Nacht auf Taurollen an Deck eines Dampfers, wo sie erschöpft einschliefen, was besonders für die Mädchen das beste war, damit man sie nicht reden hörte. Ihr immer noch starker Akzent hätte ihre Nationalität verraten, und es war nicht auszudenken, was dann geschehen wäre. Zum Glück war es eine ruhige Nacht. Am nächsten Tag kamen sie in England an.

»Herrlicher Tag, furchtbar glücklich«, schrieb Elizabeth in ihr stichwortartig geführtes Tagebuch. Natürlich fiel sie bei ihrer Ankunft Francis in die Arme. Sie mietete eine Wohnung in Albermarle Court, verbrachte viel Zeit mit Francis, und die beiden waren »überaus glücklich«. Sie traf auch Wells wieder und fand ihn »schrecklich«. Vetter Williams Schmollen ging ihr unendlich auf die Nerven: »Er macht mich am Ende noch ganz krank; schickte ihn weg«, notierte sie.

Mit Unterstützung von Maude Stanley, die beschwor, daß sie Elizabeth für würdig hielt, englische Staatsbürgerin zu sein, wurde Elizabeth am 20. September naturalisiert und war somit nach dreiundzwanzig Jahren erneut eine Engländerin. Berichte über ihre heroische Flucht schwirrten durch London, und sie erstickte wie üblich in Einladungen. Ununterbrochen klingelte ihr Telefon; ihre Freunde waren froh, sie in Sicherheit zu wissen, neugierig, ihre Geschichte zu hören, und glücklich, daß sie wieder unter ihnen weilte.

Evi und Liebet trafen es weit weniger gut. Die Naturalisierung ihrer Mutter hatte sie davor bewahrt, interniert oder deportiert zu werden, aber ihr Akzent offenbarte ihre Nationalität, und die Menschen, mit denen sie zusammenkamen, begegneten ihnen mit tiefem Mißtrauen – so hysterisch antideutsch war damals die Stimmung in London. Ihrem Onkel Sydney gelang es, sie als Praktikantinnen in den beiden größten Londoner Krankenhäusern unterzubringen; Evi kam ins Bedford College und Liebet nach York Street, aber sie mußten sich täglich auf der Polizeiwache melden und durften ohne besondere Erlaubnis keine längeren Reisen antreten. An den Wochenenden besuchten sie, wenn es sich einrichten ließ, ihre Mutter in Hatch, Kingsley Green, in der Nähe von Haslemere, wohin Charlotte kürzlich mit ihrer Familie verzogen war. Elizabeth fuhr auch nach Oxford und erklärte ihrem Sohn, daß er jetzt zumindest ein halber Engländer sei. Er zeigte sich erfreut, daß er »zumindest etwas« war.

H. B. hatte sich gefreut, als der Krieg ausbrach, weil das »von« aus seinem Namen gestrichen wurde, und in der Klassenliste war er jetzt plötzlich einer der ersten, anstatt immer ziemlich erbärmlich am Ende des Alphabets zu erscheinen. Von den anderen Jungen wurde er kräftig herumgestoßen, weil er Deutscher war, doch bestand er trotzig darauf, zwar ein Deutscher, aber auch ein Gentleman zu sein; seine Mutter hatte ihm nämlich gesagt, daß die Leute, die den Krieg angefangen hatten, gewiß keine Gentlemen waren.

Martin schrieb ihrer Mutter einen Brief, in dem sie der Hoffnung Ausdruck gab, sie nie wiederzusehen; sie wünschte, als Junge geboren zu sein, weil sie dann in die Armee hätte eintreten und »so viele Engländer wie nur möglich hätte töten können«. Trix, die ihr Klavierstudium aufgegeben hatte und als Krankenschwester in Berlin arbeitete, schrieb, sie sei den Krieg sterbensleid und über die Maßen schockiert über das »Gott mit uns«, das aus den Kehlen aller Parteien dröhnte. Sie sorgte sich über die Darstellung Englands in deutschen Zeitungen und begann gegen ihren Willen daran zu glauben, die Engländer seien tatsächlich das wahnsinnige Volk, zu dem sie in der Presse gemacht wurden. Teppi tat ihr Bestes, die beiden Mädchen zu besänftigen, und war immer zur Stelle, wenn sie gebraucht wurde. Sie unterrichtete wieder an einer deutschen Schule und nahm die Pflichten einer Ersatzmutter gutwillig auf sich. Während der Ferien besuchten Trix und Martin Vetter Bernd und Tante Lotte in Criewen.

Es gab den Plan, daß Elizabeth, Liebet und Evi nach Carolina reisen wollten, um die Doubledays zu besuchen, Elizabeths amerikanischen Verleger, aber schließlich entschied sie sich zu bleiben: »Ich kann meinem Land in einer solchen Krise nicht den Rücken kehren«, schrieb sie an Liebet.

Im Oktober erschien *Die preußische Ehe* und wurde als das ernsthafteste und perfekteste Werk gewürdigt, das sie bislang geschrieben hatte. Der *Spectator* hielt das Buch für »... brillant und fehlerlos im literarischen Detail wie in der Ausführung. In ›Elizabeths‹ Stil gibt es Anklänge männlicher Originalität, die oft verblüfft. Man fragt sich, woher diese Klarheit, diese subtile Suggestionskraft stammt, die dennoch nichts verdunkelt, diese intellektuelle Selbständigkeit, die nie Widerstand auslöst ... Welch seltenes, erfreuliches Geschenk.«

Elizabeths Töchter merkten mit Interesse, daß ihrer Mutter zum ersten Mal die Rezensionen des Buchs mehr oder weniger gleichgültig waren. Sie vermuteten mit Recht, daß dies an ihrer totalen Abhängigkeit von Francis' Urteil lag, die kaum noch Platz für andere Kommentare ließ. Tage, an denen sie ihn nicht treffen konnte, schrieb sie als verlorene Tage ab, doch sah sie zu jener Zeit auch die ersten Züge seines wahren Gesichts durch die Maske schimmern.

Francis Russell war ein Mann, der enorm charmant sein konnte, wenn die Situation es erforderte, aber sein Verhalten war unstabil; wie schon seine Mutter beobachtet hatte, als er noch ein Kind war, fiel er in einen fast manischen Despotismus, wenn er mit Menschen zusammen war, bei denen es nicht darauf ankam – und das waren leider die ihm nächsten und liebsten. Seit er so oft mit ihr zusammen war, verhielt er sich Elizabeth gegenüber manchmal launisch, wechselhaft und stur. Es gab Spannungen zwischen ihnen, weil das Geld, das sie ihm versprochen hatte, um die Scheidung von Mollie zu finanzieren, nutzlos auf der Deutschen Bank lag. Er fing an, »wütend, tyrannisch und furchtbar« zu werden, wie Elizabeth in ihrem Tagebuch vermerkte.

Francis bekam einen Brief von George Santayana, der Wahrheiten enthielt, die er unmöglich ignorieren konnte: Er bat ihn, Mollie nicht zu verlassen, da sie sanft und zurückhaltend sei und damit wohl die perfekte Frau für eine Persönlichkeit wie ihn. Santayana verglich Russell mit Heinrich VIII., insofern auch er seine Geliebten zu Ehefrauen machen wollte, was jedoch später dazu führte, sie köpfen zu lassen, um Platz für die nächste zu haben. Goethe, »weniger bigott und moralisch unaufgeregter«, habe schließlich nur eine geheiratet, die zurückhaltendste seiner Frauen nämlich, die jahrelang seine Geliebte und Haushälterin gewesen sei. Mollie konnte mit Francis' Art umgehen und führte den Haushalt sparsam und ordentlich. »Was für ein Fehler, sie davonzujagen und dafür Frau von Stein zu heiraten.« Als Elizabeth den Brief zu Gesicht bekam, konnte sie nicht umhin, der tiefen Wahrheit des Philosophen zuzustimmen; so ergab sich zwischen Francis und ihr eine Abkühlung, die mehrere Wochen anhielt. Sie konnte nicht wissen, daß Francis inzwischen eine Affäre mit seiner Haushälterin in Telegraph House angefangen hatte, einer Miss Young, der, wie er meinte, ein Wechsel der Gräfinnen kaum etwas ausmachen würde. Sie kümmerte sich besonders liebevoll um die Tiere, heilte kranke oder verletzte Kreaturen und schrieb ihm jede Woche lange und engagierte

Briefe, in denen sie berichtete, wie weit die Ausführung seiner jeweiligen Pläne auf dem Gut gediehen waren. Sie zu heiraten, hatte er nie in Betracht gezogen, da sie nicht seiner sozialen Schicht entstammte.

Die Situation verbesserte sich jedenfalls, als Elizabeth endlich ihr Geld aus Deutschland freibekam – Mollie besaß überhaupt kein eigenes Kapital. Doch dann gestand Francis, daß er beim Bridge Pech gehabt habe (verloren hatte er dabei Elizabeths Geld). Sie rang ihm das Versprechen ab, nie wieder um Geld zu spielen, aber er war nicht dazu in der Lage, es zu halten, und von Zeit zu Zeit beichtete er jungenhaft, daß er wieder Spielschulden gemacht hatte. Elizabeth schrieb in ihrem Tagebuch über »die Hoffnungslosigkeit der Ehe« und redete auch offen darüber, obwohl Francis ihr überall hin folgte. Wenn sie in London war, war er in seinem Haus am Gordon Square. Wenn sie Charlotte in Hatch besuchte, blieb er im Telegraph House, das nicht weit entfernt war. Er brachte ihr Chemie und Naturwissenschaften bei, was sie faszinierte, nicht zuletzt deshalb, weil er ein hervorragender Lehrer war. Endlich fühlte sich Elizabeth »entmutigt, einer Zukunft aus Trennung und Einsamkeit« entgegenzusehen.

Weihnachten 1914 verbrachte das Paar in Telegraph House und schaffte es, die ganze Zeit »glühend verliebt« zu sein. T. H. (wie der Hausname immer abgekürzt wurde) war ein häßliches Gebäude ohne Charme, aber komfortabel und ohne Protzerei, und es war herrlich gelegen – oberhalb der Ebene in einem verwilderten, abwechslungsreichen Park von 150 Hektar Größe. Darüber hinaus hatte es den Vorzug, ganz einsam zu liegen. Genau wie das Chalet war es vom Bahnhof aus nur per Kutsche zu erreichen; die Räder sanken tief in die grasbewachsenen Hügel ein, wenn sich die Kutsche wie ein Boot auf den Wellen schwankend und schaukelnd dem Haus näherte. Nach Osten, Süden und Westen gab es weite Ausblicke. In einer Richtung sah man von Sussex Weald bis Burgess Hill; in der anderen die Insel Wight und die Linienschiffe mit Kurs auf Southhampton.

Der Name Telegraph House stammte aus der Zeit George III., als das Gebäude eine Signalstation in einer ganzen Kette solcher Stationen gewesen war, über die Nachrichten zwischen

Portsmouth und London übermittelt wurden – wahrscheinlich erreichten auch die Nachrichten von Trafalgar auf diesem Wege London. In *Vera*, einem Roman, den Elizabeth nach der Trennung von Francis schrieb, sah die Heldin das Haus so: »Grauer Himmel, graues Wasser, grüne Felder – alles graugrün, abgesehen von dem Haus, das ein roter Backsteinbau war und hübsche Steinfassaden hatte; in seiner von keinen Bäumen verdeckten Lage wirkte es wie ein großer Klecks lebhaften Rots in der Landschaft.«

In den zwanziger Jahren sollte Bertrand es dann von seinem Bruder übernehmen, als er seine zu der Zeit schockierend fortschrittliche Beacon-Hill-Schule gründete. Die Kinder durften dort mehr oder weniger tun, was sie wollten, und wurden dazu noch ermutigt. Als eines Tages ein besorgter Vater an der Tür klingelte und ihm von einem nackten Kind geöffnet wurde, rief er entsetzt: »Großer Gott!«, woraufhin das Kind ruhig antwortete, daß es keinen Gott gebe.

Am 1. Januar 1915 schrieb Elizabeth mit unverwüstlichem Optimismus in ihr Tagebuch: »Liebe F sehr – wie glücklich ich während des ganzen Jahrs mit ihm gewesen bin ... Erwarte das neue Jahr unter den glücklichsten Umständen. So geht 1914 zu Ende – es war das glücklichste Jahr meines Lebens, nun bin ich gespannt, was das neue Jahr bringt.«

In der ersten Jahreshälfte 1915 unternahmen Francis und Elizabeth sehr viele Autofahrten, ein Sport, den Francis sehr ernst nahm. Er war die erste Person, die in England einen Führerschein erwarb, und auf sein A 1 Nummernschild war er außerordentlich stolz. Er war Gründungsmitglied des Royal Automobile Clubs und engagierte sich stark für das Club-Magazin; seinem Freund Edgar Jepson beschaffte er die Position des Herausgebers. Santayana fuhr gern mit Francis herum: »Neben ihm zu sitzen, wenn er fuhr, war ein ungetrübtes Vergnügen; er fuhr perfekt, sicher und locker, und seine beiläufigen Beobachtungen, während sich vor uns die Straße öffnete und verschiedene, kleine Szenen vorbeihuschten, bildeten eine entscheidende Sphäre unserer Freundschaft. Diese Sphäre war von spielerischer Geistigkeit, intellektuell, leicht; keine Philosophie, keine Theorie, sondern rasche Intelligenz, die sich einfachen Dingen zuwandte, forschend, furchtlos und umfassend. Theorie und Philosophie hätten sich eingeschlichen, wenn wir bestimmte Themen vertieft hätten; aber das taten wir nie ... Wir machten schwebende Bemerkungen, einzig und allein aus Freude, sie zu machen. Wir lachten nicht viel, aber wir lachten immer ein bißchen ...«

Bertrand hatte andere Erfahrungen gemacht und vermied so oft wie möglich, mit seinem Bruder zu fahren, weil Francis den Chauffeur dauernd anwies, schneller oder langsamer zu fahren, oder rücksichtslose Fahrer wüst beschimpfte. Elizabeths Gefühle waren eher gemischt; solange alles glattging, fuhr sie gern mit, aber nicht, wenn es so war, wie an einem 9. Juni: »Stellten fest, daß ein Reifen platt war. Viel Aufregung und Ärger die Konsequenz – wurde rumkommandiert und -gestoßen, als ob ich ein Chauffeur wäre, der den Reservereifen aufziehen muß. War anschließend völlig entnervt.«

Im Juli ging Francis auf eine Geschäftsreise nach Südafrika, wo er eine Minengesellschaft besuchte. »*Vive, Valeque! Quid desiderior sit pudor aut modus?*« schrieb seine Geliebte in ihr Tagebuch, und: »Warum sollte man sich dafür schämen, traurig zu sein, daß ein so lieber Mensch einem fehlt?« Stuart, der bei Kriegsausbruch in die Armee eingetreten war, verbrachte seinen Urlaub mit Elizabeth und Charlotte in Hatch; er kam einen Tag nach Francis' Abfahrt an und bot eine sehr traurige Gesellschaft. Sturmböen trieben den kalten, ununterbrochen strömenden Regen gegen die Fensterscheiben. Die ganze Natur trauerte – und Vetter William trauerte auch. Morgens sagte er gar nichts, und am Nachmittag, als sie sich zu einem Spaziergang durch die nassen Wälder bei Marley durchrangen, war er »zu gelangweilt, zu trübsinnig und zu schwierig, um mit ihm zu reden«. Er liebte Elizabeth hoffnungslos, ausweglos und auf ewig. Er sprach lakonisch über den Tod und hoffte, im Schützengraben zu fallen. Dann verkündete er zu ihrer großen Überraschung, daß er beabsichtige zu heiraten, wollte aber nicht sagen, wen. Zur großen Erleichterung der Schwestern fuhr er am nächsten Tag nach dem Tee mit seinem Motorrad wieder ab.

Im Oktober kam Francis wieder, und sie spürte »Seligkeit und reine Wonne«, wieder mit ihm zusammenzusein. Aber den Rest des Jahres verbrachte Elizabeth in ständiger Angst und Sorge um ihre Kinder. Evi wurde bei allen Stellen, die man für sie fand, wieder entlassen; schließlich bekam sie Arbeit als Hebammen-Praktikantin, wiederum durch Beziehungen ihres geduldigen Onkels Sydney. Sie war unzuverlässig und nahm nichts ernst; ihre Mutter fand es unerhört, daß sie weder den tödlichen Ernst des Krieges verstand noch den Ernst ihrer persönlichen Situation. Evi behauptete, als Deutsche diskriminiert zu werden, aber die Frau, für die sie arbeitete, bezeichnete sie als unkonzentriert und verantwortungslos, und man könne sich nie sicher sein, ob sie die Aufträge, die man ihr erteilte, auch ausführe. Trix war in ein deutsches Lazarett nach Lille in Frankreich versetzt worden; sie klagte, daß sie dort, statt Verwundete zu pflegen, für »schreckliche Männer mit Geschlechtskrankheiten« verantwortlich sei. Die Franzosen haßten die deutschen Krankenschwestern und dachten sich grausame Namen für sie aus, und Elizabeth fürchtete, daß die französische Armee, wenn sie Lille zurückeroberte, mit deutschen Frauen kurzen Prozeß machen würde. Ihr Herz war schwer von all diesen Problemen. Martins Briefe waren weiterhin derartig beleidigend, daß Elizabeth sich bis auf weiteres Post von ihr verbat. Liebet war meistens weinerlich und voller Selbstmitleid; sie überlegte, ob sie eine eigentlich an Evi gerichtete Einladung von einem alten Berliner Bekannten namens Poultney Bigelow annehmen sollte, seine Familie außerhalb von New York zu besuchen. H. B. schrieb seiner Mutter, er sei zum Klassenbesten aufgestiegen, was seine Mutter mit Freude und Stolz erfüllte, bis sie das Blatt umdrehte: »Nach zwei anderen«, stand da noch. Sie fand, daß ein wirklich bescheidener Junge geschrieben hätte, daß er der Drittbeste sei.

Francis und Elizabeth stritten sich jetzt öfter; einmal verließ er einfach das Haus und ließ fast zwei Wochen lang nichts von sich hören; während dieser Zeit stand sie Todesängste aus. Dann erschien er plötzlich wieder zum Mittagessen, und sie war perplex, daß ihm während dieser Tage überhaupt nicht bewußt gewesen war, irgend etwas Ungewöhnliches getan zu haben. Das Personal in Telegraph House und Gordon Square machte Probleme, weil Elizabeth nicht mit Francis verheiratet war, sich aber so verhielt, als wäre sie es bereits.

Aus einem Impuls heraus rief Elizabeth Wells an, weil sie unbedingt seine Meinung über den Krieg wissen wollte. Jane war am Apparat und lud sie zum Tee ein. Elizabeth fand, er sähe »ziemlich mottenzerfressen und abgerissen« aus, war aber entzückt, ihn reden zu hören. Ihr größtes Vergnügen in diesem Jahr war allerdings, daß sie lange Gespräche mit Bertrand Russell führte, der sie an Wells erinnerte und den sie faszinierend und witzig fand. Ihre Gespräche waren so angeregt, daß Francis oft protestierte und wütend wurde, aber meistens verbrachten sie zu dritt viele glückliche Tage im Telegraph House. Die Kriegsnachrichten wurden immer bedrückender und angsteinflößender. Elizabeth hielt den Krieg, wie sie in ihrem Tagebuch notierte, für ein unsühnbares Verbrechen gegen Intelligenz und Humanität, »das monströse Eindringen in die einzig wichtigen Dinge, ins geistige Leben und Tun«.

Im Januar 1916 reiste Liebet in die USA; Evi folgte ihr ein paar Wochen später – »was aus uns wird, interessiert sie keinen Deut«, notierte ihre Mutter.

Trotz des Streits, der Unfreundlichkeit, oft sogar der Grausamkeit von Francis, der sie in der Öffentlichkeit und, schlimmer noch, vor dem Personal beschimpfte, ging Elizabeth dem unausweichlichen Ende mit verblüffender Gefaßtheit entgegen. Je näher die Hochzeit rückte, desto weniger hatte sie damit Probleme. Es schien, als hätte ihr Schicksal sie hypnotisiert. Anfang Februar 1916 war die Scheidung von Mollie rechtskräftig; Francis und Elizabeth gingen in die St. Paul's Kathedrale, um Gott für ihr »großes Glück« zu danken – ein bißchen beklommen und unsicher im Hinblick auf das, was auf sie zukam. Mollie war nach Brighton gezogen, hatte ihr Rudel Malteser-Hündchen mitgenommen, verbrachte viel Zeit beim Bridge und brachte die 400 Pfund, die ihr jährlich als Unterhaltszahlung zustanden, recht munter durch. Wenn sie froh war, der Tyrannei ihres Exehemanns entkommen zu sein, verriet sie das allerdings nicht

George Santayana, der sie einmal besuchte; und ihre Nachfolgerin dachte lieber gar nicht darüber nach.

Da Elizabeth unbedingt einen englischen Namen brauchte – und dazu nicht einmal ihren geliebten Titel als Gräfin aufgeben mußte –, dachte sie unglücklicherweise zu jener Zeit nur an die positiven Aspekte der Verbindung. Ihre Freundin Mrs. Belloc Lowndes meinte, daß Elizabeths Leidenschaft für Francis durchaus Ausdruck einer gespaltenen Persönlichkeit gewesen sei. Das frivole, fröhliche und gelegentlich oberflächliche Leben, das sie führte, wenn sie in London war, konnte sie nie uneingeschränkt genießen, ohne sich zugleich nach einem einsamen Landhaus zu sehnen, wo sie in Abgeschiedenheit arbeiten und nachdenken konnte. Sobald sie sich jedoch in die Einsamkeit zurückgezogen hatte, sehnte sie sich nach anregender Gesellschaft und der schmeichlerischen Zuwendung ihrer Freunde. Das Gras war für sie auf der anderen Seite des Zauns immer verlockend grün. *Procul est profani* und »Nähe ist die erste und einzige Todsünde« hatte sie über die Türen ihrer Ateliers geschrieben, wo sie sich paradoxerweise doch gerade dort nach ihren Geliebten sehnte. Ihre Suche nach einem erlösenden, goldenen Schnitt war Liebets Ansicht nach »der wahre Kern ihrer Persönlichkeit«. Mit Francis glaubte sie, den Schlüssel gefunden zu haben. Seinerseits glaubte er, daß sie »die beste, wunderbarste und liebenswerteste Frau der Welt ist, die sogar den Mut hat, mich zu heiraten«, wie er an Santayana schrieb.

Durch dichten, gelben Nebel dämmerte am 12. Februar 1916 der Hochzeitstag. Charlotte holte Elizabeth ab; dann ging man ins Büro von Russells Notar, Mr. Dobson, um das Heiratsdokument und den Ehevertrag zu unterzeichnen. Francis und Bertrand erwarteten sie bereits in bester Laune; Francis trug sogar einen Hochzeitsanzug. Gefühlsmäßig, aber auch auf Anraten Charlottes, räumte Elizabeth Francis keine Rechte auf ihr Einkommen und ihr Vermögen ein, sondern hinterließ alles ihren Kindern. Das mißfiel dem Earl so sehr, daß ein Schatten über die Zeremonie fiel, den Elizabeth jedoch, aus welchen Gründen auch immer, nicht wahrnahm. Dann fuhr man zum Standesamt in der Henrietta Street. Gäste waren nicht geladen, weil man die Hochzeit so weit wie möglich geheimhalten wollte: Wenn die Nachricht nach Deutschland durchsickerte, wäre das für Trix und Martin vielleicht gefährlich gewesen. Nach der Zeremonie besuchten sie spontan Elizabeths Mutter, um sie mit der Neuigkeit zu überraschen. Sie war ungeheuer erschrokken, fand gegenüber dem glücklichen Paar kaum Worte und gratulierte nicht einmal ihrer Tochter, wie es sich gehört hätte. Elizabeth und Francis fuhren anschließend ins Telegraph House, erklärten der Haushälterin, Miss Young, daß sie nun wirklich und endlich verheiratet seien und übers Wochenende bleiben würden. Miss Young, die sich zuvor über die irreguläre Beziehung beklagt hatte, vermochte es kaum zu glauben, murmelte Unverständliches vor sich hin und schüttelte den Kopf.

Es war ein schöner, sonniger, klarer Tag in Sussex. Elizabeth ging nachmittags allein spazieren, lag in der Sonne, »warm und glücklich«. Nach dem Tee stand sie allein im Dämmerlicht, lauschte den Vögeln und schaute »ganz und gar glücklich« in den aufgehenden Mond. Es war der Beginn von überaus unglücklichen Jahren, und es war ein Segen, daß sie davon noch nichts ahnte.

Der Bodensatz des Unglücks

Francis Earl Russell kurz nach seiner Heirat mit Elizabeth

Als sie am folgenden Montag, einem kalten Wintertag, nach London zurückkehrten, verabschiedete Francis sich von ihr und sagte, er werde zum Tee in seinen Club gehen. Seine Frau war überrascht und fühlte sich verständlicherweise vor den Kopf gestoßen. Vor ihrer Hochzeit hätte er sie niemals völlig unvorbereitet in einem fremden Hotel allein gelassen – am Gordon Square konnten sie derzeit nicht wohnen, da Elizabeth die Wohnung renovieren ließ. Sie versuchte, ein Konzert in der Queens Hall zu besuchen; es fand aber keins statt, und so besuchte sie eine Freundin. Abends traf sie sich dann mit Francis zum Essen, der sich überhaupt keiner Schuld bewußt war, etwas Unmögliches getan zu haben.

Zwei Nächte später gab es Streit im Bett, weil Elizabeth wegen der Hunde nicht einschlafen konnte. Ein scharfes Wort gab das andere; sie fühlte sich wie ein »verängstigtes, armes Schwein«, wie sie in ihrem Tagebuch vermerkte, und war am Boden zerstört. Am nächsten Morgen war sie müde nach der schlaflosen Nacht, während Francis »so unnachgiebig, hart und unbeugsam wie eine Stahlplatte« war. Sie fuhren ins Telegraph House, wo Elizabeth sich sofort mit Grippe ins Bett legte. Während sie krank war, merkte sie, daß Francis das Personal herumscheuchte und beschimpfte, und zwar in einem ihr neuen, wütenden Ton, der sie alarmierte. Als er das Haus verließ, schleppte sie sich nach unten und setzte sich in sein Arbeitszimmer, in dem es wenigstens warm war. Als er zurückkam, beschuldigte er sie, in seinen Papieren herumgeschnüffelt zu haben, obwohl sie nichts angefaßt hatte. Sie war hochgradig verwirrt und »von Ehe und Francis kuriert«.

Aus Elizabeths Sicht der Dinge geht hervor, daß sie offenbar nie auf die Idee kam, daß Francis immer noch wütend darüber war, daß ihm bei der Eheschließung keine Verfügungsgewalt über ihr Vermögen eingeräumt wurde. Es ist sogar möglich, daß er sie vordringlich deshalb geheiratet hatte; sie wäre ja durchaus damit zufrieden gewesen, weiterhin seine Geliebte zu sein, wie sie Bertrand gesagt hatte. Hinzu kam, daß Miss Young ihm nach der Heirat ihre Gunst entzog, worauf Francis in »harte, wütende, schweigsame Launen« verfiel, die seine Frau immer mehr zu spüren bekam und die sie unglaublich fand. Mehrere Nächte lag sie wach und dachte verzweifelt an die Zukunft. Wenn sie im Telegraph House waren, wurde Francis stets tyrannisch: Elizabeth war entsetzt, als er absichtlich eine Serviette auf den Boden fallen ließ, dann das Personal rief und es wegen der Serviette beschimpfte. Auch die dramatischen Szenen zwischen Francis und Miss Young bestürzten sie: »... wie üblich furchtbares Herumgeschubse von Miss Young. Wirklich ganz unerträglich. Ich empfinde heiße Beschämung, wenn ich erleben muß, wie ein so dezenter und guter Mensch geknechtet wird«, schrieb sie in ihr Tagebuch.

Wenn Francis und Elizabeth nicht da waren, schickte Miss Young ihrem Arbeitgeber dennoch weiterhin wöchentliche Berichte, die völlig frei von Rankünе waren: »Heute ging ich mit den Hunden bei Kill Devil Copse spazieren; unterwegs machte ich viele interessante Beobachtungen. An der verwilderten Grenzbepflanzung traf ich auf einen Fasan mit einem halben Dutzend Jungen, und auf der anderen Seite brachte ein Eichelhäher seiner Familie das Fliegen bei; der jüngste Vogel war noch ziemlich wacklig und fiel zu Boden. Ich hob ihn auf, aber bevor ich ihn wieder in einen Baum setzen konnte, riß er den Schnabel auf und scheuchte mit seinen Schreien fast alle Eulen aus den Nestern. In der Nähe der Zisterne leben in einer großen Buche zwei wunderschöne Eichhörnchen; vermutlich haben sie dort ihr Nest. Wie schlimm die DellBridge-Pflanzungen an der Stelle aussehen, wo der Blitz eingeschlagen hat! Ich frage mich, ob die Bäume es überleben werden. Überall Hunderte von kleinen und großen Kaninchen, besonders auf dem mittleren Acker. Für die Hunde bekomme ich jetzt überhaupt keins mehr, obwohl ich weiß, daß C. sie für seinen eigenen Bedarf jagt. Die alte Katze ist sehr lieb zu den Kätzchen; gelegentlich schleppt sie ein halb aufgefressenes Kaninchen an, legt es vor der Küche ab und macht dann auf sich aufmerksam, damit ich sehe, was sie getan hat.

Direkt neben dem Bleichrasen brütet ein Rebhuhn auf sechzehn Eiern. Ich hoffe, daß es nicht aufgescheucht wird, damit wir mitbekommen, wie viele schlüpfen.

Die Frettchen haben geworfen; wie viele es sind, weiß niemand, da man sie nie sieht.«

Elizabeth war darum bemüht, sich nichts, was ihr Mann tat und sagte, zu Herzen zu nehmen, sondern übte sich in Gleichgültigkeit, obwohl das bedeutete, daß ihre große Liebe zu Francis verschwand. Es war eine furchtbare Entscheidung; sie hatte das Gefühl, in einem Alptraum zu leben. An Liebet schrieb sie: »Werde ich diese T.-H.-Tage je im Leben vergessen können? Ich hoffe, daß ich sie eines Tages von ihrer komischen Seite sehen kann ... Ich kann nicht damit weitermachen, täglich von F's schlechter Laune Notiz zu nehmen.«

Evi schrieb ihrer Mutter einen »langen, schwachsinnigen Brief voll ungezügelter Aufregung«: Die Bigelows waren von ihrer manischen Begeisterungsfähigkeit sehr angetan und hatten sie eingeladen, bei ihnen zu bleiben. Elizabeth befürchtete, daß die Bigelows hinters Licht geführt worden waren und schnell enttäuscht sein würden, wenn Evi bockig und unbeherrscht werden würde. Sie konnte nur hoffen, daß Evi sich zu beständigerer Liebenswürdigkeit durchrang, die vielleicht schließlich zur Gewohnheit werde. Auch Liebet spürte keinen Drang, nach England zurückzukommen; sie wohnte bei Absolventen der Vassar-Universität und entwickelte dort schnell große Begeisterung für den Feminismus. Ihre Mutter dämpfte ihre Illusionen, indem sie schrieb, daß eine alte Jungfer im Gegensatz zu einer Witwe »nur eine halbe Frau« sei. Später hielt Liebet sich in einer Millionärsfamilie auf, und diese Nachricht entzückte ihre Mutter, da »Millionäre andere Millionäre anziehen«.

Ostern erhielt Elizabeth einen Brief von Liebet, in dem sie schrieb, daß Evi, wie zu befürchten gewesen war, mit den Bigelows Streit bekommen hatte und in eine Hütte gezogen war, wo sie das einfache Leben lebte, über das sie ihre Mutter so oft hatte schwärmen hören, den Garten umgrub und »bienenfleißig« war. Elizabeth war die Vorstellung äußerst unangenehm; sie begann jedoch mit der Idee zu spielen, den Winter mit ihren beiden

Töchtern in Kalifornien zu verbringen. Zur gleichen Zeit veröffentlichten alle amerikanischen Zeitungen die Nachricht von ihrer Heirat, und die englischen Zeitungen griffen sie sofort auf. Elizabeth war krank vor Angst um Trix und Martin. Sie hoffte nur, daß nicht etwa Evi die Nachricht lanciert hatte, fürchtete jedoch, daß es so war.

Elizabeth und Francis mußten vor zudringlichen Reportern nach Cornwall fliehen. Sie hatten es schwer miteinander; Elizabeth konnte nicht begreifen, warum ihr Mann sie so schlecht behandelte und war bitter enttäuscht, daß »die Chance auf Glück so rücksichtslos vertan« wurde. Als sie nach Sussex zurückkehrten, verbrachte sie viel Zeit in einem kleinen Blechhaus in der Ebene, was auch Mollie früher gemacht hatte; sie nannte das Haus ihre »Hütte« und dachte dort über »die völlige Unvereinbarkeit von uns zwei unseligen Sterblichen« nach.

Sie glaubte, daß es schlimmer nicht mehr kommen konnte, als sie in der *Times* vom Untergang der *Black Prince* in der Nordsee las, auf der ihr Neffe Jack Waterlow fuhr. Elizabeth eilte zum Haus ihrer Schwester; Margery und ihr Bruder Sydney empfingen sie an der Tür mit der Nachricht, daß Jack tot war.

Doch es kam noch schlimmer. In Hatch war ein Telegramm für Elizabeth angekommen. Es war von Teppi und enthielt die Nachricht, daß auch Martin gestorben war. Als sie es Francis erzählte, war er »sehr lieb und freundlich«, und in dieser Nacht ergab sich zwischen den beiden eine Harmonie, die es seit ihrer Hochzeit nicht mehr gegeben hatte. Elizabeth schrieb an Liebet: »... meine arme, kleine Martin – es ist so furchtbar – ich halte es nicht aus – und doch, ich werde es aushalten, und ihr anderen lieben Krabben werdet mir helfen, indem ihr ganz ruhig und tapfer damit umgeht. Am schlimmsten ist die Vorstellung, was meine arme Trix jetzt durchmachen muß ... Sie hat sich lange heroisch verhalten, und so lieb und verständig und pflichtbewußt – oh, ich würde sie so gern auf meinen Schoß setzen und sie trösten. Martins Tod ist, genau wie Jacks, das unmittelbare Ergebnis des Krieges – es wird Tage dauern, bis Briefe kommen, die mir das Warum erklären, und bis dahin sitze ich hier und reime mir etwas zusammen, was sicherlich alles falsch ist.«

Die siebzehnjährige Martin hatte noch einmal die Schule wechseln müssen; bei Kriegsausbruch war sie auf Frau Zockders Schule in Berlin gegangen. Da ihr Geld auf der Bank eingefroren war, konnte sie das Schulgeld nicht mehr bezahlen; Frau Zockder verwies sie natürlich von der Schule. Als Trix kam, um Martins Sachen zu sortieren, empfand sie die Rechnungen ihrer Schwester als »ungeheuerlich«. Teppi hatte dann Martin eine Stelle in einem Kinderkrankenhaus bei Bremen verschafft; sie richtete gerade ein kleines Zimmer in dem kleinen Haus, das sie gemietet hatte, für sie ein, als sie einen Anruf erhielt, daß Martin ins Krankenhaus eingeliefert worden sei. Später kam heraus, daß das Kind in feuchten Kleidern bei offenem Fenster Geige gespielt hatte – und dann mit doppelseitiger Lungenentzündung zusammenbrach. Teppi eilte ins Krankenhaus; Martin konnte nicht sprechen, lächelte jedoch und drückte fest Teppis Hand. Da Teppi eine dringende Verabredung hatte, mußte sie abends wieder zurück; sie fragte den Arzt, ob sie gehen oder bleiben sollte. Er antwortete, daß Martin, obwohl sie ein schwerer Fall sei, stark und gesund sei, und er war sich sicher, daß sie überleben würde.

Martin starb in dieser Nacht kurz vor Morgengrauen. Als Teppi ihre paar Habseligkeiten ordnete, fand sie ein Tagebuch, aus dem hervorging, daß sie das Geld, für das man sie bestraft hatte, gar nicht gestohlen hatte. Teppi schrieb Elizabeth alle Einzelheiten; Elizabeth telegraphierte, ihre Tochter solle in Schlagenthin begraben werden, »neben ihrem Vater, der sie so geliebt hat«. An Liebet schrieb sie: »Am unerträglichsten ist die Vorstellung, was meine arme Trix jetzt durchmacht. Du weißt ja, wie sie bei Papas Tod zusammenbrach – stell Dir vor, wie es ihr jetzt geht! Sie schickte mir ein Telegramm, daß sie auf dem Weg nach Bremen war, als Martin starb, und daß sie auch Onkel Bernd telegraphiert habe. Kurz vorher hatte ich einen Brief von ihr bekommen, der vom 20. März datiert war; darin erwähnte sie Martin überhaupt nicht, bat mich aber inständig darum, daß sie mich im Chalet besuchen dürfe. Mein Instinkt sagte mir, daß ich ins Chalet fahren und sie herkommen lassen müßte – aber ich fürchte, daß das für sie sehr gefährlich sein wird.

Liebste Liebet, hab keine Angst, versuch es – wenn Ihr Krabben es bloß aushaltet, die Zähne zusammenbeißt und Euch auf bessere Zeiten freut, die bestimmt kommen werden, dann hab auch ich keine Angst. Aber wenn Ihr es nicht könnt, dann kann auch ich es nicht. Denk also bitte immer daran, meine kleine, gesegnete Krabbe.«

Elizabeth versuchte, Trix eine Flucht nach Kalifornien zu ermöglichen. Trix schrieb jedoch, daß sie in Europa bleiben wolle, und dann kamen in dieser Angelegenheit überhaupt keine Briefe mehr. Die wenigen, die durch die Postzensur gingen, waren im Hinblick auf einen deutschen Sieg übertrieben optimistisch. Ihre Mutter vermutete, daß sie gezwungen worden war, so zu schreiben, was natürlich nicht zu Elizabeths Seelenfrieden beitrug. An Teppi schrieb sie: »Niemand weiß besser als Du, wie sehr ich am Boden zerstört bin ... nach allem, was passiert ist; die Gedanken, die mir durch den Kopf gingen, als ich Martin zum letzten Mal sah, als sie für immer wegging, ohne Kuß, ohne Liebe, nach den traurigen Szenen während der letzten Tage im Chalet. Wenn ich sie doch nur noch einmal in den Arm genommen hätte! Ihr gesagt hätte, wie sehr ich sie liebte, und daß ich nur so sehr unter dem gelitten habe, was sie getan hat, weil ich sie liebte! Teppi, wie kann man so etwas überhaupt ertragen?«

Vetter William, die geduldige Schulter, an die sich Elizabeth in sorgenvollen Zeiten so oft gelehnt hatte, hatte ein achtzehnjähriges Mädchen geheiratet und war anschließend in der Annahme, weder sie noch sonst jemanden je wiederzusehen, in den Schützengraben abgerückt. Ihrem Tagebuch vertraute Elizabeth an, daß das Leben für sie unerträglich geworden war – »nirgends ein Licht«. Sie sehnte sich danach, daß Francis verstünde, was sie durchmachte, aber er war nicht einmal dazu in der Lage, einen einzigen Tag nicht zum Bridge in den Club zu gehen, und so ließ er sie mit ihren Sorgen allein. Ihre Kinder vermißte sie sehr, aber darüber hinaus bestand ihr größtes Problem darin, sich von der idealisierten Liebe zu Francis zu verabschieden. Niemand verstand, warum Elizabeth, trotz aller Tragödien, die sie zu jener Zeit heimsuchten, trotz der abstoßenden, brutalen und kindlichen Wutanfälle ihres Mannes, ihn immer noch zu lieben schien. Sie hatte sich freiwillig zu seiner Gefangenen gemacht und unterwarf sich vollständig seinen Forderungen. Sie entfernte sich nie ohne seine Erlaubnis und bat ihn immer um Verzeihung, wenn sie etwas getan hatte, was im Widerspruch zu seinen Wünschen stand. Sie schien völlig vergessen zu haben, daß sie in ihrer Jugend einmal eine stolze Feministin gewesen war, die selbstbewußt das Abschütteln aller Verpflichtungen und die Notwendigkeit von Selbstbestimmung verfochten hatte. Ihr Mann nannte sie brutal, lasterhaft und bösartig (alles Eigenschaften, die, wie sie langsam begriff, ihn selbst beschrieben), und schließlich erreichte sie »den letzten Bodensatz hoffnungslosen Unglücks«. In ihren Memoiren schrieb Liebet über den Sommer 1916: »Die Sonne schien, oder sie schien nicht; die englische Landschaft zeigte allen, die sehen konnten, ihre Schönheiten, oder sie verbarg sie in Regen und Dunst; aber obgleich Elizabeth ihrer Gewohnheit nach diese Erscheinungen täglich beobachtete, konnten sie ihre geistige Abhängigkeit weder erleichtern noch vertiefen. Sie war völlig im Bann der Launen, die Francis an den Tag legte.«

Elizabeths Geduldsfaden riß schließlich, als sie Beweise für Francis' Untreue bekam. Eines Tages ertappte sie ihn am Gordon Square in den Armen seiner Sekretärin. Elizabeths schriftliche Aufzeichnungen darüber sind im Detail diskret, aber sie hatte jetzt den Beweis für etwas, was sie bereits seit einiger Zeit vermutet hatte. Sie konnte nicht begreifen, warum er diese geheimen Dinge trieb, wenn sie mit ihm auf der körperlichen Ebene der Ehe so glücklich war. Sie wußte damals noch nichts von dem »alternativen« System, das Frauen als Erfüllung verschiedener Zwecke begriff, Geliebte, Hausfrau, Gefährtin, Ehefrau und Gastgeberin, und nach dessen Theorie es unwichtig war, ob diese Funktionen von einer oder von drei Frauen verkörpert wurden. Am Ende ihres Lebens bat Elizabeth Bertrand brieflich, ihr doch den Begriff »Ambivalenz« zu erklären, den er in seinem Buch *Ehe und Moral* gebrauchte. Er antwortete mit Beispielen von Kindern, die ihren Eltern gegenüber ambivalent sind, aber er hätte genausogut seine und die Ambivalenz seines Bruders gegenüber Frauen anführen können.

Flucht

Bertrand Russell, Elizabeth und Frere

Anfang August schrieb Elizabeth an Liebet, daß sie den Winter in den USA zu verbringen beabsichtige; vorher wollte sie sich noch vergewissern, daß H. B. für sein erstes Semester in Eaton gut untergebracht war. »Ich sterbe lieber«, schrieb sie, »als so weiterzuleben.« Ihre Abreise mußte notwendigerweise heimlich erfolgen, weil sie in Telegraph House im Bereich der hohen Drahtzäune, die das Grundstück umgaben, buchstäblich gefangen war. Sie durfte das Haus nur verlassen und auf dem Gelände spazierengehen, wenn sie zuvor um Erlaubnis gefragt hatte; doch wenn sie sich über die Grundstücksgrenzen hinaus entfernte, gab es zwischen dem Paar stets böses Blut und tagelange Wutanfälle. Vorerst hielt Elizabeth es für klüger, sich in diesen beengten Zustand zu fügen.

Anfang September stellte Elizabeth bestürzt fest, daß ihr Mann die Angewohnheit hatte, Kokain zu schnupfen. Sie hatte den Stoff in seinem Arbeitszimmer gefunden, ihn darauf angesprochen, und er hatte ganz naiv zugegeben, daß er ihn benutze; hinterher mußte sie freilich für sein Geständnis bezahlen, indem er seiner Wut freien Lauf ließ. Zum Glück mußte er eine Geschäftsreise zu einer Waffenfabrik antreten, deren Direktor er war, und so herrschte eine kurze Zeit lang Frieden in Telegraph House. Gleich am ersten Morgen nach seiner Rückkehr machte Francis ganz plötzlich eine Szene im Bett, indem er Elizabeth fragte, warum sie ihm während seiner Abwesenheit nicht geschrieben habe. Da er auf einer Antwort bestand, mußte sie ihm behutsam erklären, sie habe weder den Mut noch die Neigung verspürt, ihm zu schreiben, da sie im Streit voneinander geschieden wären. Er gab vor, sich daran nicht erinnern zu können, bestritt, je unfreundlich zu ihr gewesen zu sein, und verlangte Beispiele von ihr. Elizabeth erwähnte seinen Wutanfall wegen des Kokains. Daraufhin bestritt er, je etwas mit Drogen zu tun gehabt zu haben, sagte, sie leide unter Halluzinationen, warf ihr Unverschämtheit vor, permanente Unverschämtheit nicht nur ihm, sondern auch allen anderen gegenüber. Er tobte und schäumte. »Er ist wirklich wunderbar, wenn er mir vorwirft, was er mir angetan hat. Gut, gut«, vertraute sie ihrem Tagebuch an.

Als Francis im September auf einer anderen Geschäftsreise war, floh Elizabeth. Sie hinterließ eine Notiz, daß seine Untreue sie »völlig fertiggemacht« habe. Sie fuhr nach Hatch, verbrachte dort angstvoll die Nacht, reiste am nächsten Morgen nach Liverpool und schiffte sich um sechs Uhr abends auf der *Adriatic* ein. Ihre Freude über die neugewonnene Freiheit wurde überschattet, als das Schiff am nächsten Tag von einem deutschen U-Boot verfolgt wurde, aber zehn Tage später kam sie auf dem Pier in New York an, wo eine überglückliche Liebet sie abholte – Evi wußte noch nicht, daß ihre Mutter gekommen war. Mutter und Tochter verbrachten eine angenehme Woche in einem Landhaus in den Catskill-Bergen außerhalb New Yorks, das ihnen Freunde vermietet hatten; dann fuhr Elizabeth nach Connecticut, um Evi zu besuchen, die dort unter schwierigen Bedingungen als Lehrerin in einer Mädchenschule arbeitete. Da sie sich sowieso schnell übergangen fühlte, war sie nun bitter enttäuscht, daß sie von der Ankunft ihrer Mutter nicht früher informiert worden war. Es gab eine wüste Szene, und Evi lehnte es strikt ab, ihre Mutter und Liebet auf der Reise nach Kalifornien zu begleiten. Als Elizabeth in die Catskills zurückkehrte, bereitete sie sofort die Abreise zur Westküste vor; sie und Liebet nahmen den Zug nach Chicago und fuhren von dort mit der Santa-Fe-Linie bis Kalifornien.

In *In ein fernes Land*, dem Roman den Elizabeth später über dieses Abenteuer verfaßte, beschreibt sie die Erfahrung der Bahnreise im Oktober, aus den winterlichen Ebenen des Mittleren Westens in die Wärme des Pazifischen Beckens: »Plötzlich öffnete sich die Tür, und mit einem großen, warmen Hauch von Rosen strömte der Sommer herein. In wenigen Sekunden war der Waggon von Blumenduft erfüllt, von Obstgeruch und von etwas Fremdem, Neuem, sehr Aromatischem. Die elektrischen Ventilatoren drehten sich, die schwarzen Kellner begannen zu schwitzen, die Passagiere verlangten nach kaltem Essen ... sie fühlten sich wie im Himmel. Natürlich folgte Orangenhain auf

Orangenhain, über und über mit Früchten bedeckt, weiße Häuser schimmerten hinter Blumen, von Rosen strotzende Gärten, Reihen hoher Eukalyptusbäume ließen an elegante Einfachheit denken, endlose Reihen von Pfefferbäumen mit dünnen, farnartigen Zweigen, und all diese Dinge begleiteten sie bis zum Ziel der Reise; aber ohne das herrliche, große, milde Licht wären sie alle nichts gewesen.«

In Los Angeles nahmen sie den Zug nach Santa Barbara und von dort ein Taxi zu einem romantischen, einsam gelegenen Hotel in San Ysidro, wo sie »todmüde, aber lachend« ankamen. Die Schönheit und Wärme des Orts und die Freundlichkeit der Menschen lullten Elizabeth in einen Zustand sanfter Euphorie ein. Sie mietete auf dem Gelände eine kleine Hütte namens Stone Cottage; dort arbeitete sie jeden Morgen an der Dramatisierung ihres Romans *Anna Estcourt*, ein Projekt, mit dem sie schon seit ihrer Ankunft in England im September 1914 befaßt war. In der Atmosphäre von San Ysidro vollendete sie das Stück bereits nach wenigen Wochen; die Gefangennahme des Helden datierte sie aber nun auf den Ausbruch des Ersten Weltkriegs. Das Stück hieß *Ellen in Germany*; stolz zeigte sie es einem Theateragenten namens Crowninshield, den sie kennengelernt hatte, aber er wies sie auf die Tatsache hin, daß ein Stück, in dem sich die Heldin in einen Deutschen verliebt, für keine Bühne in den alliierten Ländern in Frage käme. Wenn sie den Erfolg wolle, solle sie als Beitrag zur Kriegspropaganda Romane mit antideutschen Botschaften schreiben. Nach langem Herumprobieren und dem mißglückten Anfang eines Romans mit dem Titel *Widows* (später *Das Geheimnis der Schwestern*), entschied sich Elizabeth für ein Buch, das auf Martins Briefen aus Deutschland bei Kriegsausbruch basierte und auch Teppis Erfahrungen in Berlin verarbeitete. Auf diese Weise lebte sie den antideutschen Spleen aus, der sich seit dem Tod ihrer Tochter und ihres Neffen sowie der faktischen Gefangenschaft von Trix verstärkt hatte. (Gegenüber Bertrand hatte sie sogar einmal Bedauern ausgedrückt, daß ihre fünf deutschen Neffen noch am Leben waren. »Sie ist eine echte Patriotin«, sagte Bertrand zu Lady Ottoline Morrell. »Die Amerikaner würden sie mögen.«)

Die von Großbritannien inszenierte Propaganda war damals darauf abgestimmt, die Massen zu fanatisieren. Sie fand jedoch nur halbherzige Zustimmung in gebildeten Schichten, bei denen die simple Schwarzweißmalerei nicht ankam. Elizabeth nahm sich vor, für die unterscheidungsfähigeren Kreise des britischen Publikums zu schreiben. Im fiktionalen Vorwort des Buchs erklärt die Erzählerin Alice Cholmondeley, daß sie sich entschlossen habe, die Briefe einer jungen Engländerin, die diese bei Kriegsausbruch an ihre geliebte Mutter geschrieben hat, zu veröffentlichen, da sie dazu beitragen könnten, den kleinen Teil eines größeren Deutschlandbildes zusammenzusetzen, »das wir in aller Klarheit sehen müssen ... wenn die Zukunft der Welt gesichert sein soll«. Mit der Wahrheit von Martins trauriger Korrespondenz hat das Buch nichts mehr zu tun. Natürlich ging Elizabeth davon aus, daß Trix von den Deutschen als ihre Tochter identifiziert worden war, weshalb sie bei Erscheinen von *Christine* die Autorschaft, selbst gegenüber ihren engsten Freunden, heftig abstritt.

Liebet merkte mit Erstaunen, daß ihre Mutter jetzt dazu in der Lage war, Arbeit und Freizeit gänzlich zu trennen. Nachdem sie morgens im Stone Cottage geschrieben hatte, ging sie durch den sonnigen Blumengarten, wo Kolibris über lila und weißen Lilien schwebten, auf Nektarsuche in die hellen Blütenbecher tauchten, und Eidechsen mit türkisfarbenen Bäuchen ihre runzligen Hälse nach ihr drehten; dann ging sie bester Laune, ganz in sich versunken, ins Restaurant. Die Mahlzeiten unterschieden sich deutlich von jenen in Nassenheide, die eine gräßliche Zeremonie gewesen waren und unter denen Liebet gelitten hatte, wenn ihre Mutter verspätet zum Essen erschien und in Gedanken immer noch bei der Arbeit war. Getrübt wurde ihr Verhältnis nur dadurch, daß Liebet versuchte, Elizabeth davon abzubringen, Kontakt mit Francis aufzunehmen. Als Elizabeth noch willensstärker gewesen war, hatten die beiden verabredet, daß die junge Frau ihre Mutter ablenken sollte, sobald irgendwo ein Telefon in Sicht kam. Sie nannte ihre Tochter »Bratpfanne«, in der sie schmoren mußte, um nicht ins Feuer von Francis zurückzufallen. Schließlich entwischte Elizabeth doch Liebets

Wachsamkeit; Anfang November kabelte sie an Francis ihren Aufenthaltsort.

Wie üblich fand sie auch im Hotel Freunde und Bewunderer, und kaum ein Nachmittag ging ohne Einladung zu Ausflügen oder Besuchen vorüber. Weihnachten begann es zu regnen. Von Francis gab es keine Nachricht. Liebet erkältete sich und verbrachte die Feiertage im Bett; einsam und traurig spielten sie den ganzen Tag Schach und dachten an vergangene Feste. Später weinte Elizabeth aus Verzweiflung, als sie in ihr Tagebuch schrieb, daß 1916 das schlimmste Jahr ihres Lebens und sie noch nie so unglücklich gewesen sei wie zwischen Februar und September.

Francis kam munter, unangemeldet und in Erwartung eines herzlichen Willkommens am 5. Januar 1917 an. Von dem Tag an schweigt Elizabeths Tagebuch achtzehn Monate lang. Die anderen Phasen ihres Lebens, in denen sie kein Tagebuch führte, sind durch schwere persönliche Konflikte oder unfreiwillige Beanspruchung durch andere Pflichten gekennzeichnet; offenbar fiel das Wiedersehen weniger ekstatisch aus, als sie erhofft hatte. Liebet erinnerte sich, daß es nach seiner Ankunft in San Ysidro mit der Fröhlichkeit ein Ende hatte: »Alles Kommen und Gehen wurde jetzt durch eine harte Hand streng reglementiert, und schon die kleinste, selbst unfreiwillige Abweichung von den Gesetzen des Patriarchen wurde sofort durch langanhaltende schlechte Laune bestraft.« Liebet nahm verblüfft wahr, daß ihre Mutter alles tat, um den Diktator zufriedenzustellen.

Liebet selbst flirtete heftig mit Corwin Butterworth, einem gutaussehenden Absolventen der Ivy League von der Ostküste. Nachdem ihr Stiefvater angekommen war, wurde die Beziehung zu Corwin strengster Anstandsaufsicht unterstellt, aber Francis ahnte nicht, daß diese Form der Überwachung zu spät kam: Corwin hatte Liebet bereits heimlich einen Heiratsantrag gemacht. Der Urlaub dauerte noch sechs Wochen länger, und das Wetter blieb verhangen und regnerisch, als ob es ihre Stimmung unterstreichen wollte. Im März reiste Elizabeth mit ihrem Mann bis New York, von wo er an Bord der *Adriatic* nach England zurückfuhr. »Es war schrecklich, von Dir getrennt zu werden, mein süßer kleiner Cortés, meine vertraute Gefährtin glücklicher Monate ...«, schrieb sie, im Zug sitzend, an Liebet, die sich entschieden hatte, länger in Kalifornien zu bleiben.

Elizabeth quartierte sich in einem Hotel in Virginia ein, um sich vom Gesichtsliften zu erholen, einer kosmetischen Operation, der sie sich Ende März in New York unterzogen hatte. Sie beendete den Roman *Christine*. Ende April bekam sie einen verspäteten Brief von Stuarts Schwester, aus dem hervorging, daß er am 15. März einer Verwundung erlegen war. Zwei Tage zuvor war er an der Front getroffen worden; Elizabeth hoffte, daß seine Todesqualen nicht zu schlimm gewesen seien. Sie bereute, daß sie ihn immer ausgelacht und seine hündische Ergebenheit verachtet hatte, und erinnerte sich, seine »ungeheure Zuneigung« zu ihr stets gespürt zu haben. Wenige Tage vor seinem Tod hatte er ihr einen Brief geschrieben, in dem es hieß, daß er wahrscheinlich nicht zurückkäme. Er hatte das Gefühl, daß es für seine Frau das beste sei, wenn er stürbe, damit sie sich immer an die beiden glücklichen Wochen erinnern konnte, die sie zusammen verbracht hatten. Nie erfuhr er, daß er eine Tochter gezeugt hatte.

Elizabeth schrieb an Liebet: »... er ist also tot, und das Leben schneidet uns alles fort, was wir einmal besaßen ... Aber dem Himmel sei Dank ist Francis noch da – das, was er zuerst war, ist verschwunden, aber die zweite, überarbeitete Version ist noch da. Liebste Liebet, der Tod ist das Furchtbarste – er verpflichtet uns dazu, in Liebe und Frieden miteinander zu leben, solange wir einander noch haben – wie ermüdend und schwierig es manchmal auch sein mag, wir leben noch – der furchtbare, kalte, endlose Tod, das endgültige Auswischen von Liebe und Freundlichkeit, ist eine unerträgliche Vorstellung ...« Liebet war streng christlich gesinnt, und über die Hinwendung ihrer Mutter zu Verzweifelung und Nihilismus erschrak das Mädchen zutiefst.

Nachdem sie diesen schmerzlichen Brief an Liebet abgeschickt hatte, fand Elizabeth in ihrem Briefkasten die Nachricht ihrer Tochter, daß sie beabsichtige, Corwin zu heiraten. Wegen des Krieges und Liebets unsicherer Zukunft sollte die Hochzeit so schnell wie möglich stattfinden. Obwohl Elizabeth traurig war, weil Liebet nun so weit von England entfernt leben würde, war sie doch auch froh. Sie erbat ein wenig Zeit, damit alles gut und richtig organisiert werden konnte, und schrieb: »Ich bin so glücklich, weil Du glücklich bist – und natürlich stimme ich zu. Richtig ist, daß ich Dir eingeschärft habe, Dir sehr gut zu überlegen, wen und wann Du heiratest, und ich kann das nur wiederholen, weil die Ehe ein ungeheures Abenteuer ist; ich habe Dir aber auch gesagt, daß nichts in der Welt einem Liebhaber und Gatten gleichkommt – daß alles andere Glück dagegen verblaßt, vergleichbar dem Schlaf, der blaß und unwirklich gegenüber dem Wachsein ist.«

Elizabeth fuhr wieder nach Kalifornien und besuchte Corwins kleine, aber äußerst hübsche Ranch außerhalb von Paso Robles, wo das Paar sich niederlassen wollte. Alle staunten über ihr unglaublich verjüngtes Aussehen, sah sie doch nun fast jünger als ihre eigene Tochter aus. Corwin war zwölf Jahre älter als seine zukünftige Braut; ein lakonischer, unpraktischer, vegetarischer Börsenmakler. Meistens hockte er hinter dem *Wall Street Journal* und beobachtete, wie seine Aktien stiegen und fielen. Bald hatte er unter einem von Elizabeths Spitznamen zu leiden: »The Triple Dated Crow« (ein verballhorntes Zitat aus *Der Sturm*, das eigentlich »treble dated« heißt); was es bedeuten sollte, wußte nicht einmal Elizabeth, aber sie meinte, es passe zu ihm – und ihn ärgerte es natürlich. Sie neckte ihn auch mit seinem indianerhaften Aussehen, machte Witze über Squaws und Indianerbabies. Einmal fragte sie ihre Tochter so laut, daß er es hören konnte, ob Corwin ein Gentleman sei.

Als Elizabeth ins Telegraph House zurückkehrte, fand sie einen verwandelten H. B. vor: schlank und groß, mit perfekter Eton-Aussprache und Eton-Manieren und Ansätzen eines Schnurrbarts. Er war gern bei seinem Stiefvater, der ihm Griechisch beibrachte und seinerseits sehr erfreut war, mit einer Frau verheiratet zu sein, die jetzt beinahe wie ein vierzehnjähriges Mädchen aussah; er kapselte sie so stark von aller Welt ab, daß Elizabeth meinte, in einem »Bad der Liebe« zu sein. Ihre amerikanische Eskapade hielt sie für eine der besten Erfahrungen ihres ganzen Lebens. Der ganze Sommer war eine einzige Idylle, abgesehen von einigen grauenhaften Briefen Evis, die in Oyster Bay Landwirtschaft betrieb; sie wollte mit der ganzen Welt nichts mehr zu tun haben, wollte vor allem ihrer Mutter keine Briefe mehr schreiben, bedankte sich aber für das Geld, das sie ihr schickte.

Im September zog Bertrand zu ihnen an den Gordon Square, und das Haus erstrahlte nur so vor Intelligenz, was zuvor nie der Fall gewesen war. Bertrand bekam alle wichtigen Bücher und Kritiken zugeschickt, und er hängte Bilder von Spinoza und Leibniz auf. Er freute sich, mehr Zeit mit Elizabeth verbringen zu können, deren Intellekt er schätzte und die er deshalb wie einen Mann behandelte – was sie amüsierte. Er engagierte sich seit einiger Zeit für die pazifistische Organisation »No Conscription Fellowship«, eine Gesellschaft, die gegen die allgemeine Wehrpflicht kämpfte; sein Einsatz für die Sache hatte dazu geführt, daß man ihm die Wohnung kündigte und er bei seinem Bruder Unterschlupf suchen mußte. Seiner Schwägerin vertraute er an, daß er die Arbeit für die Organisation leid sei und hoffe, im November nichts mehr damit zu tun zu haben; er sehnte sich wieder einmal nach der Philosophie. In Elizabeths Augen bildeten er und sein Bruder den größtmöglichen Gegensatz, und sie sah voraus, daß ihre *ménage* explosiv werden würde. Sie empfand Bertrand als »höchst charmantes, verrücktes Wesen – elfenhaft, hanswursthaft, koboldhaft, christlich und teuflisch, engelhaft heilig und durch und durch bösartig – der verrückteste Mensch überhaupt ...«, während ihr Mann solide, aristokratisch, praktisch und reaktionär war, wie sie an Liebet schrieb.

Eines Tages rief Bertrands Freund Frank Swinnerton am Gordon Square an; am Telefon war Elizabeth, die seinen Namen als den des Autors von *Nocturne* identifizierte und ihn zum Tee einlud. Auf diese Weise betrat der junge Mann eine neue Welt, die ihm zuvor verschlossen gewesen war, eine Welt, in der sich Lavendel und Pelze mit Spitzfindigkeiten mischten, mit Liebesaffären, mit dem Berlin der Vorkriegszeit, mit Sentimentalitäten, Verrücktheiten, Grausamkeiten und »standhafter Redlichkeit gegenüber Ehemännern«. Im ersten Moment hielt er sie für ein Kind, aber dann stellte er fest, daß das Kind altklug und furchteinflößend war. Er hatte gehört, daß sie manche Männer so eingeschüchtert hatte, daß sie unter dem durchdringenden Blick ihrer hellblauen Augen, die keine Gnade kannten, zu zittern anfingen und von der »spröden, gedehnten Dreistigkeit ihrer Zunge« vernichtet wurden. Während sie dem jungen Mann Tee vorsetzte, ließ sich Elizabeth in indiskreten, aber witzigen Bemerkungen über gemeinsame Bekannte aus. Frank Swinnerton unterbrach sie mit den Worten: »Ich vertraue Ihnen.« »Ach, das müssen Sie nicht tun!« antwortete sie in der Annahme, es handle sich um eine naive Bemerkung. Im nächsten Moment aber verstand sie, was er sagen wollte: Er wollte sich ihrer Diskretion versichern, damit sie nicht mißverstand, was *er* sagte. Sie kam zu dem Schluß, daß dieser Romancier, der sie derartig durchschaut hatte, vielschichtiger und schwieriger aus dem Konzept zu bringen sei, als sie angenommen hatte. Seitdem war sie ihm eine ehrliche, aufrichtige Freundin, während er rasch begriff, daß sie eine ungewöhnliche Frau war, deren Urteile oft grausam oder destruktiv wirkten, weil sie völlig frei von Sentimentalitäten waren. Spuren der lieblichen, leichtherzigen Frau, die *Elizabeth und ihr Garten* geschrieben hatte, waren noch in der Person, die da vor ihm saß, erkennbar, und das Vergnügen, das ihre Leser aus der Entlarvung solch pompöser und unerträglicher Leute gewannen, wie sie in der *Reisegesellschaft* gezeichnet werden, stimmte mit den Grundzügen ihrer Persönlichkeit überein: »... wie es aussieht, befinden wir uns in der Hand einer Autorin, die unser Vergnügen zur Kenntnis nimmt und nun ihre genauen Beobachtungen spielerisch mit erfundenen Absurditäten schmücken wird, die freilich ihr Opfer vernichten und zur Weißglut treiben. Dummheit und Brutalität gab sie der Lächerlichkeit mit einer Klarheit preis, die alle ihre Bücher durchzieht; diese Klarheit war aber auch für jeden, der sie im persönlichen Gespräch erlebte, eine Quelle ungeheuren Vergnügens. Ich habe nie eine Frau mit gleichem Sinn fürs Komische kennengelernt«, schrieb Frank Swinnerton später über sie.

Swinnerton beharrte darauf, daß ihr Stil sich nicht verändert habe, obwohl er sich tatsächlich in jedem Buch, das sie schrieb, änderte; kurz nach ihrem ersten Zusammentreffen sollte sie dann völliges Neuland betreten. Er beschrieb sie aus der Perspektive ihrer Bücher, in denen sie sich unaufdringlich so dargestellt hatte, wie sie war oder gewesen war – umgeben von Ehemännern und Freunden in »offenem Wohlgefallen«, wie Jane Austen den Zustand einmal nannte. Swinnerton hielt sie jedenfalls für einzigartig; er war scharfsinnig genug zu sehen, daß ihre Begabung im witzigen, satirischen Porträt lag, in Komödie und Farce, Qualitäten, die bald von der kommenden Schriftstellergeneration, zu der Swinnerton gehörte, verworfen wurden; die neue Generation war besessen vom Dilemma der Moderne, der verbissenen Nachkriegssuche nach einer direkteren Sprache.

Im Februar 1918 brachte Liebet ein Mädchen zur Welt, das auf den Namen Clare Elizabeth getauft wurde. Als die Nachricht am Gordon Square eintraf, war Francis sich sicher, Großvater geworden zu sein. Bertrand machte den erfolglosen Versuch, ihm zu erklären, daß die Tochter der Tochter seiner Frau lediglich seine Stiefenkelin ohne jede Blutsverwandtschaft sei. Elizabeth platzte fast vor Stolz und schrieb Liebet, sie werde sich sogleich in eine richtige Großmutter verwandeln, mit Brille, Haube, Lehnstuhl und schneeweißem Haar.

Im Mai publizierte Bertrand im *Tribunal* einen Artikel des Inhalts, daß die Besetzung Englands oder Frankreichs durch amerikanische Truppen möglicherweise unmittelbar bevorstehe. »Ob sie nun mit den Deutschen fertigwerden oder nicht, werden sie doch zweifellos dazu in der Lage sein, die Kerle einzuschüchtern, eine Art der Besatzung, mit der die amerikanische Armee von Haus aus vertraut ist«, schrieb er. Im Rahmen der gefährlichen Laufbahn, die Bertrand eingeschlagen hatte, seit er sich offen zum Pazifismus bekannte, war dies für die Behörden der Tropfen, der das Faß zum Überlaufen brachte; er wurde zu sechs Monaten Haft im Brixton Gaol verurteilt. Zum Glück kannte Francis, der dort selbst schon eingesessen hatte, alle Verantwortlichen; als der Innenminister ablehnend auf den Antrag reagierte, dem Gefangenen den Adelsstatus einzuräumen, bemerkte Francis nur: »Ach, weißt du, er war in Winchester mein Leibfuchs. Der macht das schon.« Er machte es. Elizabeth war wieder einmal erstaunt darüber, daß sie offenbar dazu neigte, Verurteilte zu heiraten.

Bertrand wurde eine besondere Zelle zugestanden, und er konnte gegen Bezahlung die Dienste eines anderen Gefangenen in Anspruch nehmen, um sich von ungewohnten Aufgaben und Pflichten zu entbinden. Er durfte sich selbst verpflegen und konnte über Bücher und Zeitschriften verfügen, solange diese nicht pazifistischen Inhalts waren, und durfte von drei Freunden oder Verwandten gleichzeitig besucht werden. Bevor er die Haftzeit antrat, erstellte Bertrand eine Liste, wer mit wem zusammen kommen sollte. Elizabeth sollte zusammen mit Reginald Clifford Allen kommen, dem späteren Lord Allen of Hurtwood, einem Labour-Politiker, Verfasser von *Conscription and Conscience*, der kürzlich selbst wegen Desertion drei Monate im Gefängnis gesessen hatte. Francis war einer der ersten Besucher; er kam allein, womit er zwei anderen Besuchern den Platz nahm, da Bertrands Freunde doch alle sehr darauf erpicht waren, ihn zu besuchen. Der Gefangene war, wie immer, seinem Bruder gegenüber nachsichtig, erklärte aber später brieflich: »Du scheinst zu glauben, daß ich diesem Punkt gegenüber gleichgültig geworden bin, aber da täuschst Du Dich sehr. Es sollte mir durchaus nicht gleichgültig sein, die Leute zu treffen, die mir wichtig sind ...« Elizabeth half mit, Briefe ins Gefängnis hinein- und wieder herauszuschmuggeln, wodurch der Weg für eine neue Liebesbeziehung zwischen Bertrand und Lady Constance Malleson geebnet wurde (bekannter unter ihrem Künstlernamen Colette) – aber auch Briefe an seine derzeitige Geliebte, Lady Ottoline Morrell. Als ihn einmal Elizabeth und Ottoline gemeinsam besuchten, war das ein ungewöhnlicher Anblick, weil Ottoline fast ein Meter achtzig groß war, Elizabeth aber nur knapp über ein Meter fünfzig. Bei dieser Gelegenheit verriet ihr Ottoline, daß Elizabeth allgemein als unduldsam und lieblos bekannt sei; eine Information, die Elizabeth natürlich kränkte, aber sie war klug genug einzusehen, daß diese

Sichtweise der Wahrheit sehr nahe kam, obwohl sie nie damit gerechnet hätte, in diesem Licht zu erscheinen. »Aber Bertie inspiriert mich dazu, mich zu verändern«, schrieb sie ihrer neuen, großgewachsenen Freundin, als sie ihr erklärte, wie sie mit dieser Einsicht in ihren Charakter umzugehen gedachte, »... er ist wirklich so ungewöhnlich wie Christus – ein sehr intelligenter Christus.«

In jenem Sommer war George Santayana übers Wochenende ins Telegraph House eingeladen. Als er am Bahnhof von Petersfield ankam, schaute er sich nach Francis' Wagen um und sah dann Elizabeth in einem kleinen grauen Auto sitzen. Obwohl Santayana in seinen Memoiren behauptete, daß sie sich damals zum ersten Mal begegnet seien, kannten sie sich doch bereits sehr gut. Zum ersten Mal waren sie sich im Salon am Smith Square begegnet, und Elizabeth hatte den Philosophen oft in seinen Räumen in Oxford aufgesucht, wenn sie ihren Sohn aus Summer Fields abholte. Sie verbrachten zusammen viele angenehme Nachmittage und diskutierten dabei über Dinge, von denen H. B. lediglich verstand, daß sie zu hoch für ihn waren. Santayana war verblüfft, daß die im Auto auf ihn wartende Elizabeth kaum älter als ein Kind aussah, und er mußte sich in Erinnerung rufen, daß sie drei erwachsene Töchter und einen Sohn in Eton hatte. Er war froh, auf seinen Reisen gelernt zu haben, sich über nichts mehr zu wundern, denn was er sah, schien sehr merkwürdig. Selbst aus kurzer Distanz und bei Sonnenlicht sah sie sehr jung aus. »Ein kleines Ding mit kleiner Nase ... und einem kleinen, unschuldigen Mund.« Er band sein Gepäck am Heck fest, kletterte auf den Beifahrersitz, und sie eröffnete ihm sofort, daß sie ihn habe treffen wollen, bevor er mit ihrem Mann spräche, und zwar wegen des Briefs; den Santayana vor der Hochzeit geschrieben und in dem er Francis mit Heinrich VIII. und Goethe verglichen hatte. Sie wollte ihm versichern, daß in der Ehe alles stimme, und ihn davon überzeugen, daß sie eben jene Frau von Stein sei, »dazu bestimmt, ihren glücklicheren Goethe zu einem großen Staatsmann und Mann von Welt zu machen«. Sie wollte ihm beweisen, daß sie endlich genau die richtige Frau für Francis sei. Als Beispiel führte sie an, wie sie mit Francis bald nach der Hochzeit einen seiner Freunde besucht hatten, der wohl vermutet hatte, sie sei »unpassend« für Francis, was ihrer Ansicht nach an den Frauen lag, die sonst Einfluß auf Francis ausübten. Sie hatte das Gefühl, genügend Intelligenz und Charakter zu besitzen, um ihn dauernd an sich zu binden und einen neuen Menschen aus ihm zu machen; sie war überzeugt, daß er im Grunde gut war, daß aber die Menschen, mit denen er in der Vergangenheit Umgang gepflegt hatte, ihn herabgezogen und seine wahre und schöne Natur geschmälert hatten. Sie war so überzeugend, daß Santayana nicht umhin konnte, ihren Vorhersagen einen gewissen Wahrheitsgehalt zuzubilligen. Hatte er denn nicht auch bemerkt, wie sehr Russell gelitten hatte, als sie ihn verließ und nach Amerika ging? Hatte der Earl nicht eingewandt, daß er sie liebe und verehre und sein Leben während ihrer Abwesenheit sinnlos gewesen sei? Santayana merkte, daß Elizabeth durchaus nicht die wilde und grausame Frau war, für die sie gehalten wurde. Er empfand sie als kühl, aber einfühlsam, sah ihre stark entwickelte Sensibilität und ihre Entschlossenheit, Gutes zu tun, was in dieser Welt ebenso ungewöhnlich wie erfrischend war. Er hatte das Gefühl, daß sie zuerst einmal die guten Seiten eines Menschen sah, aber bitterböse wurde, wenn dessen Verhalten sich dann alles andere als perfekt herausstellte – was gewiß ein Ergebnis ihrer eigenen Unschuld war.

Santayana erinnerte sich, daß schon viele Frauen in Francis' Leben die gleiche Entschlossenheit gezeigt hatten, ihn zu retten und »im festen Hafen ihrer Umarmung vor Anker gehen zu lassen«. Er vermutete, daß ihre Eitelkeit, noch verstärkt durch Francis' überwältigenden Charme, sie in ihrem Scheitern blendete. In einem weiteren Anfall von Freimütigkeit erzählte Elizabeth ihm, daß Francis als Liebhaber ganz anders war als als Ehemann. Seine Verführungskünste waren kapriziös und anstrengend. Elizabeth sagte, er sei sadistisch und daß »die Liebe mit ihm keine lustige Sache sei, keine Verspieltheit eines verzückten Augenblicks«. Gehorsamkeit war die eherne Pflicht einer Ehefrau; und wenn sie sich gegen ihren Mann auflehnte und vor ihm floh, galt sie als grausam. Jahre später gestand sie dem verwirrten und beschämten Philosophen, daß Francis sie, wie schon ihr erster Mann, als Sexualobjekt mißbraucht hatte und daß der Grund, warum sie zwei solcher Männer geheiratet hatte, ihr ewig ein Rätsel bleiben würde – nicht nur ihr.

Auch Edgar Jepson war über ein Wochenende zu Gast, und er brachte seine scharfsichtige Tochter Margaret mit. (Sie wurde später die Schriftstellerin Margaret Birkinshaw, die Mutter Fay Weldons.) Anders als Santayana, der Elizabeth schön fand, fand Margaret Jepson ihre Gastgeberin eher schlicht mit einem Gesicht »wie eine Kartoffel«. Sie merkte, daß Francis ein großer Mann war, der sich schäbig kleidete, aber in jener gewissen Art teurer Schäbigkeit, die darauf hinwies, daß er ein echter Earl war. Manchmal benahm er sich wie ein Lord, aber manchmal auch wie ein Zirkusdirektor, der ständig mit der Peitsche knallt und Gehorsam verlangt. Sie gehörte damals noch nicht zur Erwachsenenwelt, sondern wurde als nette, kleine Freundin für H. B. angesehen, den sie unglücklich und bäuerisch fand. Sie erforschte oft ausgiebig allein das Haus und dessen Umgebung. Im Küchentrakt stürzten haufenweise kleine, weiße, bellende Malteser-Hunde auf sie zu. Russell führte die Hunde aus, und sie erinnerte sich, wie merkwürdig es war, diesen imposanten Mann rufen zu hören: »Poppet, meine Liebste ... Poppet, mein Löwe!«

An jenem Wochenende erwischte Elizabeth Francis dabei, wie er Miss Young um den runden Eßtisch jagte und schrie, sie sei »eine fettbäuchige, alte Henne mit gebrochenen Beinen« und »eine fettbäuchige Laus«.

Margaret Jepson fiel auch ein junges, attraktives Hausmädchen namens Elizabeth auf, die Russell und seine Frau mit hochnäsiger Aufmerksamkeit bedachte. Möglicherweise erstreckten sich die Liebschaften des Earls auch auf sie. Die Gräfin Russell hatte sehr genaue Antennen, und sie dürfte auch ein Sensorium im Hinblick auf dieses Verhalten gehabt haben. Jedenfalls war ein Element von Rache in ihrem Umgang mit Russell zu spüren. Zum Beispiel wurde sie eines Tages von Miss Young in die Küche gerufen, die ihr ein Ei zeigte, das das Huhn, das zum Abendessen geschlachtet worden war, gelegt hatte, nachdem der Gärtner ihm den Hals umgedreht hatte. Elizabeth dachte einen Augenblick scharf nach und wies dann Miss Young an, dem Earl dieses Ei am nächsten Morgen zum Frühstück zu servieren. Nachdem Francis das Ei gegessen hatte, fragte sie, wie es ihm geschmeckt habe. Er sagte, es habe mehr oder weniger genauso geschmeckt wie jedes andere Frühstücksei. »Gut«, antwortete seine Frau, »das Ei ist nämlich von einer toten Henne gelegt worden.« Ohne ein Wort zu sagen, ging Francis ans Fenster, riß es auf und erbrach sich in die Büsche.

Seit sie vor Jahren E. M. Forsters Talent als Briefschreiber erkannt hatte, wünschte sich Elizabeth, einen ebenso hervorragenden Mann zu finden, der gemeinsam mit ihr ein Buch in Form eines Briefwechsels schrieb. Die Briefe sollten zwischen einem Schriftsteller namens Mr. Arbuthnot und einem Mädchen namens Ellen Wemyss gewechselt werden; er hatte sie im Zug kennengelernt und ihr ein Buch von sich ausgeliehen. Für das Projekt schien Bertrand der richtige Partner zu sein, und sie fingen auch damit an, sich in der verabredeten Weise zu schreiben. Sein erster Brief, geschrieben unter dem Briefkopf 200, St. James' Square, begann folgendermaßen:

»Liebe Miss Wemyss,
ich freue mich, daß Ihnen mein Buch gefallen hat – ich bin etwas überrascht, daß ich Ihren Brief beantworte, was ich unter anderen Umständen wohl kaum getan hätte. Doch gibt es eine merkwürdige Befriedigung, wenn man feststellt, daß andere noch an die übertriebenen Gefühlsäußerungen glauben können, denen gegenüber man selber gleichgültig geworden ist. Man muß annehmen, daß Sie noch nie einen Schriftsteller kennengelernt haben, weil Sie sonst gemerkt haben müßten, was für ein enttäuschendes Völkchen wir sind. Haben Sie schon mal von dem freisinnigen französischen Jesuiten gehört, der sein Leben lang versuchte, die Chinesen zu bekehren, und zu sagen pflegte, es gäbe kein exquisiteres Vergnügen als das, andere von etwas zu überzeugen, woran man selber nicht mehr glaube? Vielleicht hat der arme Teufel seine gelben Katechisten sogar beneidet. Wir wollen hoffen, daß er zu feinfühlig war, um sich ihrem Eifer entgegenzustellen – wie ich es nun mit Ihrem tun muß. Als ich nach

draußen in die nassen Bäume am Square blickte, lösten Trübsinn und Schmutz eines Londoner Wintermorgens in mir eine starke Sehnsucht nach der klaren Strenge der Moore Yorkshires aus. Dort haben ›Visionen‹ vielleicht noch eine Kraft, die ihnen – jedenfalls für mich – die ›Aktualitäten‹ einer komplizierten, urbanen Lebensweise geraubt haben.«

Nach den ersten paar Briefen wehrte Bertrand sich dagegen, daß Miss Wemyss ein allzu dummes Mädchen war, woraufhin Elizabeth sich zurückzog und das Projekt einschlief; Bertrand kam zu dem Schluß, daß der Charakter der Frau womöglich gar nicht so fiktiv war, wie er geglaubt hatte. Einige Monate später überredete Elizabeth Hugh Walpole, Bertrands Rolle zu übernehmen. Er stimmte zu, und die ersten Briefe waren unproblematisch. Dann schrieb Hugh (als Arbuthnot) jedoch einen Brief, der Elizabeth aufschreien ließ: »Ehrlich gesagt, war es kein angenehmer Brief, und die ganze zweite Seite müßte ihr tatsächlich für immer den Mund schließen ... sie ist Ihre Zuflucht und Erfrischung in einem düsteren, zermürbenden Leben – sie ist Ihr Glas kalten Wassers. Aber was könnte sie außer verletzenden Dingen über Ihren Spott sagen?«

Hugh schlug vor, die Rollen zu tauschen; er sollte Ellen und sie Mr. Arbuthnot übernehmen, aber Elizabeth wandte ein, sie fühle sich für die Rolle nicht »männlich genug«. Das Projekt wurde wieder fallengelassen.

Am 11. November 1918 ging der Krieg um elf Uhr morgens offiziell zu Ende. Die königlichen Kanonen, die zuvor als Alarmsignale bei Luftangriffen benutzt worden waren, wurden alle auf einmal abgefeuert, um den Waffenstillstand anzukündigen. Zu dem Zeitpunkt befanden sich Elizabeth und Francis am Gordon Square; im Wissen, daß es sich diesmal um das genaue Gegenteil eines Luftangriffs handelte, liefen sie zusammen mit allen anderen Menschen auf die Straße. Jeder sprach mit jedem. Fremde küßten sich, und obwohl es Elizabeth gelang, sich vor fremden Küssen in Sicherheit zu bringen, begegnete sie doch einem ihr unbekannten belgischen Offizier; die beiden strahlten sich an. Elizabeth sagte: »*Eh bien, c'est fini*«, und er antwortete:

»*Oui, c'est chic*«, was die Gräfin für »eine himmlische Bemerkung« hielt.

London lag im Freudentaumel, der jedoch von Trauer durchzogen war, weil alle, und manche besonders schwer, unter dem Krieg gelitten hatten. Als Elizabeth hörte, in Deutschland herrsche Hungersnot, die schnell in Anarchie ausarten könnte, machte sie sich große Sorgen um Trix. Sie schrieb ihr, sie solle ihre Briefe ins Chalet schicken und hoffe, daß man sich dort bald wiedersehen würde. Elizabeth schickte eine Nachricht an den Hausmeister August und wies ihn an, diese an Teppi weiterzusenden, die sie ihrerseits Trix übermitteln sollte. Schließlich erreichte die Nachricht Trix, die erleichtert war, endlich ihrer Mutter lange und detaillierte Berichte über das zu schreiben, was ihr inzwischen zugestoßen war. Sie schickte sie, wie ihre Mutter vorgeschlagen hatte, an die Chalet-Adresse, wo sie bis zur Ankunft Elizabeths lagerten.

Zwei Monate nach Unterzeichnung des Waffenstillstands schrieb Elizabeth in ihr Tagebuch: »Frank hat was Dummes gemacht.«

Am 15. Januar 1919 war Francis wie immer nachmittags in seinen Club zum Bridge gegangen. Ein Geschäftspartner hatte wegen einer Kontorückbuchung am Gordon Square angerufen, und Elizabeth hatte den Eindruck, daß es sich um eine dringende Sache handelte. Da Francis ihr aufgetragen hatte, seinen Geschäftspartnern nicht zu sagen, wo er nachmittags erreichbar war, rief sie selbst im Club an, um eine Nachricht zu hinterlassen. Im Reform-Club erklärte man ihr, daß ihr Mann nachmittags praktisch nie da sei – und auch heute nicht. Elizabeth wunderte sich, aber als sie ihren Mann fragte, wo er den Nachmittag verbracht habe, antwortete er unschuldig, daß er wie üblich im Club Bridge gespielt habe.

Vier Wochen war sie unschlüssig, aber da ihr Mißtrauen einmal erregt war, bemerkte sie nun, daß er zu viele »geheime Dinge treibt, die sich mit einer Ehe nicht vereinbaren lassen«. All das und seine schlechte Laune, die inzwischen wieder seine normale Stimmung geworden war, machte sie krank; sie entschloß sich, ihn endgültig zu verlassen. Es gab aber enorme

Schwierigkeiten. Sie dachte daran, für drei Monate mit ihrer gemeinsamen Sekretärin Miss King nach Amerika zu reisen, aber Francis entließ sie und stellte »für weitere Zwecke« eine andere ein. Francis konnte trotz aller guten Vorsätze nicht von seiner lebenslangen Gewohnheit lassen, mit weiblichem Personal und Sekretärinnen anzubändeln. Er hatte sich heimlich ein zweites Büro außer Haus gemietet, wo er sich nachmittags mit seinen jeweiligen Geliebten traf, was Elizabeth nie herausbekam. Der Name der neuen Sekretärin war Miss Otter.

Elizabeth schrieb an Liebet: »Du weißt ja, wie er in San Ysidro war – dazu kannst Du noch Launenhaftigkeit, Grobheit, geheime Machenschaften, ständiges Glücksspiel um hohe Beträge und Ehebruch addieren, dann hast Du das schlimme Ergebnis. Ich habe ihn im vergangenen Frühjahr in flagranti ertappt, ihm verziehen, aber auch gesagt, daß ich es nicht noch einmal verzeihen würde. Jetzt bin ich dahintergekommen, daß er es wieder treibt, und das macht mich sterbenskrank.« Besonders ungewöhnlich fand sie, daß er sie trotz der Affären mit anderen Frauen immer noch zu lieben schien.

Am 18. Februar 1919 starb Elizabeths Mutter Louey an Grippe und Lungenentzündung. Ihr Ende war friedvoll; bis zum Schluß wußte sie nicht, daß sie krank war – was besonders ironisch war, wenn man bedenkt, wie hypochondrisch sie gewesen war. Während der Beerdigungsfeierlichkeiten wohnte Charlotte bei ihrer Schwester; sie sprachen auch über Francis und kamen zu dem Ergebnis, daß es für Elizabeth, wie für jede anständige Frau, an der Zeit war, ihn zu verlassen. Charlotte hatte mit ihrem Mann, der mit seiner Geliebten in einem Hotel in Brighton wohnte, ähnliche Erfahrungen gemacht. Elizabeth wollte wieder in die USA reisen, um ihre Töchter und die Enkelin zu sehen. Evi war krank gewesen, hatte sich aber inzwischen erholt, und ihre Mutter war wieder einmal voller Mitleid für ihre älteste Tochter, die ein so einsames Leben führte. Sie hielt es bei keiner Arbeit aus, hatte keine Freunde und war von dem Geld, das Elizabeth ihr schickte, völlig abhängig. Gleichwohl meinte Elizabeth, daß sie zuerst einmal im Chalet nach dem Rechten sehen und vor allem Kontakt mit

Trix aufnehmen müsse, die sich vielleicht in allen möglichen Schwierigkeiten befand, aus denen Elizabeth ihr mit Geld, mit einem Platz zum Wohnen oder mit Ratschlägen heraushelfen konnte.

Ein paar Wochen später floh Elizabeth zum zweiten Mal vor ihrem Mann, diesmal ins Haus ihres geliebten Bruders Sydney nach Berkhamsted. Sie hinterließ Francis eine Nachricht, daß sie ihm auf die Schliche gekommen sei, was sie auch Liebet schrieb: »Als ich ihm damals verziehen habe, sagte ich, daß beim nächsten Mal Schluß wäre – und jetzt ist Schluß.« Sie stellte sich vor, wie vergnügt er die Nachricht vorfinden und Pläne schmieden würde, sie zu bestrafen. Ihren Kindern riet sie, sich keine Sorgen zu machen. Ihre Familie hatte sie immer unterstützt, und sie fühlte sich diesmal nicht so verwirrt wie zuvor, weil sie jetzt wußte, wie schlecht er war. Sie hatte ihn immer für gut und ehrlich gehalten, wenn auch mit unkontrollierbaren Launen geschlagen; jetzt war es für sie kein Problem mehr, ihn zu verlassen. Im Gegenteil erlebten ihre Freunde sie in jener Phase als bestens gelaunt. Hugh Walpole, der im März mit ihr »eine großartige Zeit« verbrachte, bemerkte in seinem Tagebuch: »Ich mag sie wirklich viel lieber als jede andere lebende Frau. Sie hat alles – Verstand, Herz, Humor, Mut . . . !«

Ein schönes Ereignis war das Erscheinen ihres Romans *In ein fernes Land*, der sich trotz eher zurückhaltender Rezensionen besser als alle anderen Bücher seit *Elizabeth und ihr Garten* verkaufte – zweifellos deshalb, weil es den Krieg ausblendete und unermüdlich mit den Frivolitäten kokettierte, die sich an der amerikanischen Westküste abspielten. »Das muntert mich auf und macht mir Mut, mein Gesicht zu liften«, schrieb sie an Liebet.

Elizabeths Cousine Katherine Mansfield, die inzwischen mit John Middleton Murry, dem Herausgeber des *Athenaeum*, verheiratet war, rezensierte das Buch taktvoll und aufmerksam für die Zeitschrift: »Sie ist sich auf angenehmste Weise ihrer beschränkten Sichtweise bewußt und will keine andere . . . In einer Welt, die voller Wut und erhobener Zeigefinger ist, tut es gut, jemanden zu kennen, die ihren eigenen Weg geht und eine bunte Girlande findet – es aber nicht versäumt, das scharfriechende

Aroma bitteren Krauts hinzuzufügen, damit ihre Süße nicht kitschig wird.«

Der Schmerz der letzten Enttäuschung und die Anstrengung, sich von ihrem Mann zu lösen, hatten Elizabeth emotional, geistig und physisch erschöpft. Bevor sie frei war, um ins Chalet zu reisen, mußte sie sich noch einige Monate zusammenreißen, in denen die bedrückenden und langweiligen Einzelheiten der Scheidung verhandelt wurden. Sie mietete eine unmöblierte Wohnung in Whitehall Court und war sich darüber im klaren, daß sie ihre Möbel und Bücher aus dem Haus ihres Mannes stehlen mußte, weil Francis einfach nicht glauben wollte, daß sie ihn für immer verlassen hatte. Zu einem Zeitpunkt, von dem sie wußte, daß er abwesend sein würde, beauftragte sie die Firma Shoolbreds damit, alles, was ihr gehörte, aus dem Telegraph House und der Wohnung am Gordon Square zu entfernen; das Personal ging begeistert zur Hand. Als Francis die List begriff, war er so wütend, daß er Elizabeth sofort wegen Diebstahls verklagte und behauptete, daß sie auch einige seiner eigenen Dinge habe mitgehen lassen. Bertrand gegenüber schäumte und wütete er wegen seiner Frau und schwor Rache vor Gericht.

Bertrand machte sich Sorgen, rief Elizabeth an und schrieb am nächsten Tag an seinen Bruder: »Als ich Dich gestern traf, haben mich Deine Ankündigungen, was Du gegen Elizabeth unternehmen willst, so überrascht, daß ich nicht wußte, was ich sagen sollte. Wenn ich jetzt jedoch darüber nachdenke, habe ich das Gefühl, Dir gegenüber unfreundlich zu sein, wenn ich Dir nicht sagen würde, daß Du im Hinblick auf Deinen Ruf und Deine Interessenlage meiner Meinung nach unklug handelst ...« Ferner schrieb er, daß er Francis' Klage für schwach begründet halte, da er nicht beweisen könne, daß Elizabeth etwas mitgenommen habe, was ihm gehöre, und daß sie unbestreitbar das Recht habe, ihr persönliches Eigentum an sich zu nehmen. Als Erklärung, daß sie es heimlich gemacht hatte, wies Bertrand darauf hin, daß Francis' tyrannisches Verhalten ihr keine andere Möglichkeit gelassen habe. Er warnte seinen Bruder, daß Elizabeth vor Gericht dazu gezwungen werden könnte, dem Richter zu erklären, daß ihr Mann untreu gewesen sei; und Francis wußte selbst genau, daß sie genügend Beweise hatte, um den Scheidungsprozeß zu gewinnen. »Ich halte mich gar nicht erst bei der Tatsache auf, daß das Verhalten, das Du an den Tag legst, jedem grausam und rachsüchtig vorkommen muß; aber für mich, der ich Dein Bruder und Dir zugetan bin, ist dies der Hauptgrund, der mich hoffen läßt, daß Du die Angelegenheit noch einmal überdenkst und einer freundschaftlichen Regelung zustimmst.«

Francis antwortete postwendend, indem er Bertrand vorwarf, seinen berechtigten Groll zu bagatellisieren und nicht mit ganzem Herzen den Versuch zu machen, Elizabeth zu überreden, zu ihm zurückzukehren. Er warf ihm vor, auf Elizabeths Seite zu stehen. Bertrand antwortete, Francis verhalte sich wie die Leute, die während des Krieges meinten, Bertrand stehe auf seiten der Deutschen, und daß es ein Jammer sei, sich zu streiten, und daß Elizabeth als Reaktion auf seine Fürsprache »einer Versöhnung durchaus wohlwollend gegenübergestanden habe, nach Deiner Anzeige aber ihre Meinung änderte«.

Zu diesem Zeitpunkt wollte Francis keine Scheidung, war er sich doch nur allzusehr darüber im klaren, daß Elizabeth Beweise für seine Untreue hatte und nicht zögern würde, diese auch vorzubringen, wenn sie dazu gezwungen würde. Auch sie war, weder damals noch später, an Scheidung interessiert, weil diese in jenen Tagen ein schweres Stigma bedeutete. Dazu kam, daß sie zwar ihren Titel beibehalten konnte, aber sie wäre gezwungen gewesen, nach wie vor den Namen Russell zu tragen, um ihren Status deutlich zu machen. Und außerdem hätte sie ihren Platz auf der Galerie des Oberhauses zurückgeben müssen, über den sie verfügen konnte, wann immer sie wollte; sie ging vor und nach der Trennung nachmittags oft und gerne ins Oberhaus, um ihren Mann reden zu hören.

Schließlich verklagte Francis die Umzugsfirma. Die Sache Russell gegen Shoolbred & Shoolbred sorgte natürlich für Aufregung in Gesellschaftskreisen – und Francis sah sich wieder einmal in einen Prozeß verstrickt, in dem es um eine Frau ging. (Während seines ganzen Lebens gab er 30.000 Pfund für solche

Prozesse aus – heutiger Wert über eine halbe Million Pfund –, ganz zu schweigen von den 400 Pfund, die er Mollie als jährlichen Unterhalt zahlen mußte.) Der Prozeß war für beide Seiten langwierig und teuer. Elizabeth nahm sich zwei Anwälte, und als die Rechtslage klar war, sah es düster für Francis aus. Elizabeth hatte ihm 600 Pfund als Hochzeitsgeschenk gegeben und als Gegenleistung verlangt, daß er das kleine Blechhäuschen, das sie ihre Hütte nannte, dichter ans Telegraph House verlegen ließ. Sie beteiligte sich auch mit 100 Pfund an der Renovierung der Wohnung am Gordon Square. Francis' Argumentation basierte ausschließlich auf der mündlichen Absprache mit Elizabeth, daß sie zur Hälfte für die Renovierung von Telegraph House aufkommen sollte; als es soweit war, bot sie ihre Möbel als Gegenwert zu den 100 Pfund, 9 Shillings und 7 Pennies ihres Anteils an, obwohl die Möbel viel mehr wert waren. 1915 hatte sie ihm 300 Pfund geliehen, die noch nicht zurückgezahlt waren, und von dem Geld, das sie ihm 1914 gegeben hatte, war gar nicht erst die Rede.

Elizabeth hatte enorme Mühe, vor Prozeßbeginn alle Läden aufzusuchen, wo sie Sachen für beide Haushalte gekauft hatte, um sich Rechnungen und Quittungen ausstellen zu lassen. Dann rief sie Francis an und sagte ihm, was sie tatsächlich gekauft hatte, nämlich fast alle Sachen, die er als gestohlen gemeldet hatte. Als er merkte, daß er sich auf schwankendem Boden befand, stimmte er allem zu, was sie verlangte, aber kaum hatte er den Hörer aufgelegt, fertigte er sofort eine andere Liste mit Gegenständen an: ein paar Kissen, elektrische Lampenfassungen, Tennisbälle, eine Hängematte und einen Teetisch. Jedes einzelne Ding wurde zum Gegenstand des ausführlichen Kreuzverhörs durch Sir Edward Marshall Hall, der Elizabeth vertrat. Als sie im Zeugenstand erschien, konnte sie kaum über die Brüstung schauen; man mußte ihr, wie einem Kind, eine Kiste bringen, auf der sie stehen konnte.

Frage: Jetzt zu der Hängematte. Sie haben die Hängematte am 17. April 1916 gekauft?

Antwort: Ja.

Frage: Ist diese Hängematte für Lord Russell geeignet?

Antwort: Nein.

Frage: Haben Sie sie ihm geschenkt?

Antwort: Nie.

Frage: Nehmen Sie weiter Rücksicht auf sein Leben?

Antwort: Und auf das der Hängematte.

Mr. Mould, der Francis vertrat:

Frage: Was jetzt die Hängematte betrifft: Sagten Sie, daß Sie sie Lord Russell nicht geschenkt haben?

Antwort: Bestimmt nicht. Sie war nur für mich. Sie hätte ihn auch nicht ausgehalten.

Frage: Die Hängematte, nehme ich an, war für den allgemeinen Gebrauch im Telegraph House?

Antwort: Nein, sie war ausschließlich für mich. Dünnen Besuchern habe ich aber gestattet, darin Platz zu nehmen.

Das Urteil stand schon im voraus fest, und die ganze Angelegenheit sah für jeden wie eine teure Farce aus, allerdings eine, die den Zuschauern beste Unterhaltung bot. Elizabeth wurde vollständig rehabilitiert, und die kühle Art, mit der sie im Zeugenstand auftrat, stand im größten Gegensatz zur hitzigen Aufgeblasenheit ihres Mannes.

Als der Prozeß vorüber war, vermietete sie ihre Wohnung und begab sich mit letzter Kraft ins Chalet.

In den Bergen

Elizabeth und ihr Schwiegersohn Tony von Hirschberg

Elizabeth hatte befürchtet, daß das Chalet während des Krieges von hungernden Bauern geplündert oder von marodierenden Soldaten besetzt werden könnte, aber August hatte alle Eindringlinge abgewehrt. Das Haus roch noch nach dem abwechselnd turbulenten und ruhigen Sommer 1914, als sie in Francis verliebt, mit Martin zerstritten und mit Liebet und Vernon Lee glücklich gewesen war. Sie sah immer noch Vetter William am Fenster des Zimmers stehen, in dem er zu wohnen pflegte. »Es ist voller Gespenster, aber ich will nicht deutsch und sentimental sein, sondern ihnen entschlossen den Rücken zukehren, mein Gesicht aber der Zukunft, die auf mich wartet«, schrieb sie an Liebet.

Sie fand Briefe von Trix vor, einige bereits 1917 geschrieben, in denen Trix seitenlang begeistert über einen Mann namens Melifretter ausließ, einen Arzt, den Trix heiraten wollte. Aus den weitschweifigen Erklärungen ihrer Tochter, daß sie sich dann eigentlich doch nichts aus ihm machte, schloß Elizabeth, daß er ziemlich furchtbar gewesen sein mußte. Ein anderer Brief jüngeren Datums enthielt die Nachricht, daß sie im Begriff war, einen vierzigjährigen, deutschen Offizier namens Anton von Hirschberg zu heiraten, der während des Krieges Adjutant des Kronprinzen Rupprecht von Bayern gewesen war, des Generalfeldmarschalls der bayerischen und preußischen Armeen, der von den Jakobiten wegen seiner direkten Abstammung von James II. für den rechtmäßigen englischen König gehalten wurde. Später erklärte Hitler, er solle zum König von Deutschland gekrönt werden, machte dann aber wegen Prinz Rupprechts ausgesprochener Abneigung gegen ihn wieder einen Rückzieher.

»Tony« hatte kein Geld, und Elizabeth befürchtete sehr, daß er ihr auf der Tasche liegen würde. Sie hatte kein Vertrauen in Trix' merkwürdige Wahl ihrer Liebhaber, obgleich klar war, daß sie sehr verliebt war und ekstatisch schrieb, wie wundervoll

Tony sei. Ihre Mutter war traurig, weil sie wußte, daß eine Ehe mit einem Deutschen Trix vom Rest der Familie abschneiden würde – auf Jahre hinaus würde es noch Mißtrauen und Haß zwischen den Deutschen und den Alliierten geben. Andererseits hatte sie immer gewußt, daß Trix eines Tages einen Deutschen heiraten würde; sie hatte es seit dem Tag gewußt, an dem Trix als Kind in der Kutsche losgefahren war, um Herrn Braun den Haushalt zu führen. Obwohl sie eingeladen und es auch nicht unmöglich war hinzureisen, ging es über Elizabeths Kräfte, zur Hochzeit nach Bamberg zu fahren. In Wahrheit konnte sie es kaum noch ertragen, Deutsch zu hören. Trix war tief verletzt und verzieh ihrer Mutter das nie.

Es gab erschreckende Briefe von Francis' Anwälten, aber auch einen von Elizabeths Bruder, der in ihr eine undefinierbare Fröhlichkeit auslöste: »Es ist so widerlich, daran zu denken, wie gequält und bedrängt Du bist. Ich wünschte, Du könntest nach Dorset kommen, dem Meer lauschen, wie es gegen die Felsen schlägt, und den Möwen zuschauen, die durch die Luft segeln. Aber das Chalet sollte heilsam auf Dich wirken ... Ich hoffe, daß Du nun mit Francis fertig bist. Denk doch nur, wie viele schöne, köstliche Dinge es auf der Welt gibt – vergiß nicht, daß Du die Freiheit gewonnen hast, die ihren Preis wert ist –, und daß Du Freundschaft mit solchen Leuten schließen kannst, die Dich schätzen, ohne Dich zerstören zu wollen ... «

Der Brief belebte und inspirierte Elizabeth, und sie begann, an ihrem nächsten Roman zu arbeiten, *In the Mountains* (dt.: *Tagebuch eines Sommers*); auf den englischen Titel kam sie durch die Lektüre von Nietzsche, bei dem es heißt: »Man steigt nicht vergeblich auf die Berge der Wahrheit.« Der Roman beschreibt eine Frau, die vor schrecklichen Ereignissen in England in ihr Chalet flieht. Sie bleibt dort allein und denkt über die Trümmer ihres Lebens nach, bis zwei Schwestern vorbeikommen – Persönlichkeitsaspekte der Autorin selbst – und anfragen, ob das Chalet ein Hotel sei, weil sie erschöpft sind und Unterkunft suchen. Die Erzählerin nimmt sie auf, sie bleiben, und sie wird in deren merkwürdiges Leben verwickelt. Schließlich taucht ihr Onkel auf, ein Dekan, »und der rauhe Wind ... fuhr ... über seinen Talar, riß ihn hoch und bauschte ihn auf«. Er verliebt sich in die jüngere der beiden Besucherinnen, und es gibt ein Happy End. Das Buch verfolgt nicht nur den Zweck, die Leser zu unterhalten; Elizabeth wollte damit auch den furchtbaren Vertrauensbruch, dieses gemeinste aller Vergehen, bewältigen, den sie durch ihren Mann hatte erfahren müssen. Sie kam zu dem Ergebnis, lieber innig geliebt zu haben und dadurch verletzbar geworden zu sein, als nie etwas zu empfinden und als eine Art »liebenswerte Amöbe« zu vegetieren. In dem Buch faßt sie auch ihre eigenen Ängste zusammen: »Ich habe Angst vor der Einsamkeit; zitternde, fürchterliche Angst. Ich meine nicht die normale, körperliche Einsamkeit, bin ich doch freiwillig aus London hierher gereist, in diese große, heilsame Einsamkeit. Ich meine die schreckliche Einsamkeit des Geistes, die die endgültige Tragödie des Lebens ist ... Dies zu schreiben ist ein Trost. Zu schreiben macht einen auf merkwürdige Weise weniger einsam. Und dennoch – wenn man auf der Suche nach Gesellschaft in den Spiegel schauen muß, hat man dann nicht die tiefste Tiefe der Einsamkeit erreicht?«

Elizabeth hielt sich oft an einer Stelle auf, von wo aus sie die gegenüberliegende Bergkette überblicken konnte, um nachzudenken. Dort hatte sie mit Wells, später auch mit Francis herumgeschäkert, und sie nannte den Platz einen poetischen Punkt. Manchmal nahm sie Coco mit und fand Trost in seiner Anwesenheit, »denn wenigstens er ist schlicht und freundlich«. Ein paar Wochen nach ihrer Hochzeit kam Trix ins Chalet. Ihre Mutter, die annahm, daß Krieg und Heirat ihre zerstreute Tochter hätten reifen lassen, ging jetzt so auf sie ein wie auf Liebet, nämlich mit Witz und Humor. Sie stellte jedoch sehr bald fest, daß Trix ihr nicht zuhörte, keine Fragen beantwortete und erstaunlich indiskret war, indem sie anderen alles weitererzählte. Sie interessierte sich weder für ihre Schwestern noch für ihren Bruder; Elizabeth beschloß, ihr nichts von ihrer Trennung von Francis zu sagen, was leicht war, weil Trix nie danach fragte. Wie immer sie es anstellte, Elizabeth fand keine gemeinsame Basis, auf der die beiden eine neue Beziehung hätten aufbauen können.

Weihnachten kehrte sie nach England zurück, um mit H. B. das Fest bei den Waterlows zu verbringen. Sie fing gerade erst an, sich von dem Zusammenbruch ihrer Ehe zu erholen, und war um so entrüsteter, als sie feststellte, daß Francis sie bei ihren Freunden verleumdete. H. B. war nun in seinem vorletzten Jahr in Eton und profilierte sich unrühmlich durch eine Affäre mit der vierzigjährigen Frau eines Tutors. Der Direktor hielt es unter diesen Umständen, aber auch angesichts der Tatsache, daß H. B. offenbar nicht akademisch begabt war, für angebracht, daß er die Schule verließ. Er war dort nicht besonders glücklich gewesen; zwar war sein deutscher Akzent verschwunden, doch provozierte sein Name immer noch Animositäten unter seinen patriotischen Schulkameraden, denn die Taten des Generals Sixt von Arnim während des Krieges waren ihrer Aufmerksamkeit natürlich nicht entgangen.

Wegen dieser Suspendierung bestand keine Möglichkeit mehr, daß H. B. auf einer englischen Universität aufgenommen werden konnte. Nachdem er die Schule verlassen hatte, versuchte Elizabeth, ihn streng zu beaufsichtigen, aber die Frau des Tutors folgte ihm nach London und machte Schwierigkeiten, indem sie H. B. einredete, er habe eine herrliche Gesangsstimme und seine Mutter unterdrücke ein großes Talent, wenn sie dies nicht zur Kenntnis nehmen wolle. Elizabeth war entschlossen, den Jungen so rasch wie möglich wegzuschicken, bevor der Gatte der Frau mit einer Pferdepeitsche auftauchte. Sie schrieb an Liebet und schlug vor, H. B. solle bei ihr auf der Ranch wohnen und Corwin bei der Arbeit helfen; sie meinte, daß er die unabhängige Atmosphäre Amerikas brauchte, um zum Mann zu werden. »Er ist sehr folgsam und gut und würde keinen Ärger machen«, erklärte sie, »aber derzeit fehlt ihm der rechte Antrieb. Das wird sich hoffentlich ändern.« Für Unterkunft und Verpflegung in Paso Robles bot sie 250 Pfund jährlich an, und aus den Zinserträgen des Arnimschen Vermögens standen ihm, wie allen anderen Kinder auch, zusätzlich 1.000 Mark pro Jahr zur Verfügung. Corwin willigte zögernd ein, und H. B. wurde »voller Flausen und Freude, froher Erwartung und guten Vorsätzen« nach Amerika abgeschoben.

Im Mai lernte Elizabeth eine gewisse Mary Frere kennen, die ihr eine verwickelte Geschichte erzählte. Vor vierundzwanzig Jahren hatte sie von einem sportlichen Gentleman namens Colonel Reeves einen Sohn bekommen. Sie gab das Kind, das auf den Namen Alexander Stuart Frere-Reeves getauft wurde, in ein Waisenhaus und verdrängte völlig seine Existenz, aber kürzlich hatte sie gehört, daß er tapfer im Krieg gekämpft hatte und nach seiner Demobilisierung dann mit Verspätung in Cambridge angenommen worden war, was damals vielen Veteranen ab einem bestimmten Dienstgrad möglich war. Zur großen Beschämung des jungen Manns besuchte seine Mutter ihn dort; er war bettelarm, lebte von Sandwiches und nahm Ferienjobs an, um das Schulgeld bezahlen zu können. Elizabeth lernte ihn auf einer Party bei Arnold Bennett kennen, und die beiden wurden »ausgezeichnete Freunde«. Er erzählte ihr, daß er 1914 in die Armee eingetreten war, in Ägypten, Gallipoli und den Schützengräben Frankreichs gekämpft hatte, der East-Kent-Leibgarde angehört hatte und 1917 als Offizier der Air Force entlassen wurde. Sein bester Freund war J. B. Priestley, mit dem zusammen er jetzt das Cambridge-Magazin *Granta* herausgab. Elizabeth entdeckte in dem jungen Mann eine gewisse Brillanz, die sie anzog und mit der er es ihrer Ansicht nach eines Tages weit bringen konnte, wenn er seine Chance bekam. Obwohl er klein war, nur wenige Zentimeter größer als sie, sah er gut aus, hatte Schneid, Charme und Sinn für Humor. Sie bot ihm an, er könne während der Sommerferien im Chalet ihre Bücher katalogisieren, und wiederholte die Einladung noch einmal schriftlich. Er nahm dankbar an.

Im Juni, eine Woche vor ihrer Rückkehr ins Chalet, erzählte Frank Swinnerton Elizabeth, daß Katherine Mansfield, die Kritikerin und Autorin von Kurzgeschichten, die eine so vorteilhafte Rezension über *In ein fernes Land* geschrieben hatte, eine ihrer Cousinen aus Neuseeland war – Katherine Beauchamp. Elizabeth schrieb ihr und erhielt eine Einladung zum Tee in ihr Haus in Hampstead. Die beiden Schriftstellerinnen waren sich nur gelegentlich auf Familientreffen der Beauchamps in Kent begegnet, aber seit sie einmal Jeanne, eine von Katherines

Schwestern, lautstark als kleine neuseeländische Schlampe bezeichnet hatte, war Elizabeth bei ihren neuseeländischen Cousinen nicht sehr beliebt.

»Tausend Teufel treiben Elizabeth ohne ihren deutschen Garten morgen zum Tee hierher, bevor sie wieder ins Ausland geht, in ihr Schweizer Chalet. Ich hoffe, sie bleibt höchstens eine halbe Stunde – oh, sie wird so eine Ausgeburt von Künstlichkeit sein, aber ich kann sie nicht wieder ausladen ... «, schrieb Katherine ihrer Freundin Violet Schiff. Möglicherweise war Katherine eher beschämt als verächtlich; als sie nämlich Elizabeth zum letzten Mal begegnet war, hatte Katherine ihr ihren ersten Mann vorgestellt, den Musiklehrer George Bowden, den sie nur geheiratet hatte, weil sie von einem anderen Mann schwanger war. Die Ehe hatte nicht einmal den Hochzeitstag überdauert, Katherine verlor das Kind, und sie wollte an die ganze Episode lieber nicht erinnert werden.

Im Gegensatz zu ihrer Erwartung wurde das Treffen für beide zum Beginn einer neuen, wertvollen Freundschaft. Ohne viel Umstände verfielen sie sofort in die Gewohnheit der Beauchampschen »Weiblichkeit«, über Ehemänner und Liebe zu diskutieren. Elizabeth erzählte Katherine, daß sie kein Bedürfnis nach einem Liebhaber habe, »um mit ihm ins Bett zu gehen«, sondern daß ihr wahres Wesen, ihre Begabung und ihre Vitalität seit ihrer verheerenden Ehe davon abhingen, sich einem Mann sexuell nicht mehr auszuliefern. Im nachhinein zeigte sich die übersensible jüngere Frau von ihrer Unterhaltung schockiert und meinte, ihre Cousine sei »kleingeistig und vulgär«. Sie sprachen auch übers Schreiben und über Katherines Gesundheit, und Elizabeth drängte sie, in die kräftigende Luft Montanas in die Schweiz zu kommen – um sie in der Nähe zu haben, um jemanden aus der Familie bei sich zu haben, um ihr Gespräch fortzusetzen, das beide so genossen hatten, um sich gegenseitig zu ermutigen und anzuregen, wie sie sagte.

Elizabeth war jedenfalls angeregt worden, etwas zu schreiben, das nicht voller lustiger Girlanden mit bitterem Beigeschmack war. Sie wollte einen Roman ohne falsche Scham und ohne Selbstmitleid über ihre Ehe mit Francis schreiben, und drei Tage nach ihrer Ankunft im Chalet, angefeuert noch durch einen furchtbar verletzenden Brief ihres Mannes, den sie dort vorfand, begann sie mit *Vera*, der ihr am höchsten geschätzter Roman werden sollte. Er handelt von einem wirklich furchtbaren Mann, dessen Opfer seine zweite Frau ist.

Elizabeth hatte vor, Leute, denen sie besonders geneigt war, für längere Zeit in ihr Haus einzuladen. Als erste kamen Cobden-Sanderson mit seiner Frau Ann, der Tochter Richard Cobdens, des Whig-Politikers und Gründers der Anti-Corn-Law-League. Maud Ritchie, die vielseitig talentierte Tochter Lord Ritchies of Dundee, war ebenso eingeladen wie Gabriel Wolkov, ein junger russischer Diplomat und Sozialist, der ein Freund Diaghilews war. Festing Jones kam, der Biograph Samuel Butlers, und Augustine Birrell, der Biograph Charlotte Brontës und William Hazlitts. Man diskutierte viel über Biographien und machte sich einen Spaß daraus, sich Fallen für die eigenen Biographen auszudenken. Robert Trevelyan, Großneffe Macaulays und Studienkollege Bertrand Russells aus Cambridge, Margery Waterlow, Elizabeths hübsche Nichte, die mit John Norton verheiratet war, und viele andere Besucher folgten nacheinander dem Ochsenkarren zum Chalet hinauf. Es wurde der erste von vielen Sommern der großzügigsten Gastfreundschaft, in denen Herzen gebrochen und ewige Freundschaften geschlossen wurden.

Frere-Reeves trat die Reise zum Chalet mit mulmigem Gefühl an. Er wußte nicht, was ihn erwartete, und hatte keine Erfahrung im Umgang mit den Leuten, die er dort treffen sollte. Er wußte, daß es solche Leute gab, glaubte jedoch, daß sie in ihrer Lebensart so selten waren, daß man sie kaum der menschlichen Rasse zurechnen durfte. Er staunte, als er feststellte, daß sie wie alle anderen auch waren – mit der Ausnahme, daß sie ungeheuer amüsant und außerdem auch noch nett waren. Sie taten, als lebten sie ein hartes und einfaches Leben und sahen sich auf dem romantischen Weg zurück zur Natur, während sie in Wirklichkeit von allem denkbaren Komfort umgeben waren. Wenn Frere als Mitglied der Nachkriegsgeneration seinen Glauben an Güte und Schönheit verloren hatte, dann überzeugte ihn diese Erfahrung nachdrücklich vom Gegenteil. Obwohl er ein Angestellter war, nahm man ihn vorurteilslos in die allgemeine Fröhlichkeit auf: In tiefer Dankbarkeit katalogisierte er alle Bücher aufs beste (überredete Wolkov, ihm bei den deutschen Büchern zu helfen) und tat alles in seiner Macht Stehende, um für einen reibungslosen Tagesablauf zu sorgen. Kurz darauf verschaffte ihm dann seine harte, gewissenhafte Arbeit als selbsternannter *Majordomus* den Spitznamen »Lieber Gott«. Elizabeth liebte seine Gesellschaft und lud ihn regelmäßig ein, sie auf ihren Morgenspaziergängen zu begleiten. »Wir sind hier jetzt sehr glücklich, und ich wünschte mir nur, daß auch Du und Corwin mit der ganzen Brut hier wäret. Ich kümmere mich nicht weiter um meine Gäste, sondern arbeite wie immer, und ich denke, das gefällt ihnen. Mir würde es jedenfalls gefallen, wenn ich mich länger in einem Haus aufhielte – himmlisch, nie den Gastgeber zu Gesicht zu bekommen ... «, schrieb sie an Liebet.

Elizabeths Arbeitsmethode war im Lauf der Jahre viel regelmäßiger und zeitaufwendiger geworden als in Nassenheide, wo sie nur schnell etwas notieren konnte, wenn sie sich aus ihren Haushaltsverpflichtungen davonstahl. Wenn sie sich für ein Sujet entschieden hatte, kaufte sie sich viele kleine, fest gebundene Notizbücher, in die sie den gesamten Roman in ihrer spinnenartigen Handschrift schrieb. Dann stellte sie auf einer abgenutzten Remington mit deutscher Tastatur eine Maschinenabschrift her, tippte mit zwei Fingern, ließ einen dreizeiligen Abstand und benutzte langes Kanzleipapier. Wenn diese Fassung dann von Korrekturen übersät war, tippte sie alles noch einmal und korrigierte es erneut. Selbst wenn das Haus voller Gäste war, änderte sie nie ihren Arbeitsrhythmus. Um acht erschien sie im Speisezimmer, wo den Gästen Frühstück serviert wurde, suchte sich einen bevorzugten Gast aus, mit dem sie spazierenging, bis um halb zehn die Post kam. Den ganzen Morgen verbrachte sie im Kleinen Chalet, arbeitete und schrieb Briefe, manchmal bis zu sechzig Stück am Tag. Zum Mittagessen, gelegentlich auch zwischendurch, kam sie wieder zum Vorschein, und verschwand wieder wie eine Königin. Nachmittags spielte sie etwas Schach und arbeitete dann bis zum Tee, den sie vor dem Kamin in der Halle nahm; anschließend arbeitete sie wieder bis acht. Nach dem Abendessen vergnügten sich die Gäste mit intellektuellen Spielen; zum Beispiel schrieb jeder zwei Zeilen eines Sonetts oder Limericks, gab sie dann an den nächsten weiter, der die beiden folgenden Zeilen schrieb, und so weiter. Ein anderes Spiel bestand darin, sich zwei Gestalten aus der Geschichte oder der Literatur auszusuchen, die man gern als Eltern gehabt hätte, wobei sich Paarungen wie Wordsworth und Kleopatra oder Keats und Mata Hari ergaben. Jeder Gast mußte dann erzählen, wie seine Kindheit mit solchen Eltern verlaufen wäre. Elizabeth beteiligte sich nie an diesen Spielen, weil sie darin zu erfahren und einfach zu gut war.

Wenn das Wetter besonders schön war, rief sie, die eine Schwäche für Picknicks hatte, einen Picknicktag aus. Die Gäste legten Wanderkleidung an und zogen hinaus auf eine weit entfernte Wiese mit schöner Aussicht, wo man heißen Eintopf aß, der in eimergroßen Thermosbehältern mitgebracht wurde. Löffel und Gabeln gab es nicht, sondern man schob sich den köstlichen Eintopf mit frischen Brotstücken in den Mund. Bei diesen Gelegenheiten konnte jeder sitzen, neben wem er wollte, während es im Chalet feste Regeln gab. Das heftige Entstehen und Zerbrechen von Beziehungen, hervorgerufen durch die frische Höhenluft, verlangte im Chalet strenge Formalitäten; Cobden-Sanderson erfand das »Planetensystem«: Alle Frauen hatten auf einer Seite einen unbesetzten Platz, und die Männer rotierten zu jeder Mahlzeit einen Stuhl weiter. Als »Cobbie« einmal den Tisch umrundet hatte und wieder neben seiner Gastgeberin saß, fragte er sie, ob sie nicht auch fände, daß seine Idee ein Erfolg gewesen sei. »Aber ja«, antwortete sie, »aber Sie sind mir ausgewichen, und die Rotation war nur eine Flucht.« Er wandte ein, die Rotation sei doch großzügig, weil sie jeden Mann zweimal an ihre Seite bringe, einmal links und einmal rechts. »Was das Ausweichen angeht, so suche ich auch den Schatten auf, wenn die Sonne am höchsten steht«, war seine Antwort, deren Galanterie seine Gastgeberin amüsierte und ihr schmeichelte.

In der ersten Augustwoche erkältete sich Frere und mußte das Bett hüten. Einige Tage später konnte er in seinem Morgenmantel wieder am Essen teilnehmen; in Solidarität mit ihm trugen alle anderen Gäste ebenfalls ihren Morgenmantel. Cobden-Sanderson kostümierte sich am phantasievollsten; unter dem Beifall der Gäste kam er die Treppe herunter, angetan mit einem Beutel für Toilettenutensilien als Kopfbedeckung, seine Taschenuhr wie einen Orden auf der Brust und einen Strauß Dorothy-Perkins-Rosen hinter dem Ohr.

Während des Sommers korrespondierte Elizabeth intensiv mit Bertrand Russell, der eben aus Rußland zurückgekommen war, das er zusammen mit Clifford Allen als Mitglieder einer Labour-Parteidelegation bereist hatte. Clifford Allen erkrankte an Lungenentzündung, und eines Tages eröffnete man ihm, daß er nur noch zwei Tage leben würde. Elizabeth, die ihn gern hatte, lud ihn sofort zur Erholung ins Chalet ein, wo er sich immer noch aufhielt, als sie im Oktober bereits wieder nach London zurückgekehrt war. Sie berichtete Bertrand, daß Allen »hoch und trocken wie Noahs Arche« auf der Spitze eines Berges sitze, jenseits aller Bakterien. Sie hielt ihn für einen interessanten Mann, war aber davon überzeugt, daß er mit Sicherheit vom Teufel besessen sei, und weil sie Teufel mochte, die sie immer nachdenklich stimmten, war ihre Zuneigung zu Allen echt. »In der weiten, flachen Wohlanständigkeit meines farblosen Charakters schaue ich mich um und beneide all jene, die Charakter haben. Zum Beispiel Sie«, schrieb sie an Bertrand.

Im Verlauf des Sommers erhielt sie Abschriften von zwei »äußerst verlogenen, verleumderischen« Briefen, die Francis an all seine Freunde und Verwandten geschickt hatte. Die Briefe konnte Elizabeth noch tolerieren, nicht jedoch die Tatsache, daß sie Miss Otter diktiert worden waren. Auf den ersten reagierte sie in versöhnlichem Ton, aber der zweite ging dann zu weit. Als sie in London ankam, mußte sie feststellen, daß es ihm gelungen war, fast alle ihre Freunde gegen sie aufzubringen. Die einzigen, die noch zu ihr hielten, waren diejenigen, die sie im Chalet besucht, dort eine andere Wahrheit erfahren hatten und wußten, wie sie unter den Lügen und Racheakten ihres Mannes litt. Wie auch immer, George Bernard Shaw war inzwischen nach Whitehall Court gezogen und kam oft zum Tee vorbei, da sie ihn amüsierte, und Frere, der im Chalet wegen seiner Jugend geneckt worden war, gab für sie eine Debütanten-Party, auf der sie die *débutante* spielte.

Tagebuch eines Sommers erschien anonym, ohne Autorennamen auf dem Umschlag, was für Elizabeth üblich war, doch enthielt das Buch auch sonst keinen Hinweis auf die Verfasserin. Natürlich war es ein offenes Geheimnis, daß Elizabeth es geschrieben hatte, doch stritt sie die Autorschaft ebenso heftig wie hartnäckig ab – aus Angst, daß Francis gegen das Buch rechtliche Schritte einlegen könnte. Wenn es um den prozeßsüchtigen Francis ging, verhielt sie sich immer streng nach den Anweisungen ihres Anwalts. Das Buch wurde sofort zu einem Kultbuch, weil es so wenig Handlung, aber um so mehr Atmosphäre enthielt, was damals als avantgardistisch verstanden wurde. Die Kritiker nannten es »scharfzüngig«, »humorvoll« und »inspirierend«. Francis, der, wie seine Frau vorhergesagt hatte, nur noch darüber nachdachte, wie er ihr schaden konnte, schrieb eine Parodie über das Buch und schickte sie an alle ihre Freunde. Er schickte auch eine Bibel an Elizabeth, in der jede bekannte Wendung über untreue Frauen unterstrichen war. Darüber konnte sie nur noch lachen, weil *er* ja untreu gewesen war, bis sie es nicht mehr ausgehalten hatte. »Armer Francis«, war ihre schlichte Reaktion, und sie erzählte nur ihren engsten Freunden davon.

Leider konnte sie Katherine Mansfield nicht sehen, da ihr Arzt sie ins Ausland geschickt hatte, aber durch Frere, dessen Zuneigung ihr schmeichelte, machte sie die Bekanntschaft vieler junger Leute seines Kreises. Wolkov stellte sie seinen Freunden vor, zu denen Nijinskij gehörte; alle fanden sie geistreich und umwerfend, und jedermann mochte sie sofort. Bei den meisten ihrer sogenannten Freunde von früher war Elizabeth geächtet, aber sie machte wie stets gute Miene zum bösen Spiel. Die Gesellschaft, die sich vor ihrer Ehe mit Francis auf Elizabeth gestürzt und sie umschwärmt hatte, hielt sich nun bedeckt, weil sie den schlimmsten gesellschaftlichen *faux pas* begangen hatte – sich nämlich in einen Skandal verwickeln zu lassen, der zur Parteinahme verpflichtete.

Beverley Nichols, der freundschaftlichen Verkehr mit Gastgebern der literarischen Salons pflegte, sah Elizabeth als eine in einem frühviktorianischen Salon weilende Gestalt, die den leidenschaftlichen Dialogen lauscht, die vor ihrem Fenster geführt werden: »Die Stimmen heben und senken sich, der Regen schlägt gegen die hellen Fensterrahmen, der Wind heult und pfeift um die soliden Mauern. Dann tritt plötzlich Ruhe ein, und in der Stille hört man das Kratzen ihres kleinen Füllfederhalters ... der in einer eleganten Wendung das Geräusch des Donners einfängt. Und wenn sie mit Schreiben fertig ist, steht dort auf dem Papier eine Geschichte voller Spannung, Furcht und Schrecken wie in den gebrochenen, leidenschaftlichen Sätzen der Emily Brontë.«

Nichols war von Elizabeths Stimme fasziniert und suchte nach einem Notensystem, um das genaue Timbre festhalten zu können. Er empfand ihre Stimme als so köstlich »wie die einer enttäuschten Taube, die zu lange auf einem französischen Hut gehockt hat«. Ihr »u« klang seiner Meinung nach französisch, und eigentlich sprach sie nicht, sondern gurrte. »Wahrscheinlich konnte keine andere Frau ihre Bemerkungen in derart süßen Tönen hervorbringen«, meinte er. Sie hatten sich bei einer Party kennengelernt, zu der sie zwanzig Minuten zu spät erschien. Die Tür ging auf, »eine kleine Gestalt mit blauen Augen schwebte über den Boden und sagte: ›Verseihen Sie mir, bittä. Isch habe misch verspätet.‹« Er war entzückt und schloß Freundschaft mit ihr. Elizabeth bemerkte über den jungen Mann, der ein ehrgeiziger sozialer Aufsteiger war, daß er »wie eine Winde kletterte und kletterte und aufblühte, als er oben war«.

Er sprach sie auf die Autorschaft von *Tagebuch eines Sommers* (*In the Mountains*) an. »*In the Mountains*?« antwortete sie, »das klingt wie ein Reiseführer ... Sie glauben zu wissen, daß ich es geschrieben habe, aber ich habe es nicht einmal gelesen. Und wenn es Ihnen gefällt, muß es sich um ein unpassendes Buch handeln. Ich sollte es also besser nicht lesen.« Jegliche Vermutung, sie sei die Autorin, wehrte sie damit ab, daß sie furchtbar langsam schreibe und doch soeben erst ein Buch publiziert habe! Jedenfalls arbeitete sie an einem Theaterstück. Sie sprach oft davon, ein originales Stück zu schreiben, das keine Dramatisierung eines ihrer Romane war. Es sollte aus vielen kleinen Szenen bestehen, die nicht länger als fünf Minuten dauerten und von Bach-Fugen unterbrochen wurden. Es sollte extravagant, zerbrechlich und wunderbar leicht sein und die kleinen Tragödien und Komödien des täglichen Lebens zeigen; manche Szenen sollten sogar stumm gespielt werden. Sie vollendete es jedoch nie.

Einige Wochen später war sie im schönen elizabethanischen Haus Poling der Familie Johnson zu Gast. Frank Swinnerton war ebenfalls anwesend und keineswegs schockiert, als Elizabeth ihm beim Frühstück am ersten Morgen auf gewohnt gedehnte, spielerische Weise sagte: »Mr. Swinnerton, Sie müssen heute nacht mit mir schlafen, oder wir müssen die Zimmer tauschen.« Sie sagte, sie sei nachts wachgeworden und habe die merkwürdige Wahrnehmung gehabt, daß sich unter ihr ein schwarzer Abgrund geöffnet habe, der direkt in die Unterwelt hinabführe. Sie sei nicht die erste Person, die diese Erfahrung gemacht habe, sagten die Johnsons, und es gebe noch mehr Geschichten wie die einer mysteriösen Prozession von Mönchen über den Rasen, worüber die Haushunde immer außer Rand und Band gerieten. Elizabeth, die nichts von Aberglauben hielt, glaubte kein Wort. Lady Johnson, die daran glaubte, las Elizabeth aus der Hand und erzählte Swinnerton später, daß sie sich nicht getraut hätte, Elizabeth zu sagen, daß ihre Erfolge zu Ende gingen. Es stimmte allerdings auch nicht, denn ihre besten und erfolgreichsten Romane sollten erst noch erscheinen.

Einschließlich Weihnachten und Neujahr verbrachte Elizabeth in jenem Winter fast jeden Tag mit Frere und Wolkov. Sie gingen tanzen und ins Theater, zum Essen, zum Tee und zum Dinner, und wenn sie nicht wußten, was sie anfangen sollten, blieben sie und Frere in Whitehall Court und spielten Schach. Wegen der von Francis inszenierten Verleumdungskampagne gab es nur wenige Personen, die ihre Zeit in Anspruch nahmen, und außerdem hatte Frere sie gesellschaftlich wie emotional befreit. Obwohl sie sich in Begleitung ihres jungen Freundes wohlfühlte, hatte sie doch das Gefühl, daß es in Freres Bewunderung und Abhängigkeit von ihr ein Ungleichgewicht gab.

Mitte Januar 1921 verließ sie England und fuhr wieder in die Schweiz. Als sie ankam, bedeckte der Schnee alles wie eine »liebliche Perlendecke«, und sie war, wie schon so oft, davon überzeugt, daß ihr Leben im Zeichen von Güte und Gnade stand. Sie beschloß, sich wegen Frere einer strengen Selbstprüfung zu unterziehen. Sie war für ihn zu einem anbetungswürdigen Ideal geworden, und in jenem Winter schrieb er ihr: »Ich bin von Träumen gefesselt, Träumen des Unmöglichen. Dennoch – ›Ihr seid so wahr, daß bereits Gedanken an Euch genügen, Träume wahr und Fabeln Wirklichkeit werden zu lassen.‹ Sind Sie nicht froh, idealisiert zu werden – selbst von einem so unvollkommenen Geschöpf wie mir?«

Elizabeth wußte, daß sie nach vielen Kämpfen als alleinstehende Frau, ohne Mann oder Liebhaber, endlich in ihrem Bergnest einen Zustand der Zufriedenheit, sogar des Glücks erreicht hatte. Doch in Gesellschaft Freres blühte sie auf, stärker vielleicht, als es einer getrennt lebenden Vierundfünfzigjährigen angemessen war, aber sie genoß es. Schließlich faßte sie den Entschluß, ihn nicht länger über den Altersunterschied im unklaren zu lassen, beobachtete ihn jedoch weiterhin mit »Überraschung, amüsiertem Wohlwollen und nur gelegentlicher Enttäuschung«, wie Liebet in ihren Erinnerungen schrieb. *Vera*, berichtete sie Frere, habe ihr mißfallen, als sie den Roman nach der Weihnachtspause wieder vorgenommen habe, und daß sie daran denke, ihn im Regal liegenzulassen und nach Argentinien zu fahren. Er antwortete, daß er dann auf ihre Rückkehr warten würde: »Arme Vera. Hat sie nichts Besseres verdient, als liegenzubleiben?« schrieb er aus dem Christ's College in Cambridge. Während dieses Semesters schien die Situation für ihn dort sehr schwierig zu sein, und die Zeit schleppte sich nur mit Schritten von »bleierner Ewigkeit« voran. Er hatte das Gefühl, daß er ohne Elizabeths starken Einfluß seine Sachen gepackt hätte und geflohen wäre. Er schrieb ihr: »Jetzt verstehe ich die Kraft und Macht der Religion. Es ist sehr angenehm, eine Religion zu haben – für mich ist es lebensnotwendig, und eine Religion benötigt eine

Gottheit, in meinem Fall die Vergöttlichung einer Person, und Sie wissen genau, um welche Person es sich handelt.«

Seine Briefe glühten vor Verehrung. Obwohl sie es ihm nicht eingestand, freute sie sich doch darüber, denn sie fühlte, daß es hier endlich einen Mann gab, mit dem sie sich immer wohlfühlen konnte. Er war kein Pa-Mann, den die Beauchamp-Frauen so gern heirateten und von denen sie bereits zwei geheiratet hatte. Er war ein verständnisvoller Mann und dazu fähig, die großen Wahrheiten des Lebens durch eigene Erfahrung zu lernen. Seit dem Erfolg von *Elizabeth und ihr Garten* neigte sie dazu, ihr Leben als eine Ansammlung literarischer Erfahrungen zu betrachten. Als sie älter wurde, war sie noch weniger in der Lage, einer Gelegenheit zu widerstehen, die sie später als Episode in einem ihrer Romane auswerten konnte. Das zeigt sich auch in ihrem nächsten Roman *Liebe*, der von Frere handelt und den sie ursprünglich mit dem Untertitel *Nie hätte ich das tun sollen* publizieren wollte.

Inzwischen glaubte sie allerdings, daß Frere im Laufe der Zeit zur Vernunft kommen würde; sie unternahm nichts, sondern konzentrierte sich auf den Roman *Vera*, den sie wieder aufnahm. Anfang März schloß sie ihn ab: »Habe das arme Herzchen endlich so zurechtgemacht, daß ich es an Macmillan senden kann«, schrieb sie in ihr Tagebuch (sie hatte sich von Macmillan getrennt und *Priscilla und das Haus in Devon* bei Smith & Elder veröffentlicht, war aber mit *Christine* zu Macmillan zurückgekehrt). Dann schrieb Elizabeth an Maud Ritchie und lud sie zu sich ein; sie flunkerte ihr vor, daß sie mit dem Buch noch nicht fertig sei und bis zum Sommer bleiben wollte, statt London ihren üblichen Besuch in der weniger attraktiven Übergangszeit des Frühlings abzustatten. Sie hoffte, daß diese Nachricht zu Frere durchsickern würde, was auch geschah. Sie fügte hinzu, daß sie und Clifford Allen, der immer noch im Chalet wohnte und natürlich in Elizabeth verliebt war, »göttliche Wochen herrlichen Wetters hatten. Ich bin froh, daß ich bei den verschiedenen Gelegenheiten, als ich mir gewünscht hatte, tot zu sein, nicht gestorben bin; denn dann hätte ich ja wohl das gute Wetter nicht mehr erlebt ... Armer L. G. (Lieber Gott, wie Frere immer noch genannt wurde) – ich habe in letzter Zeit nichts mehr von ihm gehört und fürchte, daß er sich elend fühlt ... «

Frere war in der Tat äußerst deprimiert, weil er annahm, daß seine leidenschaftlichen Briefe in den vergangenen Monaten sein Idol schockiert und seine Chancen verdorben hatten, im Sommer wieder ins Chalet eingeladen zu werden. Außerdem hatte er Gerüchte über Clifford Allen und Elizabeth gehört und kam sich wie ein dummer Junge vor. Inzwischen fuhr Elizabeth mit ihrem Gast für eine Woche zum Ortasee, wo Allen ein Haus für sich fand und aus dem Chalet auszog.*

Ungeduldig suchte sie danach einen Ort in Italien, wo sie sich mit Maud im April aufhalten konnte, da der Monat wegen der Schneeschmelze in der Schweiz unerträglich war. Es mußte ein Ort sein, an dem sie arbeiten konnte, waren doch das prächtige Wetter, die Mimosen und blühenden Obstbäume einfach zu schön, um nicht detailliert und entspannt beschrieben zu werden. Dann erfuhr sie, daß in der Nähe von Rapallo ein malerisches Castello (mit dem weniger malerischen Namen Castello Brown) für den April zur Verfügung stand, und sie mietete es von dem Besitzer Francis Yeats Brown. Eine Woche später zogen die beiden Frauen, begleitet von Mary Mallet, die sie erst einige Tage zuvor kennengelernt hatten, ein; sie war eine amüsante, wenn auch etwas redselige *raconteuse*, die Hofdame der Queen Victoria gewesen war. Am 3. April begann Elizabeth mit der Niederschrift von *Verzauberter April*, der ihr beliebtester Roman werden sollte. Jede Seite, die mit dem Castello zu tun hat, kündet von der Heiterkeit und Schönheit des Orts. Die Geschichte ist rührend, heiter, romantisch, zugleich aber eine Farce; alles in allem ist der Roman das genaue Gegenteil von *Vera*.

Vier Frauen fassen darin den Entschluß, ihr ödes Leben und ihre noch öderen Ehemänner und Liebhaber zu verlassen, und verbringen einen Monat in dem schönen, mittelalterlichen, weinbewachsenen Schloß San Salvadore in Italien. Es dauert

* 1938 erlitt Allen einen Nervenzusammenbruch. Elizabeth, die inzwischen in Frankreich lebte, bot ihm das Chalet an, damit er sich dort erholen könnte. Er hielt sich mehrere Monate dort auf und nahm sich dann, vermutlich wegen der ungeheuren Einsamkeit, das Leben.

nicht lange, bis die verlassenen Männer auftauchen; es kommt zu abenteuerlichen Verwechslungen, aber alle werden durch die Schönheit des Orts verändert. Als Lotty, die Heldin, ankommt, »lag ihr all der strahlende Glanz Italiens im April ausgebreitet zu Füßen. Die Sonne ergoß sich über sie. Das Meer schlummerte darin, fast unbewegt. Jenseits der Bucht ruhten auch die lieblichen Berge, reich an Farbnuancen im Licht; und unterhalb ihres Fensters, am Fuße des blumenübersäten Grashügels, aus dem sich die Mauer des Castellos erhob, stand eine große Zypresse, die wie ein großes schwarzes Schwert durch die zarten Blau-, Violett- und Rosatöne der Berge und des Meeres schnitt ... Weit draußen in der Bucht trieb eine Schar von Fischerbooten, fast ohne Bewegung, wie ein Schwarm weißer Vögel, auf dem ruhigen Meer.«

Bald belebte sich die Küste mit alten und neuen Freunden, und man verbrachte den Monat in einem wahren Beziehungstaumel. Elizabeth lernte Max Beerbohm kennen und freundete sich mit ihm an. Einmal besuchte sie ihn unangemeldet, als sie in der heißen Sonne oberhalb seines Hauses spazierenging und dann zu dem ahnungslosen Genie hinunterstieg, das allein war, weil seine Frau für einen Tag nach Genua gefahren war. Elizabeth saß mit ihm auf der Terrasse, schaute übers Meer, schlürfte goldenen Honigwein und hörte ihm begeistert zu. Später zeigte er ihr noch Bilder für seine bevorstehende Ausstellung in London. Er stellte seine neue Freundin auch einem alten Freund vor, George Norman Douglas, dem Autor des Bestsellers *South Wind* (dt.: *Sirokko*), aber obwohl er brillant plauderte und sie offensichtlich sehr mochte, gefiel er Elizabeth nicht. Als Douglas fragte, ob er das Chalet besuchen könne, wich Elizabeth aus.

Ende April beschloß Elizabeth, einen weiteren Monat in Italien zu bleiben, um der Schweizer Einkommensteuer zu entgehen. Am 1. Juni kehrte sie zurück, »schrecklich glücklich und aufgeregt, wieder im geliebten Chalet zu sein«, notierte sie im Tagebuch. Erst Ende Juni schrieb sie wieder an Frere. Er hatte einen Teil der langen Ferien in Loiret in Frankreich verbracht und sie mit Briefen und Postkarten bombardiert, weil »es das Zweitbeste ist, Ihnen zu schreiben, das Beste aber, von Ihnen zu hören«. Sie hatte statt dessen vorher Katherine Mansfield geschrieben, die sich in der Nähe im Hotel Château Bellevue in Sierre aufhielt. Elizabeth lud sie und John Middleton Murry ins Chalet ein, als aber keine Antwort kam, schrieb sie schließlich Frere, lud ihn ein und sagte ihm, daß es in diesem Jahr keine große Hausgesellschaft geben würde. Er antwortete ekstatisch, daß er übermorgen ankommen werde.

Am 15. Juni stieg John Middleton Murry zum Chalet empor; er hatte eine Nachricht seiner Frau dabei, mit der sie sich dafür entschuldigte, den Brief ihrer Cousine nicht beantwortet zu haben, was »einfach furchtbar hartherzig« gewirkt haben müsse. Sie erklärte, daß sie krank gewesen sei, als Elizabeths Brief kam, und ihn nicht beantwortet habe, weil sie sich zu sehr als Invalidin gefühlt habe, um unter Leute zu gehen; sie mache sich Sorgen, daß die Gastgeberin ihr deswegen böse sein könnte. Kurz darauf wohnten sie höher in den Bergen, »ein paar Almwiesen entfernt« vom Chalet Soleil, in einem Haus namens Chalet des Sapins, das der Mutter ihres Arztes gehörte.

Die Nähe der Beauchamp-Schriftstellerinnen erleichterte das Aufblühen einer Freundschaft, die den Bergen glich, in denen sie lebten: Stets zerklüftet und gefährlich, manchmal überwältigend und hoch produktiv, und gelegentlich, wenn die Nebel aufrissen, enthüllten sich unbeschreibliche Ausblicke. Katherine schrieb Lady Ottoline Morrell über ihr Leben dort: »Der einzige Mensch, den wir sehen, ist meine Cousine Elizabeth, die 1/2 Kraxelstunde entfernt wohnt. Wir tauschen Chateaubriand und Körbe mit Aprikosen aus und führen gelegentlich lange Gespräche, die ziemlich Gesprächen im späteren Leben ähneln, wie ich sie mir vorstelle ... nostalgisch und grüblerisch – obwohl Gott weiß, worum es sich überhaupt dreht.«

Man mußte damit rechnen, daß die Beziehung zwischen den beiden Schriftstellerinnen nicht leicht sein würde, war doch Elizabeths Mißtrauen fast genauso groß wie Katherines Vorbehalte. Daß es dennoch funktionierte, lag daran, daß sie Dinge entdeckten, die beiden gemeinsam waren: äußerst wählerisch in ihrem Umgang, Ordnungsliebe, das Bedürfnis, viel allein zu sein, und die in der Familie liegende, instinktive, fast identische Sensibilität für Schönheit. Sie liebten auch die gleichen Dichter, besonders Shakespeare, Wordsworth und Keats. Allerdings ergab sich das Problem, daß ihre Ansichten über Leben und Schreiben stark voneinander abwichen. Katherine schrieb in ihrem Tagebuch:

»Aber der späte Abend ist die Zeit – der Zeiten. Mit dieser unirdischen Schönheit vor Augen ist es nicht schwer zu erkennen, wie weit man kommen muß. Etwas zu schreiben, das jenes aufgehenden Mondes, jenes blassen Lichts würdig wäre. ›Einfach‹ genug sein, wie man einfach wäre vor Gott.«

So ein Gebet wäre Elizabeth nie in den Sinn gekommen, da sie dessen kaum bedurfte. Das Leben hatte sie in der extrovertierten Robustheit bestärkt, die ein Erbe der Beauchamps war, während es in Katherine die gleiche Eigenschaft fast ausgelöscht hatte. Elizabeths Bücher sollten ihren Glauben verbreiten, daß allen, außer den Unwürdigen und Verblendeten, das Glück zuteil werden konnte. Das Motto auf ihren Ex-Libris lautete *Chanterai Ma Chanson*, aber im Gespräch mit Katherine hielt sie lieber unter Verschluß, was wie ein allzu simpler Glaubensartikel gewirkt haben müßte; in Gegenwart »dieses so tragisch an den Rand gedrängten Geistes« schien ihr Motto wie eine leichtfertige Anmaßung zu wirken.

Elizabeth hatte Probleme mit *Verzauberter April*, der ihr, verglichen mit dem Genie über ihr auf dem Berg, nun wie eine Nichtigkeit vorkam. Dennoch vollendete sie das Buch im Juli; sie hatte es in nur drei Monaten geschrieben, »und als ich den letzten Punkt hinter das Wort ›Ende‹ tippte, brach meine Schreibmaschine zusammen! Nett von ihr, so lange gewartet zu haben«, schrieb sie in ihr Tagebuch. Sie packte das Manuskript sofort ein, schickte es an Macmillan und bereitete sich auf ihre Gäste vor. Erst kam Frere, dann Hugh Walpole, Maud Ritchie, Anna Paues, Festing Jones und Edward Strutt.

In diesem Sommer hatte Hugh Walpole unter den Kritiken seines neuen Romans *The Thirteen Travellers* zu leiden, der nicht gut aufgenommen wurde. Seine Gastgeberin, im Hinblick aufs Schreiben immer gnadenlos, machte auch bei Hugh keine Ausnahme, sondern erklärte ihm freimütig, das Buch sei daneben wie ein Teleskop, das nicht genau fokussiert ist. Sie empfahl ihm, drei einfache und schöne Bücher zu lesen: Hudsons *A Sheperd's Life*, Dorothy Wordsworths *Journals* und Hardys *Two in a Tower*. Die *Nation* veröffentlichte eine Kritik seines Buchs von John Middleton Murry, der es über fast drei volle Spalten wütend verriß und den Autor mit Schriftstellerinnen wie Ruby M. Ayres und Ethel M. Dell verglich. Murry ging noch weiter, indem er Walpole überhaupt als Schriftsteller in Frage stellte, sich über seinen Stil lustig machte, über seine Romantizismen, ja über seine Existenz als Künstler. Elizabeth konnte der Versuchung nicht widerstehen, Murry zum Tee mit seinem Opfer einzuladen. Anschließend schrieb Walpole in sein Tagebuch: »Ich verstehe, daß ich alles verkörpere, was ihm mißfällt – aber die Zeit wird mir recht geben.« Er ging mit dem Kritiker milde und geduldig um und schrieb dann seinem Freund Arnold Bennett: »Wenn meine Bücher unverkäuflich wären, wenn ich das Leben furchtbar tragisch fände und wie Tschechow schriebe, fände er mich wunderbar. Er ist ein schräger Vogel, sein ganzes Wissen stammt aus Büchern und seine Feierlichkeit ist verblüffend ... Murry hält es für schrecklich, daß ich mit der Welt, wie sie ist, glücklich bin – was soll ich machen, wenn es so viel Schönes gibt, so viel Aufregendes? Es ist doch nicht meine Schuld, wenn meine Erfahrung mit den Menschen mir sagt, daß sie alles in allem ein guter Schlag sind, der aus einer schwierigen Situation das Beste zu machen versucht.« Später schrieb ihm Elizabeth, die Beschwerden nie unkontrolliert durchgehen ließ: »Sie wissen selbst am besten, daß Ihre *Thirteen Travellers* kein Meisterwerk sind; und Sie wußten es so gut, daß Sie mir eben deshalb das Buch nicht gegeben haben. Weshalb sollte also Murry Ihre eigene Meinung nicht teilen?«

Als »Lieber Gott« war Frere genauso hilfreich wie im Vorjahr; allerdings beanspruchte er Elizabeths gesamte Aufmerksamkeit, was manchmal auf Kosten der anderen Gäste ging. Sie wurden bald »Kleines E« und »Kleines Oui« oder »E und Oui« genannt, weil Frere immer und überall zur Hand ging und weil Strutt Schwierigkeiten hatte, das »R« auszusprechen, so daß er den jungen Mann »Fwea-Weeves« nannte. Die beiden besuchten oft die Alm mit dem Birnbaum, auf der Stuart, Wells und Francis Elizabeth den Hof gemacht hatten, und irgendwann in jenem Sommer wurden sie ein Liebespaar.

Es dauerte nicht lange, bis Elizabeth merkte, daß sich hinter seinem urbanen und charmanten Äußeren eine ganz andere Person verbarg. Wegen seiner lieblosen Kindheit war er fürchterlich neurotisch und unausgeglichen, pessimistisch, ängstlich, übersensibel, mißtrauisch, und nie zuvor war er mit einer Frau auf eine Weise umgegangen, die man als Beziehung bezeichnen konnte.* Von seiner Gastgeberin erwartete er mehr oder weniger, daß sie sein Schicksal in ihre Hand nehmen und aus ihm einen neuen Menschen machen sollte, wenn er es auch nicht so deutlich ausdrückte. Ihre Gefühle für ihn waren eher mütterlicher als, wie zu Anfang noch, erotischer Natur. Sie achtete peinlich genau auf alles, was er sagte oder tat, und hoffte so innig, als wäre er ihr Sohn, daß er auf andere guten Eindruck machen möge.

Etwa jeden zweiten Tag ergaben sich zwischen Elizabeth und den Middleton Murrys Kontakte. Katherine war immer noch zu krank, um größere Entfernungen gehen zu können, und der Arzt hatte ihr verboten zu sprechen. John kam oft ins Chalet herunter, um Schach zu spielen, die Bibliothek zu benutzen oder auch um einfach über das »Problem Katherine«, wie Elizabeth in ihrem Tagebuch notierte, zu reden. Er machte sich nicht nur um ihre Hinfälligkeit und ihren tuberkulösen Zustand Sorgen, er erzählte Elizabeth auch, daß der Grund, warum er sie nicht in ein Sanatorium einliefern lassen wollte, nicht ihre Schriftstellerei war. Freres Erinnerung nach erzählte Murry Elizabeth, daß Katherine sich in einem Anfall von Selbstzerstörung oder gar Wahnsinn während des Kriegs als *poilu*, als französischer Sol-

* Im Krieg war Frere mit seinem Flugzeug abgestürzt, worauf er fast zwei Jahre in verschiedenen Krankenhäusern zubrachte, überzeugt, sein Leben hinge an einem seidenen Faden.

dat, verkleidet hatte, wie es die Marketenderinnen und Huren machten, und in die Schützengräben gegangen sei, wo sie sich mit Syphilis infiziert habe.* Im Licht dieser Enthüllungen revidierte Elizabeth weitgehend ihre Meinung über Johns Verhalten seiner Frau gegenüber, das sie als sehr mies empfand. Er kümmerte sich kaum um sie, ließ sie oft lange allein, war kleinlich in Geldangelegenheiten und betrog sie darüber hinaus noch.

Elizabeth besuchte Katherine oft und brachte meistens riesige Blumensträuße mit, so daß ihre Cousine fürchtete, daß der Garten des Chalets völlig geplündert werden würde. »Wenn ich nur meinen ganzen Garten den Hügel hinauffegen könnte bis zu eurer Tür«, gab Elizabeth zur Antwort. »Ihre vollendete, kleine Gebärde, als sie das sagte«, schrieb Katherine.

Frere mochte und schätzte Katherine nicht; er erinnerte sich, wie er einmal eine flüchtige Bemerkung über die Schönheit von Begonien gemacht hatte und sie ihm sofort einen Vortrag darüber hielt, daß er überhaupt nicht wisse, wie man solche Blumen schätzen könne, solange er nicht in dem Bewußtsein lebe, daß sein Tod nahe sei. Seiner Meinung nach beklagte sie sich dauernd über alles und jeden; über Elizabeths Gefühle für ihre Cousine meinte Frere, daß sie sich »möglicherweise mehr für sie schämte als alles andere«.

Im Verlauf des Septembers verschwanden die Gäste, und nur Frere blieb da. Am 16. des Monats erschien *Vera*, und Elizabeth schickte Frere mit einem Exemplar des Buchs und einem Blumenstrauß ins Chalet des Sapins. Einige Tage später riefen John und Katherine an, um ihr »wunderbare Sachen« über das Buch zu sagen, was Elizabeth starken Auftrieb gab. Die erste Kritik erschien dann allerdings in der *Westminster Gazette* und war nicht gut; die Autorin fühlte sich ein wenig verkannt, aber sie ertrug es gut. Vier Tage später erschien im *Times Literary Supplement* eine vernichtende Kritik, und Elizabeth versuchte den

* Entweder hat Murry Unsinn erzählt, oder Frere erinnert sich nicht korrekt. Tatsache ist, daß Katherine 1915 Francis Carco unter abenteuerlichen Umständen im Kriegsgebiet bei Gray besuchte. Zu dieser Zeit litt sie bereits seit Jahren unter einer verschleppten Gonorrhöe, die sie ihre »Arthritis« oder »Rheumatismus« nannte. Mit Syphilis hat sie sich nie infiziert.

ganzen Tag, sich »nicht zu ärgern, aber ich ärgerte mich doch«. Die Kritik warf ihr vor, »alle Regeln des Humors, des Mitgefühls und des Anstands außer acht gelassen« zu haben. Am nächsten Tag fuhren Elizabeth und Frere nach Pepinet; als sie zum Tee zurückkamen, erwartete John sie bereits auf der Veranda, völlig konsterniert wegen der Kritik im *TLS*. Er sagte, es sei heutzutage sinnlos, wahre, gute Arbeit abzuliefern, weil man dafür lediglich Verachtung ernte. »Natürlich, meine Liebe, wenn die Kritiker mit *Sturmhöhe* von Emily Brontë konfrontiert werden, dann wissen sie nicht, was sie sagen sollen.« Diese Bemerkung durchzuckte Elizabeth wie »die Wärme einer Flamme ... sie tröstete mich und richtete mich in einem Augenblick auf, als ich auf allen vieren kroch ... «, schrieb sie ihm später.

Es gab auch ein oder zwei positive Kritiken. Die *Pall Mall Gazette* nannte das Buch »einen alles in allem haltbaren Roman«, und der *Daily Express* meinte sehr richtig, daß es »das Meisterwerk dieser Autorin« war. Die Kritik im *New Statesman* stammte von Rebecca West; sie war zu Elizabeths Überraschung sehr fair und scharfsichtig, konnte es sich jedoch nicht verkneifen, mit einer Breitseite anzufangen: »Die Autorin von *Vera* hat so wenig Herz, daß sie, wenn sie Gefühle beschreibt, oft wie eine Hochstaplerin daherkommt.« Allerdings war Miss West eine zu erfahrene Kritikerin, als daß sie gute Literatur nicht erkannt hätte, und so zollte sie dem Buch Respekt, indem sie fortfuhr: »... doch verfügt sie über einen klaren, brillanten Verstand, der sie in die Lage versetzt, eine geistreiche, gut konstruierte Fiktion zu verfassen, eine Art funkelnder Euklid, den niemand berühren kann. *Vera* ist auf jeden Fall ein Ereignis ... Die Autorin hat ein bemerkenswertes kleines Buch geschaffen, weil sie den Mut hatte, sich über eine ausgelaugte literarische Konvention hinwegzusetzen. Sie hat darauf beharrt, daß es keinen Grund gibt, warum ein Buch nicht ebenso komisch wie tragisch sein darf. Ihr Buch entfaltet im wesentlichen einen komischen Charakter, einen Ehemann, der wie ein Sturm im Wasserglas ist, ein rüder, doch völlig domestizierter Boreas. Mit präzisem schwarzem Humor wird beschrieben, wie er feierlich seinen eigenen Geburtstag begeht, wobei er noch für unbeseeltes Eigentum patriarchalische Sorgfalt zeigt, indem er seine Bücher in verschließbaren Schränken und das Klavier unter Fließstoff aufbewahrt (›selbst die Füße steckten in einer Art Sportgamaschen‹), und seine ruhige, spöttisch gesinnte Dienerschaft herumkommandiert. Aber die Autorin weiß sehr wohl, daß das, was einem Zimmermädchen Spaß bereiten mag, für die Ehefrau tödlich sein muß. Sie ist mutig genug, diesen komischen Charakter sowohl mit einer toten Frau zu umgeben, die er mit seinem tyrannischen Auftreten in den Selbstmord getrieben hat, als auch mit der lebenden zweiten Frau, deren sensible Jugendlichkeit von ihm in die gleiche Richtung gedrängt wird, indem er sie dazu zwingt, in dem Haus zu leben, in dem ihre Vorgängerin sich umgebracht hat, und die ›anheimelnde‹ Grausamkeit wiederholt, die die Tragödie ausgelöst hat. Mit erstaunlicher technischer Eleganz erschafft sie das Wesen der toten Frau aus Spuren, die die lebende in dem Haus findet, in das beide nach ihren Flitterwochen gekommen sind: ›Die Bleistifte mit abgekauten Enden, abgekaut wie die Bleistifte eines Schulkinds‹, die auf dem Schreibtisch liegen, der in Veras Zimmer an genau dem Fenster steht, aus dem sie sich gestürzt hat; ihr Bücherregal, das mit Baedekern und Büchern vollgestopft ist, ›die weit entfernte, leuchtende Gegenden beschreiben‹, Bücher, die die arme Seele in ihrer zunehmenden Verzweiflung gelesen hat und von Reisen auf eigene Faust träumte, bis der fatale Tag kam, an dem sie begriff, daß es eine Reise gab, die sie ohne Furcht vor ihrem Mann und ohne dessen Begleitung antreten konnte. Durch die unsentimentale Beurteilung von Werten, durch den Verzicht, Wemyß weniger komisch darzustellen, weil er ein Mörder ist, beziehungsweise weniger mörderisch darzustellen, weil er komisch ist, erzielt *Vera* einen besonders bissigen Effekt. Der Roman ist zweifellos der erfolgreichste englische Versuch, makaber zu sein. Eine Schwäche des Buches besteht in der Charakterisierung der lebenden Frau. Die Autorin weiß ganz genau, daß ein junges, unschuldiges, feenhaftes Mädchen wie Lucy nicht in romantischer Liebe zu diesem albernen Pantoffelhelden erglühen dürfte. Die Entscheidung der Autorin, diese Heldin die Rolle spielen zu lassen, läßt den leisen Verdacht von Unsicherheit aufkommen; statt dessen hätte sie den nicht weniger glaubwürdigen, verständnisvollen Frauentyp wählen sollen, der um des lieben Friedens willen versucht hätte, die lautstarken Albernheiten des Mannes zu ertragen. Man erinnert sich einigermaßen alarmiert der Penetranz, mit der die Autorin uns im Klappentext an jene nicht allzu glaubwürdigen frühen Erfolge denken läßt, in denen unzählige müde Frauen aus ganz England kitschig durch ihre Gärten wandelten, als hätten sie eine besonders befriedigende Liebesaffäre mit ihrem Rittersporn gehabt. Es scheint fast so, als würde sie solche Vorstellungen durch die Leistungen dieses kleinen Werks zurücknehmen wollen. Wenn sie das harmlose Publikum vergessen könnte, das sie mit *Elizabeth und ihr Garten* gewann, und dem tieferen, unbezahlbaren Selbst Raum ließe, das sie zur Konzeption von Everard Wemyß anregte, wäre sie eine höchst bewundernswerte Satirikerin.«

Die andere Schriftstellerin, die Rebecca West in der gleichen Ausgabe rezensierte, war kurioserweise ebenfalls eine von H. G. Wells' Ex-Geliebten, Dorothy Richardson, die aber im Vergleich zu Elizabeth nicht so gut davonkam.

Bertrand las *Vera* mit wachsendem Entsetzen, so genau fiel die Entlarvung seines Bruders aus. Als er mit der Lektüre fertig war, beschloß er, seinen Kindern den Rat zu geben, nie eine Schriftstellerin zu heiraten. Sydney Waterlow schrieb, er halte das Buch für einen »Triumph«, und bewunderte »den vollständigen Verzicht auf alles Flaumige«, den sie sowohl stilistisch als auch inhaltlich erreicht hatte. Er verglich sein Vergnügen an dem Buch mit dem der Lektüre von Jane Austens Romanen. Sydney nahm Literatur sehr ernst und hätte sich nie zu einem unwahren Kompliment hinreißen lassen. Obwohl der gelegentliche Vergleich mit Jane Austen ihr schmeichelte, machte Elizabeth Frere gegenüber die Bemerkung, daß sie niemals wie Jane Austen würde schreiben können, selbst wenn sie hundert Jahre schriebe. Sie wußte, daß *Vera* ihr Höhepunkt war, wußte, daß sie nie wieder so gut schreiben würde, aber sie hatte auch nicht das Bedürfnis danach, weil sie es sich unter Qualen abgerungen hatte. Eine Freundin ihres Mannes rief sie an und fragte, wie sie sich unterstehen könne, ein derart unschmeichelhaftes Porträt von ihm zu zeichnen: »So böse kann er nicht gewesen sein« – worauf Elizabeth antwortete: »Er war noch schlimmer!« Swinnerton meinte, daß sie keinesfalls übertrieben, sondern sich gewaltig zurückgehalten habe. Mrs. Belloc Lowndes brachte vor, sie fände es nicht sehr nett von Elizabeth, solch ein Buch über ihren Mann geschrieben zu haben; das entsprach der allgemeinen Meinung, worauf Elizabeth in absichtlicher Verkennung der Wortbedeutung, die ihre Freundin gemeint hatte, antwortete: »Ich kenne mich selbst sehr viel besser, als du mich kennst, und ich glaube, ich bin wie die meisten Frauen recht nett.«

Katherine hatte Dorothy Brett geschrieben, daß sie das Buch für »erstaunlich gut« hielt: »Ich sitze auf dem Balkon und schreibe Dir zwischen Teetassen, Weintrauben, einem braunen, bohnenförmigen Brotlaib und einem Zopfkuchen mit Mandelcreme drin und Nüssen drauf. M. hat ihn liegenlassen, als er sich mit unserer Cousine Elizabeth getroffen hat. Sie erschien heute mit einem Blumenstrauß – nie hat eine kleinere Frau größere Blumensträuße getragen. Sie sah aus wie ein wandelnder Garten mit Astern, späten Gartenwicken, Levkojen und natürlich Petunien.

Sie trug ein Kleid wie ein Spinnennetz, einen Hut wie eine Beere – und Handschuhe, die mich an blühende Disteln denken ließen. Oh, wie ich das Aussehen der Menschen liebe – wie ich mich daran erfreue, wenn ich sie liebe. Ich trage Elizabeths Kleider nun in meinem Herzen, als ob sie zu ihren Blumen gehörten. Und wenn sie dann lächelt, erscheint ein verschmitztes Fältchen auf ihrer Nase – und niemals zuvor habe ich edlere Hände gesehen. Oh, Liebe, ich hoffe, wir schaffen es, daß sie unserem Leben erhalten bleibt. Es ist furchtbar, wie Freunde einfach verschwinden, und dann läuft man hinterher, um die Türen zu verschließen und die Jalousien herunterzulassen.

Aber zweifellos ist mir Elizabeth wichtiger, als ich es für sie bin. Sie ist umgeben, umzingelt von wunderbaren Freunden ... Ohne sie wären wir verloren im dunklen Wald.«

Die kratzbürstige Malerin antwortete, sie empfände das Buch als »kaltblütiges Gegeifere«. Katherine antwortete: »Es interessiert mich sehr, was Du über *Vera* sagst. Ist der Schluß nicht außergewöhnlich gut? Es wäre ein Leichtes gewesen, ihn zu vermasseln. Aber sie hat es richtig gemacht. Ich glaube, ich bewundere den Schluß am meisten. Hast Du nie einen Wemyß kennengelernt? Oh, meine Liebe, es gibt so viele davon! Die meisten Männer haben diesen Zug an sich. Und ich glaube bestimmt, daß Ehemänner und Frauen so reden. Gott, ja! ... es ist unglaublich, welche Dumm- und Tollheiten wir ertragen können, wenn wir glauben, verliebt zu sein. Nicht, daß ich die Wemyß-Sorte ertragen könnte. Nein. Aber ich kann völlig verstehen, wie Lucy sie erträgt. Sie konnte den ›Intellekt‹ ihres Vaters nicht ertragen, aber sie hatte Sinn für Humor (außer, wenn ihr Geliebter betroffen war). Mit Sicherheit hatte sie ihre eigene Meinung, und die Tante war auf der Beerdigung wegen des geisterhaften Effekts von Beerdigungen sehr benebelt! Sie sorgen dafür, daß noch das Härteste in uns schmilzt und rinnt. Aber zugleich ist Deine Kritik natürlich schrecklich gut ... nur noch eins, Hand aufs Herz, ich schwöre es: Niemals könnte Elizabeth von mir beeinflußt sein. Wenn Du wüßtest, wie diese Vorstellung sie abstoßen würde, wie unmöglich das für sie wäre! Es gibt in unseren Sätzen bestimmte Wendungen, die sich ähnlich sind, das liegt daran, daß wir Würmer derselben Familie sind. Aber das ist alles ... «

Francis schäumte vor Wut, als er *Vera* las, trug ständig ein Exemplar mit sich herum, sprach Leute im Club darauf an, wies auf bestimmte Abschnitte hin und fragte sie, ob das etwa eine wahre Beschreibung seiner selbst oder des Telegraph House sei. Wells stimmte dem schäumenden Earl zu, daß in seiner Halle keine Photographien sämtlicher Vorfahren hingen. »Aber sind Sie es?« insistierte er milde. »Bah!« antwortete Francis und merkte, daß das Porträt seiner Frau ihm schwer zu schaffen machte. Er drohte mit rechtlichen Schritten, und Macmillan bekam Schreiben seiner Anwälte. Der Verlag freute sich über die Möglichkeit eines Prozesses, weil man dann *Vera* tausend- und abertausendmal verkauft hätte. Elizabeth lachte nur über die Absicht. Ungerührt, ruhig und wie stets mit großäugigem Unschuldsblick, sagte sie: »Wenn die Mütze ihm paßt ... Wie albern von Francis! Wenn er mich verklagt, gehe ich einfach in den Zeugenstand und sage: ›Natürlich ist es nicht Francis!‹« An Liebet schrieb sie: »Stell Dir das arme, kleine Ding vor, das ich gewesen wäre; über die Brüstung des Zeugenstands hätten nur meine kleinen Äuglein oder die Spitze meines Näschens hervorgelugt!«

Francis' Anwälte überzeugten ihn, die Sache fallenzulassen, aber statt dessen verklagte er seine Frau, weil sie ihn verlassen hatte. Keiner seiner wütenden Versuche, sie noch einmal in den Zeugenstand zu bekommen, war mehr erfolgreich; sie hatte nicht die Absicht, weiter auf ihn einzugehen, und sah auch keine Notwendigkeit, sich scheiden zu lassen. Gleichwohl verbreitete sich, wie es wohl unvermeidlich war, im Publikum das Gerücht, bei dem Buch handele es sich um ein Porträt des Gatten der Verfasserin – was die Verkäufe von *Vera* dramatisch ansteigen ließ.

Der Schatten des Tals

Katherine Mansfield

John und Katherine ertrugen den Wintereinbruch in Montana mit stoischer Gelassenheit. »Wenn so die Übergangszeit aussieht, dann tut man gut daran, ihr aus dem Weg zu gehen«, schrieb Katherine ihrer Cousine, die genau das getan hatte. »Das Schlimmste ist aber, daß auch unsere Gehirne eingefroren sind.« Elizabeth, die wieder einmal in London von ihren Freunden umgeben war, sah die beiden wie durch ein umgedrehtes Opernglas, »winzig kleine, entfernte Figuren«, von Unschuld wie von einer Art Heiligenschein umgeben, die strickten, sich in Jane Austen versenkten (deren Romane sie sich aus dem Chalet geliehen hatten) und in unregelmäßigen Abständen Weisheiten von sich gaben. Sie schrieb ihnen lange, witzige Briefe über das goldene Leben, das sie führte, und das zitternde Paar las sie mit großen Augen. Katherine schrieb zurück: »Ich stelle mir vor, wie Du in eine Kutsche steigst, ins Theater fährst, zwischen Spiegeln, glitzernden Kerzenleuchtern und süßen, entfernten Klängen speist ...«

In Begleitung Freres fuhr Elizabeth nach Stratford-upon-Avon. Es war ihr erster Besuch dort, der von John Middleton Murrys Interesse an Shakespeare angeregt worden war, über den er ein Buch schreiben wollte. Zusammen mit Frere sah sie *Hamlet*, las *Lear* in einem Stechkahn auf dem Fluß, stahl etwas von Ann Hathaways Klatschmohn und saß lange gedankenversunken auf dem Friedhof. Sie berichtete alles ausführlich ihren beiden Freunden in der Schweiz und schloß den Brief mit einem PS, das vielleicht ihr einziger überlieferter Kommentar über Francis' Nachstellungen ist: »Ich bemühe mich nach Kräften, nichts von dem, was Francis tut, nichts, in was er mich hineinziehen will, an mich herankommen zu lassen – nicht an mein Ich herankommen zu lassen, damit es nicht verletzt wird, damit *das* nicht verletzt wird.«

H. G. Wells gab im Thackeray Hotel in Bloomsbury einen Empfang für Charlie Chaplin und Tschaljapin, den Elizabeth in

Begleitung von Lady Ottoline Morrell und ihrem Kreis besuchte, zu dem Elizabeths Neffe Sydney Waterlow gehörte, der inzwischen für das Außenministerium arbeitete, sowie Mark Gertler, der junge, jüdische Maler, und Dorothy Brett. Elizabeth lernte Samuel Koteliansky kennen, den Übersetzer Tschechows und Freund Gertlers und Katherines. Er hatte mit Gorki korrespondiert und kannte sich bestens in russischer Literatur aus, die damals sehr *en vogue* war. Seine ruhigen, entschlossenen Abneigungen kamen Elizabeth so erfrischend vor, daß sie ihn zum Tee einlud. Er kam etwas zu früh am Whitehall Court an und wartete in dem riesigen, unübersichtlichen Gebäude im falschen Empfangsraum auf seine Gastgeberin. Elizabeth erwartete ihn jedoch in ihrer Wohnung; »beide machten sich Sorgen umeinander«, schrieb Elizabeth an Katherine, und begegneten sich nie wieder.

Sie besuchte Bertrand und dessen hochschwangere Frau Dora, die es sich in einem kleinen Haus in Chelsea gemütlich gemacht hatten. Dora stand unmittelbar vor der Geburt des Kindes, das eines Tages der vierte Earl werden sollte; das Haus war voller »winziger Jäckchen und Nachthemdchen und Puderschwämmen und Wiegen, und Bertie sah vollkommen glücklich aus«, schrieb Elizabeth an Katherine. Er erzählte Elizabeth von einem Manuskript aus dem Jahre 1065, auf das er neulich gestoßen sei und in modernes Englisch übersetzt habe, weil der Text genau seine Gefühle eigenen Kindern gegenüber ausdrücke: »Wenn ein Kind geboren wird, wünschen sich die Eltern, daß es intelligent ist. Ich, der ich mein Leben durch Intelligenz ruiniert habe, hoffe inständig, daß meine Kinder in Unwissenheit und Dummheit aufwachsen, um später eine erfolgreiche Karriere mit dem Posten eines Kabinettsministers krönen zu können.«

Elizabeth traf sich mit Arnold Bennett zum Dinner, und sie sprachen über Hugh Walpole. Murrys Artikel in der *Nation* über Walpole hatte dazu geführt, daß sich die geballte Verachtung des Literaturbetriebs auf ihn entlud: Man neidete ihm schon lange den Erfolg, neidete die Tatsache, daß er mit seinen Büchern nie ringen mußte und daraus auch kein Geheimnis machte, daß er in seinen Manuskripten nie Korrekturen nötig hatte, daß er gegen den elegischen Trübsinn völlig immun war, den seine weniger erfolgreichen Kollegen als unabdingbare Begleiterscheinung des Gewerbes ansahen. Und glücklich war er auch noch! Manche hielten ihn für einen Oberscharlatan, während andere, wie Elizabeth und Bennett, ihn persönlich schätzten, aber mit seinen Büchern nichts anfangen konnten.

Walpole wollte zu Ehren seiner großen Liebe, des Wagnertenors Melchior, einen Empfang geben, der unglücklicherweise mit einem Empfang der Countess in Devonshire House zusammenfiel. Elizabeth fragte Bennett, ob er zu Walpoles Party gehen werde, woraufhin er »etwas Negatives herausschrie«. Arnold Bennett erzählte Walpole, daß er sich im Ausland aufhielte, ging jedoch zum Empfang nach Devonshire. Als Walpole dies erfuhr, war er verletzt, verzieh in seiner Großzügigkeit jedoch seinem Freund. Elizabeth, die zu beiden Empfängen geladen war, ging erst zu einem von Sibyl Colefax gegebenen Dinner und anschließend zu Walpole; sie war der Ansicht, das Leben sei zu kurz, um Parties zu versäumen (oder um Proust zu lesen, der soeben den letzten Band seines Romans *Auf der Suche nach der verlorenen Zeit* veröffentlicht hatte). An jenem Abend hörte sie, wie eine junge Frau ihrem Mann zuzischte: »Wemyß mich bloß nicht!«, was Elizabeth erheiterte.

Später schrieb sie an John und Katherine: »Es ist rauh und dunkel hier, der Wind heult über dem Fluß. Eigentlich sollte ich deprimiert sein, aber ich bin glücklich. Der ganze Schrecken des Lebens interessiert mich so ungeheuer, daß ich mit den Freuden des Lebens spiele. Die Dinge sind so absurd, überall so phantastisch furchtbar, daß sie keine Reaktion erzeugen, die wärmt. Man wehrt sich dagegen, und indem man das tut, katapultiert man sich zu den Sternen hinauf. Aber ich bin nicht gern glücklich, weil es bedeutet, daß es keinen Unterschied zwischen meinen Vorstellungen und denen Hughs gibt ... er ist aber ein sehr einnehmendes Wesen.« Vielleicht hatte sie mit diesen Behauptungen die Götter herausgefordert, hatte sie doch bald Grund genug, ihre Haltung zu revidieren.

Am Sonnabend nach Walpoles Empfang fuhr sie nach Cambridge, um ihm bei einer mittäglichen Diskussionsrunde der

Union zuzuhören. Mit Frere, der seine Examen bestanden und eine Stelle bei den *Evening News* bekommen hatte, aber zögerte, die Gemütlichkeit Cambridges zu verlassen, und lieber zwischen hier und London pendelte, wollte sie ein spätes Mittagessen zu sich nehmen. Da sie vergessen hatte, für die Zugfahrt eine Zeitung zu kaufen, entging ihr der Bericht, daß ihr Bruder Sydney in der Mall Road von einem Omnibus überfahren worden war. Als Frere, der sie am Bahnhof abholte, sie munter aus dem Zug steigen sah, wußte er, daß sie keine Ahnung hatte und enthielt ihr die Nachricht vor, um ihr den Tag nicht zu verderben. Als sie wieder in London war, las sie es in der Abendzeitung und war erschüttert.

Unter allen Toten der von ihr geliebten Menschen betrauerte sie Sydney am meisten. Tagelang schloß sie sich in ihrer Wohnung ein, sah niemanden, schrieb nicht einmal Tagebuch. Sie trauerte still und intensiv um ihn, und alle, die sie kannten, bemerkten, daß sie sich verändert hatte, als sie wieder in ihrer Mitte auftauchte. Sie war jetzt ernsthafter, flirtete weniger, neigte weniger zu Spott und Frotzeleien und wurde merkwürdigerweise in ihren Gesprächen intelligenter, als ob mit ihrem Bruder auch ihre Kindheit von ihr gegangen sei. Sie und Charlotte waren jetzt ganz allein auf der Welt; denn sie, die einmütig ihre Ehemänner verlassen hatten, hatten sich um Hilfe, Rat und Trost stets an Sydney gewandt.

An John und Katherine schrieb Elizabeth: »Ich habe ihn so sehr geliebt; ich kann mich nicht erinnern, daß ich mich je mit ihm gestritten hätte oder er sich mit mir, niemals, bis zurück zum allerersten Anfang ... Hunderte und aber Hunderte von Menschen, von denen ich nie zuvor gehört habe, die ihm aber die gleichen Gefühle entgegengebracht haben wie wir, haben furchtbar getrauert.« An Liebet schrieb sie: »Er bestand nur aus Liebe – ich kann keine schwache Stelle in seinem Charakter entdecken, habe ihn nicht einmal auch nur ungeduldig erlebt. Er war ein Kind des Lichts und hatte ein so glückliches Leben – gut, er ist von uns gegangen, und es war wunderbar, ihn gekannt zu haben. Ich kenne keinen anderen Mann, der so gut war; ich glaube, es gibt keinen, weil seine Güte so strahlend war. Wie er lachen konnte!«

Vor langer Zeit hatte es einen Vorfall gegeben, der nun ein merkwürdiges Licht auf die Umstände von Sydneys Tod warf. Als Katherines Vater, Sir Harold Beauchamp, 1889 zum ersten Mal aus Neuseeland nach London kam, war es Mode, daß Gentlemen auf der Straße Zylinder trugen. Als Sydney Sir Harold begegnete, trug er einen sogenannten *hard hitter*, einen steifen Filzhut. Sydney sah ihn voller Verachtung an und rief: »Um Gottes willen, Harold, mach's wie wir und setz dir einen Zylinder auf, sonst hält man dich für einen Laufburschen oder Vertreter. Ich bete darum, daß ich meinen Zylinder fest auf dem Kopf haben werde, falls ich einmal auf der Straße tödlich verunglücken sollte.« Und seltsamerweise trug er seinen Seidenhut, als man ihn nach dem Unfall aufhob, genau so auf dem Kopf, wie er es im Gebet erfleht hatte.

Sydney Beauchamps Karriere war ungewöhnlich erfolgreich verlaufen. Nach dem Examen in Cambridge eröffnete er in Kensington eine Praxis für Geburtshilfe. Einige Jahre später verlegte er die Praxis in die Harley Street und wurde schnell der begehrteste Modearzt. Elizabeth wunderte sich immer über all die Leute, die sie an den abgelegensten Orten traf und denen ihr Bruder auf die Welt geholfen hatte. Jeanne Beauchamp, Katherines Schwester, kletterte einmal auf einen Zaun im Hyde Park, fiel herunter und verletzte sich den Arm. Sie war nur ein Kind, die Haut war nur etwas abgeschürft, doch Sydney Beauchamp stattete einen Hausbesuch ab und munterte sie auf. »In diesem Frühjahr wird es eine prächtige Babyernte geben«, sagte er zu ihr, und sie gehörte augenblicklich zur ständig wachsenden Zahl von Menschen, die ihn über alles schätzten. Schließlich wurde er der persönliche Gynäkologe Queen Victorias, und jedermann im Buckingham Palast liebte ihn. Als chirurgische Kapazität wurde er im Juni 1919 in die britische Delegation der Friedenskonferenz von Versailles berufen und bald darauf zum Ritter geschlagen.

Elizabeth und Charlotte verbrachten traurige Weihnachten in Hatch und erlebten das Neujahr gemeinsam in Whitehall Court. Sobald ihr Paß verlängert war, wollte Elizabeth ins Chalet zurückkehren, doch als sie ihre Koffer packte, erschien Frere. Er sah todkrank, schwach und elend aus, hustete und war zu ihr gekommen, um sich nach einer Arztadresse zu erkundigen. Elizabeth riet ihm, sofort nach Haus zu gehen (er war eben erst in eine Wohnung in der George Street gezogen) und schickte dann einen Arzt und eine Krankenschwester zu ihm. Anscheinend hatte ihn eine böse Grippe erwischt, mit der sein überarbeiteter Körper schlecht fertigwurde. Obwohl sie ihn ungern allein ließ, änderte sie ihre Pläne nicht und fuhr zwei Tage später nach Sierre, nachdem sie Walpole eine Nachricht hinterlassen hatte, er möge Frere im Auge behalten. Hugh, der bereits besonderes Interesse an dem hübschen, jungen Mann gezeigt hatte, kam dem nur allzu gern nach. Frere war geschmeichelt, weil er Hugh mochte; allerdings war Elizabeths Skepsis im Hinblick auf die Beziehung unbegründet, und später brachte sie die beiden, wann immer es ging, zusammen und zog sie damit auf.

In Sierre wurde Elizabeth von August empfangen, nicht aber, wie sie erwartet hatte, von Coco. Als sie sich besorgt erkundigte, was dem Hund zugestoßen sei, antwortete man ihr zu ihrer Überraschung, es gehe ihm nicht gut. »Haben Sie den Tierarzt gerufen?« fragte sie ihn, aber August hatte den Tierarzt nicht gerufen und entschuldigte sich damit, daß er auf ihre Ankunft gewartet habe, um um Erlaubnis zu fragen. In seinem letzten Brief hatte er den Hund nicht erwähnt und behauptete, daß er vor drei Tagen noch gesund gewesen sei. Jetzt lag er offenbar bewegungsunfähig in seinem Zwinger. Sie hetzte stolpernd zum Chalet hinauf und rutschte auf dem glatten Weg zur Eingangstür zweimal aus. Die ganze Zeit rief sie Cocos Namen und daß sie käme, um nach ihm zu sehen. Der Hund lag ausgestreckt auf der Schwelle des Wintergartens und blockierte die Tür, so daß sie über ihn steigen mußte, um hineinzukommen – irgendwie hatte Coco sich aus seinem Zwinger zum Haus geschleppt, weil er witterte, daß sie zurückkam. Sie trug ihn vorsichtig ins Warme und rief den Tierarzt an, aber es war zu spät. Coco mußte begraben werden. Abends ging sie »ungeheuer müde« zu Bett. »So merkwürdig, wieder hier zu sein, alles schweigend und leer, aber sehr hübsch ...«, schrieb sie in ihr Tagebuch.

Nachdem sie ausgepackt hatte, zog sie sich früh am nächsten

Morgen Nagelschuhe an, lange Unterhosen, Reithosen »und die ganze, langweilige Schneeausrüstung« und fuhr mit dem Zug nach Montana, um John und Katherine mit ihrem Besuch zu überraschen. »Sie sah bezaubernd aus in ihrem schwarzen Kostüm«, schrieb Katherine in ihr Tagebuch, »so etwas wie ein Mittelding zwischen einem Bischof und einer Fliege.«

Elizabeth konnte nicht ahnen, daß ihre beiden Freunde im Chalet des Sapins eine fundamentale Veränderung durchgemacht hatten. John war durch Orage, den Redakteur des *New Age*, ein Buch zur Rezension geschickt worden mit dem Titel *Cosmic Anatomy, or the Structure of the Ego* von Dr. Lewis Wallace, einem Mitarbeiter des *New Age*. John lehnte den Auftrag ab, weil das Buch von okkulten Lehren handelte, zu denen er keine Beziehung hatte, aber Katherine bekam es in die Finger und verlor sich zur großen Sorge ihres Mannes darin. Was sie hier über die mystische Expansion des Bewußtseins und die Evolution der Wirklichkeit las, bestätigte ihren Verdacht, daß die wahre Ursache ihrer Krankheit nicht die Lunge war, sondern etwas anderes, ihr Geist, ihre Seele oder ihr »Es« (wie Freud damals jene unsichtbare Kraft nannte, die an unserer Stelle unser Leben bestimmt). Was immer es sein mochte, geheilt werden konnte es nur durch eine Suche nach dem Selbst, die nicht stattfinden konnte, wenn sie passiv im Bett lag und den Anordnungen der Ärzte folgte.

Besessen war sie auch von der Möglichkeit einer Heilung durch die teure Behandlung eines Russen namens Manoukhin in Paris, der die Milz mit Röntgenstrahlen behandelte, um die Tuberkulose zu bezwingen. Gehört hatte sie von ihm durch Koteliansky, einen Freund des russischen Schriftstellers Ouspensky, der auch mit Orage bekannt war; diese drei Männer waren ebenfalls an den Lehren des »Psychologen« und Gurus Gurdjieff interessiert, über den Katherine aber erst im Verlauf des Jahres etwas erfuhr. Murry war ganz und gar gegen diese Ideen, denen seine Frau offenbar die letzten Reste ihres Lebens ausliefern wollte. Seit sie in der Schweiz war, ging es ihr besser, sie schrieb viel, und er war mit dem Stand der Dinge durchaus zufrieden. Er wollte keine Veränderung, während sie an nichts anderes dachte. Sie verrannte sich wild in die gefährliche Idee, sich so oder so selbst zu heilen, und lief vor lauter Verzweiflung gleichzeitig in verschiedene Richtungen.

Als Elizabeth an jenem hellen Morgen ankam, war das Chalet des Sapins zu ihrer großen Überraschung von unsichtbaren, dunklen Mächten erfüllt. Sie saß eine Stunde lang plaudernd bei einer Tasse heißer Schokolade mit John zusammen und ging dann nach oben, um Katherine zu sehen. Indem sie ihr zu *An der Bucht* gratulierte, das im Sommer im *London Mercury* erschienen war, nannte sie es gedankenlos eine »hübsche, kleine Geschichte«. Später schrieb Katherine in ihr Tagebuch: »Die ganze Zeit über, solange sie hier war, war ich mir einer gewissen Falschheit bewußt. Wir sagten dies und das und meinten es; wir waren aufrichtig, aber dahinter lag nichts als Falschheit. Es war furchtbar. Ich möchte sie nie mehr sehen oder von ihr hören. Als sie sagte, sie könne nicht oft kommen, hatte ich Lust auszurufen: ›Finito‹. Nein, sie ist nicht meine Freundin.«

Katherine setzte ihre Wut auf Elizabeth ins Schreiben einer neuen Geschichte um, *Eine Tasse Tee*, die niemand, vor allem Elizabeth nicht, hübsch nennen würde, weil sie ein grausames Porträt von ihr enthielt. Elizabeth wird hier als verwöhnte Gesellschaftslöwin karikiert, die junge, vielversprechende Künstler und Schriftsteller bei sich aufnimmt und protegiert. Eine dieser fast verhungerten jungen Frauen, eindeutig Katherine selbst, wird im Schnee aufgelesen, mit nach Hause genommen und mit einer Tasse Tee bewirtet. Die Geschichte reflektiert eindeutig die steife Verlogenheit jenes Morgens im Chalet des Sapins. Am Ende muß das Mädchen wegen launischer Eifersucht wieder in den Schnee hinaus.

Am nächsten Tag schickte Elizabeth August mit den Geschenken vorbei, die sie für Katherine mitgebracht hatte: einen grünweißen, gestrickten Rock und Badesalz. Katherine schrieb einen charmanten Dankesbrief, mit dem sie offenbar die Herabsetzung überwunden hatte, fügte aber hinzu: »Ach, Elizabeth, wie konnte ich denn wissen, daß meine kleinen, auf den hellen Schirm der Zeit geworfenen Gestalten, eine ›hübsche, kleine Geschichte‹ abgeben würden?« Sie sagte ihrer Cousine auch, daß sie kurzfristig nach Paris fahren wolle, um Manoukhin zu bitten, sie mit seiner pro Sitzung sieben Pfund teuren Methode zu behandeln. Ihr regelmäßiges Einkommen belief sich auf fünf Pfund, die ihr Vater ihr wöchentlich zugestand.

Ein paar Tage später fuhr Elizabeth erneut nach Montana, um Katherine zu besuchen, die sie allein, in pathetischer Stimmung antraf. Elizabeth hatte eine kleine, blaue Kapuze auf, die unterm Kinn von einer Diamantspange zusammengehalten wurde, und laut Katherines Tagebucheintrag sah sie wie »eine sehr alte Zeichnung« aus. Sie sprachen über Katherines geplanten Parisaufenthalt und die Therapie, und Elizabeth, mit besten Absichten und der Direktheit einer Gesunden, sprach den Gedanken aus, daß Katherine ihr außerordentliches Talent verlieren könnte, wenn sie geheilt würde. Sie sagte das, um ihre Cousine zu trösten, weil sie von der Wirksamkeit der Apparate des Dr. Manoukhin nicht überzeugt war und sich Sorgen machte, daß Katherine ihre Hoffnungen auf ihn setzte, aber ihre Cousine sank nur wiederum auf den Grund des Ozeans zurück und hielt diesmal auch mit ihrer Wut nicht mehr hinterm Berg.

Als John das nächste Mal im Chalet Soleil erschien, beantwortete er Elizabeths besorgte Frage nach seiner Frau damit, daß er vage stammelte, sie habe das Gefühl, unter einer Wolke zu sein – »irgend etwas mit einer Wolke«. Elizabeth schrieb ihr sofort einen Entschuldigungsbrief, der Katherine schmelzen ließ. Sie antwortete: »Für Deinen herrlichen Brief, liebe Elizabeth, danke ich Dir. Es war schieres Glück, ihn zu empfangen; ich habe das Gefühl, daß er meine Reise segnet ... Es ist besser, krank zu sein, und die Vorstellung, gesund zu werden, bedrückt mich. Seitdem mir dies klar geworden ist, träume ich nachts davon, träume, daß ich allein bin, Flüsse überquere, Berge erklimme oder einfach umherlaufe. Noch einmal allein sein. Das bedeutet Gesundheit für mich; das ist Freiheit. Unsichtbar sein, keine Stühle angeboten, keine Arme gereicht zu bekommen! Ich plane, ich träume, traue mich jedoch noch kaum, mich diesen Freuden hinzugeben ... (obwohl man es doch tut). Aber wenn aus mir ein häßliches, prahlerisches Weib mit breitem Grinsen werden sollte, *sag es mir sofort*, Elizabeth, denn dann fliehe ich an einen verlassenen Ort und lächele still vor mich hin.«

Katherine hatte sich während der vergangenen Monate streng kontrolliert; ihr schien es besserzugehen, und auch ihre Lunge hatte sich in der Alpenluft zweifellos erholt. Der häusliche Frieden im Chalet des Sapins und Elizabeths Ermunterungen hatten die fruchtbarste Phase ihrer Karriere als Schriftstellerin ausgelöst. Wenn sie blieb, wo sie war, konnte sie den Roman schreiben, dessen Anfang zu der Erzählung *An der Bucht* wurde. Elizabeth und John waren sich einig, daß es einer Tragödie gleichkäme, wenn diese Entwicklung dadurch gestört würde, daß Katherine ihren Träumen nachjagte. Obwohl sich ihr Zustand gebessert hatte, war sie nicht stark genug, um die Reise nach Paris durchzustehen, von den Strapazen der Behandlung ganz abgesehen. Während der Zeit, die noch blieb, besuchte Elizabeth sie etwa jeden zweiten Tag. Katherine schrieb an Dorothy Brett: »Gestern war Elizabeth hier; wir haben in meinem Zimmer gelegen und über Blumen gesprochen, bis wir wirklich ganz besoffen davon waren – ich jedenfalls. Sie beschrieb eine ›gewisse, sehr exquisite Rose, einzigartig, blaß, gelb mit korallfarben gesäumten Kelchen‹ und so weiter. Ich mußte immer an kleine, zusammengerollte, blaue Hyazinthen denken, an weiße Veilchen, an die Vogelbeere ...«

Zwei Tage später besuchte Elizabeth ihre Cousine zum letzten Mal, um sich zu verabschieden; sie sah zerbrechlich und durchsichtig aus. Sie lag unter der Eiderdaunendecke auf ihrem großen Bett. Elizabeth setzte sich zu ihr, legte ihren Kopf aufs Kissen und sprach davon, wie gut Frauen seien, aber Katherine war »gelangweilt und angeekelt« von dem Gespräch. Als sie gegangen war, bereitete Katherine sich auf die Reise vor, als ob sie sich auf den Tod vorbereitete; sie zerriß und zerstörte ungerührt viel von dem, was sie geschrieben hatte, seit sie hier war. »Wenn ich nie zurückkommen sollte, ist alles in Ordnung. Das hat mich das Leben gelehrt«, schrieb sie in ihr Tagebuch. Elizabeth kam zum Bahnhof, um Katherine zu verabschieden, verpaßte sie jedoch – John und Katherine waren in eine leidenschaftliche Diskussion darüber verwickelt, ob John mit seiner Frau fahren sollte oder nicht; schließlich fuhr sie allein ab.

Auf dem Rückweg traf Elizabeth ihn dann auf Skiern an; sie war erstaunt, daß er nicht mit Katherine auf die für sie so anstrengende Reise gegangen war und sagte ihm das auch. Später erfuhr sie, daß Katherine ganz verzweifelt war, als sie erkannte, daß sie allein fahren mußte. Aus Paris schrieb sie: »Das mit John geschieht mir recht ... Er war wie ein Fisch am Haken, der wieder in seinem Element schwamm und der eigentlich nicht im Traum daran gedacht hatte, hierherzukommen. Er gab mir das Gefühl, ein sehr fader alter Prospero zu sein, der einen übermütig wilden Ariel beherbergt hatte. Ich hoffe nur, er bleibt, wo er ist. Armer John! Schrecklicher Gedanke, wie ich seine Freiheit beschnitten habe. In meiner dummen Unschuld war ich mir sicher, er könne es nicht ertragen, nicht zu wissen, was dieser Russe sagte und so weiter. Aber keine Rede davon. Er geht Hand in Hand mit seinem neuen Roman ... «

Aber Elizabeth konnte Murry bald dazu überreden, seiner Frau nach Paris zu folgen, wo er die Möglichkeit bekam, James Joyce kennenzulernen, dessen Roman *Ulysses* soeben durch Sylvia Beach bei Shakespeare & Company veröffentlicht worden war. Murry erhielt ein Rezensionsexemplar, und Violet Schiff, eine Freundin Sylvia Beachs, arrangierte für die Murrys ein Treffen mit dem Autor in ihrem Hotel. Anschließend meinte Joyce, daß Katherine das Buch besser verstehe als ihr Mann. Elizabeth bekam ein Exemplar von Hugh Walpole, aber obwohl sie begriff, daß es ein wunderbares Buch war, und dessen kommenden Stellenwert und Bedeutung innerhalb der Entwicklung des »modernen« Romans verstand, beharrte sie darauf, daß nichts sie veranlassen könne, ein langweiliges Buch zu Ende zu lesen. *Ulysses* gab ihr das Gefühl, mit einem Mondsüchtigen eingesperrt zu sein, der sich exhibitionierte. Sie sagte, sie sei bis zur detaillierten Beschreibung eines Mannes, der morgens die Toilette aufsucht, gelangt und dann eingeschlafen.

In diesem Winter wurde Elizabeth mit teilweise seitenlangen

Briefen Freres überschwemmt. Aus ihnen sprach kummervolle Einsamkeit, und es befriedigte und verwirrte Elizabeth zugleich, als sie merkte, daß er sich leidenschaftlich in sie verliebt hatte.

Als Elizabeth im März nach London zurückkehrte, freute sie sich über die Nachricht, daß Nelson Doubleday, ihr amerikanischer Verleger, den sie bewunderte, mit seiner Frau Ellen, die sie nicht bewunderte, nach England kommen wollte. Als sie ankamen, brachten sie bitterkaltes Wetter mit, das auch noch mit einem Streik der Bergleute zusammenfiel. Die Doubledays hatten wenig erfreuliche Nachrichten über Evi. Im Vorjahr hatte sie ihrer Mutter zahlreiche Briefe geschickt, in denen sie ihr Kapital verlangte, das auf der Deutschen Bank lag, weil sie einen Mann kennengelernt hatte, den sie heiraten wollte. Sie wollte so schnell wie möglich Kinder und ihren Mann bekommen. Eustace Graves, wie der Auserwählte hieß, wollte sie nicht heiraten, bevor er nicht genug Geld zusammen hatte, um eine Anzahlung auf ein Haus in einem Vorort von Los Angeles leisten zu können. Er war arbeitslos, und alle, die ihn kannten, bezweifelten, daß er den richtigen Gatten für Evi abgeben würde. Solange ihre Mutter es verhindern konnte, würde sie nie ihren Vermögensanteil aus dem Schlagenthin-Verkauf bekommen, aber immerhin genehmigte Elizabeth ihr widerwillig ein höheres Taschengeld, da Evi krank war und die Arztrechnungen nicht bezahlen konnte.

Weil man wegen des Streiks keine Kohlen mehr kaufen konnte, ließ sich Elizabeth von den Doubledays leicht dazu überreden, eine Pilgerfahrt nach Nassenheide anzutreten, um der Kälte zu entkommen. Den ersten Teil der Reise legten sie mit dem Zug zurück und fuhren dann von Stettin in einem Automobil weiter. Es war eine schwierige Reise, weil Nelson auf einen Rollstuhl angewiesen war, aber die beiden Frauen wurden zusammen damit fertig. Das Haus war leer; nur Hermann, der Gärtner, der jetzt als Mädchen für alles diente, wohnte in den Räumen, in denen früher die Hauslehrer untergebracht gewesen waren. Er und seine Frau waren sehr dick geworden, was in Anbetracht des Lebensmittelmangels während des Kriegs erstaunlich war. Ihre Tochter war im Begriff, einen fanatischen preußischen Offizier zu heiraten, der Elizabeth erklärte, die Deutschen seien im Krieg unbesiegt geblieben. Das Haus selbst hatte sich von außen allerdings kaum verändert, nur daß im Garten das Unkraut die Oberhand gewonnen hatte. Als sie durch den Park gingen, sah es in manchen Ecken so aus, als wären sie ins 19. Jahrhundert zurückversetzt. Die Bäume in den riesigen Wäldern standen alle noch, und die Bauern sahen gut genährt und wohlhabend aus. Die Felder waren bestens bestellt, viel besser, als unter Hennings Bewirtschaftung, und alles in allem florierte das Gut. Zum Abschied schenkte Elizabeth Hermann alles Geld, was sie bei sich hatte, einen Hundert-Franken-Schein, was ihn nicht sonderlich beeindruckte.

Katherine Mansfields Buch *Das Gartenfest* war soeben erschienen und war trotz der Tatsache, daß gleichzeitig so bedeutende Bücher wie T. S. Eliots *Das wüste Land* und Joyces *Ulysses* herausgekommen waren, zu einem literarischen Ereignis geworden. 1922 war in der Tat ein *annus mirabilis* der Literatur, eine Wasserscheide, nach der »moderne« Literatur, Malerei, Bildhauerei und Musik anerkannt wurden. Elizabeth, die in ihrem Leben viel zur Modernisierung des Romans wie auch zum modernen Denken beitrug (obwohl ihre Leistungen damals noch nicht anerkannt waren), veröffentlichte in diesem Jahr *Verzauberter April.* Das Buch förderte eindeutig die Sache des Feminismus, denn nach seiner Veröffentlichung galt es nicht länger als empörend, wenn Frauen ihre Männer allein ließen und zusammen mit anderen Frauen in Urlaub fuhren. Sie selbst beschrieb das Buch in einem Brief an Frere »als eine leise Flöte, die an einem öden Nachmittag erklingt«.

Nachdem sie *Das Gartenfest* gelesen hatte, schrieb sie Katherine einen Brief voll aufrichtigen Lobs, das die jüngere Frau in Tränen der Dankbarkeit ausbrechen ließ. Katherine hatte in Paris inzwischen fünf Röntgenbehandlungen durchgemacht und hatte das Gefühl, daß ihr alle Knochen schmolzen. »Ich glaube, dies ist der Augenblick, in dem echte Märtyrer zu singen anfangen, aber ich kann nur an Farngrotten, Gurken und Vogelschwingen denken«, schrieb Katherine in ihrem Antwortbrief.

Elizabeth empfahl Katherines Buch überall, und noch viele Jahre später vertrat Frere die irrige Ansicht, daß Katherine ohne Elizabeths Einsatz bis zu ihrem Tod weitgehend unbekannt geblieben wäre.

Ihm schrieb Elizabeth über das Buch: »... manche Dinge darin sind wundervoll – manche weniger, hinterlassen aber dennoch einen merkwürdigen, außergewöhnlichen Eindruck – alles ist blutvolle Wirklichkeit ... Es sind außergewöhnliche, kleine Dinge. Ich bin schrecklich stolz auf sie – als ob ich sie ausgebrütet hätte.«

Allen fiel auf, wie schnell sich Elizabeth von ihrer Ehe erholt hatte und wie gut sie aussah. Und in der Tat räumte sie ein, sich kaum noch daran erinnern zu können, daß sie immer noch mit Francis verheiratet war. Wer sie gut kannte, wußte, daß sich ihr entspanntes, sorgenfreies Verhalten der Gegenwart Freres verdankte. Liebet begriff allerdings, daß nicht nur die Freude darüber, das Zentrum, der Leitstern im Leben einer anderen, wenn auch unpassenden Person zu sein, ihre Mutter so glücklich machte. Er hatte sie auch mit vielen klugen, jüngeren Menschen bekannt gemacht, mit denen sie viel Zeit verbrachte und deren Lebendigkeit ihr neue Vitalität gab. Es ärgerte sie allerdings maßlos, daß die jungen Männer nur ungern zugaben, ihre Bücher gelesen zu haben, ihr aber begeistert versicherten, daß ihre Mütter und Tanten sie geradezu verschlangen.

Eine Woche, nachdem sie aus Deutschland zurück und wieder in London war, tauchte die erste Wolke am Horizont ihrer Beziehung zu Frere auf. Elizabeth verbrachte Ostern mit Freunden in Lynton in Devonshire und fand, daß zwei Tage ohne ihn eine lange Zeit wären. Sie verabredete mit Frere, sich in einer Dorfkneipe zu treffen, da sie einen Skandal befürchtete, wenn sie ihn ins Haus mitgenommen hätte. Das Wetter war rauh, und sie froren jämmerlich, als sie sich durch Wind und gefrierenden Regen über die Klippen kämpften; sie wollten einen Ort aufsuchen, an dem Shelley 1812 nach seiner Heirat mit Harriet Westbrook gelebt hatte. Sie fanden das myrtenbewachsene Haus in Lynmouth, dem Zwillingsdorf von Lynton, unterhalb der Klippen, aber Elizabeth fand »L. G.s Ansichten über Pilgerfahrten zu den Orten, an denen große Dichter gelebt haben, armselig«.* Sie trennten sich im Streit.

Es dauerte einige Zeit, bis die Wunden vernarbt waren, aber immerhin vernarbten sie, weil ihr Gefühl für einander, obwohl jeweils völlig anders motiviert, gleich stark blieb. Sie brauchte ihn als Bollwerk gegen den unausweichlichen Abstieg ins Alter (sie war jetzt sechsundfünfzig), und er brauchte sie als Eintrittskarte zu den Größen der literarischen Welt, die ihm bei seiner Arbeit halfen und ihn unter seinen Zeitgenossen aufwerteten. Ein anderer, wichtiger Grund für Spannungen war ihr intensiver Umgang mit Bertrand Russell, mit dem sie fast jeden Abend dinierte, wenn er in London war. Er war der unterhaltsamste, amüsanteste Gesprächspartner, der ihr je begegnet war, doch vermutete Frere sehr zu recht, daß ihre Beziehung sich nicht in gemeinsamen Abendessen erschöpfte, obwohl Elizabeth Frere sagte, der Philosoph »rieche wie ein Biergarten«.

Francis erfuhr von der Sache durch seine Tante, Lady Agatha, eine verkniffene, alte Jungfer, die ungewöhnliches Interesse an den Vorgängen in der jüngeren Szene zeigte. Er schrieb an Bertrand und erhob Einspruch, und sein Bruder antwortete, daß zwischen ihm und Elizabeth nichts sei. Mit gleicher Post schickte er einen Warnbrief an sie, daß sie für den Fall, daß Francis sie belästigen sollte, »herunterspielen« möge, was zwischen ihr und ihm vorgefallen war.

Im Mai erfuhr Elizabeth von John, daß Katherines Behandlungen erfolgreich waren; später erhielt sie einen enthusiastischen Brief von ihr selber zum gleichen Thema. Sie hatte zugenommen, und ihre Brust war von tuberkulösem Pfeifen fast frei. Am 4. Juni verabschiedete Dorothy Brett John und Katherine, als sie vom Gare de Lyon in die Schweiz zurückfuhren; sie stellte fest, Katherine habe ein Verständnis »jenseits allen Verstehens – und sie hat einen so vollständigen Sieg über sich selbst errungen, daß man sie fast verehren könnte«. Murry verlor den

* Elizabeth nannte Frere damals immer noch Lieber Gott bzw. L. G. in ihrem Tagebuch. Später nannte sie ihn Tuppence oder Tup – ein Name, mit dem sie sich auch selbst bezeichnete; das Wort basiert auf der Redewendung, zwei Pennies, »two pence«, gegeneinander zu reiben.

Gepäckschein, konnte keinen Träger finden und gab statt fünfzig fünfhundert Francs Trinkgeld. Später vergaß er die kleine Lieblingsuhr seiner Frau im Zug, und in Randogne ging ihr Gepäck verloren. John mietete eine offene Kutsche, um ins Hotel d'Angleterre zu fahren; ein Eisregen ging herab, und Katherine wurde bis auf die Haut naß, weil er auch ihren Mantel vergessen hatte. Kaum waren sie angekommen, stellte John fest, daß er seinen Füllfederhalter verloren hatte, und dann verstauchte er sich den Fußknöchel. Vielleicht resultierte sein »unbewußter Widerstand«, wie man heute sagen würde, aus der Tatsache, daß er nicht wirklich daran interessiert war, eine gesunde Frau heil zurückzubringen.

Am nächsten Tag hatte Katherine eine Brustfellentzündung und war so krank wie zuvor. Als Antwort auf eine Einladung Elizabeths, den Sommer im Chalet Soleil zu verbringen, schrieb sie: »Etwas ziemlich Enttäuschendes ist passiert. Meine Begeisterung war wahrscheinlich zu viel für die Furien. Jedenfalls wünsche ich mir jetzt, ich hätte gewartet, so laut zu loben. Denn sie haben ihren Streitwagen gewendet und sind mit voller Kraft wieder hier. Es war ›dumm‹, so glücklich zu sein und so viel darüber zu sagen; ich schäme mich für meinen letzten Brief... aber die Wahrheit ist wohl, daß manche im Käfig leben und manche frei sind. Man tut besser daran, seinen Käfig zu akzeptieren und nichts weiter darüber zu sagen. Ich *kann* es – ich *will* es.«

Elizabeths Angebot, im Chalet zu wohnen, lehnte sie ab, weil sie fürchtete, eine zu große Last zu sein; den Brief unterschrieb sie mit »Stets Deine Katherine«.

Im Juni kehrte Elizabeth in die Schweiz zurück und besuchte Katherine im Hotel. Sie saß ganz allein in einem verglasten Wintergarten, nachdem es ihr erfolgreich gelungen war, die beiden alten Schreckschrauben zu vertreiben, denen das Haus gehörte und die entschlossen gewesen waren, sie in Umschläge aus heißem Kartoffelbrei mit Senf zu wickeln. Elizabeth traf sie wohlgenährt, aber heftig hustend an. L. M. (Ida Baker), Katherines Freundin aus dem Queen's College, die sie so sehr verehrte, daß Katherine es oft nicht ertragen konnte, die sich aber in der Vergangenheit hingebungsvoll um sie gekümmert hatte, hatte sich wieder einmal nützlich gemacht. Das Ergebnis war, daß Katherine sich ganz dem Schreiben widmen konnte und sich nicht mit der Mühsal des täglichen Lebens herumschlagen mußte, die an ihren Kräften zehrte. Elizabeth hatte den Juli im Chalet für John und Katherine freigehalten, aber nun mußte sie den Monat allein dort verbringen und fühlte sich niedergeschlagen, einsam, zurückgewiesen und unbehaglich. Sie beschäftigte sich mit Korrekturen von *Verzauberter April*, war aber irritiert durch den veränderten Tonfall in Freres Briefen. Sie waren distanziert und irgendwie ausweichend; wie und warum, mußte sie sich zusammenreimen.

Für den August hatte sie unter anderen Frere und eine neue, junge Freundin namens Betty Clifton eingeladen, deren Interesse an Elizabeth stark lesbisch orientiert war. Solange diese Gefühle von intelligenten jungen Mädchen ausgingen statt von Frauen in ihrem eigenen Alter, lösten sie bei Elizabeth immer warme Empfindungen aus, aber sie ging den liebestollen, jungen Frauen lieber aus dem Weg, um sie nicht zu enttäuschen. Sie verhielt sich ihnen gegenüber allerdings oft viel freundlicher als gegenüber ihren eigenen Töchtern, was diesen natürlich nicht entging und heftige Ressentiments auslöste. Betty Clifton war ausnehmend schön, trug als Erbin und Tochter des Earls of Darnley den Titel Baroness Clifton und war das Vorbild für Lady Caroline Dexter in *Verzauberter April*. Sie war außerdem bemerkenswert intelligent und wurde als eine der ersten Frauen überhaupt Rechtsanwältin. Aber sie litt unter Depressionen, glaubte, nie heiraten zu dürfen, weil sie ihre Kinder zerstören würde, und nahm sich mit Anfang Dreißig das Leben. Am ersten Tag ihres Besuchs sprach Elizabeth mit ihr nach dem Essen auf der Terrasse über ganz harmlose Dinge, als Betty plötzlich sagte: »Ich kann es nicht ertragen«, ins Haus lief und ihre Gastgeberin verblüfft und ratlos stehenließ. Freres Verhalten war ähnlich unberechenbar; so weigerte er sich etwa, an Spielen teilzunehmen, überließ sich Anfällen nervöser Irritation und machte der Gastgeberin und allen anderen die Hölle heiß. Anfangs glaubte Elizabeth, er sei überarbeitet und die Luft hier oben werde ihn bald beruhigen, aber als ein paar Tage später

Betty plötzlich vom Bridgetisch aufsprang, ihren Stuhl krachend umwarf und die Treppe hinauflief, registrierte Elizabeths sensible Antenne, daß zwischen ihr und Frere etwas vorging. Ohne große Anstrengung schloß sie daraus, daß die beiden eine Affäre hatten. In ihrem Tagebuch notierte sie lediglich: »L. G. hält seinen Kurs zwischen dem Teufel und der blauen Tiefsee mit bewundernswerter, süßer Kraft bei.« Etwa eine Woche später kam Thelma Cazalet an, und Elizabeth schickte sie zusammen mit Frere auf einen Spaziergang, weil sie sich sicher war, daß auch sie ihm gefallen würde. Er kam wutschnaubend zurück, da ihm unterwegs aufgegangen war, daß Elizabeth gemerkt hatte, was zwischen ihm und Betty vorging. Dem folgten viele »ärgerliche und verwirrende« Gespräche zwischen ihm und Elizabeth. Sie wies ihn darauf hin, daß ein junger Mann seines Alters eine nette, junge Frau heiraten solle und daß es sein gutes Recht sei, sich umzuschauen, während er alles hitzig abstritt und zugleich sie der Untreue bezichtigte. H. G. Wells kam für einige Zeit und faßte große Zuneigung zu Thelma. Er marschierte mit ihr die Terrasse auf und ab, wollte wissen, ob sie einen Liebhaber habe oder nicht, und wenn nicht, warum nicht. Sie hielt seinem Anschlag stand und widersetzte sich geistreich seinen Avancen.

Als Frere abreisen mußte, buchte Elizabeth hinterlistig ein Schlafwagen-Doppelabteil für ihn und ihre Großnichte Margery Norton, die mit demselben Zug abreiste. Als die beiden dahinterkamen, mußte der arme junge Mann die Nacht auf dem Gang verbringen, denn wenn zwischen den beiden Reisenden »etwas passiert« wäre, hätte Elizabeth es mit Sicherheit erfahren. »Für solche Sachen hatte sie sehr scharfe Antennen«, erinnerte sich Frere fast sechzig Jahre später mit Schaudern. »Ihr Vorwände zu liefern, war das letzte, was ich gewollt hätte – sie bedeutete mir alles.«

Am Monatsende kamen Bertrand und Dora Russell an, und Dora begann sofort, den anderen Vorträge über Rußland und den Bolschewismus zu halten. Im Vorjahr war sie mit Bertrand in Rußland und China gewesen; was sie dort sahen, hatte sie beeindruckt, obwohl Bertrand fast gestorben wäre und Dora schwanger wurde. Elizabeth dankte Gott, daß sie a) ungebildet war, weil man ihr als Kind nichts beigebracht hatte, und b) daß alles, was man ihren Töchtern beibrachte, von ihnen fast sofort wieder abglitt. Thelma »trotzte dem alten Bertie mit einem Mut und einer Penetranz, die beide aufbrachte. Innerlich ist er ein Biber. Ich glaube, seine Seele hat einen riesigen Rauschebart«, schrieb Elizabeth an Frere.

John kam vorbei und erklärte, daß er und Katherine sich vorübergehend getrennt hätten. Die tiefe Enttäuschung seiner Frau über das Fehlschlagen der Therapie und den Zusammenbruch ihrer Ehe trieb sie zu noch extremeren Formen der Therapie. Sie lieh sich 100 Pfund von Elizabeth, bezeichnete sich selbst als »verzweifelten Charakter« und vertraute ihrer Schwester Vera an: »Ich kann nicht länger krank sein.« Sie redete zu Elizabeths Entsetzen davon, wenigstens ihre Seele zu retten, wenn sie schon nicht ihren Körper retten könnte, und sie stellte dem Leben oder Gott ein Ultimatum, bis zu dessen Ablauf ihr Leiden verschwunden sein müsse. Im August verließ sie die Schweiz, um die Röntgentherapie fortzusetzen. Sie suchte nach einem passenden Geschenk für Elizabeth, fand jedoch nur ein »brandneues, kleines Jackett in der Farbe von Zinnien ... möge es hinter Deiner Tür hängen, oder wo sonst in wohlgeordneten Haushalten solche Dinge hängen«, schrieb sie ihr. Elizabeth, die sich zum Tee stets in schöne Jacketts kleidete, meistens aus chinesischer Seide, freute sich und hatte noch nie »etwas so Süßes« gesehen, das so sehr zu ihrer Cousine paßte.

Als ob auf die unbefriedigenden Ereignisse des Sommers noch ein Siegel gedrückt werden sollte, hörte Elizabeth zu ihrem Schrecken und ihrer Wut, daß zwischen dem Chalet Soleil und dem Bergpanorama ein Stück Land an einen Engländer verkauft worden war, der die Absicht hatte, es zu bebauen. Sofort beschloß sie, das Chalet zu verkaufen und sich einen anderen Wohnort zu suchen. Es war eine unvermeidliche Tragödie, die sie schnell souverän in den Griff bekam, aber als Ergebnis war der Rest des Sommers verdorben. Sie taufte den Besitzer des neuen Chalets »Winter«, nach dem Bestsellerroman *If Winter Comes* von A. S. M. Hutchinson. Bertrand gestand sie brieflich einen finstereren Verdacht: »Der Winter ist da, und auf seinem Chalet ist schon das Dach gedeckt. Ich kann es sehen, und es kann mich auf meinem flachen Weg sehen, aber ich werde noch einen Landstreifen kaufen und ihn dann hinter Bäumen verschwinden lassen. Ich habe ihn bislang noch nicht gesehen und will es auch nicht. Ich habe an meinen Anwalt Rehder geschrieben, damit er über ihn alles herausfindet, weil es sich ja um einen Agenten von Francis handeln könnte ... Ich bin nicht einmal wütend, nur untröstlich traurig, daß es so gekommen ist. Es wäre in der Tat idiotisch, es dadurch zu verschlimmern, daß man sich aufregt. Der Winter mag an meine Tore kommen (wenn ich welche hätte), aber er wird nicht in meine Gedanken kommen.«

Evi hatte ihren »nichtsnutzigen Eustace« geheiratet und schrieb begeisterte Briefe, obwohl es weiterhin ein Geheimnis blieb, womit er den Lebensunterhalt verdiente, wenn er überhaupt Arbeit hatte. Ihre Mutter kam zu dem Schluß, daß er Klempner sein müsse, weil ihrer Meinung nach nur ein zwischen Toilettenschüsseln verbrachtes Leben ihre Tochter entschuldigen könnte, nicht mitzuteilen, was ihr Mann trieb. Im vergangenen Jahr hatte sich H. B. wieder in eine ältere Frau verliebt, die allerdings nicht so alt wie die Frau des Tutors war und die, wie er seiner Mutter versicherte, sehr nett sei; sie wollten heiraten. Elizabeth hielt es für eine ausgezeichnete Idee, wenn er sich verloben würde, weil er dadurch zu rechtschaffener Arbeit gezwungen würde; aber aus der Heirat würde nichts werden, bis er volljährig war, weil er dazu die Zustimmung seiner Mutter brauchte, und die wollte sie ihm nicht geben. An Liebet schrieb sie: »H. B. ist so unausgeglichen – will immer dies, das oder etwas anderes, und gegenüber den harten Tatsachen des Lebens ist er nachlässig. Wenn ich doch nur einen klugen, entschlossenen Sohn hätte! Er scheint aber ein hilfloses, kleines Ding zu sein, voller guter Absichten und netter Gefühle, aber so zerstreut und so unreif.«

H. B. heiratete trotzdem, und aus den Briefen ihrer Kinder las Elizabeth, daß jedenfalls im Augenblick alle vier mit ihren Partnern glücklich waren. Sie fand es traurig, daß nicht auch sie das

Glück gehabt hatte, jemanden zu finden, dem sie voll und ganz vertrauen und mit dem sie glücklich sein konnte – denn jetzt waren die Gäste fort, sie war allein und schämte sich, daß sie nicht gern allein war. Sie hatte geglaubt, die Einsamkeit zu lieben und stark und frei genug im Geist zu sein, um in der Einsamkeit Glück zu finden, aber zu ihrer Enttäuschung und in ihrem Selbstmitleid stellte sich jetzt heraus, daß sie es nicht konnte, und sie merkte, daß sie in vielerlei Hinsicht immer noch nicht erwachsen war. »Es muß auf der Welt jemanden geben, der einen mehr liebt als alle anderen, und der Mensch, der diesen Halt nicht hat, ist ein verlorenes Ding ... Ich weiß, warum all die Alten zu so vielen Parties gehen und dahin eilen, wo die Menge ist – sie gehen hin, um für eine kleine Weile zu vergessen ...«, schrieb sie an Liebet.

Sie begann endlich in das zu sinken, was sie später ihr echtes Alter nannte, und ging nicht mehr für zwanzig Jahre jünger durch. Für eine Frau, die von der Aufmerksamkeit jüngerer Männer umschmeichelt wurde und deren letzter junger Liebhaber Anstalten machte, die Gesellschaft von Frauen seines Alters vorzuziehen, war dies ein wahrhaft schwerer Abstieg. Wohlmeinende Freunde stellten ihr häufig als ideale Lösung für ihre Einsamkeit ältere Männer vor, aber sie gefielen ihr nicht; sie sagte einmal, und schockierte damit Katherine, daß ältere Männer »ausdünsten«. Die älteren Herren ihres Bekanntenkreises, die sich nur allzu gern mit ihr arrangiert hätten, nannte sie »meine alten Jungs« und ging ihnen aus dem Weg.

Im September 1922 schlug sich Elizabeth immer noch mit den Korrekturfahnen von *Verzauberter April* herum, dem bestgelaunten aller ihrer Bücher, aber ihre eigene Laune blieb düster und niedergeschlagen. Sie fuhr zweimal nach Lausanne, wo sie die glücklichste Zeit ihrer Kindheit verbracht hatte, konnte aber diese neue Stimmung aus Zweifel und Angst nicht abschütteln. Eine rasche Veränderung schien sich anzubahnen – aus dem triumphierenden, bewunderten, verwöhnten Liebling der Londoner Gesellschaft war eine kleine, verhärmte Gestalt geworden, die allein in Hotellobbies saß, bedeutungslosen Streichquartetten zuhörte und von unpersönlichen Kellnern bedient wurde. Gelegentlich floh sie in einsame Spaziergänge, sah sich Läden und Kirchen an, aber den Trost, den sie suchte, fand sie nie. Sie war umgeben von ungeheuer leeren Tagen, erfüllt nur vom Sonnenschein, der ihr als »zu schlimm, um wahr zu sein« vorkam. Sie schrieb trübsinnige Briefe an Frere, auf die er antwortete, daß er nicht verstehe, wovon sie redete.

Das Chalet erreichte die Nachricht, Francis arbeite an seinen Memoiren, was seiner Frau einige schlaflose Nächte bereitete. Alles in allem mußte man damit rechnen, daß er über ihr gemeinsames Leben berichten würde, was für sie sowohl ärgerlich als auch schädlich sein konnte. Als dann *My Life and Adventures* erschien, war sie erleichtert, aber auch beleidigt, daß sie darin überhaupt nicht erwähnt wurde; eine traurige Photographie Mollies trug die Legende »The Countess Russell«. Elizabeth geriet jedoch in Panik, als sie die letzten Worte des Buchs las: *Au revoir* – was bedeutete, daß er einen zweiten Band plante, in dem sie vermutlich nicht so einfach davonkommen würde. »Soll das etwa heißen, daß er eine Fortsetzung schreiben wird?« fragte sie ängstlich ihre Freundin Mrs. Belloc Lowndes. »Wenn er das tut, wird sie nur von mir handeln.«

Am Monatsende kamen Frere und sein Freund Orlo Williams im Chalet an. Orlo hatte sich in Eton als Boxer und in Oxford als Säbelfechter hervorgetan, er wurde Anwalt, Ritter der Ehrenlegion und war 1922 Beisitzer am Supreme Court. Er schrieb auch Artikel für das *Times Literary Supplement* und für andere Blätter; er und Frere verbrachten viel Zeit zusammen, wenn sie in London waren, wo sie dann im Café Royal tranken und ins Savoy zum Tanzen gingen. In ihrer Gesellschaft war die Gastgeberin wieder rundum glücklich, obwohl Frere völlig überarbeitet ankam und fast die ganze Zeit in seiner müden und schwankenden Stimmung blieb. Orlo reiste nach einigen Tagen nach Italien weiter, und Elizabeth und Frere fuhren Ende Oktober nach London zurück, rechtzeitig zum Erscheinen von *Verzauberter April*.

Das Buch bekam zurückhaltende Rezensionen. Rebecca West erklärte es im *New Statesman* zu einer Katastrophe: »Die Autorin ... verfügt über beneidenswertes Talent, eine durchdringende und begnadete Intelligenz, die ins 19. Jahrhundert gehört und ihren natürlichen Ausdruck in Witz und einem hübschen Stil findet, der ein klares Aquarell der Welt malt. Allerdings leidet sie unter der tödlichen Neigung, Blödsinn zu schreiben.«

Als Elizabeth zuvor die Fahnen korrigiert hatte, hatte Frere ihr ein Exemplar von Rebecca Wests *The Judge* (dt.: *Die Richterin*) geschickt. Er fand es »vollblütig« und fragte sie nach ihrer Meinung. (Er und Miss West sahen sich häufiger, als es Elizabeth, hätte sie es gewußt, lieb gewesen wäre, besonders deshalb, weil die jüngere Frau versuchte, Freres Geschmack von »Schaumschlägereien« auf seriöse Romane, oder was sie dafür hielt, zu lenken.) Elizabeths Urteil über *Die Richterin* lautete, daß es ganz merkwürdig schlecht sei. Es hatte ihrer Meinung nach alle schlechten Qualitäten, die ein Roman überhaupt haben kann – die schlimmste und letzte, daß er langweilte: »Ich kann einfach nicht durch dies dicke, schwarze Zeug waten ... dies ausgedachte, kranke Zeug ... das Resultat der finsteren Blicke, die Rebecca auf die Welt wirft ... Wenn ihr Buch vollblütig und das ganze Blut schwarz ist, dann sind meine zu dünnblütig, und das Blut ist blaßrosa«, schrieb sie an Frere.

Die gegenseitige Ablehnung erklärte sich nicht daraus, daß es sich um eine gute und eine schlechte Schriftstellerin gehandelt hätte. Elizabeth versuchte einfach Bücher zu schreiben, die den Leuten Vergnügen bereiteten, sie unterhielten und mit ihrer eigenwillig hoffnungsvollen Philosophie erbauten. Rebecca West, die der nihilistischen Nachkriegsgeneration angehörte, hatte, wie ihre Zeitgenossen auch, all das als irrelevant verworfen und versuchte, der Realität, wie sie sie sah, auf den Grund zu kommen. Da Miss West nie glücklich war, auch nicht, wie sie selbst einräumte, als sie *Die Richterin* schrieb, und da sie nach Auskunft ihres Sohns in ihrem ganzen Leben nie eine besonders ausgeglichene Person war, nimmt es nicht weiter wunder, daß ihre Romane recht schwermütig ausfielen. Der Unterschied zwischen den beiden Schriftstellerinnen bestand darin, daß Elizabeth *wußte*, daß ihre Bücher wie »eine dünne Flöte« waren, »die an einem öden Nachmittag ganz allein« erklang; sie waren auch nicht handfest oder besonders realistisch, gleichwohl ernsthaft, während Rebecca West grimmig entschlossen war, die Wahrheit, was immer das war, einzufangen, wie man einen Schmetterling fängt. Zwischen den beiden gab es natürlich weitere Animositäten wegen ihrer gemeinsamen Liebhaber, obwohl beide meinten, reif genug zu sein, persönliche Eifersucht nicht mit künstlerischen Werturteilen zu vermischen. Tatsächlich war die Spannung zwischen den beiden Frauen die gleiche wie die zwischen John Middleton Murry und Hugh Walpole, ein Symptom im Gärungsprozeß der Romanform, der 1922 seinen Höhepunkt erreichte. Wie Walpole einmal anmerkte, würde die Zeit das Urteil sprechen.

Wieder in London nahm Elizabeth schockiert wahr, daß die üblichen Parties, mit denen das Erscheinen eines neuen Buches und ihre Person gefeiert wurden, ihr ebenso hohl vorkamen wie das einsame Schweigen, das im Sommer so dumpf über dem Chalet gelegen hatte. Die sicheren, bewährten Methoden, das abzuschütteln, was sie »den schwarzen Hund« nannte, ihre tiefste Niedergeschlagenheit nämlich, funktionierten nicht mehr. Indem sie den Dingen zu trotzen versuchte, die so »phantastisch furchtbar« waren, wurde sie nicht mehr zu den Sternen katapultiert; und um an ihrer Überzeugung festzuhalten, daß sich zur rechten Zeit immer etwas Gutes ergeben würde – ein sonniger Tag, die Liebe eines Mannes oder der erste Krokus des Frühlings –, mußte sie enorme Willenskraft aufwenden. Diese Anstrengung verbrauchte mehr Energie, als sie hätte aufwenden müssen, um die leichtfertig aufs Spiel gesetzte Beziehung zu Frere zu retten, dessen Launenhaftigkeit chronisch geworden war. Sie fühlte sich oft unwohl, mit Schmerzen und Übelkeit, psychosomatische Symptome, die tagsüber die Stimmung drückten und sie nachts keinen Schlaf finden ließen. Als sie einen Arzt konsultierte, diagnostizierte er kühl, daß sie in den Wechseljahren sei.

Weihnachten lud sie Frere auf die Isle of Wight ein, wo sie für die beiden Wochen, die dies – für Einsame – wahrhaft fürchterliche Fest umrahmten, ein Haus gemietet hatte. Ihren Freunden sagte sie, daß sie bei den Waterlows sei, und den Waterlows, daß sie allein sein wolle. Frere war bereit, Weihnachten und zu den Wochenenden zu kommen, da er während der Woche arbeitete.

Am 21. Dezember setzte sie nach Ryde über, und als sie das Haus sah, gefiel es ihr sofort. Sobald sie sich eingerichtet hatte, verschwanden auch die Schmerzen. Weil sie immer noch Angst vor der Rache ihres Mannes hatte, der sich nicht einmal entblödete, sie von Privatdetektiven beschatten zu lassen, um Beweise für ihre eheliche Untreue zu bekommen, reservierte sie für Frere ein Zimmer in einer nahe gelegenen Pension. Am nächsten Tag kam er an, und sie verbrachten zusammen eine sehr angenehme Zeit: »Dies Weihnachten gefällt mir besser als alle anderen – so friedlich und einfach und ruhig«, lautete ihr Tagebucheintrag. Am nächsten Wochenende war er jedoch zunehmend streitsüchtig und übellaunig. Es wurden recht armselige Tage. Auch sie sagte Dinge, die sie bedauerte, aber am Sonntagabend vertrugen sie sich wieder. Als sie zurück in London war, erzählte sie Charlotte, sie habe »wundervolle Weihnachten in völligem Schweigen« verbracht. »Außer dem Mädchen morgens frohe Weihnachten zu wünschen und sie abends zu fragen, ob ihr Weihnachtsfest denn auch froh gewesen sei, sprach ich den ganzen Tag kein einziges Wort.« Während dieses letzten Versuchs, mit Frere eine Paarbeziehung zu genießen, hatte sie eine Erfahrung machen müssen, die mehr als alles andere das Ende der Beziehung ankündigte. Sie waren zum Essen in eine Kneipe in der Nähe gegangen, wo sie mit einem älteren Mann und dessen Tochter ins Gespräch kamen; er vermutete in aller Unschuld, daß Elizabeth Freres Mutter sei. Diese Episode beschrieb sie dann sehr erbittert im Roman *Liebe*, der von ihrer Beziehung zu Frere handelt.

Als Elizabeth nach London zurückkam, fand sie dort einen Brief Katherines vor. Er enthielt einen Scheck über 100 Pfund, mit dem sie ihre Schulden beglich; geschrieben worden war er in Gurdjieffs Landgut in Fontainebleau, das früher ein Karmeliter-Kloster gewesen war und jetzt Institut für harmonische Entwicklung des Menschen hieß, oder auch kurz *Le Prieuré*.

»Ich wollte, ich könnte Dir erklären, warum ich so lange nicht geschrieben habe. Nicht aus Lieblosigkeit! Aber in Paris wurde mir ganz schwarz vor Augen, als ich merkte, daß die Röntgenbestrahlungen mir nicht mehr weiterhelfen, sondern mir nur das Herz noch schwerer machen würden; so gab ich alles auf und versuchte, ein völlig neues Leben zu beginnen. Aber diese Entscheidung war auch aus persönlichen Gründen äußerst kompliziert. Als ich aus der Schweiz nach London kam, machte ich (soweit hatte Sydney recht) vermutlich das durch, was Bücher und Studenten eine geistige Krise nennen. Zum ersten Mal in meinem Leben langweilte mich alles. Alles, und schlimmer noch, jeder kam mir wie ein Kompromiß vor, so flach, so schäbig, so mechanisch. Wenn es mir bessergegangen wäre, hätte ich mich ins schwärzeste Afrika oder in die Anden oder an den Ganges aufgemacht, oder wohin man sonst in solchen Momenten flieht, um mein Herz zu verändern (in aller Öffentlichkeit kann man sein Herz nicht verändern) und neue Eindrücke zu gewinnen. Es scheint mir nämlich, daß wir von neuen Eindrücken leben – von wirklich neuen.

Weil aber diese großen Fluchten unmöglich waren, verbrannte ich die Boote hinter mir und kam hierher, wo ich jetzt mit etwa 50 oder 60 Leuten lebe, meistens Russen. Es ist eine phantastische Existenz, unmöglich zu beschreiben. Man könnte überall sein. In Bokhara oder Tiflis oder Afghanistan (abgesehen vom Klima, leider!). Aber sogar das Klima setzt einem gar nicht so sehr zu, wenn man auf diesem Niveau herumwirbelt. Denn wir wirbeln ganz entschieden herum. Ich kann Dir aber gar nicht sagen, welche Freude es für mich ist, mit lebendigen Menschen zusammenzusein, die fremd und frisch sind und sich nicht für sich schämen. Bei ihnen zu sein, ist eine ungeheure Erleichterung.

Aber wie dumm das alles klingt. Das ist ja das Schlimmste an Briefen; sie tappen um die Dinge herum.

Seit Oktober habe ich kein Wort mehr geschrieben, und bis zum Frühjahr will ich es auch nicht. Ich möchte so viel Material; ich bin meine kleinen Geschichten leid, die wie in Käfige eingesperrte Vögel sind.

Aber genug, liebe Elizabeth. Ich habe Dir noch nicht einmal für den *Verzauberten April* gedankt. Es ist ein Buch zum Genießen; der einzige andere Mensch, der es geschrieben haben könnte, ist Mozart .... Wie kannst Du nur so schreiben? Wie? Wie?

Ich frage mich, ob Du John siehst. Er klingt sehr glücklich und gelöst. Das Leben ist doch eine geheimnisvolle Sache!

Leb wohl, meine liebste Cousine. Ich kenne niemanden, der Dir gleicht. An jede Kleinigkeit, die Dich betrifft, werde ich mich immer erinnern.«

Es war der letzte Brief, den Katherine an Elizabeth schrieb. Es war überhaupt der letzte Brief, den sie je abschickte.

Als Katherine zwischen August und September in London gewesen war, hatte sie mit Orage mehrere Gespräche über Gurdjieff geführt. Sie erfuhr, daß dieser geheimnisvolle Russe, der 1877 in Alexandrapol in Georgien geboren wurde, in den vergangenen Jahren viele ungewöhnliche Dinge getan hatte; unter anderem hatte er während der Russischen Revolution seine Freunde und Schüler über den Kaukasus aus Rußland herausgebracht. Er hatte sie verpflegt, ihnen Unterkunft besorgt und mit ihnen auf dem Höhepunkt des Kriegs ein Ballett mit dem Titel *Kampf der Zauberer* in Moskau aufgeführt; seinen Schülern enthüllte er Geheimlehren, die er auf seinen Reisen als junger Mann im Osten kennengelernt hatte, indem er altbekannte Dogmen miteinander vermischte und den Aufbau des Universums ketzerisch erläuterte. Lady Rothermere, die überaus reiche Frau des Zeitungsmagnaten, war von ihm so beeindruckt, daß sie ihm soviel Geld überließ, daß er sein Institut gründen und diejenigen, die zu ihm kamen, »harmonisch entfalten« konnte. Als Katherine dort ankam, war das Institut erst seit einigen Monaten geöffnet. Die Leute, die bereits da waren, arbeiteten fieberhaft an der Restaurierung von *Le Prieuré*; sie waren weitgehend Selbstversorger, indem sie die Gärten kultivierten und Tiere hielten. Abends aßen alle mit dem Meister zusammen, der sie dazu aufforderte, die exotischen Speisen zu essen und zu trinken, die er persönlich zubereitete; jeden einzelnen regte er auf individuelle Weise dazu an »AUFZUWACHEN« – jedenfalls hoffte er das wohl. Nach dem Essen brachte er ihnen Wirbeltänze bei, die, wie er sagte, auf Methoden der Derwische beruhten, aber wohl eher seine eigene Erfindung waren. Sie renovierten auf dem Gelände auch einen Schuppen, in dem ein riesiges, maurisches Zelt aus Sackleinen aufgebaut wurde, in dem die Tänze und Vorträge stattfanden und Gurdjieffs Schüler sich zum Feiern versammelten.

Katherine war Mitte Oktober aus England angereist und verbrachte drei fröstelnde Monate im *Prieuré*. L. M. begleitete sie, hatte aber für Gurdjieff nichts übrig und fand einen Job auf einem Bauernhof in Lisieux. Gurdjieff erkannte Katherines Zustand und wies ihr im Haus ein behagliches Zimmer zu, quartierte sie dann aber gemäß seiner Methode ein paar Wochen später in einen extrem unkomfortablen Raum um. Tagsüber mußte sie sich auf einer Empore im Kuhstall aufhalten, wo sie den Kuhdunst inhalieren sollte. Gurdjieffs Medizin basierte auf der homöopathischen Methode, daß Ähnliches Ähnliches heilt. Der süße Atem der Kühe sollte sich mit Katherines Atem mischen und ihre Lungen zur Selbstheilung anregen. Er hatte zuvor selbst in dem Kuhstall gehaust, den seine Schüler phantasievoll und üppig ausgeschmückt hatten.

Katherines Interpretation der Philosophie, mit der sie dort konfrontiert wurde, lautete: »Wage es! Wage alles! Kümmere dich nicht länger um die Meinung anderer, um diese Stimmen. Tue, was für dich das Schwerste ist auf Erden: Handle selbständig. Sieh der Wahrheit ins Auge.«

Nach Weihnachten lud Katherine John zu sich ein, aber am Abend seiner Ankunft erlitt sie einen Blutsturz und starb. Ida Baker sah Katherine noch ein letztes Mal. Ihr Schatten oder Geist wandelte durch ein Zimmer, in dem Ida mit John arbeitete, und sie »schien zu lächeln«, wie Ida in ihren Erinnerungen schrieb. Sie brauchte weder einen Stock noch einen Arm als Stütze und hatte so vielleicht die Freiheit erlangt, nach der sie so ernsthaft gesucht hatte.

In ihrem Testament hinterließ Katherine Elizabeth ihre mit Randnotizen versehene Shakespeare-Ausgabe und (ein Scherz im Stile Shakespeares) ihren zweitbesten Krückstock; ein postum erschienener Gedichtband war Elizabeth gewidmet. Zwischen beiden waren Liebe und Respekt gleichermaßen gewachsen, obwohl Katherine die einzige Person war, vor der Elizabeth sich fürchtete. In ihrer Gegenwart spürte sie »geistig jeden einzelnen Knochen«, wie sie John mitteilte. Aber der Stolz, den die beiden füreinander empfanden, war das wichtigste Gefühl – Elizabeth wußte, daß sie Katherine ausgebrütet hatte, was in gewisser Weise stimmte, denn erst Elizabeths Einfluß führte die jüngere Frau zur Schriftstellerei. Katherine schrieb einmal an Dorothy Brett: »Der springende Punkt an Elizabeth ist der, daß man sie liebt und stolz auf sie ist. Oh, das ist so wichtig! Auf die Person stolz sein, die man liebt. Das ist entscheidend. Das ist tief – tief. Es gibt keine bitterere Wunde, als jemand zu lieben, auf den man nicht stolz sein kann. Ich glaube, das ist die unverzeihliche Beleidigung.«

Der Abstieg

Alexander Stuart Frere

Das musikalische Drama *Die unsterbliche Stunde*, mit Musik von Rutland Boughton und einem Libretto von William Sharp, das auf dem Roman von Fiona Macleod basierte, wurde im Frühjahr 1923 am Regent Theatre in London aufgeführt. Es ist eine keltische Phantasmagorie mit Musik, Gesang und Deklamationen, das nicht nur die frühkeltische Atmosphäre einfängt, sondern auch die des Londons in den zwanziger Jahren, gefiltert durch keltischen Mystizismus. Es ist ungeheuer romantisch und spielt in einem Reich, in dem es keine Ehe gibt, was viele sehr erleichterte, die unter dieser Institution litten. Elizabeth sah das Stück, war beeindruckt und fühlte sich bestätigt durch die Hinweise auf andere Wirklichkeiten, mit denen es gespickt ist. Sie sah es sich immer wieder an, bis sie schließlich zu einer kleinen Gruppe gehörte, die praktisch jeden Tag hingingen, entweder in die Matinee oder in die Abendvorstellung. Sie bat Maud Ritchie brieflich, sie im April zu begleiten, und schrieb: »Es wird mein elfter Besuch sein. Es ist das wunderbarste Stück – jedes Mal besser als vorher.« Sie stellte sich sogar an den Bühneneingang, um die Bekanntschaft des Schauspielers zu machen, der den Held Etan spielte, und lud ihn mehrfach zum Tee ein.

In ihrem nächsten Roman *Liebe* begründete sie die Entstehung der Leidenschaft Christophers, des Helden, für Catherine mit den erregenden Effekten dieser Theaterproduktion: »Zum ersten Mal begegneten sie sich – freilich ohne es zu merken, denn sie kannten einander noch nicht – in der *Unsterblichen Stunde*, das damals am King's Cross vor fast leerem Haus gespielt wurde; aber beide gingen so oft hin, und jeder Theaterbesucher erregte in diesen Tagen Aufmerksamkeit, weil es so wenige waren, denen so viel Platz zur Verfügung stand, daß die Leute, die häufig hingingen, sich recht bald vom Sehen kannten, sich irgendwie freundschaftlich verbunden fühlten, und ganz gern mal ein Lächeln oder ein Kopfnicken riskierten, und das war auch bei Christopher und Catherine der Fall.«

In *Liebe* beschreibt Elizabeth mit schonungsloser Offenheit ihre Zweifel und ihr zögerndes Sicheinlassen auf Freres Wünsche, die schockierte Reaktion ihrer Freunde und das unausweichliche Neigen der Waagschalen, als ihre Abhängigkeit von ihm seine von ihr zu überwiegen begann. Es ist eine Tragödie, die mit Humor und Verständnis erzählt wird und den Finger auf das unausweichliche Ende einer solchen Beziehung legt: Sie wird älter und beobachtet diesen Prozeß, obwohl sie sich bemüht, es nicht zu tun. Sie unterzieht sich sogar einer Therapie durch einen Manoukhin ähnlichen Typ, der sie mit Röntgenstrahlen behandelt; diese Episode basiert auf dem, was Katherine ihr in dem Wintergarten des Hotel de l'Angleterre über ihre Erfahrungen berichtet hatte. Trotz bester Absichten wendet sich Christopher unausweichlich seiner eigenen Altersgruppe zu, während die Frau zusehends älter und ängstlicher wird.

In diesem Frühjahr berichtete John Middleton Murry Elizabeth brieflich über Ida Baker, Katherines ergebener Freundin, die nun, da Katherine nicht mehr lebte, nicht wußte, was sie mit sich anfangen sollte. Elizabeth glaubte, das mindeste, was sie für das Andenken ihrer Cousine tun könnte, sei die Verantwortung für Idas Wohlergehen. Sie stellte sie ein, ihr dabei zu helfen, innerhalb Whitehall Courts in eine kleinere Wohnung umzuziehen, und ließ sie als Haushälterin dort, als sie wieder ins Chalet fuhr. Dort blieb sie zwei Monate völlig allein und arbeitete intensiv an *Liebe*.

Sie stellte sich dem Problem der Einsamkeit jetzt mutiger, weil ihr klar wurde, daß dies für den Rest ihres Lebens ihr Schicksal sein würde. Aber bald überkam sie ein »kannibalisches Bedürfnis«, wie sie an Frere schrieb, nach ihrem eigenen Fleisch und Blut, und sie überwand ihre Abneigung gegen das »Vaterland« und stattete Trix einen Überraschungsbesuch ab, der allerdings Elizabeth selbst mehr überraschte. Trix hatte sich nämlich stets über bittere Armut beklagt, und jetzt traf ihre Mutter sie in einem schönen, alten Haus an, umgeben von allem nur denkbaren Luxus, und Tony, ihr Mann, erwies sich als angenehmer und charmanter Mann.* Auf dem Rückweg besuchte Elizabeth Teppi in der Schule, die sie gegründet hatte, und mochte sie mehr denn je. Nach einigen wirren Stunden großer Freude und Aufregung erfuhr Teppi alles, was der Familie zugestoßen war, erfuhr von Elizabeths Ehe mit dem »früher so freundlichen und vorteilhaften Liebhaber, der sich in einen Despoten verwandelt haben mußte«; Teppi war glücklich, daß die Schwingen der Seele ihrer Freundin durch »die furchtbaren Erfahrungen nicht beschnitten worden waren«, wie sie schrieb.

In diesem Sommer 1923 war das Chalet wieder voller Gäste, obwohl es sich mehr und mehr um Frauen handelte, die der Sappho huldigten. Elizabeths Familie machte sich Sorgen, daß solche Frauen nun verstärkt in ihr Leben traten, aber sie genoß eigentlich nur ihre Gesellschaft, ohne ihre Neigungen zu teilen. Sie war genau der Typ Frau, den Lesbierinnen bewunderten – und sie ließ sich natürlich gern bewundern. Im August kam Frere, aber sein »fröhliches, süßes, freundliches, natürliches Selbst« war immer öfter von ermüdender Schuldsuche überschattet, wodurch Elizabeths Fröhlichkeit »ausradiert« wurde.

Nachdem Frere wieder nach England abgereist war, blickte Elizabeth auf die Zeit mit ihm zurück. »Dein Besuch wie ein Traum. ... Ich fühlte mich so melancholisch, als die Dämmerung Dich umfing, und wanderte wie ein verirrtes Schaf durchs leere Haus, ging in Dein Zimmer, schloß die Fenster und zog die Vorhänge zu – ich weiß nicht, warum ... Denk nicht mehr an Unterschiede und Streit – denk nur an Ähnlichkeiten und das Lachen und das Glück ... Hugh ist gestern abgefahren; er strahlte übers ganze Gesicht und versicherte mir, daß er mir er-

* Dem Augenschein zum Trotz war die Familie in der Tat so arm, wie Trix behauptete. Ihre Tochter Sybilla schrieb der Autorin dieser Biographie 1986: »Meine Eltern waren bettelarm, so arm, daß .. sie oft Picknicks unternahmen, auf denen es nur Brot und Butter gab, weil sie kein Geld hatten, für sich und das Personal Fleisch zu kaufen. (Sie werden fragen: Warum Personal? In jener Zeit mußte man Personal haben, jedenfalls in dieser gesellschaftlichen Position.) Das Haus gehörte ihnen nicht, was Elizabeth gewußt haben muß, weil meine Eltern sie um einen Kredit baten, damit sie das Haus auf Hypothekenbasis kaufen konnten. Diesen Kredit gab sie ihnen auch.«

gebener sei als jedem anderen Menschen auf der Welt, außer Melchior! Nie schied ein Mensch so guter Laune vom Gegenstand seiner Verehrung.«

Als alle abgereist waren, blieb sie noch im Chalet; nach allerlei aufreibenden Geschäften wegen des deutschen Gelds der Kinder setzte sie sich wieder an *Liebe*, das ihr manchmal fast unmöglich vorkam, und nicht selten landeten für jede geschriebene Seite sechs Seiten im Papierkorb. Ende September schrieb sie an Frere: »... Schreiben ist keine leichte Arbeit, und je leichter es sich liest, wenn es fertig ist, desto mehr Seelenschweiß ist hineingeflossen. Aber ich möchte es für nichts auf der Welt missen – um glücklich zu sein, *muß* man schaffen ...«

H. G. Wells hatte ihr vor kurzem erklärt, wie man eine Beziehung zu einem jüngeren Partner zu organisieren habe; der Kern der Sache war der, daß die ältere Person sich beeilen muß, die Beziehung zu beenden, sobald die Zuneigung der jüngeren zu schwinden beginnt. Leider konnte Elizabeth den Rat nicht in die Tat umsetzen, obwohl sie es versuchte. Wieder in England, reiste sie herum und besuchte Sehenswürdigkeiten, um nicht an den jungen Mann denken zu müssen, aber wo immer sie war, wünschte sie sich woanders hin, und wenn sie dort ankam, wünschte sie sich dahin zurück, wo sie hergekommen war.

Ihr Arzt empfahl ihr über Weihnachten eine Reise nach Südafrika – sie bat darum, nach Amerika fahren zu dürfen, aber davon wollte er nichts hören. Es gefiel ihr ganz und gar nicht, und während sie dort war, schrieb sie einen ganzen Strom jammernder Briefe an Frere. Sie bemühte sich, den Anordnungen des Arztes Folge zu leisten; es sollte nämlich eine Ruhekur sein, und sie durfte weder viel reden noch laufen, sondern sollte so oft wie möglich schlafen. Ihr Bruder Sydney fehlte ihr sehr, und »die ganze Reise war von Anfang bis Ende das Fegefeuer«, obwohl sie sich mit Lord Lambourne anfreundete, der von seinem Arzt ebenfalls nach Südafrika geschickt worden war und der es ebenfalls haßte. Das Schiff schwankte »wie der gefühlsbewegte Busen einer fetten Frau«, und Arthur Churchman schickte ihr, bevor sie an Bord ging, eine Kiste Ananas, »groß wie ein Sitzbad«, die im Golf von Biskaya umkippte und auf sie fiel; sie sagte, sie habe nun dekorative, blaue Flecken in Ananasform. Als sie in Kapstadt ankam, blies von morgens bis abends ein starker Wind, und sie hielt die Gegend für überschätzt. »Bei starkem Wind kann kein Mensch glücklich und zufrieden sein. Mit einer Hand halte ich meinen Hut fest, mit der anderen halte ich meinen Rock unten, und mit den Füßen trage ich Koffer, Taschentuch etc. und wische mir den Dreck aus den Augen«, schrieb sie an Frere. In Südafrika wurde sie wie eine Königin behandelt.

Im folgenden Sommer 1924 fuhr sie wie üblich im Juni allein ins Chalet; sie fühlte sich »wie ein Schwamm voller Löcher, der unterwegs alle Lebenssäfte aufsaugt«. Sie war übersensibel und aufnahmefähig, als ob ihr Innerstes nach außen gekehrt worden sei, und der leiseste Anlaß ließ sie erbeben. Es war ein angenehmer Zustand – alles schien wundervoll. Sie schrieb an Frere: »Wenn ich allein bin ... scheinen sich alle Sinne unglaublich zu schärfen. Ich habe das Gefühl, ganz Antenne zu sein, bewege mich umher und empfange jeden Eindruck. Die Musik ist wunderbarer, Liebe und Freundschaft, Schönheit – alles verstärkt sich tausendfach ...«

Sie ging beinah sofort auf eine Tour um den Genfer See; Ida Baker schloß sich ihr in Lausanne an. Sie erzählte Elizabeth, daß Katherines Gedichtband, nach dem Elizabeth überall gesucht hatte und den sie nirgends auftreiben konnte, ihr gewidmet war; Elizabeth wunderte sich, daß John es nicht für nötig gehalten hatte, ihr das mitzuteilen. Sie besuchten das Château Coppet, wo die Lassetters vor so vielen Jahren gelebt hatten und wo noch lange vor ihnen Madame de Staël ihrer Freundin Madame de Récamier Unterschlupf gewährt hatte, als diese auf der Flucht vor ihrem Mann war. Prinz August, der Urgoßvater von Elizabeths Kindern, hatte sich hier in sie verliebt.

Im Juli kam Liebet aus Kalifornien im Chalet an, und dann saß sie mit ihrer Mutter bis spät in den mondhellen Nächten zusammen und sprach mit ihr über Gott und die Welt. Vier Tage später kam auch Trix. Sie wußte nicht, daß Liebet ebenfalls da war; Liebet versteckte sich im Chalet und überraschte sie dann. Trix freute sich sehr, denn sie hatten sich seit elf Jahren nicht mehr gesehen, und Elizabeth glaubte zu träumen, als sie hörte, wie ihre Kinder miteinander über ihre eigenen Kinder sprachen. Nach zwei Wochen fuhren die beiden zusammen nach Deutschland, von wo Liebet in der ersten Augustwoche wieder ins Chalet zurückkehrte. Dann setzte ein ständiger Gästestrom ein, zu dem auch wieder Maud Ritchie und Frere gehörten. Elizabeth mühte sich mit dem Schluß von *Liebe*, mit dem sie nie richtig glücklich wurde. Sie las *Etwas Kindliches, aber sehr Natürliches* von Katherine Mansfield, wußte die Fortschritte zu schätzen, die sie mit dem Buch gemacht hatte, und war sich sicher, daß sie noch viel Großes hätte leisten können, wenn sie am Leben geblieben wäre. Sie fuhr mit Liebet nach Paris, verabschiedete sich da von ihr und war Mitte September zurück im Chalet, wo sie wieder einmal von ihren Freundinnen umgeben war, von ihrer »Weiblichkeit«.

Im Versuch, ein Medium zu finden, mit dem sie Frere fester an sich binden konnte, holte Elizabeth die Idee des Briefwechsels zwischen Mr. Arbuthnot und Ellen Wemyss aus der Schublade, die bereits mit Walpole und Bertrand gescheitert war; sie schlug Frere vor, die Rolle Mr. Arbuthnots zu übernehmen. Er willigte versuchsweise ein und schrieb einige klarsichtige, aber schwermütige, nihilistische und entschieden »moderne« Passagen, die davon handelten, wie der Krieg seine Werte auf den Kopf gestellt und ihn beinah in den Wahnsinn getrieben hatte, wie er ihn nichts anderes gelehrt habe, als »Ewigkeit im Augenblick« zu begreifen und so weiter, was Elizabeth dazu bewog, ihr Angebot taktvoll zurückzuziehen. Sie fing an, sich einzureden, Gott wolle sie zu einer Einsiedlerin machen, und träumte paradoxerweise davon, sich irgendwo in Amerika oder an der Riviera eine Blumenfarm zu kaufen, auf der dann auch Liebet und Trix mit ihren Familien wohnen sollten. Im Sommer hatte sie andeutungsweise mit ihren Töchtern über das Projekt gesprochen, und bei der Gelegenheit hatte Elizabeth klugerweise begriffen, daß Schwiegermütter auch in den glücklichsten Ehen nicht gern gesehen werden. Gleichwohl ließ ihr die Idee keine Ruhe.

Im Sommer 1925 erschien *Liebe*, und Elizabeth begann mit *Sallys Glück*. Sie empfand ihr Leben in London als zu frivol; zudem sehnte sie sich dort mehr nach Frere als er sich nach ihr zu sehnen schien, und so beschloß sie, die Zeit in England auf dem Lande zu verbringen. Sie fand in Wood Green im New Forest ein Landhaus, das Six hieß, weil es das sechste Haus einer Reihe war. Es ist winzig wie ein Knusperhäuschen, strohgedeckt, sehr alt, mit zwei Zimmern oben und zwei Zimmern unten. Geschmiegt an die Hügelkette von Castle Hill, erlaubt es einen vorzüglichen Ausblick über die Flußniederungen des Avon. Sie lud Ida Baker ein, bei ihr zu wohnen. Die beiden harmonierten eine Zeitlang relativ gut, aber Ida Baker liebte es nicht, Elizabeths Gästen die Sandwiches und die Canapés zu bereiten, und war außerdem beleidigt, wenn sie nicht immer hinzugebeten wurde. Frere, an dem Elizabeth immer noch hing, kam gelegentlich vorbei, empfand seine Besuche aber als lästige Pflicht – er interessierte sich inzwischen stark für Golf und spielte sehr gut, und ein Besuchstag bei Elizabeth bedeutete einen verlorenen Tag, an dem er nicht spielen konnte. Dann hatte der junge Mann eine glänzende Idee. Elizabeth, das war klar, brauchte etwas zum Kuscheln, und zum Kuscheln stand er nicht mehr zur Verfügung. (Er lebte inzwischen mit einer jungen Dame zusammen, von der Elizabeth nichts wußte und die sie nie akzeptiert hätte.) Er beschloß, daß sie einen Hund brauchte, und so kam per Post eine Kiste in Six an, in der eine wuschelige Promenadenmischung namens Pincher fiepte. Vom ersten Augenblick an lebte Elizabeth auf. Nach einigen Monaten hatten sie und Pincher genug von Wood Green und kehrten nach London zurück; Ida Baker blieb in Six, wo sie bis an ihr Lebensende glücklich lebte.

Pincher war nur so lange ein Erfolg, bis er ärztlich behandelt werden mußte; danach wurde er fett und lethargisch. Als Frere das mitbekam, schenkte er Elizabeth einen anderen Hund, Knobbie, einen sehr jungen Foxterrier. London war eindeutig nicht der rechte Ort; also ließ sich Elizabeth neben dem Golfclub von Wentworth in Virginia Water ein Haus bauen, das sie White Gates nannte beziehungsweise »Wiggates«, weil die Engländer es ihrer Meinung nach so aussprechen würden. Es hatte ein Schlafzimmer und zwei große Garagen, über denen eine Wohnung fürs Personal lag. Hinterm Haus lag ein zauberhafter Garten, der in drei Bereiche aufgeteilt war; im Garten stand ein kleines Sommerhaus aus Holz, in dem Elizabeth arbeitete. Durchs Gartentor gelangte man sofort in einen Wald, wo sie Pincher und Knobbie ausführte. Während es gebaut wurde, verbrachte sie mit Frere einige Zeit in Venedig. Zum Mißvergnügen ihrer Töchter sprach sie in ihren Briefen immer noch von der Blumenfarm, die sie kaufen wollte; im Sommer fuhr sie ins Chalet, wo sich die Gäste freudig um sie scharten.

Frere fuhr nach Amerika, und in der Hoffnung, ihm eine Stelle zu verschaffen, arrangierte Elizabeth für ihn ein Treffen mit den Doubledays. Nelson überließ ihm den Vertrieb einer kleinen Zeitschrift, was er mit Hilfe eines Motorrads und großem Eifer auch tat. Als Resultat dieses erfolgreichen Einsatzes wurde ihm ein hervorragender Job in einem der englischen Verlagshäuser angeboten, die Doubleday vor kurzem gekauft hatte: William Heinemann. Bei seiner Rückkehr war er in einer Stimmung, die dazu angetan war, allein schon den Gedanken oder das Bedürfnis nach Nähe zu zerstören, aber Elizabeth blieb gelassen, und nach einigen Wochen fanden sie sich schließlich in der alten Routine wieder, trafen sich etwa alle drei Tage und gingen zusammen ins Theater, zum Essen und zum Tanzen. Sie bestand darauf, daß er die Wohnung oder das Haus in Surrey benutzte, wenn sie nicht in England war, und weil er sie mochte, gern in dem Haus war und Golf im Wentworth Golfclub spielte, schien ein Ende der Beziehung nicht in Sicht. Evi, die inzwischen zwei Kinder hatte, bekam Probleme mit ihrem Mann, der es offenbar mit keiner Arbeit aushielt. Sie schrieb ihrer Mutter bittere Briefe über ihn, und Elizabeth antwortete, daß sie notfalls das Chalet verkaufen würde, um sich um sie zu kümmern, daß sie aber nicht einsehe, für einen Mann Opfer zu bringen, der ihre Tochter unglücklich machte. Schließlich verschuldete sich der nichtsnutzige Eustace so schwer, daß er aus der Stadt verschwinden mußte. Elizabeth erhöhte das Taschengeld, und Evi begann ein durchaus zufriedenes Leben in Los Angeles, beaufsichtigte ihre beiden Töchter und schrieb Romane, die aber nie veröffentlicht wurden. Ihre Mutter war klug genug zu verstehen, daß Evi nun das Leben führte, das sie sich immer gewünscht hatte, und drängte sie nicht mehr dazu, sich zu ändern.

Frere schenkte Elizabeth eine Katze, ein paar Tauben und noch einen Hund. Von Hunden umgeben, machte sie eine neue Phase der Einsamkeit durch, bis sie eines Tages Besuch von Bridget Guinness bekam. Sie war die Frau von Benjamin Seymour Guinness, der das Familienvermögen durch Investitionen in amerikanische Eisenbahnaktien vermehrt hatte und schwerreich war. Elizabeth hatte sie 1919 in New York kennengelernt; seitdem hatte man sich öfter getroffen, da Bridget eine der elegantesten Gastgeberinnen Londons war und in ihrem Haus in Ascot, 11 und 12 Carlton House Terrace, viele Parties gab. Mitte der zwanziger Jahre hatten sie das Londoner Haus ihrem Sohn Loel als vorzeitiges Erbe überlassen und waren an die Riviera gezogen. »Und als sie an jenem dunklen Winternachmittag zu mir ins Zimmer trat, schien von ihr aller Glanz und alle Wärme dieser südlichen Landschaft auszugehen, und wenn sie sich bewegte, glaubte ich den süßen Duft von Jasmin- und Fliederblüten zu spüren«, schrieb sie in *Alle meine Hunde*.

Bridget versuchte Elizabeth zu überreden, sie müsse an die Riviera kommen; Elizabeth war gelegentlich dort gewesen, hatte die Gegend als Wohnort für sich aber verworfen, weil für ihren Geschmack dort auf zu vielen endlosen Parties klatschsüchtige, gelangweilte und deshalb besitzergreifende Menschen umherwirbelten. Da nun aber ihre Freundin dort lebte, übrigens auch Wells, sah sie die Riviera als möglichen Wohnsitz in einem neuen Licht.

Im Sommer 1926 bezog Charlotte eine Villa in Peyloubet und lud ihre Schwester dorthin ein. Das Haus lag an einem Olivenhain, und Wells wohnte gleich dahinter mit seiner neuen Freundin Odette Keun, »einer ausländischen Dame voller Vitalität und mit sehr schönen, schlanken Beinen«, wie Elizabeth notierte. Er ließ sich einen »enormen Kublai-Chan-Palast bauen, mit Zimmermädchen, Zimbeln und allen Schikanen«. Elizabeth ging oft hinüber, um die beiden zu besuchen, und amüsierte sich insgeheim über die Inschrift auf dem Kaminsims in der Halle: ZWEI LIEBENDE BAUTEN DIES HAUS. Sie hätte die Zeit mit Charlotte genossen, doch, wie sie Frere schrieb, »gibt es in diesem Haus keine Türen, was wirklich ein Übel ist.« Anfangs gefiel ihr die Riviera gar nicht, da sie keine Post von Frere bekam, aber sobald Briefe ankamen, änderte sie ihre Meinung. Dann traf sie auf einer von Bridgets Gesellschaften einen Mann, der ihr seine Villa vermietete, und so konnte sie den herrlichen Sonnenschein ein paar Wochen länger in Einsamkeit und mit Türen genießen. Aber sie konnte sich noch nicht entschließen, dauernd dort zu leben, weil ihre Pläne sich um den Mann rankten, den sie liebte und dem sie nah sein wollte, und sie wußte, daß sie ihn kaum wiedersehen würde, wenn sie in Südfrankreich lebte.

1927, im nächsten Sommer, war Elizabeth wie üblich im Chalet; Woche um Woche verging ohne Briefe von Frere, und sie machte sich Sorgen, daß ihm etwas zugestoßen sein könnte. Krank und ängstlich fuhr sie mit Trix nach Bayreuth, wo sie Frau Winifred Wagner in ihrem »komischen, häßlichen, vollgestopften alten Mausoleum« besuchte, das noch genauso aussah wie vor achtunddreißig Jahren, als Elizabeth mit Henning dagewesen war. Frau Wagner war geborene Engländerin, »sonst aber nichts«, kommentierte Elizabeth. Sie saßen bei der Gelegenheit an Wagners Tisch; Siegfried hing wie eine tote Motte herum, und Melchior, »sehr süß und *treuherzig*« (im Original deutsch. A.d.Ü.), verschlang riesige Steaks mit Zwiebeln, während Winifred »köstlich hübsch« daneben saß. Elizabeth meinte, wenn Tolstoi, nicht gerade ihr Lieblingsschriftsteller, Opern geschrieben hätte, dann wäre *Parsifal* dabei herausgekommen, und sie haßte Bayreuth mit allem, was dazugehörte.

Am 9. August war sie wieder im Chalet – und immer noch kein Brief von Frere. Die Sommergäste kamen ununterbrochen, ohne etwas von der Sorge ihrer Gastgeberin zu bemerken. Erst kam Maud Ritchie, dann Hugh Walpole, kurz darauf die Köchin und dann, am 11. ein Telegramm von Frere. Elizabeth war ungeheuer erleichtert. Zwei Tage später kam er an, sonnengebräunt, süß und amüsant, begann aber schon nach zwei Tagen, seine »wohlbekannten Ansichten über eitle, habgierige Frauen« herumzubrüllen, wie Elizabeth in ihr Tagebuch schrieb. Doch trotz seiner Ausbrüche und Elizabeths Krankheitsschüben, die ihre Stimmung drückten, über die sie aber nie klagte, war der Sommer ein Erfolg.

Im September schickte Hugh Walpole ein Exemplar der von Middleton Murry herausgegebenen Tagebücher von Katherine Mansfield ins Chalet; Elizabeth wurde traurig, als sie las, wie einsam ihre Cousine gewesen war. Als sie die Stellen erreichte, an denen sie vorkam und die zu eliminieren Murry nicht die Freundlichkeit gehabt hatte, schrieb sie in ihr Tagebuch: »›Sie ist vulgär und kleingeistig.‹ Wenn das stimmt, bin ich dann nicht so geboren? Kann ich etwas dafür? Ihr gegenüber war ich immer ungeheuer schüchtern, hatte Angst vor ihr und bewunderte sie zugleich sehr. Vielleicht hat meine Beschämung mich vulgäre Dinge sagen lassen. Aber ich weiß nicht – vielleicht hat sie recht. Deprimierend ... daß man so viele Seiten hat und daß es möglich ist, daß K. M. nur die vulgäre gesehen hat.«

»Wenn ich mit ihr zusammen war, kam ich mir ekelhaft vor«, schrieb sie an Murry, »als ob meine Hände voller Frostbeulen waren.«

Im Herbst in London erzählte ihr Frere von der Frau, mit der er zusammenlebte und die darauf bestand, daß er sie heiratete, »und mir wurde der Boden unter den Füßen weggezogen. Es hat keinen Sinn, sich das Gegenteil vorzumachen.« Der Rest des Nachmittags und Abends »schmerzte wie ein Messerschnitt«. Sie dachte an das, was Henning einst in Meran gesagt hatte, einige Wochen vor seinem Tod: »Liebe Dolly, liebe Dolly, wenn doch nur dies dumme Leben vorbei wäre – es ist nur Qual und Verwirrung.« Damals war sie anderer Meinung gewesen, jetzt pflichtete sie ihm bei. Sie erfuhr, daß die Abdruckrechte ihres neuen Romans *Das Geheimnis der Schwestern* an eine Zeitschrift verkauft worden waren, was sie normalerweise gefreut hätte: »Wie es aussieht, möchte ich nur noch sterben«, schrieb sie in ihr Tagebuch.

Sie verbrachte Weihnachten bedrückt und unglücklich allein an der Riviera, erlebte das neue Jahr Hand in Hand mit wildfremden Menschen und gab sich fröhlich. »Diese Tage waren alle voll Trauer und Zorn über L. G.s merkwürdiges Benehmen«, schrieb sie. Es sollte nicht mehr lange dauern, bis sie den Grund erfuhr. Im folgenden Frühjahr verabredete sie sich auf dem Rückweg aus dem Chalet nach London mit Frere in Paris.

Sie aßen zusammen und machten einen Spaziergang im Bois. Als sie auf einer Bank ausruhten, gestand Frere ihr, daß er geheiratet hatte. Sie nahm die Nachricht relativ ruhig und gelassen auf, aber als er von den näheren Umständen erzählte, daß nämlich die beiden Brüder seiner Frau ihn mehr oder weniger ins Standesamt eskortiert hätten, sagte Elizabeth, er sei ein Dummkopf und daß sie alles ertragen könne, bloß keine Dummköpfe, und daß sie ihn nie wiedersehen wolle. Sie stand auf und ging davon. Als sie wieder in London war, hatte sie ernste Gesundheitsprobleme, traf sich aber schon nach wenigen Wochen wieder regelmäßig mit Frere. Im Juni des folgenden Jahres bekam er eine Blinddarmentzündung, und sie eilte sofort nach der Operation an sein Krankenbett. Unglücklicherweise stieß sie dort mit seiner Frau zusammen und mußte so schnell wie möglich verschwinden.

Bridget Guinness wollte unbedingt, daß Elizabeth nach Südfrankreich zog; sie ließ ihr sogar auf ihrem eigenen Land ein Haus bauen, das sie »Verzauberung« nannte, nach dem *Verzauberten April.* Es wäre vollkommen gewesen, hätte sie nicht die Treppe vergessen, die dann im letzten Moment ziemlich provisorisch eingesetzt werden mußte. Es war ein hübsches rosafarbenes Haus, klein, aber leider zu klein; als Elizabeth es sich ansah, entschied sie, nicht darin leben zu können, obwohl die Geste ihrer Freundin sie sehr rührte. Statt dessen kaufte sie sich ein Grundstück in der Nähe von Cannes, gleich unterhalb von Mougins; es war mit einem Landhaus bebaut, das ein englischer Earl* errichtet hatte; sie beauftragte einen Architekten, es nach ihren Vorstellungen zu verändern.

Während sie auf die Fertigstellung der Villa wartete, machte sie sich nach Amerika auf, um ihre Kinder zu besuchen, obwohl Frere erstaunt und deprimiert war, als er davon hörte, da er mit seiner Frau viel Ärger hatte und Elizabeth als Ratgeberin

* The Earl of Sandwich. Später wurde es von dem Filmstar Josette Day gekauft, die es in einen kleinen Palast verwandelte. Heute gehört es einem Ölscheich; jedes der sieben Schlafzimmer verfügt über Bäder aus Marmor und Onyx; es gibt zwei Swimmingpools, und die riesige Küche ist aus schwarzem Marmor. Von Wells' Haus gibt es heute keine Spur mehr.

gebraucht hätte. Sie fuhr zu Liebets neuem Haus in Vermont. Evi kam mit ihren Kindern aus Kalifornien, und auch H. B. kam mit seiner Frau für einige Tage vorbei. Als sie wieder zu Hause war, schrieb Elizabeth an Liebet: »Ach, es war herrlich, und ich werde es in meinem Herzen aufbewahren, wie Eichhörnchen Nüsse aufbewahren, um sie an schlechten Tagen hervorzuholen und sich daran gütlich zu tun.«

Sie arbeitete an einem neuen Roman mit dem Titel *Vater*. Sie dachte viel über ihren eigenen Vater nach und über die Erfahrungen, die ihre Kinder mit Henning als Vater gemacht hatten, denn es waren Väter des viktorianischen Schlags gewesen, genau der Typ Mann, über den sie nun schrieb. Mit Liebet korrespondierte sie über Henning: »... obwohl er Euch herumgescheucht hat und jähzornig war, war er doch auch oft sehr charmant, und Dich hat er besonders geliebt. Dennoch verstehe ich, daß Du ihn anders siehst; Väter können gar nicht früh genug damit anfangen, freundlich und liebevoll mit ihren Kindern umzugehen. Mein Vater hat mir mein Leben lang die Hölle heiß gemacht, und dennoch mochte ich ihn sehr, als ich erst einmal erwachsen war; ich schätzte ihn und hatte das Gefühl, daß es sein gutes Recht gewesen war, mich nicht ertragen zu können, als ich klein war.«

Einige Wochen später saß sie auf einer von Hugh Walpoles Gesellschaften neben dem Psychologen Jung, den sie zuerst für einen großen, genialen englischen Cricketspieler hielt. Er haßte Hysterie, worüber sich Hugh besonders freute. An Thelma schrieb Elizabeth: »Wir lernten Jung kennen, der zu Freud steht, wie der Cherubim zum Seraphim, die Episteln zu den Aposteln, Schiller zu Goethe ... Wir verließen ihn mit genauso vielen Komplexen und Verdrängungen wie vorher.« Wenn sie ihn danach gefragt hätte, warum sie sich im Moment für Väter und deren Verhalten gegenüber Töchtern interessierte, wäre ihr vielleicht aufgegangen, daß ihre eigene Unfähigkeit, trotz bester Absichten den Ehestand zu genießen, vor allem aus ihrer Überzeugung resultierte, daß ihr Vater recht daran getan habe, sie als kleines Kind nicht ertragen zu können. (Später, im Mai 1936, beschäftigte sich Elizabeth wiederum mit den komplizierten

Problemen von Kindererziehung und Kindheit. An Liebet schrieb sie: »... Du machst ein paar kluge Bemerkungen über den entschieden guten Einfluß elterlicher Schwäche. Es ist eine große Tugend, Kinder alleinlassen zu können, glaube ich. Papa und ich waren als Eltern viel zu streng ... Andererseits haben meine Eltern sich fast nie mit mir beschäftigt ... Alle Kinder wünschen sich Eltern, die recht haben, egal, wie tyrannisch und ungerecht sie behandelt worden sind, und Töchter projizieren die Meinung, die ihr Vater über sie hatte, auf den Mann, den sie heiraten.« Ihr ganzes Leben lang drehte Elizabeth sich in höchst komplizierten Verwicklungen und versuchte mit sehr geringem Erfolg, die Liebe zu empfinden, die Männer für sie empfanden. In dem Buch, an dem sie nun schrieb, wird die Heldin von ihrem Vater tyrannisiert, findet aber die wahre und ewige Liebe, als er stirbt – ein psychologisch unrealistisches Ende, das im wirklichen Leben wohl kaum eintreten dürfte.

Im Februar 1929 erschien *Das Geheimnis der Schwestern*, der größtmögliche Kontrast zu *Sallys Glück*, dem vorhergegangenen Buch, im wesentlichen eine erfreuliche, leichte und sorgenlose Geschichte über ein sehr hübsches Mädchen, das von allen begehrt wird und schließlich zum Herzblatt eines Herzogs wird. Demgegenüber erforscht *Das Geheimnis der Schwestern* noch einmal den zerstörerischen Einfluß eines Mannes wie Francis auf das Leben einer Frau; der Mann besteht auf pünktlichen Mahlzeiten und bestraft seine Frau Milly auf eine Weise, gegen die sie sich nur schwer wehren kann: »... wenn er sich über sie ärgerte, redete er nicht, sondern schmollte. Dieses Schmollen kannte sie bald sehr gut. Es wirkte viel strafender als ein offener Streit ... ›Wenn Gott mich am Ende fragt, was ich mit meinem Leben gemacht habe, wird es dann reichen, wenn ich auf Ernest zeige und sage: Ich habe dafür gesorgt, daß seine Mahlzeiten gut waren?‹« Am Schluß hat Milly eine lang andauernde Affäre mit einem anderen Mann namens Arthur, »in dessen Leben sie erst eine Inspiration war und später etwas Vertrautes und irgendwie Tröstliches«. Elizabeth untersuchte auch die Beziehung zwischen verwitweten Schwestern, wobei sie an Charlotte und sich selbst dachte. Sie fragte sich seit einiger Zeit, warum Charlotte sie tatsächlich so sehr liebte, wie sie immer behauptet hatte.

Die Kritiker waren wie immer erfreut über ein neues Buch aus ihrer charakteristischen Feder. Der Kritiker des *Times Literary Supplement* schrieb: »Man findet die Unterschrift der meisten Autoren ... auf den Seiten ihrer Bücher eingraviert ... Autoren unterschiedlicher Couleur und Ausprägung. ›Elizabeth‹ unterschreibt ihre Bücher in Form einer Witwe oder eines Bischofs, so wie Whistler seine mit einem Schmetterling unterschrieb. Bischof wie Schmetterling sind gleichermaßen charakteristisch sowie gleichermaßen wagemutig und erfreulich.« Und die *Birmingham Post* kommentierte: »Wer außer ›Elizabeth‹ könnte über ›fröhliche Klatschweiber‹ schreiben oder Mabel in unsere Erinnerung eingraben, indem sie sie als kranken Affen beschreibt, dem das Fell in Fetzen vom Leib hängt?«

Im Sommer 1929 fand die letzte Hausgesellschaft im Chalet statt. Zum ersten Mal war Frere nicht eingeladen worden, obwohl er einen beleidigten Protestbrief schrieb. Aber Elizabeth sagte nur: »Was hat er denn erwartet?« Vernon Lee hatte jedoch angefragt, ob ihre Freundin, die Komponistin Ethel Smythe, kommen dürfe, und Elizabeth lud sie ein. Auch Ethel Smythe war Lesbierin und lief sommers wie winters in schweren Tweedanzügen und klobigen Schuhen herum. Wenn sie irgendwo zum Dinner geladen war, stopfte sie oft ihre Abendgarderobe in ihren Fahrradkorb, strampelte zum Haus und zog sich hinter dem nächstbesten Busch um. Sie hatte es gern, wenn man sie nach ihrer Arbeit fragte, und demonstrierte sie ebenso gerne; vor Queen Victoria verwandelte sie sich einmal in eine *One-Woman-Band*, indem sie gegen Teller, Messer, Gabeln, Weingläser und sogar gegen die Fußleiste hämmerte. Elizabeth fand sie anregend und höchst amüsant.

Miss Smythe ihrerseits schrieb Vernon Lee ihre Meinung über die Gastgeberin: »Ich glaube, das ist eins der vollkommensten Dinge – ich meine das Land, das Chalet und die Gastgeberin –, die mir je untergekommen sind. Elizabeth ist ... nun ja! Du weißt, wie sie ist, und ich denke schon, daß die Auseinandersetzung mit ihrem Geist für mich ein ganz neues intellektuelles

Abenteuer gewesen ist; und Du weißt auch, daß manche von uns – eine bin ich – sich einen Pfifferling um solche Abenteuer scheren, solange die Person, mit der man sie besteht, einem nicht sympathisch ist. Ich finde E. merkwürdiger, als es sich mit Worten ausdrücken läßt. Sie sorgt dauernd dafür, daß ich meine Augen anstrengen muß, und gibt mir das Gefühl, an einem extrem heißen Tag unter einem milden, kühlen Wasserfall zu stehen. Dazu kommt noch die sehr, sehr feine Haut dieses Wesens – ihr großes Vergnügen –, ihre Freundlichkeit und alles andere. Sie wird eine große Bereicherung meines Lebens sein – sie ist es jetzt schon ... wir brechen gerade zu einer Expedition auf ... und ich erwarte jeden Augenblick von unten aus dem Garten ein ruhiges Stimmchen ...« Elizabeth empfand ihrerseits Miss Smythe als »das kompletteste und perfekteste menschliche Wesen«, das ihr bislang begegnet war. Der Besuch war nur kurz, aber beide schieden mit dem Eindruck voneinander, daß am Horizont ihres Lebens eine neue und schöne Freundschaft heraufdämmerte.

Die Dramen, Intrigen und Leidenschaften der anderen Gäste, die im August ankamen, reichten freilich aus, um Elizabeths Gedanken nicht nur von ihrer neuen Freundin, sondern auch von ihrer Arbeit abzulenken. Es waren wiederum zumeist Frauen; Maud Ritchie war dabei, Joan Arbuthnot, eine neue, glühende Verehrerin Elizabeths, Leonora Wodehouse, die Stieftochter P. G. Wodehouses, und Anna Paues. Irgendein böser Geist des Wandels richtete unter den Gästen ein emotionales Gemetzel an, das das übliche Maß überschritt, und die aufflammenden Leidenschaften ließen die Berge erzittern. Elizabeth verbrachte möglichst viel Zeit außer Haus und überließ es Maud und Joan, mit der Situation fertigzuwerden. Maud hatte für ihr Bedürfnis, sich zurückzuziehen, Verständnis, aber nicht die anderen, und wenn sie doch auftauchte, ignorierte man sie einfach und tat so, als ob das Haus ein Hotel sei. »Es gab Momente, in denen ihr Verhalten völlig unvereinbar war mit ihrem offensichtlichen Zögern, endlich zu verschwinden«, bemerkte Liebet, »und Elizabeth kam traurig zu dem Schluß, daß sie wenigstens anerkennen müßten, daß sie es bei ihnen ausgehalten habe.« Aber leider ging der böse Geist nicht mit den Gästen, und Elizabeth fing an, die arme Maud wegen ihrer Angewohnheit zu necken, den ganzen Abend hinter der *Times* zu verbringen, die sie sich täglich nachsenden ließ. Wenn ein Gast kam, mit dem Elizabeth Maud unbedingt bekannt machen wollte, quälte sie die arme Frau, indem sie die Zeitung einschloß. Elizabeth sagte Maud, was sie getan hatte, und Maud sagte, daß sie es unhöflich von ihrer Gastgeberin fände, sie Abend für Abend die Zeitung lesen zu lassen, wenn es ihr doch so sehr mißfalle. »Ich darf wohl sagen, daß sie recht hatte und ich auch«, schrieb Elizabeth in ihr Tagebuch; und um ihre Freundin zu besänftigen, schrieb sie für sie ein Gedicht, das folgendermaßen endete:

»Lobt Gott, der allen Segen gibt,
Lobt ihn, der alle Gäste liebt,
Lobt Vater, Sohn und heil'gen Geist,
Und laßt mich einmal sagen hier,
Von allen Gästen, die bei mir,
Lieb ich doch Maud am meist'.«

Maud und Elizabeth kannten sich schon seit dem Erscheinen von Elizabeths erstem Buch, und im Lauf der Jahre war eine tiefe, dauerhafte Freundschaft entstanden, die bis zum Ende halten sollte. Maud war eine vielfach begabte Frau, die singen und zeichnen konnte und Sinn für Humor hatte. Ihr Haus in der Walton Street war für viele eine Zuflucht; in späteren Jahren kamen vor allem ihre Nichten und Neffen und ließen sich von ihr wohldurchdachte Ratschläge im Hinblick auf ihre Liebesaffären geben, Ratschläge, die Eltern selten geben können. Der Tenor des Briefwechsels zwischen den beiden Frauen läßt tiefe Zärtlichkeit und gegenseitige Zuneigung erkennen, die im Lauf der Zeit eher zu- als abnahm.

Anfang September war das Chalet mit Unruhe erfüllt; Teppi war aus Deutschland gekommen, um beim Transport von Elizabeths Möbeln nach Frankreich zu helfen. Sie verblüffte alle mit ihrer feurigen Energie, und Elizabeth hatte wie üblich alle Hände voll damit zu tun, ihr genügend Aufgaben zu schaffen. Trix war auch gekommen und brachte abends Teppi das Schachspielen bei, so daß ihre Mutter in Ruhe lesen konnte. Die alten Tagebücher wurden ausgegraben, und Elizabeth nahm sich die Zeit, sie zu lesen.

»Wie glücklich ich gewesen bin! Innerlich so glücklich. Alles Unglück, und davon habe ich genug abbekommen, ging von anderen Leuten aus. Allein im Glanz eines schönen Tages, das war mein Alles. Verrückter, kleiner Fisch«, lautete Elizabeths Urteil über sich selbst. Die nächste Erinnerungsreise ging durch Freres Briefe: »Einige sehr süß. Das war eine komische Sache! Und so süß.« Auf einem alten Notizblock, den sie aufgehoben hatte, stieß sie auf zwei Limericks, die als die besten bei den Limerick-Spielen prämiert worden waren, die man im Chalet gespielt hatte:

»Liebst du es schnell
mit Eleanor Bell
auf 'nem Tigerfell?
Oder wär's mehr Plaisier
zu schmusen mit ihr
auf 'nem anderen Tier?«

und

»Ein kleines Fräulein aus Bloh
ward ihres Lebens nicht froh.
Jetzt reicht's aber, rief sie,
mit 'nem Papagei schlief sie,
das Ergebnis lebt heute im Zoo.«

Ende September ging sie über die Hänge oberhalb des Birnbaums, den sie jetzt den Schrein nannte, »und saß dort von der Schönheit verhext. Diese Schönheit! Ich hoffe, sie ist in mein Herz eingraviert – das ruhige Strahlen, die dunstigen, mauve-farbenen Berge im Hintergrund, der blinkende Turm der kleinen Kirche, die Herbstzeitlosen ...« Einige Tage später verließ sie das Chalet für immer, »sehr glücklich, den Schrecken der letzten Tage entronnen zu sein«. Sie hätte es Trix und Tony als Wohnsitz gegeben, aber Tony war in der Reichswehr und durfte nicht im Ausland wohnen. Elizabeth bot es zum Verkauf an. Sie hoffte, es schnell loszuwerden, da das Haus in Frankreich mehr als geschätzt kosten würde; außerdem hatte der Verlag *Vater* abgelehnt – ihre erste Erfahrung mit der Ablehnung eines Manuskripts. Sie mußte das Buch umschreiben, was sich als enorm schwierig erwies, »als ob man Sand umpflügt«.

In Elizabeths Leben kamen die Rückschläge immer in Schüben; der dritte war der schlimmste, denn ihre Haushälterin in White Gates erkrankte unheilbar an Krebs und hatte keine Angehörigen mehr. Elizabeth sorgte dafür, daß sie so lange wie möglich zu Haus gepflegt wurde und ließ sie dann auf ihre Kosten in eine Privatklinik bringen – ein normales Krankenhaus hätte sie nicht aufgenommen. Nach ihrem Tod ging Elizabeth mit einem Kranz ins Leichenschauhaus, in dem die Haushälterin unter einem Tuch aufgebahrt lag. Die Wärterin wollte es wegziehen, Elizabeth protestierte, aber sie zog es dennoch weg. Bevor Elizabeth die Augen schließen konnte, sah sie für einen Augenblick ein fürchterlich verändertes Gesicht. Später besuchte sie das Grab der Frau und dachte, die Haushälterin habe gegenüber den noch Lebenden den Vorteil, hier so friedlich auf dem Friedhof zu liegen. Elizabeth bezahlte die Beerdigung und kam für die Grabpflege auf. Auch viele ihrer Freunde starben, und sie schrieb an Maud: »Wie merkwürdig es doch ist, daß mit dem Ende des Chalets auch meine Freunde einer nach dem anderen enden.«

Elizabeth fuhr allein nach Devonshire, um an dem Buch zu arbeiten, während ihr Haus ausgeräuchert wurde, eine Sitte der Beauchamps nach Sterbefällen. Sie schrieb in ihr Tagebuch: »Extreme Einsamkeit. Es ist furchtbar, ganz allein zu sein und ganz allein alt zu werden. Ich kenne niemanden, der so allein ist.« Frere besuchte sie immer noch regelmäßig in dem kleinen Haus, aber sie bebte vor Angst um ihn, wenn er nicht kam, empfand aber jetzt, wie alle anderen Frauen auch, seine Nerven- und Kopfschmerzen und seinen offensichtlichen Widerwillen als quälend. Es sickerte durch, daß seine Frau mit einem Taxifahrer durchgebrannt war, als sie im vergangenen Sommer in Cannes gewesen waren. Inzwischen war sie mit dem Taxifahrer nach London zurückgekehrt; das Pärchen nannte sich Mr. und

Mrs. Frere-Reeves, nutzte Freres Kreditrahmen aus und machte ungeheure Rechnungen in Läden und Hotels in ganz London. Er konnte nichts anderes tun, als seine Konten zu sperren und seinen Namen zu ändern, indem er Reeves strich.

Im Oktober war Le Mas des Roses, das Haus in Frankreich, fertig; Elizabeth fuhr hin und wohnte während des Umzugs bei Bridget Guinness. Trix traf sich dort einen Tag später mit ihr. Es waren zwei Monate voller Streß und Staub, bis sie endlich zwischen Chaos und Handwerkern einziehen konnten, während Bridget ihnen täglich Blumen schickte, »um uns daran zu erinnern, daß Gott noch immer im Himmel ist«. Trix verfiel wieder in ihre alte Gewohnheit, sich bei jedem, der es hören wollte, lauthals zu beklagen, daß ihre Mutter sie nicht liebe und ihre Gefühlsausbrüche allesamt geheuchelt seien, und ließ sich in aller Öffentlichkeit über intime Familienangelegenheiten aus.

Bridget hatte Elizabeth und Trix für einige Tage auf ihre Yacht eingeladen, was Elizabeth ablehnte, Trix jedoch annahm. Während der Tour machte Trix sich dadurch interessant, daß sie furchtbare Geschichten über das schlechte Benehmen ihrer Mutter erzählte, Geschichten, die sich im Lauf der Zeit immer weiter von der Wahrheit entfernten. Schließlich fühlte sich Bridget von Elizabeth völlig entfremdet, was Elizabeth zu Ohren kam, bevor Trix wieder in Le Mas des Roses erschien. Sie brachte ihrer Mutter stolz einen Fisch mit, den sie auf der Yacht geangelt hatte, aber Elizabeth warf ihn verärgert in die Ecke und sagte, sie wolle keinen Fisch. Kurz darauf fügte Trix diese Episode ihrem Geschichtenarsenal hinzu und interpretierte den Vorfall als einen Beweis, daß Elizabeth auf ihren offensichtlichen gesellschaftlichen Erfolg eifersüchtig sei.

Elizabeth schrieb an Liebet: »Trix hat sich bestens amüsiert ... alle waren engelsgleich zu ihr, und ich nahm sie überall mit hin, aber ich glaube, wir sind ein für alle Mal getrennte Leute. Sie fing wieder mit der alten Leier über die Mutter-Geschichte an. Ihr deutsches Mutter-Ideal entspricht mir überhaupt nicht, und wird auch nie so sein. Im Grunde sollte sie froh sein, denn wenn ich so wäre, wie sie es gerne hätte, säße ich nur still herum und bewunderte meine Enkelkinder, aber dann hätte sie nichts von den schönen Sachen erlebt, die ich über sie ausgeschüttet habe. Ich war überrascht, als sie wieder mit dem Thema anfing, weil ich dachte, daß wir zusammen eine schöne Zeit verbracht hätten ... «

Die Unordnung und das Fehlen eines Zufluchtsorts empfand Elizabeth geistig und körperlich als so ermüdend, als hielte sie sich andauernd auf einem lärmerfüllten Bahnhof auf. Ihr einziger Trost war die Sonne, die dauernd, wie an einem schönen Junitag in England, schien. Auch die Möbel aus dem Chalet waren angenehm, allerdings hielten sich immer irgendwelche Maler oder Maurer in den Räumen auf. Erst am Abend konnte sie sich auf ihr Lieblingssofa setzen, das im Chalet in der Halle gestanden hatte, wo es recht klein ausgesehen hatte, in Le Mas des Roses aber den Raum füllte und gigantisch wirkte. Sie hoffte, sie werde sich in dem Haus bald wohlfühlen. Es war in dem Zickzack-Muster erbaut, das Chinesen bevorzugen, um Teufel zu irritieren – im Stil Lin Yutangs, eines der Lieblingsphilosophen Elizabeths –, was darüber hinaus den Vorteil hatte, daß man von keinem der Fenster in ein anderes Einblick nehmen konnte. Sie wollte ein bis ins kleinste Detail perfektes Haus. In einem Brief an Liebet beschrieb sie es so: »... ich habe zwei Extrazimmer, und wenn es sein muß, sogar vier, es gibt sowohl ein kleines Büro wie auch einen Salon, und mein Arbeitsraum ist im Garten, wo ich arbeiten kann, ohne gestört zu werden ... «

Alles war in hellen Pastelltönen gestrichen, die zu den Blumen des Gartens paßten. Violett, Rosa und Hellgrün waren ihre Lieblingsfarben; auf dem Sofa im Salon lagen Seidenkissen in Grau- und Pastelltönen, vor denen sie, wie sie wußte, zierlich, reich und überhaupt am besten aussah. Als das Haus fertig war, wandte sie die gleiche zielstrebige Aufmerksamkeit der Gartengestaltung zu.

Bei ihrem nächsten Besuch in England fuhr Elizabeth nach Richmond, um Ethel Smythe zum Tee nach White Gates zu bringen. Sie waren kaum fünf Minuten da, als Vernon Lee erschien und großzügig, sarkastisch und, wie Elizabeth fand, sehr unterhaltsam war. Ethel floh allerdings in wildem Zorn, und als Elizabeth und Vernon noch im Garten standen, stieg sie in Vernons Auto, fuhr zum Bahnhof und von da nach Hause. Elizabeth wunderte sich über ihren Abgang, aber Vernon sagte nur: »Typisch«, und redete von anderen Dingen. Nachdem auch sie gegangen war, fuhr Elizabeth, die noch Fahrstunden nahm, besorgt zu Ethels Haus, weil sie sich nicht vorstellen konnte, daß irgendeine von Vernons Bemerkungen dies wilde Verhalten ausgelöst hatte. Das sollte sie bereuen, weil sich Ethels Zorn nun über sie entlud, und am nächsten Tag bekam Elizabeth einen wütenden Brief von ihr, in dem sie mehr oder weniger die Freundschaft aufkündigte. Unmittelbar danach klingelte das Telefon, und Ethel, die eine Nacht darüber geschlafen hatte, bedauerte, was sie geschrieben hatte, und war wieder »lustig und lieb. Ein verrückter Fisch«, dachte Elizabeth, »vielleicht eitel.« Einige Tage später trafen sie sich in Chobham Common zum Tee. Anschließend fuhr Elizabeth Ethel nach Hause; bevor sie ausgestiegen war, versuchte Elizabeth, den Wagen in der engen Einfahrt zu wenden. Rückwärtsfahren war nie Elizabeths Stärke und sollte es auch nicht mehr werden. Ethel wurde während des Manövers fast wahnsinnig, sie erklärte Elizabeth, was sie zu tun habe und griff sogar ins Steuerrad.

Ein paar Monate später trafen sie sich wieder; die Komponistin zeigte Elizabeth einen Brief, den sie von ihrer Freundin Virginia Woolf bekommen hatte und in dem stand, daß Haß und Verachtung aus Elizabeths Gesicht gesprochen habe, als sie und Virginia sich auf einer Party getroffen hatten. Elizabeth war verblüfft und schockiert. Im Licht dieser Episode fiel ihr Kommentar auf *Ein Zimmer für sich allein* so aus: »Ein Zimmer macht noch keine Schriftstellerin, nicht einmal eine ganze Straße voller Zimmer macht eine Schriftstellerin.« Sie machte mit Ethel einen Spaziergang, und Ethel kritisierte sie, daß sie als Feministin nicht radikal genug sei. Wieder wunderte Elizabeth sich, daß Ethel nicht bemerkt hatte, welche Lanzen sie in ihren Büchern für die Sache des Feminismus gebrochen hatte, und war deprimiert. Dann bat Ethel, Elizabeth möge sie irgendwo hinfahren, aber schwören, daß sie nicht zurücksetzen werde, und ließ Elizabeth am Ende einer schmalen Sackgasse allein, aus der sie erst herauskam, nachdem sie zehnmal zurückgesetzt und mehrmals den Motor abgewürgt hatte. Elizabeth kam schweißgebadet, erschöpft und nachdenklich zu Hause an. Es war eine traurige Episode, aber Elizabeth lernte zumindest daraus, sich nicht in Gefühle von Leuten zu verstricken, die andere Neigungen hatten als sie selbst. »Was bleibt vom Leben? Nur ein paar unwichtige Erinnerungen – sehr wenige –, um allen zu zeigen, was für tüchtige, glückliche, tödliche Tage man erlebt hat. Das Leben sieht mir sehr nach einem schlechten Witz aus, aber ich hoffe, daß ich unrecht habe«, lautete der Eintrag in ihrem Tagebuch.

Weihnachten 1930 erfuhr sie, daß ihre Freundin Bridget Guinness nach einer Operation gestorben war. Elizabeth war tief betroffen, weil sie sie herzlich geliebt hatte. Um in ihrer Nähe zu sein, war sie nach Südfrankreich gezogen, das ihr vorher nicht gefallen hatte. »Es gibt keinen Ort, der durch ihre Gegenwart nicht schöner geworden wäre, und ebenso gibt es keinen Menschen, der nicht dadurch bereichert worden wäre, daß er ihr begegnete ...«, schrieb Elizabeth in einem kurzen »Klagelied« über ihre Freundin in der *Times*. »Es ist fast unerträglich, daß sie von uns gegangen ist.« Der Trauergottesdienst fand in St. Martin-in-the-Fields statt, »Lilien und schwarze Gestalten. Die Heiligen Gottes. Keine Trauermusik scheint Bridget angemessen, die so lebendig war und sich nicht im mindesten nach Ruhe und dem Ende der Mühsal sehnte.«

Im Januar kehrte eine traurigere und weisere Elizabeth in ihr Haus nach Frankreich zurück. Jeden Tag erschienen Freunde mit Willkommensgrüßen und Stecklingen für ihren Garten. Eingebettet zwischen die steilen Abhänge, die sich zum malerischen Bergdorf Mougins emporzogen, war der Garten schließlich sehr schön geworden. Dahinter erhoben sich Olivenhaine, davor ragten stattliche Zypressen, über die man einen großartigen Blick aufs Tal und das Meer hatte. Sie pflanzte rings um die Terrasse mauvefarbene Schwertlilien, und an allen Wänden, sogar an den Olivenbäumen, rankten sich rosa Kletterrosen empor. An Liebet schrieb sie: »Weißt Du, ich habe das Gefühl, daß dieses kleine Haus die Krönung meiner Laufbahn ist, das letzte Ergebnis all meiner Kämpfe, Bücher zu schreiben. Es ist, als wären die Bücher zu Ziegeln und Zement geworden, und nachdem ich verzweifelte Monate in mir selbst gelebt habe, lebe ich jetzt in diesem Gemäuer ...« Nach dem windigen und trüben Wetter Englands fand sie es hier herrlich und begann, an einem neuen Roman zu schreiben: *Jasminhof*, der von Bridget handelte. Ihre früheren Pläne, mit ihren Kindern auf einer Blumenfarm zu leben, gingen in diesem Buch auf.

In der *Times* las Elizabeth, daß Francis bald in diese Gegend kommen würde – »was für ein absurder Mensch, kündigt seine Reisen öffentlich an«, war ihr Kommentar. Doch dieser Urlaub war sein letzter; kaum hatte er warme Regionen erreicht, holte er sich eine Lungenentzündung und starb bald darauf an einem Herzinfarkt. Mary Mallet, ihre Freundin aus Rapallo, kam zum Kondolieren beziehungsweise zum Gratulieren. Elizabeth hatte die Nachricht noch nicht gehört, aber als sie ihre Freundin durchs Tor kommen sah, wußte sie sofort, daß ihr Besuch etwas mit Francis zu tun hatte. Sie überfiel das gleiche Gefühl, das sie an jenem Tag im Chalet gespürt hatte, als er kam, um ihr den Hof zu machen.

Die Nachrufe würdigten Francis' Verdienste und lobten ihn für seinen Erfolg als Unterstaatssekretär des Verkehrsministeriums. Diesen Posten hatte er 1929 verloren, weil ein eifriger Landesbeamter die verstörende Entdeckung gemacht hatte, daß es im Unterhaus einen Unterstaatssekretär zuviel gab. Im folgenden Revirement wurde Francis zum Unterstaatssekretär für indische Angelegenheiten ernannt, wurde jedoch schon am nächsten Tag auf einer Herrengesellschaft in Cambridge dabei ertappt, wie er sagte, er hielte die Abhängigkeit Indiens nicht mehr für lange tragbar – zu einem Zeitpunkt, als gerade schwierige Verhandlungen zu dem Problem im Gange waren. Berühmt war er allerdings als einer der besten Redner im Oberhaus.

Eine Woche nach seinem Tod erhielt sie einen Brief von Bertrand, der ihr mitteilte, daß Francis seine gesamten Papiere und sein Eigentum Miss Otter hinterlassen habe, der Sekretärin, die den letzten Anstoß zur Trennung gegeben hatte. Elizabeth antwortete:

»Liebster Bertie,
das ist typisch für Frank. Ich werde nicht versuchen, meine Briefe zurückzubekommen. Miss Otter mag sie zu ihrem Vergnügen lesen. Sie sind das Dokument einer großen Liebe und eines großen Betrugs.

Bleib behütet,
Elizabeth«

An Liebet schrieb sie: »Ich bin unendlich erleichtert, daß Ex-Dad nicht mehr ist, und ich habe keinen Funken Sentimentalität für diesen grausamen und verrückten Menschen übrig. Er hat seinen ganzen Besitz, einschließlich der Liebesbriefe von mir, einer seiner Frauen hinterlassen – typischer Schlußakt, der seinen Bruder schneidet; für mich natürlich unangenehm, daß meine privaten Briefe in die Hände so einer Person fallen. Nun ja, jetzt kann er nichts mehr anrichten.«

Bertrand hinterließ er die Verantwortung, Mollie jährlich ihre 400 Pfund Unterhalt zu zahlen – für den Philosophen, der bereits selbst eine Exfrau zu versorgen hatte, keine leichte Aufgabe. Ihrer Schwester schrieb Elizabeth: »Wie wunderbar klar und sauber die Welt nun ist; ich habe immer befürchtet, daß er auch Dir etwas antut; ich bin so dankbar, daß er nicht mehr ist; trauert überhaupt jemand?«

Nachdem sie die Kondolenz- und Gratulationsbriefe zum Tod ihres Ehemanns beantwortet hatte, glaubte Elizabeth, sich nicht mehr vor ihm fürchten zu müssen. Doch als Miss Otter wenig später starb, hinterließ sie die Liebesbriefe Mollie, was den allerletzten sadistischen Akt des verblichenen zweiten Earls Russell gegen seine Frau darstellte. Zum Glück erfuhr Elizabeth nie etwas davon.

Santayana schickte Elizabeth einen ungewöhnlichen Brief, den er kurz vor Francis' Tod von ihm bekommen hatte; er antwortete darin auf die Anfrage des Philosophen, was seine wahren Gefühle für Lionel Johnson während seiner Studienzeit gewesen seien. »... Es ist durchaus nicht so, daß Lionel die Vorhölle anderer Ungeheuerlichkeiten gewesen ist (was Santayana vermutet hatte); im Gegenteil ist all das ein echter Teil meiner Selbst, und meine ausschweifenden Aktivitäten in der Außenwelt sind nichts anderes als Wesen des Maya, also eine Illusion … Ich wundere mich, daß Du meinst, ich spielte meine Freundschaft mit Lionel herunter. Gegenüber meinen engen Freunden habe ich immer eingeräumt, daß er mein liebster Freund und der größte Einfluß meines Lebens gewesen ist, aber ich ziehe im Hinblick auf meine wahren Gefühle nur selten die Öffentlichkeit ins Vertrauen. In meinem Leben hat es zwei große Schocks gegeben: Der erste war die Relegation durch Jowett. Meine Wut und mein Gekränktsein über diese ungerechte Behandlung produzierten Bitterkeit und verletzten meinen Charakter auf immer. Als Elizabeth mich schließlich verließ, war ich wie tot und kam nie wieder richtig ins Leben zurück. Sie hat nie gemerkt, wie sehr ich sie verehrt und geliebt habe … Seit 1918 hatte ich weder Willen noch Lust noch Interesse mehr am Leben, und ich mache die Jahre der Enttäuschung, die ich erlitt, nachdem sie mich mit ihrem Judas-Kuß verriet und verließ, für meine Hartherzigkeit verantwortlich …«

Sein Maya hatte ihn offenbar für die Tatsache blind gemacht, daß die »Ungeheuerlichkeiten«, die Santayana angesprochen hatte, gar nicht auf ihn gemünzt waren; daß sein Charakter das Ergebnis seiner Veranlagung und Erziehung war und nicht der eingestandene Fehler Jowetts, was sein Bruder und die Bewohner von Pembroke Lodge immer gewußt hatten – »Natur, nicht Nahrung«, wie Bertrand an Elizabeth schrieb –, und daß sein unbeherrschtes Glücksspiel, seine Abhängigkeit von Kokain, seine zügellosen Launen und sein schlechtes Benehmen gegenüber Frauen allesamt gute Gründe gewesen waren, daß seine Frau ihn verlassen hatte.

Ende März erschien *Vater*. Nachdem sie das Buch umgeschrieben hatte, gefiel es Elizabeth nicht mehr, und den Kritikern gefiel es auch nicht, obwohl es in den USA zum Auswahlband des *Book of the Month Club* wurde. Es ist einer ihrer ernsthafteren, zum Nachdenken anregenden Romane, und die Auseinandersetzung im Zug zwischen James Ollier und seiner schrecklichen Schwester, als er sich von ihrer Tyrannei befreit, stellt einen der Höhepunkte von Elizabeths Kunst dar. Rebecca West meinte im

Daily Telegraph, Elizabeth habe das Buch »halbherzig« geschrieben, und der Kritiker des *Observer* fand, es habe »den schrecklichen Fehler, kitschig zu sein«. Vernon Lee machte ihr gegenüber die Bemerkung, es wirke, als habe jemand anderes das Buch geschrieben, der sich ihre Feder geborgt habe – eine Kritik, die sie als gerechtfertigt empfand. Erst zwei Monate nach ihrem Tod wies Orlo Williams in der *National Review* darauf hin, daß *Vater* nie die Anerkennung gefunden hatte, die es verdiente.

Aber Elizabeth hatte nur wenig innere Kraft, die sie darauf hätte verwenden können, sich über die Aufnahme des Buches Sorgen zu machen, weil Frere sie wieder einmal ängstigte, indem er ihr überhaupt nicht mehr schrieb: »Krank vor Angst wegen L. G. Mir ist es völlig egal, wenn er Dummheiten macht – wenn er nur am Leben bleibt.«

Frere erinnerte sich, daß sie zu dieser Zeit eine rothaarige Perücke trug, deren Locken sie nach vorn kämmte, um die Narben ihrer kosmetischen Operation zu verstecken. Sie puderte ihr Gesicht fast weiß, trug riesige Hüte und vermied es, sich photographieren zu lassen. Sie war extrem dünn, und die Strümpfe, die ihr zu weit waren, rankten sich wie Kletterpflanzen an ihren Beinen empor. Gleichwohl war sie immer noch schön.

Sie reiste wieder nach England, bot White Gates zum Verkauf an, sammelte ihre Hunde zusammen und zog sich dann würdevoll nach Frankreich zurück, wo sie den Besuch Liebets mit deren Kindern erwartete. Elizabeth wunderte sich, wie dick Liebets beide Töchter waren – ein Zustand, den sie an niemandem mochte, vor allem nicht an Kindern. »Die Kinder sind ungeheuer gewachsen«, hatte für sie einen Doppelsinn, der ihrer Tochter nicht entging. Sie ließen die Kinder in der Obhut einer Gouvernante und reisten nach Bayern, um Trix und deren zwei Töchter zu besuchen. Auch Evi und H. B. hatten je zwei Töchter, und Elizabeth empfand das starke Überwiegen weiblicher Nachkommenschaft als schicksalhaft. Sie besuchten Teppi, die Direktorin einer erfolgreichen Mädchenschule in Deutschland geworden war (Elizabeth hatte ihr Geld geliehen, um die Schule aufzubauen). Die Familie kam zu dem Schluß, zusammen einen perfekten Sommer verbracht zu haben.

Nachdem Liebet mit den Kindern abgereist war, konzentrierte Elizabeth ihre Energie aufs Schreiben und darauf, die wenigen Freunde zu unterhalten, die noch am Leben waren; ein paar neue, die sie in Frankreich kennengelernt hatte, waren hinzugekommen – dazu gehörten Amy Paget, Schloßherrin von Garibondy, Eddie Sackville-West, Winifred Fortescue und ihr kränkelnder Gatte John. Ein ständiger Besucher war Algernon Blackwood, Autor vieler haarsträubender Geschichten wie *The Empty House* und *Prisoner in Fairyland*. Auch Tanis Guinness, Bridgets Tochter, kam oft mit ihren Freunden nach Le Mas des Roses und saß Elizabeth zu Füßen.

Eine andere Bekannte, eine recht ermüdende Gesellschaftsdame namens Molly Mount Temple, lud sich selbst ein, »um Dich zu treffen, liebste Elizabeth!« Während ihres gesamten Aufenthalts fuhr sie jeden Tag mit Elizabeths Auto nach Cannes. Sie nahm auch den Chauffeur Gaston in Anspruch, und da dieser zugleich der Koch war, war Elizabeth »der Snacks zum Mittagessen bald überdrüssig«. Nachdem die Besucherin entschwunden war, kontrollierte Elizabeth die Haushaltsabrechnungen und war über die astronomischen Milchrechnungen entsetzt. »Wie können wir das alles getrunken haben?« fragte sie Gaston. Die Milch war gar nicht getrunken worden, sondern Lady Mount Temple hatte darin gebadet. Als sich die nämliche Dame im nächsten Jahr wieder schriftlich einlud, antwortete Elizabeth höflich, daß sie nicht dazu in der Lage sei, sie aufzunehmen, daß sie aber zum Bahnhof gehen wolle, um ihr zuzuwinken, wenn sie im *Blue Train* vorbeiführe. »Ich winkte und winkte und war überglücklich, sie vorbeifahren zu sehen«, schrieb sie an Barbara Cartland.

Schließlich tauchte auch Frere wieder auf und besuchte Elizabeth im August, aber es ging ihm gar nicht gut. Er sagte, er sei sich sicher, sterben zu müssen; daß er nach dem Krieg schon so gut wie in einer Irrenanstalt gelandet sei; und daß starke nervliche Beanspruchung oder Sorgen seinen Wahnsinn zum Ausbruch bringen würden – und so stürzte er Elizabeth in Verwirrung. »Wenn er stirbt, verlischt das Licht meines Lebens, und ich sterbe selbst«, vertraute sie ihrem Tagebuch an.

Das nächste Mal kam er mit Betty Clifton, und sie feierten zusammen Weihnachten. An Liebet schrieb sie: »Ich fahre morgen in den Wald zwischen Grasse und Vence, wo wir einen kleinen Weihnachtsbaum suchen und klauen wollen – einen winzigen nur. Ich will ihn auf dem Tisch in der Halle aufstellen, und Frere, Betty Clifton und ich, drei nicht ganz aufrichtige Kreaturen, von denen ich noch die aufrichtigste bin, werden uns Weihnachten um ihn versammeln ... «

Betty hätte eigentlich Elizabeths Pelze mitbringen sollen, die bei Harrods eingelagert waren, vergaß es jedoch. Frere war überarbeitet angekommen, sorgenvoll und müde wie stets, und seine Laune blieb mit einer Ausnahme am Weihnachtstag düster. Der Ärger mit seiner Frau, die mit dem Taxifahrer durchgebrannt, nun aber zu ihm zurückgekehrt war, was ihm überhaupt nicht paßte, war, unter anderen, seine Hauptsorge. Er mußte sich unbedingt von ihr trennen, aber Frere hatte keine Ahnung, wie er das anstellen sollte, ohne sich noch mehr Ärger und Unkosten einzuhandeln. Sein Trübsinn machte Elizabeth ganz krank.

Nachdem er weg war, konnte sie diese Stimmung nur dadurch abschütteln, daß sie sich in den Partywirbel warf, der um diese Jahreszeit an der Riviera tobte. Der Journalist Arthur Marshall erinnerte sich, sie auf einer Party kennengelernt zu haben, die Somerset Maugham in seiner schönen Villa in St-Jean-Cap-Ferrat gab, von der aus man übers Meer blicken konnte. Es war eine aufsehenerregende Ansammlung literarischer Größen, zu denen G. B. Stern und H. G. Wells gehörten, der in Begleitung der Baroness Moura Budberg erschien. Elizabeth war niedlich und klug und beklagte sich darüber, daß sich ihr Magen nie an die europäische Zeit gewöhnen könnte, so daß sie um halb vier stets hungrig wurde, wenn es für alle anderen erst halb drei war. Als alle großen Männer, die versammelt waren, gesagt hatten, was sie zu sagen hatten, »übertönte ihre ruhige, kleine Stimme alle anderen«. Ansonsten beschäftigte sie sich mit ihrem Garten, in dem Weihnachten die Rosen blühten, Mimosen, Iris, Levkojen, Ehrenpreis, weißer Ginster, Mauerblümchen, ein oder zwei Narzissen, ein paar Anemonen und die Orangen gelb an den Bäumen hingen.

Ganz zu Anfang des neuen Jahrs 1932 traf sie sich mit H. G. Wells zum Tee. Es war ein herrlich klarer Nachmittag; sie fuhr vor der Eingangstür vor, die die beiden Liebenden, aus welchen Gründen auch immer, auf der Rückseite des Hauses angebracht hatten. Wells kam heraus, begrüßte sie und führte sie auf die Terrasse, von der aus man große Pinien sah und einen wunderbaren Blick über die Bucht hatte. Dort saß der allmächtige Mann aus dem Orient, Aga Khan, mit seiner Begum, die Lokkenwickler trug, ansonsten in Samt und Juwelen gehüllt und mehr oder weniger sprachlos war. Auch Odette Keun war da, angenehm, gesprächig und ohne sich eine Spur des Streits anmerken zu lassen, den sie morgens mit Wells gehabt hatte, als sie Anthony West, Wells' natürlichen Sohn von Rebecca West, in die Geheimnisse der Bienen und Blumen einführen wollte. Der Junge war während der Ferien aus Stowe gekommen und saß jetzt, unsicher und genervt von der Größe der anderen Gäste, beim Tee. »Ich fühlte mich sehr stark zu Elizabeth hingezogen, fürchtete mich aber zugleich etwas vor ihr – sie war sehr freundlich, und sie war auch sehr aufmerksam, als ob sie bei der nächsten Gelegenheit zuschlagen könnte, was ich nicht bösartig verstanden wissen möchte. Ich hatte das Gefühl, daß sie einen katzenartigen Charakter hatte, daß sie sofort kratzen würde, wenn man in ihrer Gegenwart einen Fehler machte. Bei unserem ersten Treffen fürchtete ich mich vor ihr, aber als sie gegangen war, wußte ich, daß es sich gelohnt hatte, und freute mich darauf, sie wiederzusehen«, erinnerte er sich in einem Gepräch an diese Begegnung. Elizabeth fragte sich, wie sie sich schon oft gefragt hatte, warum um ihre Anwesenheit soviel Aufhebens gemacht wurde, und sie war in gewisser Weise durch die Anwesenheit des Jungen beleidigt, weil ja wegen dessen Erzeugung ihre Beziehung zu seinem Vater beendet worden war.

»... so weit bin ich also heruntergekommen«, schrieb sie am Abend in ihr Tagebuch. »Ich glaube, irgend etwas stimmt nicht mit mir, weil ich dann am glücklichsten bin, wenn ich nirgendwo hingehe und niemanden sehe. Außer meiner eigenen Familie will ich keine Menschenseele sehen. Ich arbeite fleißig und zufrieden, denke nach, lese und spiele mit den Hunden Chunkie und Knobbie. Vielleicht besteht das natürliche Bedürfnis der Reife darin, sich ins Gehäuse zurückzuziehen; jedenfalls erspart einem der Verzicht auf Gesellschaft viel Ärger und Kosten.«

Später im Jahr bekam Elizabeth einen von Odette Keuns berühmten langen Briefen, die sie beharrlich in riesigen, kindlichen Schriftzügen verfaßte und an jeden schickte, egal, in welcher Beziehung sie zu ihm stand. Nachdem sie sich ausführlich über die schwierige und komplexe Persönlichkeit ihres Liebhabers ausgelassen hatte, bat Odette darum, Elizabeth aufsuchen zu dürfen, um mit ihr zu besprechen, was sie mit ihm anfangen solle, ob sie ihn verlassen und sich eine Arbeit im Ausland suchen solle – obwohl allgemein bekannt war, daß sie alles tat, um ihn zu halten. »Ich bin davon überzeugt, daß hauptsächlich er für die unerträgliche Situation unserer Beziehung verantwortlich ist; ich bin völlig verwirrt ... in dem verbitterten Zustand, in dem ich mich befinde, möchte ich keine Entscheidungen treffen ... kaum jemand kennt die psychologische Beschaffenheit dieses Manns ...«, und noch viel mehr in dieser Art. Elizabeth antwortete sehr vorsichtig, daß sie das Gefühl habe, sich nicht in ihre Angelegenheiten einmischen zu dürfen, und daß man wenig tun könne, wenn sich eine Beziehung erst einmal »zu kräuseln« begänne. »Man wundert sich dennoch, wie man überhaupt je ... an Wells Gefallen finden konnte«, schrieb sie in ihr Tagebuch. »Mit Wells stimmt grundsätzlich etwas nicht; er ist gemein, niedrig und klein. Er ist ungeheuer dick geworden.« Und das war ihr letztgültiger Kommentar über den »Großen Mann«, dem einmal ihr Herz gehört hatte und mit dem zusammen sie ihr ganzes Leben lang die Berge der Wahrheit erklimmen wollte. Es war weniger eine Reflexion über ihre schwankende Wahrnehmung, noch eine über die Enttäuschung, die sie gespürt haben mochte, als sie ihn verlor, als vielmehr eine über ihre Blindheit gegenüber dem wahren Wesen der Männer, in die sie sich verliebte – ein Fehler, den weder Alter noch Erfahrung berichtigen konnten.

Elizabeth schrieb an George Moore, von dem sie lange nichts mehr gehört hatte. Wie sie es Frere gegenüber vorausgesagt hatte, war sein Antwortbrief voll der Probleme, die sich beim

Schreiben von Literatur ergeben. Er enthielt aber auch eine Frage: »Warum sind die Männer, die Sie in Ihren Büchern porträtieren, immer so abstoßend? Sie mögen doch Männer! Sie mögen mich, was als Beweis genügt, daß es andere gegeben hat, und ich suche nun nach einem Grund – ist der abstoßende Mann vielleicht ein integraler Bestandteil Ihres Stils, wie die fette Frau Bestandteil von Rubens' Stil war?« Leider ist Elizabeths Antwort nicht erhalten.

Im Frühjahr 1932 besuchte Elizabeth England, um White Gate versteigern zu lassen, weil sich kein Käufer gefunden hatte. Zu Frere nahm sie keinen Kontakt auf, sondern ging so oft wie möglich in Konzerte, weil sie an der Riviera mehr als alles andere die Musik vermißte. Natürlich erfuhr Frere, daß sie in der Stadt war, und lud sie zu einer Party bei Heinemann ein; er versprach, daß seine Frau nicht kommen werde. Die Frau hatte natürlich eine andere Meinung und erschien doch. Sie war unverschämt zu Elizabeth und machte eine Szene. »Diese ganzen unwürdigen, ermüdenden Situationen. Ich will sie nicht mehr!« Elizabeth sagte, sie fühle sich krank (was stimmte) und daß sie nach Haus gehen wolle, um sich ins Bett zu legen (was sie tat). Einige Tage später ging sie mit Frere ins Theater, um sich *Tobias and the Angel* von James Bridie anzusehen. Anschließend fuhren sie nach Whitehall Court, wo Elizabeth ihm Eier mit Speck briet; er war unmöglich, und sie saßen bis nach Mitternacht in der Halle und »zertrümmerten alles«. Danach hielt sie es für unwahrscheinlich, ihn je wiederzusehen. »Diese scheußliche Undankbarkeit.« Am nächsten Tag rief er an »und mäßigte sich, aber es war ganz eindeutig und klar, daß er sich keinen Deut mehr um mich scherte«, notierte sie im Tagebuch. Sie fand den Unterschied zwischen Freres hingebungsvollen Briefen und seiner völligen Gleichgültigkeit und Gemeinheit, wenn er mit ihr zusammen war, so schockierend, daß sie keinen Schlaf fand; am nächsten Tag fuhr sie nach Frankreich zurück. Sie war dankbar, sich nicht mehr über seine Unfreundlichkeiten ärgern zu müssen, froh, wieder in ihren eigenen vier Wänden zu sein, und glücklich, daß der Unsinn, auf den sie sich in London eingelassen hatte, hinter ihr lag. Sobald sie es einrichten konnte, fuhr sie nach Cannes und ließ aus ihrem Testament eine Klausel entfernen, die Frere unter anderem zu ihrem literarischen Nachlaßverwalter bestimmt hatte. »Das ist mein letzter Trennungsschritt von ihm; höchste Zeit. Ich bin eine ausgebeutete Idiotin gewesen«, schrieb sie bei ihrer Rückkehr ins Tagebuch.

Es war notgedrungen das bittere Ende einer Beziehung, die im Lauf der Jahre untragbar geworden war, und Elizabeths besseres Wissen und ihr Gefühl sagten ihr, daß es so besser war. Alles, was gesagt werden konnte, war gesagt, und noch viel mehr.* In ihrer hoffnungsfrohen Unschuld hatte sie nicht vorhergesehen, daß die Beziehung einem traurigen, destruktiven Ende entgegensteuerte. Sie klammerte sich immer noch an die Hoffnung, alles werde zivilisiert und freundschaftlich ablaufen und daß sie ihn vor allem weiterhin gelegentlich treffen könnte. Ihr war nicht bewußt, daß seine Frau seine Beziehung zu Elizabeth dauernd dazu benutzte, ihn unter Druck zu setzen, und daß die Freunde der Frau, die zu den Rändern der Literaturszene gehörten, mit Informationen über Streitereien und Meinungsverschiedenheiten gefüttert wurden. Elizabeth war jetzt in der unwürdigen Rolle der sitzengelassenen Geliebten, und ihre Freunde, von denen die meisten nichts Besseres zu tun hatten, als Klatsch und Tratsch zu verbreiten, würden es bald erfahren. Der Einwand, daß sie unschuldig war, war sinnlos. Wie konnte eine Frau ihres Alters unschuldig sein, wenn sie sich an einen zu jungen Mann klammerte? Die ganze Affäre hatte sie zu dem gemacht, was sie am meisten haßte und fürchtete: alt, abgewiesen, leidend und ein Klatschobjekt.

In ihren Romanen erklangen nun nicht mehr die hellen Wahrheitsglocken, die sie zu ihrer besten Zeit so populär gemacht hatten. Aber auch an sie klammerte sie sich, weil sie dem Aufsehen nicht widerstehen konnte, das es bei Erscheinen der Bücher stets gab. Sie hatte sich dazu diszipliniert, täglich zu schreiben, aber

* Als Liebet ihre Erinnerungen an Elizabeth schrieb, fragte sie Frere, ob sie ihn namentlich erwähnen dürfe. Er antwortete: »... da ich ihr alles in meinem Leben verdanke, kann ich mir nicht vorstellen, daß mir dadurch irgendwelche persönlichen Nachteile entstehen könnten.« Gleichwohl wird er in dem Buch »Mark Rainley« genannt.

eigentlich nicht deshalb, weil sie unbedingt weiterschreiben wollte, sondern weil das Schreiben für eine Weile einen Zaun errichtete, der zwischen ihr und der Leere stand, die ihr Schicksal war, aber auch das Schicksal derjenigen, die ihr glichen und die sie jetzt überall sah. Sie beneidete diejenigen unter ihren Freunden, die empfindsam genug gewesen waren zu sterben. Ihre Kinder waren freundlich und nett und genossen die teuren Ferien, die sie ihnen spendierte, aber sie wußte, daß sie sie als Warnung sahen, als schwierige Frau – was sie sich in den einsamen Grübeleien jenes Jahres in Le Mas des Roses auch eingestand. Gut, das Leben ging weiter. Sie gab nicht auf. Sie wollte das Land des Alters erforschen, das in der Literatur noch nie erforscht worden war, abgesehen von Hugh Walpoles *The Old Ladies* von 1924, in dem es auch ein Porträt Elizabeths gab. Sie wollte für die letzten Reste von Zuneigung dankbar sein, die ihr junge Freunde und die Hunde entgegenbrachten. Noch war nicht alles verloren, wenn sie entschlossen in die verbleibende Zukunft sah.

Als sie *Priscilla und das Haus in Devon* wiederlas, rief sie aus: »Meine Sachen sind einfach gar nichts – nichts, nichts. Bestochen vom Lob derjenigen, die keine Ahnung haben, dachte ich vor einigen Jahren noch, daß meine Sachen nicht schlecht sind. Aber es ist egal ... «

Zu allem Übel geriet Elizabeth nun auch in finanzielle Schwierigkeiten. Sie war ihren Freunden gegenüber und allen, von denen sie meinte, daß sie es wert waren, stets großzügig mit Geld umgegangen. Banken vertraute sie nicht, weil sie ihr zu unpersönlich waren; sie hatte Grundbesitz immer vorgezogen. Nun besaß sie drei Häuser und eine Wohnung in London, alle voll möbliert; zwei standen zum Verkauf, aber ein Käufer war nicht in Sicht. *Vater* hatte sich gar nicht gut verkauft, und sie sorgte sich um ihre finanzielle Zukunft genauso wie um ihre emotionale. Sie war enttäuscht, als White Gates für weniger versteigert werden mußte, als der Bau sie gekostet hatte. Die Anstrengungen der letzten beiden Monate forderten auch körperlich ihren Tribut; sie verlor neun Pfund und wog nur noch zweiunddreißig Kilo! – weniger als je zuvor, seit sie erwachsen war.

Elizabeth verwöhnte sich, so gut es ging. In diesem Sommer ging sie oft mit ihren Freunden an den Strand und nahm einen Picknick-Eintopf aus Lamm und Gemüse mit, den man aus einer großen Thermoskanne löffelte, wie sie es früher auf den Wanderungen in der Schweiz gemacht hatten. »Verrückte Idee bei glühender Sommerhitze«, schrieb ihre Freundin Winifred Fortescue, »aber sie mag das lieber als alles andere.« Lady Fortescue nahm an vielen dieser Picknicks teil, aber das bemerkenswerteste war jenes in Théoule, als Ernest Shepard die Fortescues besuchte, um über die Illustrationen zu Winifreds Buch *Perfume from Provence* zu sprechen. Elizabeth ging ins Wasser und hüpfte auf und ab, weil sie nicht schwimmen konnte, und sah dem großen, dünnen Shepard kokett ins Gesicht, »der in seinem gestreiften Badeanzug wie eine Pfefferminzstange aussah, während sie ihre waghalsigen Scherze machte«. Als sie wieder am Strand saßen, fragte Mary Shepard, die »ausladend und breit in einem ziemlich enthüllenden rückenfreien Badeanzug« dasaß, Lady Fortescue, ob es Elizabeth wohl störe, wenn sie sich zum Mittagessen nicht umziehen würde. Lady Fortescue meinte, sie solle doch die Gastgeberin selbst fragen, was sie auch tat. »Nein, ich denke nicht, meine Liebe – wenn es Sie nicht stört«, kam die recht kühle Antwort, und sie warf einen eisigen Blick auf die jugendlichen Kurven der jungen Frau. Alle waren deshalb verblüfft, als Elizabeths sehr großer, dunkelhaariger, gutaussehender Chauffeur erschien, um das Essen zu servieren, denn »er hatte die allerkürzesten Badehosen an – heutzutage nennt man so etwas wohl *cache-sexe*«, erinnerte sich die staunende Winifred Fortescue. Seiner Herrin schien es nicht aufzufallen.

Hitlers Sieg

Le Mas des Roses

Obwohl die USA ein Moratorium über alle Kriegsschulden erließen, um die finanzielle Situation in Europa zu entspannen, war 1932 für Deutschland dennoch ein Jahr der Straßenkämpfe und politischen Unordnung, in dessen Verlauf Hitler sich gegenüber Großindustrie und Junker-Klasse als beste Garantie gegen den Kommunismus profilieren konnte. Als Liebet sich im Mai danach erkundigte, wie sicher ihr Geld in Deutschland sei, antwortete Elizabeth mit einem prophetischen Brief:

»... Ich glaube, daß wie immer von Deutschland Gefahr ausgeht, und wäre nicht überrascht, wenn es uns jeden Moment wieder angriffe. Nicht mit Armeen, die es noch nicht hat, sondern mit ein paar Flugzeugen, die Bomben auf Paris oder London abwerfen. Deutschland verfügt anscheinend über einen neuen Treibstoff, mit dem die Sache in wenigen Minuten erledigt wäre, und da auch andere Leute zu bomben verstehen, wird die Welt innerhalb kürzester Zeit sehr laut und dann bis auf ein paar Versprengte in Höhlen ganz ausgelöscht werden. Weil das so ist und wir es nicht verhindern können, wollen wir lieben und genießen, was wir haben, solange wir es noch haben. Gewiß ist der Weg zur Zerstörung durch unsere eigenen Dummheiten geebnet worden. Unsere Politik, Zollbeschränkungen aufzubauen, wo doch unsere einzige Hoffnung in engster Zusammenarbeit besteht, ist so selbstmörderisch, daß sie an Wahnsinn grenzt. Das ist ein Jammer, nicht wahr, wo wir doch alle so glücklich sein könnten? Ich stimme Deinen Bemerkungen völlig zu, daß wir uns nicht die Mühe machen, uns mit Politik auseinanderzusetzen, sondern die Politik einfach unkontrolliert der Katastrophe entgegentreiben lassen; immerhin wählen wir die Leute, die das für uns erledigen. Dennoch sollten wir uns stärker interessieren, und um damit zu beginnen, lese ich alles über die internationale Währungskrise, was ich in die Hände bekommen kann. Das Ergebnis besteht bislang darin, daß ich eine entschiedene Vertreterin des freien Handels und eine Internationalistin bin. Nieder mit allen Einfuhrbeschränkungen, weg mit allen Grenzen. Ohne Einigkeit gibt es keine Hoffnung für die Welt, und wenn die Welt sich einig wäre, welcher Wohlstand und welches Glück! Inzwischen wütet der Hitlerismus in Deutschland, und Trixi, die Tony nach dem Mund redet, findet das richtig. Diese Deutschen bleiben der Gefahrenherd Europas und damit auch Amerikas. Sie lernen es nie. Sie sind immer noch die gleichen Junker, die sie vor dem Krieg waren. Sie schicken uns zur Hölle und sich selbst gleich mit – bis dahin wollen wir *cultiver nôtre jardin* und die himmlischen Freuden genießen, die uns noch geblieben sind ... «

Und das tat Elizabeth denn auch: ihren Garten pflegen und genießen, was ihr geblieben war, nämlich Freunde, besonders einen neuen, Michael Arlen. Sie hatte ihn in Begleitung Hesketh Bells kennengelernt, eines Beamten der alten Empire-Schule; man traf sich auf der Party einer weißrussischen Prinzessin, die enorm reich war und ein Haus »wie ein Hotel und statt Kellnern Hofschranzen« hatte, wie Elizabeth bemerkte. Michael Arlen stellte sich als Freund Freres vor; Elizabeth freute sich, ihn kennenzulernen, weil ihr sein Bestseller-Roman *The Green Hat* gefallen hatte. Er war »so nett« und amüsant und erzählte ihr Geschichten über seine Eskapaden mit Frere, von denen sie zuvor noch nichts gehört hatte. Einmal waren sie zum Beispiel zu Bertorelli in der Charlotte Street gegangen, wo man ihnen sagte, daß alle Tische besetzt seien. Sie sahen, daß das Restaurant voller Theaterbesucher aus den Vororten war; Arlen kniff sich die Nase zu und verkündete, daß der Zug nach Blackheath in zwanzig Minuten abfahren würde. Allerdings griff niemand, wie er gehofft hatte, nach seinem Hut.

Sie lud ihn mit seiner Frau zum Tee ein, und er gab ihr das Manuskript seines neuen Romans *The Red Bridge* zu lesen. Sie fand es erschreckend gut. Als sie am nächsten Tag mit den beiden zum Tee ging, traf sie dort Wells, »kugelrund und entstellt, mit kalten Teufelsaugen«. Er empfahl Arlen, den zweiten Teil des Buches umzuschreiben, was Elizabeth entsetzte. Es erinnerte sie an die Empfehlungen, die ihr Freund Moore ihr zu geben pflegte. »Wie kann man sein eigenes Werk völlig verändern, ohne sich selbst aufzugeben? Das ist dummes Geschwätz, und Wells ist, verglichen mit Arlen, alt und matt ... «, schrieb sie in ihr Tagebuch. Sie war damals auf Wells gar nicht gut zu sprechen, weil ihr ein Freund, der meinte, daß sie es hören möchte, erzählt hatte, Wells habe über sie gesagt, sie habe nur wenig, dafür aber scharfen Verstand.

Zu dieser Zeit war sie auch irgendwie an die fünfundsechzigjährige Schauspielerin Mrs. Patrick Campbell geraten, die sie auf einer Teegesellschaft bei Stella Cobden-Sanderson kennengelernt hatte. Mrs. Pat, wie Elizabeth sie nannte, bat aufdringlich darum, Elizabeth besuchen zu dürfen, und die überrumpelte Elizabeth mochte nicht nein sagen, bedauerte es dann jedoch. Am nächsten Morgen erzählte sie Mrs. Pat, daß sie sich entschlossen habe, in die Schweiz zu fahren, und »sie, völlig schamlos in ihrem Begehren, mußte einsehen, daß es schließlich mein Haus war und sie sich nicht hineinkämpfen konnte«. Eine Lösung fand sich dann in Nôtre Dame, dem Haus der Guinness' (das eigentlich Nôtre Dame de Vie hieß und später von Picasso zu seinem südfranzösischen Domizil gemacht wurde). Eine Woche später lud sie die Schauspielerin zum Abendessen ein, die den Abend ruinierte, indem sie sich betrank, laut wurde und furchtbar indiskrete Dinge sagte. Elizabeth stellte fest, daß Parties sie immer mehr langweilten, weil sie dort »eine Menge Häßlichkeit, verdeckt von seltenen Momenten der Schönheit« zu sehen bekam. Ihre Meinung lautete: »Man hat dort nichts zu suchen, wenn man alt und häßlich ist, oder nur alt und nicht häßlich, oder auch nur häßlich und nicht alt; man geht lediglich deshalb hin, weil es sich so gehört.«

Nach vielem Hin und Her erklärte sich H. B. bereit, das Angebot seiner Mutter anzunehmen, den Sommer bei ihr zu verbringen. Sie wollte natürlich alle Kosten, einschließlich der Fahrtkosten, tragen. Er versuchte, in Buffalo eine Hühnerfarm zu betreiben, hatte aber anscheinend wenig Erfolg damit. Seine Mutter wußte nicht, wie es ihm finanziell ging, und traute sich auch nicht, genauer nachzufragen, weil sie sich sicher war, daß sie es noch früh genug erfahren würde. Einige Jahre später erfuhr sie, schockiert und beschämt, daß er auf Kosten seines

Schwiegervaters gelebt hatte. Er kam Mitte Juli an, gefolgt von einer wahren Kabelflut seines Verwalters. Die Farm stand kurz vor dem Bankrott, und Mutter und Sohn lebten mehrere Tage in einer »Kabelatmosphäre«. Offenbar mußte er sofort nach Buffalo zurückkehren, so daß sich ihre Pläne in Luft auflösten. Elizabeth sah in ihrem Sohn eine Mischung aus Verweichlichung und Tugend. Er ließ Poesiealbumversee vom Stapel und erinnerte sie an Henning, wie sie in ihren Tagebüchern und Briefen nicht müde wurde zu betonen. Mit den eingehenden Kabeln und der umgehenden Angst fühlte sie sich nach Nassenheide zurückversetzt, ins drohende finanzielle Desaster. Offenbar benötigte H. B. lediglich eintausend Dollar, um das Unternehmen zu retten, und Elizabeth bot ihm in ihrer Naivität das Geld an, weil sie traurig gewesen wäre, wenn sich der Urlaub, den sie vorbereitet hatte, in Luft aufgelöst hätte. Die Wahrheit erfuhr sie später.

Sie war enttäuscht, daß ihr Sohn sich einen amerikanischen Akzent angewöhnt hatte, der manchmal so breit war, daß sie nicht verstand, was er sagte. »Gott und ich haben ihm eine so angenehme Stimme gegeben. Eton hat ihn gelehrt, wie man sie benutzt – und jetzt ist sie weg.« Dennoch waren sie gern zusammen, weil er unter seinem recht steifen und schüchternen Äußeren ihr sehr ähnlich war, was sie immer wieder bemerkten und sich deshalb bestens verstanden. Sie brachen zu einer Autoreise durch die Schweiz und Deutschland auf, die in Bayern endete, wo sie Teppi besuchten. Sie wohnten in einem Hotel, »weit weg von den Jungfrauen« aus Teppis Schule, und machten morgens weite Rundgänge, so daß H. B. im See baden und rudern und mit den Mädchen flirten konnte. Sie erzählten ihm, daß sie jede Nacht aus den Fenstern kletterten und mit Motorrädern nach München fuhren, wo sie sich bis zum Morgengrauen vergnügten, während Teppi unschuldig schlief. Elizabeth genoß Teppis schöne, ernste Weisheit, und abends gingen sie in die Oper, die eine Wagnersaison gab, was Elizabeth »hemmungslos schockierend« fand.

Auf ihre alten Tage war Teppi geradezu mannstoll geworden. Sie hatte sich auf eine Liebesaffäre mit einem Mann namens

Schrumpf eingelassen, nachdem sie erst kurz zuvor eine andere mit einem gewissen Herrn Unold abgebrochen hatte, weil sie ihr zu »platonisch« gewesen war. Elizabeth staunte über die vielen Facetten im Charakter ihrer Freundin, denn als sie die Stelle bei den Arnims verlassen hatte, war sie in eine viel ältere Krankenschwester verliebt, die übrigens auch Elizabeth hieß und mit der sie zusammen die Schule gründete.

Elizabeth beschloß, sich um die Zukunft ihres Sohnes zu kümmern und fragte bei Nelson Doubleday an, ob die Möglichkeit bestehe, daß H. B. für ihn arbeitete. Als H. B. in New York ankam, wurde er dort zu einem Vorstellungsgespräch eingeladen, aber nicht angenommen. Elizabeth war sehr enttäuscht; sie war auch auf Evi wütend, die eine Stelle als Bibliothekarin gefunden hatte, nachdem ihre Mutter die Ausbildung bezahlt hatte, aber dann die Stelle einfach wieder aufgab. Elizabeth sah sich dadurch gezwungen, sie und ihre Kinder weiterhin zu unterstützen, und hatte kein Geld übrig, um H. B. und seiner Familie so zu helfen, wie sie es gern getan hätte.

Als sie nach Hause zurückkam, gab es ein herzliches Wiedersehen mit den Hunden, die »geheiratet« hatten und Nachwuchs erwarteten. »Die Unschuld und Ergebenheit von Hunden bewegt mich tief. Meine Freude darüber ist beinah erschreckend«, schrieb sie in ihr Tagebuch. Einer trauernden Freundin empfahl sie, sich einen Hund anzuschaffen: sie seien besser als Ehemänner, Kinder und Liebhaber: »Du glaubst mir noch nicht, aber Du wirst schon dahinterkommen.« Eines Abends nach dem Abendessen wurde Knobbie ganz unruhig und aufgeregt, und bevor noch der Tierarzt erschien, waren sechs Hündchen auf dem Sofa in Elizabeths Schlafzimmer geboren worden. Nach zwei mit den Hündchen verschmusten Monaten verkaufte sie zwei und behielt zwei (zwei waren tot geboren worden). Ihre Verwandten meinten, Elizabeth käme »völlig auf den Hund«, und es gab Zeiten, in denen sie dem sogar zustimmte, aber die achtzehn Monate, in denen noch alle vier Hündchen bei ihr waren, zählten zu den lebendigsten, wenn auch atemlosesten ihres Lebens.

Dieses Jahr wollte Elizabeth Weihnachten auf jeden Fall allein bleiben; sie dachte daran, eine Weihnachtsgeschichte mit dem Titel *Alone in Bed* zu schreiben, und fragte sich, ob die tugendhaften Amerikaner, die Frivolitäten aus meilenweiter Entfernung rochen, so etwas drucken würden. Wenn sie die Geschichte allerdings *Not Alone in Bed* nennen würde, würden sie sich erst recht auf die Hinterbeine stellen. Nach vielem Hin und Her kam schließlich Charlotte mit ihrem spröden Sohn Puddle* über Weihnachten zu Besuch. Zu Neujahr kam auch noch Maud, und »so endet also 1932. Im März trennte ich mich nach fast zwölf Jahren von L. G. Es war eine schöne Zeit«, hielt sie im Tagebuch fest.

Von nun an wurde es stiller in ihrem Leben; obwohl sie unter deutlichem Zittern litt, sah sie immer noch wesentlich jünger aus als achtundsechzig und fühlte sich auch so. Bei Jüngeren erregte sie oft »unpassendes Interesse« und bei ihren Altersgenossen »ununterdrückbare Liebesgefühle«, wie Liebet schrieb, doch sie zog sich nun lachend zurück und kümmerte sich um ihren Garten und ihre Hunde. »Wie glücklich ich jetzt bin, nachdem ich die sogenannten Lieben aus meinem Leben verbannt habe«, schrieb sie in ihr Tagebuch. Auf dem Türrahmen ihres Arbeitszimmers stand: FRIEDEN, REINER FRIEDEN, MIT GELIEBTEN, DIE WEIT WEG SIND.

Und so gingen die Monate dahin. Ihr Salon war allerdings immer noch voll mit intelligenten, charmanten Leuten – zumeist Männern. Zu ihren neuen Gästen zählten der Aga Khan, Elsa Maxwell, Sibyl Colefax, Maxine Elliot, die alternde Gesellschaftslöwin und ehemalige Geliebte Winston Churchills, Rose Macaulay und Somerset Maugham. Elizabeth setzte sich für Nachbarschaftsfeste und Wohlfahrtsverbände ein, besonders für den von ihr gegründeten zum Schutz der Tiere vor Grausamkeit. Rudyard Kipling, den Elizabeth oft bei den Cazalets getroffen hatte, kam zu Besuch und wohnte in dem Häuschen, das Bridget Guinness Verzauberung genannt hatte; Elizabeth

* Charlotte Waterlow OBE – Officer of the British Empire –, die Tochter Sydneys, erinnerte sich, daß ihre Großmutter Charlotte mit ihrem Sohn Puddle (d. i. Cecil) in einer »süßlichen, inzestuösen Beziehung« lebte, die die Familie durchaus nicht billigte.

schickte ihm einen Blumenstrauß und ließ anfragen, ob er nicht dem Bazar ein paar Bücher überlassen und sie dort treffen wolle. Er lehnte mit der Begündung ab, daß man ihn nach Südfrankreich zu einer Kur geschickt habe, die weder gesellschaftliche noch andere Aktivitäten gestatte. »Es gibt jedoch etwas, was Sie für uns tun könnten. Bitte schieben Sie diese grauen Wolken so hoch, daß sie nicht mehr ans englische Wetter erinnern. Diesen Himmelsstil kennen wir von zu Haus zur Genüge.«

Sie arbeitete langsam an *Jasminhof*, das ihr große Schwierigkeiten bereitete; sie dachte daran, was Henry James einmal über ein Buch sagte: »Ich will es vorsichtig und geduldig ausarbeiten, ohne jedes Fieber und ohne Nervosität.« Unter der ruhigen Oberfläche ihres Lebens pulsierte aber dennoch Angst vor dem, was sie aus Deutschland hörte, und noch größere Angst vor dem, was sie nicht hörte, was sie aber wegen ihrer genauen Kenntnis dieses Landes vermutete. Trix schrieb, sie könne nicht verstehen, warum ausländische Zeitungen Lügen über verfolgte Juden verbreiteten; daran sei kein Wort wahr. Die deutsche Presse war zu dem Zeitpunkt völlig geknebelt und berichtete über diese Vorfälle nichts. Lediglich die Auslandskorrespondenten englischer und amerikanischer Zeitungen schrieben darüber.

Eines Montags im Juni traf sie Frere auf der Straße. Er war mit einem blonden Mädchen zusammen, stellte sie Elizabeth vor und sagte, daß er sich Dienstag scheiden lassen werde und Mittwoch erneut heiraten würde. Elizabeth gab ihr die Hand, sah sie besorgt an und fragte: »Wird Ihnen das denn gefallen?« In ihr Tagebuch schrieb sie: »Ich bin froh, daß sie es ist und nicht ich. Perfekte Grammatik.« Das Mädchen war Miss Patricia Wallace, die Tochter von Edgar Wallace, die Frere drei Kinder schenkte und bis zum Ende glücklich mit ihm zusammenlebte.

1934 schickte Evi ihrer Mutter eine Photographie ihrer beiden Töchter, auf deren Rückseite stand: »Sind sie nicht süß?« Zwei Monster mit kreuz und quer stehenden Zähnen starrten ihre Großmutter an. Bald darauf bat Evi sie um Geld, womit Elizabeth bereits gerechnet hatte, für Arzt- und Zahnarztrechnungen, da eins der Kinder kränklich war. Elizabeth weigerte sich, ihr noch mehr Geld zu schicken, und schlug vor, sie solle Liebets

Mann Corwin um einen Kredit bitten. Dann zahlte Elizabeth heimlich alles an Corwin zurück, was er Evi geliehen hatte. Als ihre Bitten um Geld bei Corwin erfolgreich ausfielen, kam Evi unglücklicherweise auf die absurde Idee, daß er in sie verliebt sein könnte, und immer, wenn sie ihn traf, machte sie ihm schöne Augen, was ihm auf die Nerven ging und Liebet ärgerte. Bald darauf wurde Evi aus Paso Robles »verbannt«, und Corwin schlug seiner Schwiegermutter vor, daß H. B. sich um Evi kümmern sollte. Elizabeth war dagegen, weil sie kurz zuvor von Trix erfahren hatte, daß H. B. *sie* dauernd um Geld anging, nachdem sie von ihrer Tante Maggie eine bescheidene Erbschaft gemacht hatte. Der alte Kampf zwischen Elizabeth und ihrer deutschen Tochter tobte erneut, weil Trix stolz und entschieden ihr Land favorisierte, während ihre Mutter mit nichts einverstanden war, was Trix sagte; Elizabeth schrieb ihr nicht mehr, weil sie es unmöglich fand, sich über »Pusteblümchen und Rosen« zu unterhalten, während in Trix' Vaterland Menschen totgeschlagen wurden.

Puddle kam aus Monte Carlo, um seine Tante zu besuchen. Im Lauf der Jahre war deutlich geworden, daß er die manisch-depressive Veranlagung der Waterlows geerbt hatte und inzwischen eindeutig verrückt geworden war. Er hielt sich für ein Bild strahlender Jugend, war aber fast kahlköpfig; sein schwarzgefärbter Schnurrbart kontrastierte merkwürdig mit den weißen Augenbrauen und den Hängebacken. Als sie baden gingen, latschte Puddle mit Schwimmflossen und Gummihandschuhen die Straße auf und ab. Er fuhr dann nach Marseille, wo er ein Schiff nach England nehmen wollte, wurde jedoch dort in eine geschlossene Anstalt eingewiesen. Als Elizabeth hinfuhr, um ihn herauszuholen, stolzierte er herum wie ein Mann, der eine wichtige Verabredung hat, eine Rose im Knopfloch und ein leeres Lächeln im Gesicht. Er wurde schließlich auf Elizabeths Kosten nach England zurückgebracht; einige Monate später schrieb Charlotte, daß er endgültig durchgedreht sei. Es hatte sich herausgestellt, daß er bei früheren manischen Anfällen teure Wohnungen für Geliebte bereitgestellt hatte und große Geldsummen beim Roulette verlor, so daß seine Mutter fast ruiniert war. Die arme Charlotte war beinah selbst dem Wahnsinn nah, als ihre Schwester nach England eilte, um ihr beizustehen. Elizabeth besuchte auch Maud Ritchie, als sie in London war, und empfand sie »nach dem Wirrwarr von Wahnsinn in der Familie als erfrischend gesund«.

Eins der Hündchen wurde krank und mußte vom Tierarzt eingeschläfert werden. Die Aktion verlief unnötig grausam, weil die erste Spritze nicht sofort wirkte; Elizabeth konnte es sich selbst nicht verzeihen, daß sie nicht eingeschritten war, als sie mitansehen mußte, wie der Tierarzt den Hund solange mit Chloroform erstickte, bis er bewußtlos war. Das andere Hündchen wurde während eines Spaziergangs überfahren. Sie wikkelte es in ein Tuch und fuhr nach Haus. In diesem Moment überkam sie ein Augenblick der Wahrheit. Sie hatte den Eindruck, zum ersten Mal den ganzen Umfang des Leidens und der Grausamkeit des Lebens zu erfahren; die »sichere Erlösung, der einzig wahre Trost« war der Tod. Sie hatte sich stets des Lebens gefreut, weil sie, wie sie überzeugt war, ein zufriedener und glücklicher Mensch gewesen war; nun gewann sie »eine positive Haltung zum Tod. Alles hinter sich lassen.« Unterwegs überholte sie einen schwerfällig dahintrottenden Esel, der einen riesigen Mann und einen Berg Haushaltswaren zu tragen hatte; der Mann schlug immer wieder kräftig auf ihn ein. Sie sah das grausame, gefühllose Gesicht des Manns und wußte, daß für überarbeitete, schlechtbehandelte Tiere die Welt voller Teufel sein mußte. Im Licht dieser Offenbarung schrieb sie in *Alle meine Hunde*: »Was war das für eine Welt? ... War ihre Schönheit nur Betrug? Nichts als nur ein schlechter Scherz, den man sich mit Gottes hilflosen Geschöpfen erlaubte?« Oder war sie nur »wie ein schützender Mantel über eine Welt des Schreckens gebreitet, so daß, wenn ein Zipfel gelüftet wurde, etwas so Furchtbares zu sehen war, so viel Leiden und Grausamkeit, daß niemand seinen Frieden wiederfinden konnte«.

In diesem Zustand visionärer Wahrnehmung fuhr sie nach Haus und las *Mein Kampf*, hielt den Autor für einen begabten Wilden und staunte, daß solche Dinge gesagt und getan werden durften. Die Kriegsnachrichten über Mussolinis Einmarsch in

Äthiopien bestärkten Elizabeth in ihrer Ansicht, daß »... wir durch und durch schlecht sind und es verdienen, wegen unserer bestialischen Taten zu Tode gefoltert zu werden. Die ganze Welt ist verrückt geworden.«

Nach Hindenburgs Tod vereinigte Hitler am 2. August 1934 die Ämter des Reichspräsidenten und Reichskanzlers in einer Person und nahm den Titel des »Führers« und Reichskanzlers an. Am 9. Oktober wurde Alexander von Jugoslawien von mazedonischen Fanatikern in Marseille ermordet; Hitler nutzte die Gelegenheit zu einer Rede, die für alle, die Ohren hatten zu hören, seine Absichten unmißverständlich klar machten. Elizabeth verstand, was vorging, aber die meisten ihrer Bekannten an der Riviera verstanden es nicht. Auf dem Weg in das noch immer unverkaufte Chalet traf sie sich mit Trix in der Nähe der deutschen Grenze.

Trix schien die Ereignisse gelassen hinzunehmen, obwohl sie sah, wie Ehemänner ihrer Freundinnen plötzlich abgeholt wurden und die Frauen allein blieben, ohne zu wissen, was mit den Männern geschah. Alle ihre Bekannten schienen Angestellten oder mißgünstigen Menschen ausgeliefert zu sein, denn zu einer Verhaftung reichte bereits die Denunziation aus. Trix erzählte ihrer Mutter, daß sie ihren Stammbaum nach Juden durchforsten mußte und natürlich sofort auf Marie Arndt gestoßen war. Der Nazi-Inspektor bestand darauf, daß der Name in Wirklichkeit Aaron lautete, was bedeutete, daß Trix' Kinder nur noch in untere soziale Schichten einheiraten durften. »Ist das nicht ein angenehmes Land?« bemerkte Elizabeth in einem Brief an Liebet.

Als Elizabeth unangemeldet im Chalet ankam, fand sie es in einem furchtbaren Zustand vor. Die wachsende Familie des Verwalters hatte sich ebenso im Haus breitgemacht wie die Hühner; der Hund, Mr. Fox, war festgebunden und hatte kein Wasser, und das *Zu-Verkaufen*-Schild war abgenommen und versteckt worden. Sie war wütend und verstand jetzt, warum das Haus noch nicht verkauft war: Dem Personal war nicht an einem Verkauf gelegen. Sie traf sich mit dem Makler und ging dann aufgebracht und voller Unbehagen zu Bett. Wieder in Le Mas des Roses, mußte sie feststellen, daß sich dort das gleiche abspielte. Die Familie des Personals vermehrte sich und drängte sie aus dem Haus. Alle Ausländer an der Riviera verließen ihre Häuser und gingen nach England zurück; als sie einmal Gaston Anweisungen gab, reagierte er frech und unverschämt. »Ach, wenn doch Hunde Diener sein könnten. Sie wären so angenehm, hilfsbereit und ergeben«, seufzte sie im Tagebuch.

Im November erschien *Jasminhof* (auf Freres Bitten bei Heinemann). Die Rezensionen waren nicht gut; Worte wie »unmöglich« und »wenig überzeugend« machten die Runde und bestätigten, was Elizabeth insgeheim befürchtet hatte. Sie fragte sich, ob ihre Inspiration sie verlassen hatte oder ob sie zum Romaneschreiben zu alt geworden war, und sie dachte nun oft an die Vorteile eines Selbstmords – weniger um ihrer selbst willen als vielmehr, um Hitler zuvorzukommen. Sie sah Europa als Pulverfaß und war überzeugt, daß die Deutschen es im neuen Jahr explodieren lassen würden. »Sie sind politisch und psychologisch so dumm, daß sie alles falsch einschätzen und nie über ihre grausame Nasenspitze hinaussehen.« Ein Deutscher wollte das Chalet kaufen; obwohl Elizabeth dringend daran interessiert war, es loszuwerden, fürchtete sie, die Verhandlungen abbrechen zu müssen, weil der Mann sich als brutal und rücksichtslos erwies. Sie erhielt den hochtrabenden Brief eines deutschen Verlegers, der an den Übersetzungsrechten für *Das Geheimnis der Schwestern* interessiert war, aber bevor die Verhandlungen gediehen, forderte er von der Autorin einen Nachweis, daß sie arischer Abstammung sei, sowie eine eidesstattliche Erklärung, daß sie niemals abwertende Bemerkungen über die deutsche Regierung machen werde. Sie antwortete kurz, daß die Rechte unverkäuflich seien. Abends schaltete sie das Radio ein und hörte entsetzt Hitlers Haßtiraden zu. Elizabeth versetzte Liebet in Sorge, als sie 1936 schrieb, sie solle sich um sie keine Angst machen; eine deutsche Bombe würde sie nicht treffen: »Ich habe ganz einfache Vorkehrungen getroffen.« Sie bewahrte einen Ausschnitt aus der *Times* auf, in dem es darum ging, wie Crippen mit seinen Opfern umgegangen war, und hatte sich seitdem so viele Narkotika verschafft, daß sie ihre ganze Familie damit auslöschen konnte. Crippen hatte das Narkotikum Hydrobromid benutzt, das man in jeder Apotheke kaufen konnte. Die Vorstellung, sich das Leben zu nehmen, schien ihr verlokkend. Dann erfuhr sie, daß Puddle aus der Anstalt ausgebrochen war und sich vor einen Zug geworfen hatte.

Elizabeths Tagebücher konzentrierten sich jetzt ausschließlich auf minutiöse Aufzeichnungen täglicher Ereignisse, eine Strategie, die ihr helfen sollte, nicht wahnsinnig zu werden. Auf Freres Anregung begann sie auch mit der Niederschrift ihrer Autobiographie. Sie fuhr wieder nach England, verbrachte Weihnachten bei der tief betrübten Charlotte, und anschließend machten die beiden eine Besichtigungstour durch die Kirchen, die sie kannten und liebten. In jeder dankte Elizabeth Gott für ihr glückliches Leben, ihren lieben Vater und ihre Mutter und all die »lustigen, süßen Erinnerungen« an das, was sie erlebt hatte. Die arme Charlotte war überempfindlich und witterte in allem, was Elizabeth sagte oder tat, Äußerungen von Geringschätzung. »Mit ihr zusammenzusein ist, als ob man über Eier balanciert«, klagte Elizabeth gegenüber Liebet. Die Schwestern fuhren nach Chorleywood und sahen sich die Gräber der Russells an: »Ich sah durch die Fenster die schrecklichen Vorfahren des schrecklichen Francis – überall Verbotsschilder – typisch »russellig« – und Stacheldraht – erst recht typisch. Wenn man sich vorstellt, Stacheldraht im Blut zu haben ... «

Als sie in der St. Paul's Kathedrale die Predigt nicht verstehen konnte, ging sie anschließend zum Pfarrer und fragte ihn, ob sie das Manuskript der Predigt haben könne. Er lehnte ab und sagte, das sei die Sache nicht wert. »Das ist das vierte Mal in meinem Leben, daß ich mich mit ganzem Herzen dem Klerus zuwandte und um Brot bat, aber Steine bekam. Es ist ein hoffnungsloser Haufen«, notierte sie im Tagebuch.

Frere besuchte sie wegen der Autobiographie *Alle meine Hunde*, die sie ihr Hundebuch nannte. Sie empfand ihn als »einen kleinen, langweiligen Mann. Aber das kommt daher, daß wir alle alt werden, und die Knochen unseres unzulänglichen Geistes stechen durchs Fleisch, das sie verborgen hielt.« Im Januar fuhr sie nach Cannes, wo sie niemanden mehr antraf. »Einsam reiste ich ab – anders als sonst, wenn Freunde und

Bewunderer mich verabschiedeten! Nun ja, man ist alt, und die Alten scheiden allein ... «

Als sie sich wieder in Le Mas des Roses eingerichtet hatte, fing sie mit ihrem letzten Roman an, der damals noch *The Birthday Party* hieß, aber der schließlich zu *Die sieben Spiegel der Lady Frances* wurde. Er handelt vom Alter und seiner wichtigsten Tugend, dem »Loslassen«. Ihre anderen Bücher handelten vom »Loslassen« von Widerständen und Vorurteilen, geliebten Menschen und Statusdenken, Haltungen und Rücksichtnahmen, doch der neue Roman handelte vom Loslassen der Allüren und des guten Aussehens, die im Alter schwinden. Sie eroberte sich hier die letzte Provinz der Demütigung und nahm sie, wie immer, mit Sympathie und viel Sinn für Humor wahr. Im Hintergrund tobt ein Krieg, und der Held, Mr. Skeffington, ist ein Jude, der von den Nazis eingesperrt und gefoltert wird. Am Ende bleibt seiner Frau, Fanny Skeffington, der Schmerz erspart, von ihrem Mann wegen ihrer Häßlichkeit gehaßt zu werden, als sie feststellt, daß er geblendet wurde. Elizabeth machte sich nun keine Gedanken mehr darüber, welchen Eindruck das Buch auf Trix machen würde, wenn es noch während des bevorstehenden Krieges erscheinen sollte.

Im August hatte Elizabeth alle Hände damit zu tun, die beiden läufigen Hündinnen von Chunkie fernzuhalten, der »sie nun nicht heiraten konnte ... Ach, wenn ich doch nur H. B. genauso einfach vor dieser verzweifelten Verbindung hätte bewahren können wie Chunkie. Und wie sehr er es sich jetzt wünscht, daß ich ihn bewahrt hätte – armer Teufel.«

Rebecca West kam zum Tee vorbei, und die beiden Schriftstellerinnen unterhielten sich natürlich über Wells. Elizabeth fand sie charmant und liebenswert und wünschte sich, sie besser zu kennen. Sie konnte nicht ahnen, daß Rebeccas Freundlichkeit darauf beruhte, daß sie froh war, daß Elizabeth und Wells sich nicht mehr gut verstanden. Ihr Sohn kommentierte das folgendermaßen: »Rebecca Wests Paranoia machte es ihr unmöglich, mit Menschen zurechtzukommen, die sie für Rivalen hielt; Vergnügen an der Gesellschaft einer anderen Frau, die mit H. G. Wells liiert gewesen war, fand sie nur, wenn sie wußte, daß die andere

Frau sich im Streit von ihm getrennt hatte. ›Elizabeth‹ gegenüber war sie bis zum Schluß giftig und schien ihr gegenüber besonders eifersüchtig zu sein. Ich vermute, daß es etwas mit sozialen Unterschieden zu tun hatte: Die heruntergekommene Eleganz Edinburghs stigmatisierte diejenigen, die sie ertragen mußten, bis auf die Knochen. Ich glaube, daß ›E‹ sich ihr gegenüber boshaft verhielt und Minderwertigkeitsgefühle schürte, unter denen Rebecca litt ... Ich würde sagen, daß irgend etwas in ›E's‹ Blick Rebecca signalisierte, daß sie sie durchschaut hatte und genau einzuschätzen wußte.«

An ihrem siebzigsten Geburtstag schrieb Elizabeth: »Bin jetzt endgültig eine alte Frau und darf das nie vergessen. Man gewöhnt sich so sehr ans Jungsein, daß man es für ein ewiges Geschenk hält. Ich muß daran denken. Und meine Brille hilft mir dabei.« Im Dezember 1936 war sie wie jedermann über die Ereignisse erregt, die schließlich zur Abdankung Edwards VIII. führten. »Für diejenigen, die Mrs. Simpson kennen, kann man nur Scham und Bedauern empfinden«, notierte sie im Tagebuch. Zufällig lief sie den Freres in die Arme, die in Südfrankreich Urlaub machten. Er machte seine Arbeit bei Heinemann gut; 1945 wurde er Verlagsleiter und blieb es bis 1962. Sie lud sie für einige Tage zu sich ein, und die Freres waren beeindruckt von der luxuriösen Ausstattung des Hauses; jedes einzelne Handtuch in den Badezimmern harmonierte noch mit den Farbtönen des Raums. Die Schlafzimmer waren im edwardianischen Stil gehalten – ein großes mit einem Doppelbett und, »falls man sich zankt«, ein kleineres mit einem Einzelbett. Elizabeths Schlafzimmer, von dem französische Fenster auf einen Balkon führten, der den Blick auf die ferne Bucht freigab, war groß; ein geräumiges Badezimmer schloß sich direkt an, aber es gab auch hier ein Gästeschlafzimmer mit einer verkleideten Verbindungstür, die auf beiden Seiten aussah wie eine Kleiderschranktür. Die Freres luden Elizabeth nach Eden Roc zum Dinner ein; sie fand Freres Frau Pat »charmant« und »süß«. Die Damen tratschten und lachten über Ehemänner, und Elizabeth wandte sich zu Frere und sagte: »Wenn du willst, kannst du gehen.« Es war ein ungewöhnlich schöner Abend, obwohl in den Esterel-Bergen auf der anderen Seite der Bucht von

Cannes ein Waldbrand tobte. »Ich sollte hingehen und mich wie Brünnhilde hineinstürzen, aber dafür habe ich wohl nicht die richtige Figur«, sagte Elizabeth. Frere bat das Orchester, die Feuermusik aus der *Walküre* zu spielen, was die Dramatik des Abends noch steigerte.

Als die Freres ihr erstes Kind bekamen, wurde Elizabeth Taufpatin, konnte aber an der Zeremonie nicht teilnehmen, und Hugh Walpole Taufpate, und Mrs. Molly Cazalet vertrat Elizabeth. Das Baby wurde auf den Namen Elizabeth getauft und »Little E.2« genannt; die Taufpatin meinte, das klinge wie ein Luftschiff. »Ich war fromm, das Baby brüllte, und die Eltern schauten demütig drein«, schrieb Hugh nach der Taufzeremonie an Elizabeth. »Ich versprach (genau wie Du), das Kind vor allen sinnlichen Verlockungen und Fallen zu bewahren, was eine schwierige und vielleicht unnötige Aufgabe ist. Ich wäre gern *Dein* Patensohn. Von Molly Cazalet höre ich, daß Du glücklich, ja geradezu strahlend bist. Das macht auch mich glücklich. Ich würde Dich eines Tages gern wiedersehen. Ob das je klappt?«

Es klappte nicht mehr. Elizabeth antwortete: »Ich wünschte mir auch, daß Du mein Patensohn wärst, oder sonst ein Sohn von mir. Du bist einer der wenigen Menschen, mit denen ich gern verwandt wäre. Und ich glaube, Du und ich gehören zu den wenigen Menschen, die öfter glücklich als unglücklich sind und auch laut sagen, daß sie es sind.«

Trix schrieb ihrer Mutter und fragte, was sie sich zu Weihnachten wünsche, und sie antwortete in aller Unschuld auf einer Postkarte, daß sie gern eine Ausgabe von Heines Gedichten hätte. Sie wußte nicht, daß Heine kürzlich auf Hitlers Index gelandet war – und sie ebenfalls. Sie fuhr nach Deutschland, um Weihnachten bei den Hirschbergs in ihrem neuen Haus in Murnau bei München zu verbringen. Trix wie auch Liebet bereiteten sich auf Besuche ihrer Mutter vor, als ob sie eine Königin wäre, aber als Elizabeth ankam, bemerkte sie sofort, daß Angst in der Luft lag. Es sind einige Notizen erhalten, die sie als Studien zu einer Kurzgeschichte festhielt, die *In einem bayerischen Dorf* heißen sollte; diese Notizen reflektieren ihre Erfahrungen in jenem Jahr:

»›Ich kann mir nicht vorstellen,‹ sagte ich, indem ich die Angst abschüttelte, die mich langsam erdrückte, ›daß dieses Deutschland anders sein soll als das Deutschland, das ich gekannt habe.‹

›Oh, es ist aber anders –‹ begann meine Tochter, wurde jedoch sofort von ihrem Mann durch ein rasches ›Paß auf –‹ unterbrochen, weil eins der Zimmermädchen eingetreten war.

Man sang *Stille Nacht*. Ich, die ich meine *Times* gelesen hatte und wußte, was in Deutschland mit den Kirchen geschah, wollte meinen Ohren nicht trauen. ›Aber –‹, begann ich, als ich mich bei meinem Schwiegersohn einhängte.

›Paß auf‹, flüsterte er schnell und griff nach meiner Hand. Wieder aufpassen, muß man denn immer so gut aufpassen? Und was hatte ich denn eigentlich gesagt, außer ›Aber‹?«

Liebet kam mit ihrem Mann und den beiden Kindern im folgenden Sommer nach Frankreich; auch Trix kam mit ihrer schlanken Tochter Billy, die mit ihrem schönen, rotgoldenen Haar sehr hübsch war. Zwischen ihr und Elizabeth entwickelte sich eine Freundschaft, auf die die anderen Mädchen sehr eifersüchtig waren.

Währenddessen schickte Wells Elizabeth ein Exemplar seines neuen Romans. Elizabeth dankte ihm: »Vielen Dank für *Star Begotten*, ein schönes, anregendes Buch. Ich klammere mich daran in dieser verbrecherischen Welt, in der, wohin man auch schaut, der Blick blockiert wird durch Mussolinis absurdes Kinn oder Hitlers absurde Frisur oder Stalins gleichfalls absurdes und abstoßendes Wasweißich. Ich bin von meiner Familie umgeben – Liebets Mann und zwei *enorme* Kinder, die offenbar Götternahrung zu sich genommen haben, sowie Trixis Tochter, die wenigstens eine handhabbare Größe hat. Ich weiß nicht, warum man Familien haben muß. Dazu noch bei großer Hitze! Ich habe mich überwunden, nach Deutschland zu fahren, wo ich seit Hitlers Machtergreifung nicht mehr gewesen war. Es ist ein verängstigtes, erniedrigtes Volk, von der Propaganda in Panik versetzt, das sich wie ein Tier in die Ecke verkriecht und darauf lauert loszuschlagen. Niemals zuvor habe ich Gott so sehr dafür gedankt, Engländerin zu sein ...«

Als sie Salzburg besuchten, verursachte Elizabeths Vorliebe für Billy einen Riß in der Familie, den die anderen ihr nie verziehen und nie vergaßen. Eines Abends wollten sie in die Oper und zuvor zum Essen gehen, konnten sich aber nicht recht entscheiden, wo sie essen sollten. Elizabeth ging kurzentschlossen mit Billy in eins der feineren Lokale und ließ die anderen allein; sie könnten ja essen, wo sie wollten. Sie und Billy amüsierten sich köstlich, während Trix und die beiden amerikanischen Enkelkinder schweigend aßen und Liebet schluchzend vor ihrem Teller saß. Als Trix, Liebet und die Kinder alle gemeinsam abreisten, verabschiedete Elizabeth sie am Bahnhof. Sie reichte den amerikanischen Kindern formvollendet die Hand, damit sie sie küssen konnten, beugte sich dann jedoch zu Billy hinab und küßte sie auf die Wange – ein Vorfall, an den sich alle Kinder bis auf den heutigen Tag mit ungebrochenem Groll erinnern.

Im März 1938 annektierte Hitler Österreich. Elizabeth schrieb an Liebet: »Ich nehme an, Du bist über die Nachrichten von Hitlers Umtrieben entsetzt. Es ist so glasklar, was er vorhat, daß ich mir vor Staunen die Augen reibe, daß es Politiker geben soll, die immer noch glauben, sich mit ihm verständigen zu können. Wenn der große Knall kommt, wird niemand sagen können, vor Hitler nicht ausreichend gewarnt worden zu sein. Ich vermute jedoch, daß es Ehrenmännern sehr schwerfällt, an die Existenz eines Systems zu glauben, das ausschließlich auf Lügen und Unehrlichkeit aufgebaut ist. Im Hinblick auf meine kleine Trix und ihre Familie hoffe ich jedenfalls, daß sie ins Chalet fliehen können, wenn das Schlimmste eintrifft ... Was mich betrifft, brauchst Du Dir keine Gedanken zu machen, Liebling, weil ich mich schlafen legen werde, sobald die ersten Bomben fallen ... Wenn ich zwanzig Jahre jünger wäre, würde ich es durchstehen, weil es, abgesehen von allem anderen, sehr *interessant* werden wird, und am Ende werden diese Gangster bekommen, was sie verdienen – da bin ich mir sicher; es wäre jedoch absurd, sich in meinem Alter noch zu verstecken oder zu fliehen oder dergleichen, und ich werde bis zum letzten Moment ganz ruhig in meinem Garten bleiben und mich dann mit großer Würde schlafen legen ... «

Natürlich erschrak Liebet über die kühle Art, mit der ihre Mutter über ihr Leben schrieb, und antwortete ihr mit einem aufgeregten Brief, in dem sie sie bat, nach Amerika zu kommen, wenn die Lage sich verschärfen sollte. In den furchtbaren Tagen des Wartens und Zweifelns, was Hitler als nächstes tun würde, fand Elizabeth nur noch Trost in der schlichten Zuneigung von Tieren, besonders Hunden.

In diesem Sommer kam Sydney Waterlow, Elizabeths Neffe, zu Besuch. Er hatte seine Abschlußarbeiten über die griechischen Klassiker und Shelley geschrieben und war 1935 als britischer Gesandter in Athen zum Ritter geschlagen worden. Seither hatte er sich oft mit Elizabeth getroffen, und sie genoß die intelligenten Unterhaltungen mit ihm. Er war ein großgewachsener Mann mit einem hängenden Schnurrbart und königlichen Manieren, denen er in der Familie den Spitznamen »Monarch« verdankte; allerdings paßte sein Äußeres schlecht zu seiner hohen, quiekenden Stimme. Er verhielt sich auch wie ein König; einmal hatte er sogar seine Tante, als sie ihn vor einigen Jahren in Athen besuchte, mit einer Handbewegung aus seiner Gegenwart verbannt. Er meinte jedoch, daß sein Leben dadurch verpfuscht worden sei, daß er während seiner Zeit in Cambridge nicht zum »Apostel« gewählt worden war, der exklusivsten intellektuellen Clique dort. Ihre Ziele waren »die absolut hingebungsvolle, uneingeschränkte Suche nach Wahrheit durch eine Gruppe Vertrauter und Freunde«. Sydney war ein ernster, tief nachdenklicher Mensch, dessen Wertschätzung der Literatur so hoch war, daß seine Tante manchmal nur staunen konnte.

Nach der Trennung von seiner ersten Frau hatte er sich 1911 in Virginia Woolf verliebt und ihr auch einen Heiratsantrag gemacht, aber sie wies ihn mit einem Lachen ab und machte sich seitdem unbarmherzig über ihn lustig. »Bei Gott! Was ist das für ein Langeweiler!« schrieb sie an Lytton Strachey. »Ich weiß überhaupt nicht, warum.« Sie fand seine literarischen Urteile plump und lächerlich wie ein »Elefant im Porzellanladen«, mochte ihn aber sehr. 1921 schrieb sie ihm: »... Sie sagen, die Leute schneiden Sie und wollen Sie nicht sehen. Ich bin anderer Ansicht. Ich verstehe natürlich, daß alle äußeren Beziehungen wacklig und unwirklich werden, wenn man wie Sie fühlt, ohne ein Zentrum zu haben – mir war dies Gefühl selber sehr vertraut. Doch für andere Leute sind diese Beziehungen nicht unwirklich. Ich meine, daß Ihre Existenz, zum Beispiel für uns, eine echte und wichtige Tatsache ist. Wenn ich Sie wie einen Witz behandele (und meine Manieren sind viel zu ungehobelt), ist das nur eine Methode. Etwas, was ich an Ihnen natürlich sehr bewundere, liebe und interessant finde, ist Ihre Sensibilität, Ihre Einsicht, Ihr Sinn für die Bedeutung von Dingen ... «

Elizabeths Gefühle für ihren großen Neffen entsprachen in etwa denen Virginia Woolfs, aber sie war diskreter und hatte ihn schon gemocht, als er noch ein Junge war. Sein Lob oder seine Kritik an ihren Büchern nahm sie so ernst, wie sie gemeint waren. Nach seiner Berufung nach Athen sah sie ihn seit 1933 häufiger; sie hörte von Charlotte, daß der König und Mrs. Simpson während ihrer Mittelmeerkreuzfahrt zum Dinner bei ihm eingeladen gewesen waren, wobei der König Sydney schockiert hatte, als er ihn fragte, wer denn Platon gewesen sei. Sydney verliebte sich in eine schöne und talentierte Schauspielerin namens Katina Paxinou, die die *Times* »die größte Tragödienschauspielerin aller Zeiten« nannte. Wegen Katina hatte er Elizabeth ins Vertrauen gezogen und sich angewöhnt, seine Tante zu besuchen, wenn etwas kompliziert zu werden drohte, was 1938 der Fall war. Obwohl Elizabeth über seine Indiskretionen recht schockiert war – er hatte gelernt, frei von sich selbst zu reden, als er an den Dienstagabend-Treffen der Bloomsbury Group im Café Royal teilgenommen hatte –, war sie doch sehr interessiert; ihr Urteil war, daß er eine ungewöhnliche, komplexe Persönlichkeit sei, sehr brillant und angenehm, aber auch kindlich, einsam und ängstlich.

Er besuchte sie im Mai, als es in Strömen regnete, glitt aus, fiel auf den nassen Zement und prellte sich eine Rippe. Sie quartierte ihn in einem freien Schlafzimmer ein und pflegte ihn, während er ihr Shakespeare und Max Beerbohm vorlas, und als er fast wieder so weit hergestellt war, daß er nach Haus konnte, lachte er so heftig, daß er sich die Rippe erneut prellte. Als er sich wieder bewegen konnte, meinte Elizabeth, er solle lieber wieder nach Athen fahren, Rippe hin oder her, aber da rutschte er im Badezimmer aus und brach sich die gleiche Rippe zweimal. Er war völlig konsterniert, und weder seine spirituelle Religiosität noch sein brillanter Verstand konnten ihm helfen. »Oh, wie froh ich bin, Witwe zu sein ... Ich bin froh, daß er weder mein Sohn noch mein Mann ist«, schrieb Elizabeth an Liebet und fand, daß im Hinblick auf ihn das Faß nun übergelaufen sei. Sie brachte ihn in das englische Krankenhaus Sunnybanks in der Nähe von Cannes.

Dies alles traf mit der Nachricht zusammen, daß Teppis Bruder in ein Konzentrationslager deportiert worden war: »Man rasiert ihnen den Schädel kahl«, schrieb Elizabeth an Liebet; nicht ahnend, was an diesen Orten wirklich geschah, fügte sie hinzu: »Wie schrecklich für ihn, wenn er wieder rauskommt. Aber es gibt ja Perücken.« Sie fuhr fort: »Teppi ist perfekt ... Ich liebe, bewundere und verehre sie wirklich. Sie ist die einzige Freundin, von der ich so etwas sagen kann. Ich nehme an, Du denkst, daß Intelligenz attische Ruhe verströmen muß; ich denke das auch. Sie ist jedoch intelligent und nur Millimeter davon entfernt, eine außerordentlich bemerkenswerte Persönlichkeit geworden zu sein. Ihre großzügige, freie Haltung gegenüber Moral und Konvention kann man gar nicht genug bewundern.«

H. B. und seine Frau bekamen schließlich einen Sohn, das erste männliche Kind in der Familie nach ihm und seinem Vater. Elizabeth war nicht sonderlich beeindruckt. In ihr Tagebuch schrieb sie: »Es sind immer die Armen und Erfolglosen, die sich mehr Kinder zulegen, als sie sich leisten können ... Sein alberner Optimismus macht mich krank. Ich bin sehr schockiert.«

Die Nachricht dieses Ereignisses fiel mit Elizabeths Entdekkung zusammen, daß H. B. sie wegen der 1.000 Dollar absichtlich hintergangen hatte, als er sie im vergangenen Sommer besucht hatte. Es war ein furchtbarer Gedanke für sie, daß er die Skrupellosigkeit seines Vaters in Geldangelegenheiten geerbt haben sollte, wenn er doch ebensogut die strenge und genaue Ehrenhaftigkeit ihres Vaters hätte erben können.

Als Elizabeth hörte, daß Chamberlain sich mit Hitler treffen wollte, glaubte sie, daß dies der Welt vielleicht für ein paar Stunden mehr Luft zum Atmen geben würde. Doch als sie drei Wochen später Hitler im Radio toben hörte, daß er das Sudetenland besetzen werde, hatte sie das Gefühl, das Todesurteil für sich selbst und die Hunde gehört zu haben; ihr Herz schlug so wild, daß sie nicht einschlafen konnte. Sie telegraphierte Trix, um sich mit ihr im Chalet zu treffen; das Telegramm überschnitt sich mit einem Telegramm von Trix, in dem sie ihre Mutter bat, ihr von den Medikamenten zu schicken, damit sie sich selbst und die Kinder umbringen könne. Sie glaubte, daß die gegenwärtigen Ereignisse in einer so ungeheuren Feuersbrunst enden würden, daß es für sie und ihre Familie besser sei, schmerzlos zu sterben, so lange das noch möglich war.

Überall herrschte größte Erregung; Charlotte schrieb Elizabeth Briefe in Großbuchstaben, daß sie in der Krise zu ihrem eigenen FLEISCH UND BLUT zurückkehren müsse. Später erlitt sie einen leichten Schlaganfall; der Arzt gab ihr höchstens noch ein Jahr. »Ach, in fünf Monaten ist alles vorbei ...«, schrieb Elizabeth an Liebet. »Wie Du weißt, stehe ich mit dem Tod auf vertrautem Fuße und habe Hochachtung vor ihm, aber nur, was mich selbst betrifft, nicht für andere Menschen. Der Schmerz fährt mir durch die Eingeweide, wenn ich mir vorstelle, daß die arme, kleine Charlotte verschwinden wird.«

Bei einem Mittagessen erzählte Elizabeth von Trix' Verzweiflung und begann zu weinen, so daß betroffenes Schweigen eintrat. Im November traf sie sich mit Trix in einem Hotel in der Nähe der deutschen Grenze; Trix war übernervös, wollte nur im Freien sprechen und war sicher, daß ein nebenan maschineschreibender Mann ein Spion sei, der alles, was sie sagte, aufschrieb. Sie erzählte ihrer Mutter, daß eine Frau über ihren Gartenzaun gerufen habe, sie werde sie denunzieren, weil sie im Ausland schlimme Dinge über Deutschland behauptet habe, und daß man ihr den Reisepaß wegnehmen würde, wenn sie keine Loblieder auf ihr Land singen werde. Dennoch stand für sie fest, daß sie Tony und Deutschland die Treue halten wollte, egal, was passierte.

Obwohl keine Rede von Mobilmachung gewesen war, quoll Mougins an der italienischen Grenze plötzlich von Truppen und

Ambulanzwagen über. Bei Elizabeth waren acht französische Offiziere einquartiert worden, die im Haus schliefen, neunundzwanzig Soldaten in der Garage, eine Lastwagenladung Munition im Garten, ein Wachposten mit blankem Bajonett Tag und Nacht an der Eingangstür und ein Soldat, der mit einem Flakgeschütz unter ihrem Rosmarinstrauch hockte. Die Hausherrin kam und ging, und die Wache präsentierte jedesmal das Gewehr. Sie kaufte Wattebäuschchen und verstopfte sich damit die Ohren, falls die Waffen losgehen sollten.

Dann bekam sie einen irritierenden Brief von Trix' Tochter Sybilla, oder Billy mit dem rotgoldenen Haar, die in Berlin auf eine Schauspielschule ging und alle Illusionen über ihr Land verloren hatte. Den Brief hatte sie per Diplomatenpost aus dem Land schmuggeln können: »Liebste kleine Granny, ich kann nicht mehr in Deutschland leben. Ich hasse es ... Ich weiß nicht, ob ich Dich darum bitten darf – aber kannst Du mich nicht adoptieren und mir einen englischen Namen geben? Oh, liebste Granny, was soll ich denn bloß tun, wenn Krieg kommt, unter all diesen furchtbaren Patrioten in einem Land, das ich hasse? Mammi haßt das Land nicht, und mein Vater ist Deutscher. Sie werden nie verstehen, wie ich mich in dieser häßlichen, schrecklichen Soldatennation fühle.«

Elizabeth war durch den Brief so gerührt, daß sie den britischen Konsul aufsuchte und sich erkundigte, ob sie Billy auf ihrem Paß eintragen lassen konnte; Liebet schrieb sie, sie solle mit ihr und dem Kind rechnen: »Warum sollte ich in meinem Leben nicht eine letzte Pflicht erfüllen und Billy mitnehmen?« Sie tat, was sie tun konnte, um Sybilla aus Deutschland herauszubekommen, aber am Ende stellte Trix zu viele Bedingungen; sie fürchtete, daß es ihrer Tochter in Amerika gut gefallen könnte, daß sie heiraten und bleiben würde oder daß Elizabeth das Interesse an ihr verlieren und sie irgendwo alleinlassen könnte. Schließlich kapitulierte Elizabeth. Sie gab fünf ihrer Hunde in einen Zwinger und behielt nur einen schönen schwarzweißen Cockerspaniel, der ebenfalls Billy hieß. Am 17. Mai 1939 gingen sie in Cherbourg zusammen an Bord der *Queen Mary*, Kurs New York.

Die verdorrte Heide

Elizabeth 1940 in Amerika

Amerika nahm den kleinen Flüchtling und seinen Hund in seine freundlichen, aber unpersönlichen Arme. Sobald sie angekommen war, fuhr sie zum Haus ihrer Tochter in Connecticut, aber die alten Animositäten zwischen ihr und Corwin lebten sofort wieder auf, verschärften sich sogar, als Elizabeth merkte, daß ihr Schwiegersohn für die Nazis eingenommen war. Der Anblick Liebets, die erschöpft ihren häuslichen Pflichten nachging, während sich Corwin hinter dem *Wall Street Journal* verkroch, erregte ihren mütterlichen Zorn. So verließ sie bald die Sunset Farm und wurde zu einer rastlosen Reisenden. Auf der Suche nach Sonne und Menschen, mit denen man »wirklich« reden konnte, reiste sie von Hotel zu Hotel. Oft war sie gezwungen weiterzuziehen, weil Billy untröstlich winselte und jaulte, wenn sie ihn im Hotelzimmer allein ließ. Sie war ungewöhnlich tapfer, und so schloß sie, trotz ihrer Heimatlosigkeit und unausweichlichen Einsamkeit, viele Freundschaften und schrieb Briefe, die von einer undurchdringlichen Fassade der Herzlichkeit Zeugnis geben.

Die einzigen guten Nachrichten aus Europa waren, daß ein Nonnenorden das Chalet kaufen wollte und 50.000 Franken bot (heutiger Wert ca. 56.000 Pfund). Elizabeth nahm das Angebot schweren Herzens an, weil es sie sechsmal so viel gekostet hatte, das Haus zu bauen. Und Sybilla hatte einen Mann kennengelernt und sich in ihn verliebt, einen Neffen Mauds, William Ritchie, womit sich alle Probleme aufs beste lösten. Er arbeitete in Südfrankreich für die Barclays Bank und trat später in die Air Force ein, heiratete zuvor jedoch Sybilla. Elizabeth war ungeheuer erleichtert. Sie hatte ein schlechtes Gewissen, daß sie sich nicht über die endlosen Einwände von Trix hinweggesetzt und ihre Enkelin mit nach Amerika genommen hatte, und sie war mißtrauisch (wie sie selbst sagte) geworden, weil Trix ihr nicht zutraute, sich über einen längeren Zeitraum um einen anderen Menschen zu kümmern. Das war eine bittere Pille für

Elizabeth. »Teppi, es war gewiß nicht schlecht, was ich gemacht habe, und war es etwa nicht richtig, daß ich Angst vor der Verantwortung bekam, nachdem Trix mir die Augen öffnete?« schrieb sie ihrer Freundin.

Als kleiner Trost erschien Anfang 1940 *Die sieben Spiegel der Lady Frances*; das Buch war im August des Vorjahrs in England herausgekommen und war an Doubleday verkauft worden; in England wurde es genauso gut aufgenommen wie in Amerika. Warner Brothers erwarb die Filmrechte für 50.000 Dollar. Das *Time Magazine* brachte ein Porträt, das ihr gefiel und schmeichelte, aber die Photos, auf denen sie ihrer Meinung nach aussah wie eine alte Krähe, gefielen ihr überhaupt nicht.

Der Grundgedanke von *Die sieben Spiegel der Lady Frances* läßt sich am besten mit den Überlegungen einer der Figuren beschreiben: »Solange sie auf der Höhe der Karriere standen, hatten sie es ja nicht nötig zu bereuen. Sie hatte leider längst bemerkt, daß nur die wirklich bereuten, die nicht mehr jung und hübsch genug waren, um weiterzumachen. Wenn sie noch hübsch waren, warteten sie mit der Reue, bis sie älter geworden waren. Und manchmal, in Stunden größter Mutlosigkeit, fragte sie sich, wie es wohl in Gottes Himmelreich sein würde – vorausgesetzt, daß man jemals hinkam –, so voller Geschlagener und Enterbter.«

Die Kritiken waren besser als die der letzten Jahre. »Das ist Elizabeth auf der Höhe ihrer Kunst«, erklärte das *Times Literary Supplement*, »und nur diejenigen, die seit Jahren ungeduldig auf jedes neue Buch von ihr gewartet haben, wissen, wie ausgezeichnet es ist.« Der Autorin wurde klar, daß die Kritiker, und erst recht das Lesepublikum, sie trotz allem in ihr Herz geschlossen hatten und sie als Künstlerin hoch schätzten. Dies Bewußtsein machte es etwas leichter, mit der Drangsal und Einsamkeit des Exils umzugehen.

Poultney Bigelow, ein langjähriger Freund, tauchte in Elizabeths Gesichtskreis wieder auf und schockierte sie mit seiner Sympathie für die Nazis und seinem Antisemitismus. Er zitierte das Lied »Wie dumm von Gott, die Juden zu erwählen« in einem seiner Briefe, worauf sie konterte: »Deine Ansichten über die Juden entsetzen mich. Deine E.« Als Antwort bekam sie einen Brief in rüdem Ton, den sie wiederum als »ein einfach widerliches, abstoßendes Pamphlet des miesesten Antijudaismus« beschrieb. Sie wußte nicht, was sie mit den Briefen anfangen sollte: Behalten wollte sie sie auf keinen Fall, und einfach herumliegen lassen konnte sie sie noch weniger, und in ihrer Wohnung gab es keinen Kamin. Sie ging schließlich in den Wald, machte aus Zweigen und Blättern ein kleines Feuer, verbrannte sie dort und schwor, daß sie mit Poultney Bigelow ein für allemal fertig war.

Ihre Tagebücher sind voller Bemerkungen, wie sehr sie sich nach Liebet sehnte (die sie nicht oft besuchen konnte, weil Liebet sich um ihre Familie kümmern mußte), sprechen aber auch von ihrer Entschlossenheit, ein Leben unter Fremden mit Würde durchzustehen, während ein Hund ihr einziger Gefährte war. Merkwürdig, dachte sie, wie das, was sie in ihren Romanen geschrieben hatte, jetzt Realität wurde. Ohne zu ahnen, wie es ihr in Amerika ergehen würde, hatte sie in *Die sieben Spiegel der Lady Frances* über die Heldin und den Helden geschrieben: »Die Summe ihrer spektakulären Leben: ein Hund.« Hitlers Klauen waren lang, griffen sogar nach dieser harmlosen, alten Dame und hielten sie in Bewegung. An Maud schrieb sie, daß sie keine Hoffnung mehr habe, ihr Leben nicht in diesem fremden Land beenden zu müssen. Sie sehnte sich danach, ihr Haus in Mougins wiederzusehen, rettete sich aber in die Vorstellung, daß es gewiß geplündert und zerstört wäre. Doch solche Dinge waren unwichtig, wenn sie sie mit den großen Fragen nach Leben und Tod, Freiheit oder Sklaverei verglich, um die gekämpft wurde. Sie war immer davon überzeugt, wie sie an Liebet schrieb, daß »Hitler und seine ganze Teufelsbrut« eines Tages vernichtet werden würden. Als sie erfuhr, daß ihr Schwiegersohn Tony von Hirschberg zwei Orden erhalten hatte, war das für sie natürlich ein bitterer »Trost«.

Sie las Chateaubriand und war über die Ähnlichkeit zwischen Napoleon und Hitler tief betroffen – »allerdings war Napoleon ein militärisches Genie«, und Elizabeth hoffte, daß beide das gleiche Ende ereilen würde. »Schrecklich, wenn die Welt alle 100

Jahre einem Abenteurer ausgeliefert wird. Napoleon war allerdings weit überlegen, weil er niemanden foltern und verfolgen ließ. Er kämpfte sauber. Und es war wiederum England, das ihn herausforderte und seinen wildesten Zorn erregte. England scheint für die Rolle prädestiniert, Stachel im Fleisch der Störenfriede zu sein ... Wir werden nicht aufgeben, wir werden niemals Sklaven sein, und ich bin in diesem Augenblick stolz, ein Teil Englands zu sein ... «, schrieb sie an Liebet.

Im November 1940 fuhr Elizabeth nach South Carolina und stieg im Halcyon Inn in Summerville ab. Wegen Billy (oder Belial, wie sie ihn inzwischen nannte, weil er so wild war und zu heulen anfing, wenn sie wegging) bat sie um eine Unterkunft außerhalb des Hauptgebäudes; man gab ihr eine kleine, blaßrosa Hütte in einem traurigen, triefenden Wald, doch die Hütte hatte Charme. Aus den Fenstern sah sie direkt in die Bäume hinaus; auf einem Geländer saß eine weiße Katze, putzte sich und übersah majestätisch Billys wilde Versuche, sie in die Flucht zu schlagen. Elizabeth richtete sich darauf ein, hier den Winter zu verbringen. Liebet, die ihre Mutter hergebracht hatte, fuhr die mehr als 1.000 Kilometer wieder nach Haus zurück. Sie kam völlig erschöpft bei ihrer Familie an und stürzte sich in die liegengebliebene Hausarbeit. Leider neigten ihre Töchter nicht dazu, sich sonderlich zu verausgaben. Elizabeth stellte sich vor, wie Corwin mit den beiden Mädchen, die sie »Lümmel« nannte, faul herumsaß und zuschaute, wie sich ihre schöne Tochter in ihren Diensten verzehrte – wie die Prinzessin und die Zwerge. Corwin hatte seiner Schwiegermutter geschrieben, *ihre* Forderungen an Liebet machten sie krank (ihr Blutdruck war auf siebzig herabgefallen, und sie wurde wegen ihrer Mattigkeit ärztlich behandelt). Elizabeth wußte sehr wohl, daß sie auf den schwachen Schultern ihrer Tochter eine zusätzliche Last war. Liebet, hin- und hergerissen zwischen Pflichtgefühl für ihre Familie und ihrer großen Liebe und Achtung für ihre Mutter, rieb sich auf, um beiden gerecht zu werden, und das ging natürlich auf Kosten ihrer Gesundheit.

Elizabeth verbrachte das Erntedankfest bei den Doubledays, die in der Nähe wohnten und wie immer bezaubernd freundlich waren. Sie vermutete, daß sie die Absicht hatten, auf ihrem

Grund und Boden für sie ein kleines Haus zu bauen. Beladen mit Büchern, die die Doubledays ihr gegeben hatten, fuhr sie zu ihrer kleinen, rosa Behausung und dem jammernden Hund zurück. »Billy und ich werden dem Winter Arm in Arm trotzen«, schrieb sie. Sie las viel und dachte nach; Verse von A. E. Housman gingen ihr immer wieder durch den Kopf.

»Ein Fremder ich, und immer bang
In einer Welt, die mich bezwang.«

Und W. B. Yeats': »Ich bin gefangen in einem sterbenden Tier.«

Gelegentlich ging sie auf Nachbarschaftspartys, die aber alles andere als aufmunternd waren, sondern eher vergreist. Umgeben von schweigenden, schönen Bäumen, allein mit einem Hund, einer Katze und ihren eigenen Gedanken, traf Elizabeth Vorkehrungen für ihren Tod. Sie schickte eine große Geldsumme als überraschendes Weihnachtsgeschenk an Evi und schenkte Liebet die gleiche Summe, womit sich ihre flüssigen Mittel auf etwas über 6.000 Pfund verringerten, was ausreichte, die kleinen Legate ihres Testaments abzudecken und ihr Begräbnis zu bezahlen. Dann schrieb sie an Lord Asquith, einen High-Court-Richter, den sie in Südfrankreich kennengelernt hatte: »Was aus ›Mas des Roses‹, meinem Haus in Mougins, geworden ist, weiß ich nicht. Doch all diese Dinge sind Details, verglichen mit der ungeheuren Frage, ob das Gute überlebt oder zerstört wird. Ich weiß, daß ich mich sofort umbringen würde, wenn Hitler gewänne, weil mich nichts dazu bringen könnte, als Sklave zu leben. Aber inzwischen ist es mein leidenschaftlichster Wunsch, weiterzuleben und England siegen zu sehen ...«

Das war sicherlich ihre Absicht, aber ebenso wie Katherine Mansfield verschwieg Elizabeth oft, was wirklich in ihr vorging, was sie trotz ihres »leidenschaftlichsten Wunsches« plante – und was sie verschwieg, war manchmal das genaue Gegenteil dessen, was sie schrieb.

Weihnachten 1940 war Elizabeth bei den Doubledays eingeladen, konnte aber nicht hinfahren, weil es wolkenbruchartig regnete. Einsamkeit und, schlimmer noch, keine Nachricht, kein Anruf, kein Geschenk von Liebet oder von anderen, versetzten sie in einen Zustand tiefster Depression; ihr Mut sank. An Liebet schrieb sie, daß »außer einer kleinen Eidechse niemand kam; sie stützte sich auf ihre Ellbogen und starrte mich an, und ich setzte mich neben sie auf den Fußboden, um ihr Gesellschaft zu leisten. Ich war äußerst deprimiert, begann zu weinen und wunderte mich über mich selbst ... Aber es gab einen hellen Punkt – einen sehr hellen Punkt. Als ich gerade zu weinen begonnen hatte, klingelte das Telefon, und ich hörte Evis kleine Flöte; sie war so aufgeregt, daß sie kaum sprechen konnte. Natürlich dachte ich zuerst, Du seist es, und wunderte mich, warum es so weit entfernt klang. Dann dämmerte mir, daß es Evi war, die rücksichtslos und wunderbar (denn es freute mich so sehr) die paar Pfennige, die sie hatte, opferte, um mit mir zu reden. Jedes der Kinder kam ans Telefon und sagte etwas, und ich fühlte mich so getröstet, weil es ein echtes Zeichen der Zuneigung war und auch Nähe bewies – und ich liebte sogar die Geldverschwendung, obwohl ich eigentlich sagen müßte, daß sie mich empörte.«

Ihre Freundin Beatrice Chalner kam eigens aus New York, um mit Elizabeth Silvester zu feiern. Nach der »tief schlafenden Südstaatenmentalität« war sie mit ihrer ruhigen Klugheit ein echter Trost für Elizabeth. Um Mitternacht saßen sie mit einem Becher Eierpunsch am Radio, hörten zu, wie das neue Jahr eingeläutet wurde, und Elizabeth betete um Gottes Segen für alle, die sie liebte.

Der erste Schrecken des Jahres bestand darin, daß sich in ihrem Auge ein blinder Fleck vergrößerte, der mit Röntgenstrahlen behandelt wurde. Dann wurde ihre rechte Hand, mit der sie schrieb, steif durch Arthritis. Mitte Januar bekam sie Grippe und rief den Arzt an, der ihr Bettruhe verordnete. Sie legte sich aber nicht hin, sondern trank nur etwas Orangensaft und fühlte sich schwach und seltsam. Sie rief Liebet an, die einige Tage später kam. Kaum ging es Elizabeth besser, erkältete sie sich erneut und steckte Liebet mit dem Grippevirus an. Beide nahmen die Tabletten, die der Arzt ihnen gegeben hatte und die ihre Stimmung hoben und ihnen das Gefühl gaben, gesund zu sein, obwohl sie es nicht waren. Elizabeth fühlte sich noch fünf

Tage lang unwohl, während ihre Tochter bei ihr blieb und sich ebenfalls erholte.

Am 29. Januar machte Elizabeth den letzten Eintrag in ihrem Tagebuch: »Schöner Tag, aber rauh, irgendwie schon früh rauh. Fühle mich nicht gut.« Kurz nachdem sie das notiert hatte, brach sie zusammen. Liebet rief den Arzt. Zwei Krankenschwestern kamen zur Pflege. Am nächsten Tag fiel sie ins Koma und wurde mit dem Krankenwagen ins Riverside Infirmary in Charleston überführt, wo sie, ohne noch einmal das Bewußtsein wiedererlangt zu haben, am 9. Februar 1941 starb.

Trauer, Erschöpfung und die Nachwirkungen der Grippe machten es Liebet unmöglich, sich um das Begräbnis zu kümmern. Die Doubledays sprangen in die Bresche und baten Pat Frere, die sich zu dem Zeitpunkt bei ihnen in Barony Hall, Yemassee, aufhielt, einen Sarg auszuwählen. Sie fuhr nach Charleston und suchte einen schönen, taubengrauen Sarg mit weißem Seideneinsatz aus, von dem sie wußte, daß er Elizabeth gefallen hätte. Die Countess Russell hatte eine lange Reise hinter sich, seitdem sie als kleine May Beauchamp ihre ersten, überlieferten Worte gesprochen hatte: »Papa, ist der aufgepumpt?«

Ihr Leichnam wurde verbrannt und auf dem Lincoln Fort Friedhof in Washington beigesetzt. Als ihr größter Wunsch erfüllt und Hitler besiegt war, wurde sie 1947 nach England überführt; ihre Asche wurde mit der Asche ihres Bruders Sydney Beauchamp auf dem Tyler's Green Friedhof bei Penn in Buckinghamshire vermischt, wie sie es gewünscht hatte. PARVA SED APTA steht auf der Gedenktafel. In den fünfziger Jahren reiste Evi nach England und pflanzte an der Stelle, an der die Asche begraben ist, einen Rosenstock, der aber nicht austrieb. Selbst nach ihrem Tod hörte Elizabeth nicht zu wandern auf. Die Gedenktafel lockerte sich irgendwann und fiel von der Kirchenmauer ab; sie lag dann drei volle Jahrzehnte, wenn nicht noch länger, zwischen von Elizabeth so geliebten Gänseblümchen und Löwenzahn, wo sie die Autorin dieses Buches wiederfand.

Unter den Nachrufen vermittelt der ihres Freundes Hugh Walpole aus dem *Daily Sketch* am besten ihre Persönlichkeit, aber auch seine Zuneigung zu ihr:

»Dreiundsiebzigjährig (tatsächlich war sie vierundsiebzig) starb vor kurzer Zeit in Amerika eine der ganz wenigen, witzigen Romanautorinnen Englands.

Ich sagte witzig – nicht komisch oder grotesk. Ich glaube, es hat nur noch drei andere gegeben: Jane Austen, Rhoda Broughton und Rose Macaulay.

Weitere Vorschläge werden dankbar entgegengenommen. Der Name der Dame war Mary Countess Russell – aber für uns alle war sie nur ›Elizabeth und ihr Garten‹.

Im Augenblick hat vielleicht der Krieg ihren Tod überschattet. Das wird jedoch nicht dauern. Die englische Literatur ist nicht so sehr mit Witz gesegnet, daß sie sich es leisten könnte, Elizabeth auszusparen.

Ich kannte sie gut. Erst haßte ich sie, dann liebte ich sie.

Der letzte Satz eines Nachrufs auf sie hat mich amüsiert: ›Sie war klein und blond, hatte schöne, regelmäßige Gesichtszüge und einen offenen, sanften Blick, aus dem die friedfertige Schönheit ihres Temperaments sprach.‹

Klein und blond war sie schon, aber jedes weitere Wort dieser merkwürdigen Beschreibung ist falsch ...

Ihre Züge waren nicht regelmäßig, ihre Nase war zu klein und ihr Mund zu breit. Ihr Gesichtsausdruck war nie sanft – amüsiert, zynisch, ironisch, liebevoll, fröhlich, wütend, kalt, versteinert – aber nie sanft.

Und über ›die friedfertige Schönheit ihres Temperaments‹ hätte sie selbst am lautesten gelacht! Friedvoll! Niemals!

Theoretisch hatte sie eine Schwäche fürs Leben à la Wordsworth, aber der gab sie sich nur hin, wenn sie allein war, und allein war sie nur selten. Wo immer sie war, war ein Wirbelsturm.

Die Freunde, die sich um sie scharten, waren nie länger als eine halbe Stunde in der gleichen Situation – sie lebten in Ungnade oder in Gnade, waren verflucht oder gesegnet.

Das soll nicht heißen, daß sie nicht loyal und großzügig geliebt hätte. Das tat sie. Aber getanzt wurde nach ihrer Pfeife.

Wo sie lebte, entstand immer die Atmosphäre eines Hofs. Man bekam seine Tagesbefehle.

Mit ihrem schrillen, pfeifenden Stimmchen kommandierte sie

uns zum Nachmittagsspaziergang, wie sie ihre Hunde kommandierte. Und dann wartete sie wie eine kleine Madame de Sévigné darauf, daß man sie unterhielt (nicht besonders hoffnungsfroh) ...

Sie wurde von allen möglichen und unmöglichen Menschen geliebt. Ich lernte sie kennen, als ich fast noch ein Junge war und als Hauslehrer auf das Gut ihres preußischen Barons kam, Nassenheide, wo ich während der Ferien ihre Kinder unterrichtete. Sie waren damals als die April-, Mai- und Juni-Kinder weltbekannt.

Mein Sommer war furchtbar. Sie meinte, ich sei ein dummer Junge vom Lande, sentimental und völlig ahnungslos.

Sie beschloß, vermute ich, daß ich für ein kleines Training nicht der Schlechteste war.

Wenn sie grausam war, war sie sehr grausam, und mir ging es so schlecht, ich hatte Heimweh, und ich war so dumm, in den kalten, dunklen Fluren des Schlosses zu schluchzen und mich nach Hause zurückzusehnen.

Ich bezweifele, daß es in meinem Leben eine Erfahrung gegeben hat, die mir besser bekommen wäre als diese, aber ich Armer hatte zu leiden!

Später wurden wir gute Freunde, und zu den glücklichsten Tagen meines Lebens gehört die Zeit, die ich bei ihr in ihrem Schweizer Chalet verbrachte. Hier war sie eine bezaubernde Gastgeberin, die Hausgesellschaft war klug zusammengestellt, und das Land war überaus schön ...

Als sie später an der Riviera lebte, sah ich sie kaum noch. Ich haßte die Riviera, und das wußte sie. Aber sie habe ich immer geliebt.

Sie war so einzigartig wie ein Salzgefäß von Benvenuto Cellini.

Ich hasse die Vorstellung, daß ich nie wieder diese hochgequetschte Stimme hören werde, nie wieder sehen werde, wie sie bis zu den Ohren in Pelze vermummt durch den Schnee stapft, nie wieder beobachten kann, wie sich die sanfte Freundlichkeit in ihre Augen schleicht.

Aber halt! Jetzt habe ich das Wort ›sanft‹ selber gebraucht.

Die Frage ist jedenfalls nicht, wie ihr Charakter war, sondern was sie uns hinterlassen hat.

Sie hinterläßt zweifellos einige der witzigsten Romane englischer Sprache. Was sollte man lesen?

Elizabeth und ihr Garten und die Fortsetzung *Einsamer Sommer. Fräulein Schmidt und Mr. Anstruther, Elizabeth auf Rügen* und ihren letzten Roman *Die sieben Spiegel der Lady Frances.*

Aus ihrer Sentimentalität mache ich mir weniger, weshalb ich *Verzauberter April* nicht empfehlen würde, was vielleicht ihr bekanntestes Buch ist. Ihr Witz war ätzend, ihre Sentimentalität war sehr süß und sehr englisch.

Sie war keine Romanautorin im eigentlichen Sinn. Alle ihre Romane sind nämlich mehr oder weniger autobiographisch.

Die beiden Bücher, die ich persönlich am meisten mag, sind *Fräulein Schmidt* und *Elizabeth auf Rügen* ...

Wer in diesem konkreten historischen Augenblick erfahren möchte, warum die Deutschen liebenswert und zugleich hassenswert sind, der lese diese beiden Bücher. Alles ist da, die Jovialität, die Schlemmerei, die Brutalität und die Gefühlsseligkeit.

Doch was genau macht Elizabeths Witz aus? Welche Qualität macht diesen Witz so selten?

Witz ist, glaube ich, unter Engländern sehr selten, weil er sowohl aus Grausamkeit als auch aus Zartheit kommen muß. Engländer sind nicht gern grausam, und sie schämen sich, zart zu sein.

P. G. Wodehouse ist nie grausam – nicht grausamer als ein Schuljunge zu seinem Meerschweinchen.

Miss Delafield würde gern grausam sein, kann es aber nicht. Rose Macaulay ist manchmal grausam, und sie weiß es.

Elizabeth konnte so grausam sein (wie in *Die Reisegesellschaft*), daß man sich ein bißchen für sie schämt, aber gerade das macht in England ihre Einzigartigkeit aus.

Und Figuren wie Fräulein Schmidt und die Heldin aus *Die sieben Spiegel* beweisen ihre außerordentliche Herzensgüte, ihre delikate, zerbrechliche Kunst.

Ich denke, ein oder zwei ihrer Bücher werden als kleine Klassiker Bestand haben.«

Nachwort

In ihrem Testament von 1937 galt Elizabeths erste und größte Sorge ihren Hunden. Der Tierarzt wurde Schritt für Schritt angewiesen, wie die in Frankreich zurückgelassenen Hunde, und natürlich auch Billy, möglichst schmerzfrei eingeschläfert werden sollten. »Der Tierarzt soll alle meine Hunde durch *picure* einschläfern; und wenn sie schlafen, soll er sie durch eine zweite *picure* töten; dabei ist größte Sorgfalt anzuwenden, daß die Hunde weder Angst noch Schmerzen leiden ...« Sie hinterließ Le Mas des Roses Liebet und das Chalet Trix. Es gab weitere, kleinere Verfügungen, gemäß denen der Rest ihres Vermögens in Bargeld umgewandelt wurde und die daraus erwirtschafteten Zinsen zwischen Evi und H. B. geteilt wurden; das Grundkapital vermachte sie den Enkelkindern. Da das Chalet inzwischen verkauft war, erhielt Trix praktisch nichts, was zweifellos auch beabsichtigt war. In einem Testamentszusatz, den Elizabeth 1941 aufsetzte, hätte sie diesen Stand der Dinge verändern können, was sie jedoch unterließ – wahrscheinlich wegen des Streits in der Sybilla-Episode, aber auch aus anderen Gründen. Anstelle von Frere wurde Liebet als Nachlaßverwalterin des gesamten Vermögens, einschließlich der publizierten und unpublizierten Bücher, eingesetzt; Elizabeth gab ihr die Befugnis, alles zu vernichten, was sie für vernichtenswert hielt.

Mitte der fünfziger Jahre, als die Schrecken des Kriegs verblaßt waren, sammelte Liebet alle persönlichen Papiere und Briefe ihrer Mutter, bat sich auch solche aus, die sich im Besitz anderer Leute befanden, soweit diese sich davon trennen wollten, und tippte die umfangreichen Tagebücher ab – eine Arbeit, der sie sich behutsam und mit Rücksicht auf Details unterzog. Daraus entwickelte sich ihre Version von Elizabeths Leben, *Elizabeth of the German Garden*, die 1958 in Freres Verlag William Heinemann erschien. Alles, was »Auge und Verstand des Biographen erschrecken könnte«, und noch einiges mehr, wurde Elizabeths Wunsch gemäß 1957 »im großen Feuer« vernichtet. Der Rest wurde in die Archive der Huntington Library in San Marino, Kalifornien gebracht, wo er bis vor kurzem ungestört schlief.

Evi war empört, als sie das Buch ihrer Schwester las; sie hatte das Gefühl, daß viel über das Leben ihr Mutter ausgelassen und manches falsch dargestellt worden war und daß das Buch vor allem eine »Reinwasch-Funktion« habe. Auf der Basis ihrer eigenen Tagebücher schrieb sie eine Version ihrer Jugend, die sie *Ten-Times-Round* nannte; es ist eine sehr persönliche, gut geschriebene und liebevolle Erinnerung, die nicht veröffentlicht wurde.

Vor Kriegsende wurde Trix wegen angeblich undeutscher Umtriebe zu sechs Jahren Gefängnis verurteilt; vermutlich verdächtigten die Deutschen sie (fälschlicherweise), daß sie ihre Mutter über Einzelheiten ihrer brutalen Vorgehensweise informiert hätte, die den Hintergrund von *Die sieben Spiegel der Lady Frances* bilden.

Nach ihrem Tod gerieten Elizabeth und ihre Romane in Vergessenheit, was im Hinblick auf ihre Popularität zu Lebzeiten einigermaßen erstaunt. »Liest man heute noch ihre Bücher, und wenn nicht, warum nicht? Wie merkwürdig doch der Ruhm ist ...«, schrieb 1956 George Lyttelton an Sir Rupert Hart-Davis. Ihre luftige Spottlust und der »Beauchamp-Schalk«, wie sie einmal selbst gegenüber H. G. Wells ihren spezifischen Humor nannte, erinnerten zu sehr an die sorgenlose Vergangenheit, die in Zeiten der Inflation, des Kalten Kriegs und schweren Leids ihrer Leserschaft in den Jahrzehnten nach ihrem Tod keinen Sinn mehr machte. Dagegen wuchsen Katherine Mansfields Ansehen und Wertschätzung verdientermaßen, weil sie das zweifelnde, nach innen gewandte Ethos der Nachkriegsjahre genauer reflektierte; Elizabeths »kleine Flöte« erklang weiter an einem öden edwardianischen Nachmittag, ganz allein.

Nach dem Krieg waren alle Bücher Elizabeths lange vergriffen. Inzwischen ist aber eine neue Generation nachgewachsen, die Qualitäten ihres Werkes erneut entdeckt. Die neue Leserschaft findet in ihrem Werk eine zeitlose Leichtigkeit, aber auch eine hohe Relevanz zum Thema der Beziehungen zwischen

Mann und Frau – geschrieben mit einer Kraft, die keinen Lärm macht, einem Witz, der nie spröde wird, und einer Leidenschaft, die nicht sentimental ist. Man wird merken, daß Elizabeths Werk die Wiederentdeckung verdient, die es noch einmal in die erste Reihe der englischen Literatur rücken wird.

Danksagung

Am tiefsten verpflichtet bin ich A. S. Frere, ohne dessen Zustimmung, Ermutigung, Freundschaft und unermüdliche Hilfe dies Buch von jemand anderem hätte geschrieben werden müssen.

Seine Frau Pat, der ich ebenso verpflichtet bin, bewirtete mich, beantwortete meine Fragen und Briefe und beschaffte Photographien. Als es endlich so weit war, sah sie das fertige Manuskript zügig und professionell durch, obwohl sie zu der Zeit noch unter dem Eindruck des Todes ihres Mannes stand.

Das Personal der Huntington Library in San Marino, Kalifornien, in der Elizabeths riesiger Nachlaß untergebracht ist, verdient vielen Dank für gute Manieren und Geduld, während es eine so exzentrische Forscherin wie mich zu beherbergen hatte. Dank auch den guten Freunden, die ich dort kennenlernte; sie richteten mich angesichts einer Aufgabe, die gelegentlich unlösbar schien, immer wieder auf.

Meine Cousine Jinny Ross, deren Gastfreundschaft und Charme in zwei Kontinenten berühmt sind, wird nie erfahren, wie tief ich wegen ihrer Geduld und Großzügigkeit in ihrer Schuld stehe; ich pendelte manchen endlosen Monat täglich von ihr zur Library.

Meine lieben Freunde Lesley Cunliffe und Stan Gebler Davies halfen mir mit Gesprächen, mehr noch mit ausgezeichnetem Humor, durch die schlimmsten Wirrnisse dieses Buchs, und ich drücke ihnen hiermit meine herzliche Dankbarkeit aus. Kein erschöpfter Pilger fand je eine reichere Quelle von Witz und Weisheit, Sinn und Unsinn, Wärme und Zuspruch, als ich glücklicherweise bei diesen beiden Menschen finden durfte.

Noel Picarda Kemp hat mir abwechselnd als Fels, Ansporn, Freund und wackerer Helfer gedient, hat mir immer den Weg gebahnt, wenn es in seiner Macht stand, uneigennützig und ohne Rücksicht auf sich selbst.

Meine Lektorin, Jill Black, die mein Manuskript humorvoll und unerschrocken jedenfalls in die Nähe einer gewissen Ordnung und Methode gebracht hat, wird meinen Dank zweifellos als unnötig zurückweisen und ihre eigenen Beiträge lediglich als Teil ihrer Arbeit verstehen. In meiner inzwischen ein halbes Leben dauernden Erfahrung mit Lektoren, guten, hervorragenden und tüchtigen, bin ich noch nie einer dieses Kalibers und dieser Professionalität begegnet.

Caroline Dawnay, meine hervorragende Agentin, steuerte mich mit großer Entschiedenheit und Voraussicht durch die Strudel und Wasserfälle dieses Buchs.

Ich möchte mich auch bei Elizabeths Familie in England und Amerika für ihre Gastfreundschaft, Aufrichtigkeit und Munterkeit bedanken; Elizabeths Ruf wird aufs beste von ihnen bewahrt. Besonders danke ich Jackie (Graves) Harris, Evis Tochter, deren echtes Verständnis für die Probleme, mit denen eine Biographin sich konfrontiert sieht, mir sehr geholfen hat; ich danke auch dafür, daß sie Hindernisse aus dem Weg räumte und die Übersetzung von Teppis Memoiren aus dem Deutschen so rechtzeitig herstellte, daß ich sie mit nach England nehmen konnte. Ann Hardham akzeptierte freudig die Störungen, die meine Anfragen ihr bereiteten, und war in jeder Hinsicht hilfsbereit. Mein Dank geht an G. W. Arnim für seine charmanten und hilfreichen Briefe; an Beatrix von Hirschberg für höchst anregende Gespräche und Briefe über ihre Mutter, sowie an Sybilla und William Ritchie für ihre Gastfreundschaft und Hilfsbereitschaft.

Meine eigene Familie, besonders meine Mutter und mein Vater, waren mir eine dauernde Quelle der Ermutigung und selbstloser Hilfe während der zeitraubendsten Arbeiten, obwohl sie selbst sehr beschäftigt sind. Ich möchte hiermit meinen Dank nicht nur für das, was sie getan haben, ausdrücken, sondern auch für das, was sie sind.

Unter all den anderen Menschen, die mir geholfen haben, geht mein besonderer Dank an: Antony Alpers, Rosemary Billington, Morchard Bishop, Margaret Birkinshaw, John und Peggy Booker, Piers Brendon, Gerald Brenan, Judith Burnley, Mel Calman, Thelma Cazalet-Keir, Margaret Chester, Barbara Cartland, Lady Diana Cooper, Richard Crawshaw, Peter Day,

Jean Frere, Winifred Fortescue, Nick Furbank, Roland Gant, Betty Galton, Jonny Gathorne Hardy, Lady Cynthia Gladwyn Jebb, Rosemary Graham, Brian Guinness, Sir Rupert Hart-Davis, Michael Holroyd, Mrs. Keith Miller-Jones, David Machin, James Moore, Colin Murry, David Nathan, Stanley Olsen, Henrietta Partridge, Tanis Phillips, Jeanne Renshaw, Dr. Alice Roughton, Geoffrey Roughton, Bernard Stone, Jessica Strang, Frank Swinnerton, E. Warren Smythe, Henry und Pam Usborne, Andrew und Bridget Usborne, Tommy und Gerda Usborne, Anna Verrender, Geoffrey Wheatcroft, Alec Waugh, Dr. Martin Wells, Anthony West, Rebecca West und Gordon Williams.

Die Mehrzahl der Zitate dieses Buchs stammen aus der Countess Russell Collection in der Huntington Library; ich danke sowohl der Bibliothek als auch Ann Hardham für die Erlaubnis, die Zitate abzudrucken. Ann gestattete mir auch freundlicherweise, aus dem Buch *Elizabeth of the German Garden* von Liebet Butterworth, ihrer Großmutter, zu zitieren: Jackie Harris hat mir gestattet, aus den Tagebüchern ihrer Mutter Evi zu zitieren, aus ihren Erinnerungen *Ten-Times-Round* sowie aus Teppis Erinnerungen. Sir Rupert Hart-Davis hat mir gestattet, aus Hugh Walpoles Tagebüchern zu zitieren sowie aus seiner ausgezeichneten Biographie über Walpole und aus seiner veröffentlichten Korrespondenz mit George Lyttelton.

Für die Abdruckgenehmigung weiteren Materials danke ich: A. P. Watt für *The New Machiavelli*; Chatto and Windus für *Mr. Britling Sees it Through*; Faber & Faber für *H. G. Wells in Love* und Dr. Martin Wells für den Wells-Nachlaß; Macmillan Publishing Company in New York für Lady Maude Warrenders *My First Sixty Years*; Olivia Swinnerton für Frank Swinnertons *Background With Chorus* und *The Georgian Literary Scene*; der Society of Authors und dem King's College, Cambridge, für E. M. Forsters Tagebücher und Briefe (New E. M. Forster texts (c) 1986. The Provost and Scholars of King's College Cambridge); The National Trust für einen Auszug aus Rudyard Kiplings Brief an Elizabeth; David Higham Associates Limited für einen Brief Ethel Smythes an Vernon Lee; Elizabeth Jane Howard für Abschnitte aus ihrer Biographie über Bettina von Arnim; Susan Lowndes Marques und William Heinemann für Mrs. Belloc Lowndes' *The Merry Wives of Westminster*; The Bertrand Russell Foundation für seine Autobiographie und Allen and Unwin für *The Amberley Papers*; Dover Publications für George Santayana; dem *New Statesman* für die Rezension über *Vera* von Rebecca West.

Der Rest des von mir zitierten Materials unterliegt entweder nicht mehr dem Urheberrecht oder ist im einzelnen kurz genug, um ohne Rechtseinholung zitiert werden zu können.

Die BBC Hulton Picture Library hat mir die Erlaubnis gegeben, Photographien aus ihren Archiven von Wells und Hugh Walpole abzudrucken; Thelma Cazalet für Photographien aus ihren Alben; das University of London Courtauld Institute of Art für Sir William Sargents Kohlezeichnung der Countess Russell, das aus der Negativ-Bibliothek in der Witt Library stammt; Rupert Hart-Davis für die Photographien von Elizabeth, Hugh Walpole und Rudyard Kipling mit den Cazalets in Fairlawn aus seiner Biographie über Hugh Walpole; die Bertrand Russell Foundation und Dr. David Lewis Hodgson für die Photographie von Bertrand Russell; Eric Schall/*Life Magazin* (c) 1940 Time Inc/Colorific für die Photographie Elizabeths im Golden Eagle Hotel; The Huntington Library, San Marino, Kalifornien, für die Photographie Elizabeths und Wells'; Ann Harham für Photographien aus Liebet Butterworths Biographie und aus ihren Alben; Jackie Harris für Photographien aus den Alben ihrer Mutter; der University of Illinois in Urbana-Champaign für die Photographien von der *Caravan*-Tour; The Mansell Collection für die Photographie von Hugh Walpole als jungem Mann und Antony Alpers für die Photographie von Katherine Mansfield aus seiner Biographie über sie, die bei Viking Press erschienen ist.

Mein Dank geht ebenfalls an die Alexander Turnbull Library in Wellington, die mir Kopien von Briefen Katherine Mansfields, John Middleton Murrys und Elizabeths geschickt hat; an die London Library für all ihre Hilfe und dafür, daß ich ihren Projektor benutzen durfte; an die University of Illinois in Urbana-Champaign, die mir Kopien wichtiger Dokumente aus der H. G. Wells-Sammlung in ihrer Bibliothek geschickt hat; an die Macmaster University in Ontario, die mir Dokumente über Bertrand und Francis Russell sowie Auszüge aus Lionel Johnsons Tagebüchern und Briefen zur Verfügung stellte; an die Westminster City Library, die es mir gestattete, alte Ausgaben der *Times* einzusehen; an die Manuskript-Abteilung in der British Library, die mir Kopien von Katherine Mansfields Briefen an Elizabeth verschafft hat, und an die King's College Library, Cambridge, die mir gestattet hat, die Forster-Sammlung einzusehen. Nicht zu vergessen, schulde ich den fleißigen Mitarbeitern des *Telegraph*-Information-Service Dank, die mir viel Arbeit erspart haben.

Benutzte Literatur

ALPERS, ANTONY:
The Life of Katherine Mansfield, Viking Press 1980
ANDERSON, MARGARET:
The Unknowable Gurdjieff, Routledge & Kegan Paul 1962
ARNIM, ELIZABETH VON:
Elizabeth and her German Garden, Macmillan 1898; Virago 1985 (*Elizabeth und ihr Garten*, Insel 1987)
The Solitary Summer, Macmillan 1899 (*Einsamer Sommer*, Insel 1994; *Sommer ohne Gäste*, Ullstein 1994)
The April's Baby Book of Tunes, Macmillan 1900 (*April, May und June*, Insel 1995)
The Benefactress (als Theaterstück: *Ellen in Germany*. unveröffentlicht), Macmillan 1901 (*Anna Estcourt*, Ullstein 1995)
The Pious Pilgrimage, Macmillan 1901 (*Garten der Kindheit*, Suhrkamp 1995)
The Adventures of Elizabeth in Rügen, Macmillan 1904 (*Elizabeth auf Rügen*, Ullstein 1989)
Princess Priscilla's Fortnight, Smith & Elder 1905 (*Priscilla und das Haus in Devon*, Ullstein 1995)
Fräulein Schmidt and Mr. Anstruther, Smith & Elder 1907, Virago 1983 (*Fräulein Schmidt und Mr. Anstruther*, Ullstein 1993)
The Caravaners, Smith & Elder 1909 (*Die Reisegesellschaft*, Insel 1994; *Die englische Reise*, Ullstein 1995)
Priscilla Runs Away (Theaterstück) unveröffentlicht
The Pastor's Wife, Smith & Elder 1914; Virago 1987 (*Die preußische Ehe*, Ullstein 1996)
Christine, Macmillan 1917
Christopher and Columbus, Macmillan 1919 (*In ein fernes Land*, Insel 1995; *Jenseits des Meeres*, Ullstein 1995)
In the Mountains, Macmillan 1920 (*Tagebuch eines Sommers*, Ullstein 1996)
Vera, Macmillan 1921; Virago 1983 (*Vera*, Ullstein 1994; *Vera*, Insel 1995)
The Enchanted April, Macmillan 1922 (*Verzauberter April*, Insel 1992; *Urlaub von der Ehe*, Ullstein 1996)
Love, Macmillan 1925 (*Liebe*, Insel 1994; *Liebe*, Ullstein 1994)
Introduction to Sally, Macmillan 1926 (*Sallys Glück*, Insel 1995; *Die Glücksammlerin*, Ullstein 1995)
Expiation, Macmillan 1929 (*Das Geheimnis der Schwestern*, Ullstein 1995)

Father, Macmillan 1931 (*Vater*, Insel 1993; *Vater*, Ullstein 1993)
The Jasmine Farm, Heinemann 1934 (*Jasminhof*, Insel 1995; *Die Farm im Jasmin*, Ullstein 1995)
All the Dogs of my Life, Heinemann 1936 (*Alle Hunde meines Lebens*, Insel 1993)
Mr. Skeffington, Heinemann 1940 (*Die sieben Spiegel der Lady Frances*, Ullstein 1992)
BACKE, TEPPI:
Remembrances of the Author of Elizabeth and her German Garden (unveröffentlicht)
BAKER, IDA:
Katherine Mansfield. The Memories of L.M., Michael Joseph 1971
BAGNOLD, EDITH:
Autobiography, Heinemann 1969
BEAUCHAMP, HAROLD:
Reminiscences and Recollections, New Plymouth, N.Z. 1937
BEAUCHAMP, HENRY HERRON:
Journals (unveröffentlicht)
BELL, QUENTIN:
Bloomsbury, Futura 1974
BELLOC LOWNDES, MRS:
The Merry Wives of Westminster, Macmillan 1946
A Passing World, Macmillan 1948.
BENNETT, ARNOLD:
Journals 1896-1928, Ed.Newman Flower (3 vols), Cassell 1932-3
BENNETT, J.G. (ED.):
Gurdjieff, Making a New World, Turnstone Books 1973
BREDSDORFF, DR. ELIAS:
Some Personal Reminiscences of Bertrand Russell (unveröffentlicht)
BUXTON FORMAN, MAURICE (ED.):
The Letters of John Keats, Oxford University Press 1947
CARSWELL, JOHN:
Lives and Letters, Faber & Faber 1978
CAVITCH, DAVID:
D.H.Lawrence and the New World, Oxford University Press 1947
CAZALET-KIER, THELMA:
From the Wings, The Bodley Head 1964
CHARMES, LESLIE DE:
Elizabeth of the German Garden, Heinemann 1958
CLARK, RONALD:
Bertrand Russell and his World, Thames and Hudson 1981
The Life of Bertrand Russell, Jonathan Cape 1975
COBDEN-SANDERSON, THOMAS JAMES:
Journals 1879-1922, Thavies Inn 1926

COMPTON-RICKETT, ARTHUR:
A History of English Literature, Jaek 1929
COOPER, DIANA:
The Light of the Common Day, Rupert Hart-Davies 1959
CORY, DANIEL (ED.):
The Letters of George Santayana, Constable 1956
Daphne in Paris, by the anonymous author of *Daphne in the Fatherland*, Andrew Melrose 1912
DAVIES, STAN GEBLER:
James Joyce: A Portrait of the Artist, Granada 1982
DICKSON, LOVAT:
H.G.Wells, His Turbulent Life and Times, Macmillan 1969
DUKES, SIR PAUL:
The Unending Quest, Cassell 1950
ENGEN, RODNEY:
Kate Greenaway, a Biography, Macdonald 1981
FISHER, HENRY W.:
The Private Lives of William II and his Consort, A Secret History of the Court of Berlin, Heinemann 1904
FORSTER, E. M.:
Where Angels Fear to Tread, Blackwood 1905
The Longest Journey, Blackwood 1907
Recollections of Nassenheide, The Listener 1959
The Journals of E.M. Forster, King's College, Cambridge (unveröffentlicht)
FORTESCUE, WINIFRED:
Perfume from Provence (unveröffentlicht)
FURBANK, P. N.:
E.M.Forster, a Life, Secker & Warburg 1977-78
FUSSELL, PAUL:
The Great War of Modern Memory, Oxford University Press 1975
GATHORNE HARDY, ROBERT (ED.):
Lady Ottoline at Garsington, Faber & Faber 1973
GLENAVY, LADY BEATRICE:
Today We Will Only Gossip, Constable 1964
GRAVES, EVI (GEB.VON ARNIM):
Journals (unveröffentlicht)
Ten-Times-Round (unveröffentlicht)
WAGNER, COSIMA:
Die Tagebücher (4 Bde.), Ed. u. Komment. von Martin
Gregor-Dellin und Dietrich Mack, Piper 1982
GURDJIEFF, G. I.:
Meetings With Remarkable Men, Routledge & Kegan Paul 1963
HART-DAVIES, RUPERT:
Hugh Walpole, a Biography, Macmillan 1952

HARTMANN, THOMAS:
Our Life with Gurdjieff, Cooper Sq Publishers 1964
HELPS, ARTHUR/HOWARD, ELIZABETH JANE:
Bettina von Arnim, a Portrait, Chatto & Windus 1957
HYNES, SAMUEL:
The Edwardian Turn of Mind, Princeton University Press 1968
JAMES, HENRY:
Novel and Novelists, Dent 1914
JEPSON, EDGAR:
Memories of a Victorian, Victor Gollancz 1933
Memories of an Edwardian and Neo-Georgian, Richard Press 1937
KENT, GEORGE O.:
Arnim and Bismarck, Oxford University Press 1968
LAGO, MARY/FURBANK, P. N.:
Selected Letters of E.M. Forster, Collins 1983
LEE, VERNON:
The Handling of Words, The Bodley Head 1923
MACKENZIE, NORMAN AND JEAN:
The Time Travellers, Weidenfeld and Nicolson 1973
MALLESON, CONSTANCE:
The Coming Back, Jonathan Cape 1931
After Ten Years, a Personal Record, Collins 1936
MANSFIELD, KATHERINE:
Collected Stories, Constable 1945. Penguin 1981. (*Sämtliche Erzählungen in fünf Bänden*, Fischer Taschenbuch Verlag 1982)
The Letters, Constable 1939. Clarendon Press 1984ff. (*Briefe*, Insel 1992)
Journals, Constable 1927, 1962. (*Tagebuch*, Insel 1995)
MARSE, L. J.:
Politicians on the Warpath, National Review 1920
MARSH, EDWARD:
A Number of People, Hamish Hamilton 1939
MARWICK, ARTHUR:
The Deluge, British Society in World War One, The Bodley Head 1967
MAUGHAM, W. SOMERSET:
Cakes and Ale, Heinemann 1930
Strictly Personal, Heinemann 1942
A Vagrant Mood, Heinemann 1952
MEYERS, JEFFREY:
Katherine Mansfield, a Biography, Hamish Hamilton 1978
MOORE, GEORGE:
Conversations in Ebury Street, Heinemann 1924
MULLALY, FREDERICK:
The Silver Salver, Granada 1981

NICOLLS, BERVERLEY:
25: Being a Young Man's Candid Recollections of his Elders and Betters, Jonathan Cape 1925
NICOLSON, NIGEL:
The Letters of Virginia Woolf (6 vols,), Hogarth Press 1983ff.
PRIESTLEY, J. B.:
The Edwardians, Heinemann 1970
RAY, GORDON N.:
H.G. Wells and Rebecca West, Macmillan 1974
RUSSELL, BERTRAND:
Autobiography, George Allen & Unwin 1967 (*Autobiographie*, Suhrkamp 1973)
RUSSELL, BERTRAND AND PATRICIA (ED.):
The Amberly Papers, Hogarth Press 1932
RUSSELL, DORA:
The Tamarisk Tree, Elek 1975
RUSSELL, JOHN FRANCIS:
Lay Sermons, Thomas Burleigh 1902
Divorce, Heinemann 1912
My Life and Adventures, Cassell 1923
RUSSELL, MOLLIE:
Five Women in a Caravan, Everleigh Nash 1911
SANTAYANA, GEORGE:
My Host in the World, Cresset Press 1953
The Middle Span, Constable 1947
SHOWALTER, ELAINE:
A Literature of Their Own, Virago 1978
SWINNERTON, FRANK:
Background with Chorus, Hutchinson 1956
The Georgian Literary Scene, Heinemann 1935
USBORNE, RICHARD (ED.):
A Century of Summer Fields, Methuen 1964
WALPOLE, HUGH:
The Old Ladies, Macmillan 1924
Diaries (unveröffentlicht)
WELLS, H. G.:
Experiment in Autobiography, Victor Gollancz 1934
Mr. Britling Sees it Through, Cassell 1916
H.G. Wells in Love, Faber and Faber 1984
WEST, ANTHONY:
H.G. Wells, Hutchinson 1984
WEST, GEOFFREY:
H.G. Wells, Gerald Howe Ltd. 1930
YUTANG, LIN:
The Importance of Living, Reynal & Hitchcock 1938

Die Autorin führte Interviews mit Sybilla (geb. von Hirschberg) Ritchie, Alexander Stuart Frere, Beatrice (geb. von Arnim) von Hirschberg, Jeanne Renshaw, Lady Maude Warrender, Margaret Birkinshaw, Thelma Cazalet-Keir, Lady Cynthia Gladwyn-Jebb, Tanis (geb. Guinness) Phillips und Barbara Cartland und zitierte aus deren Erinnerungen an Elizabeth von Arnim. Sie nahm Einblick in die Liebesbriefe an Elizabeth von Charles Erskine Stuart, H.G. Wells, Francis Russell und anderen, aus denen sie ebenso zitierte wie aus den unveröffentlichten Fragmenten Elizabeths sowie aus der ebenfalls unveröffentlichten Erzählung *In einem bayerischen Dorf*.

Register

Agnes-Marie Grisebach

Frauen im Korsett

Zwei ledige Bürgertöchter im 19. Jahrhundert

Band 13450

In dieser Biographie zweier Bürgertöchter entwirft die Autorin ein Bild vom Frauenschicksal im 19. Jahrhundert. Einfühlsam erzählt sie die Geschichte einer tiefen Freundschaft und schildert dabei mit Detailkenntnis das ganz alltägliche Leben dieser Zeit. Louise Grisebach, die Urgroßtante der Autorin, und Amalie Hassenpflug, Schwester des kurfürstlichen Ministers Ludwig Hassenpflug, waren sehr begabte Frauen. Doch sie lebten in einer Gesellschaft, die ihnen den Zugang zu Bildung und geistige, geschweige denn sexuelle Freiheit verweigerte. Es ist nicht verwunderlich, daß solcherart erzogene Frauen sich ob ihrer verbotenen Gefühle mit Selbstvorwürfen quälten.
So belegen der umfangreiche Briefwechsel der beiden Freundinnen aus den Jahren 1846/47 und die Tagebücher und Manuskripte, die Agnes-Marie Grisebach ausgewertet hat, vor allem das Leiden der jungen Frauen an dem Korsett aus Zwängen und Tabus, die ihnen die bürgerliche Erziehung auferlegte. Die ausführlichen Zitate dokumentieren jedoch auch geheime Wünsche und Sehnsüchte, Hoffnungen und gedankliche Rebellion.

Fischer Taschenbuch Verlag

fi 751 / 11